은행 텔러

한권으로 끝내기

시대에듀

머리글

은행텔러란 은행영업의 최일선이며 고객과의 접점인 창구에서 일어나는 제반 업무를 수행하는 전문가입니다. 은행텔러 자격시험을 통해 창구업무 수행에 필요한 지식을 검정하여 일정 수준 이상의 기본지식을 갖춘 사람에게 자격을 인증하고, 은행에서는 이를 활용하여 채용 등의 검증된 우수한 인력을 선발할 수 있으며 아울러 신규직원 교육에 따른 시간과 비용을 줄일 수 있어 각 은행에서는 이 자격증을 선호합니다.

" 은행텔러 자격증을 단기에 쉽게 합격하는 방법 3가지! "

시험에 나오는 내용만 공부하자!

⋯ 은행텔러는 과목당 40점 이상, 전과목 평균 60점 이상만 받으면 합격하는 시험입니다. 만점을 받으면 뿌듯하겠지만 단기간에 합격하는 것이 중요하기 때문에 지나치게 시간과 비용을 투자하는 것은 비효율적입니다. 시대금융자격연구소가 제공하는 주제별 출제 빈도표를 활용하여 전략적으로 학습하시기 바랍니다.

문제를 많이 풀어보면서 실전에 대비하자!

⋯ 은행텔러 시험에서 잘 나오는 문제는 정해져 있습니다. 모든 내용을 암기하려고 하기보다 나올만한 문제를 반복해서 많이 풀어보는 것이 중요합니다. 시대금융자격연구소가 제공하는 시중 최다문제(워밍업! 핵심정리노트, 출제예상문제 5배수, 최종모의고사 2회분)를 마음껏 풀어보시기 바랍니다.

단기에 합격하겠다는 굳은 결의를 다지자!

⋯ 은행텔러는 금융권 취업을 위해 꼭 있어야 하는 필수자격증입니다. 어차피 따야 한다면 단기에 합격한다는 필승의 자세로 공부하셔야 합니다. 시대금융자격연구소가 제공하는 단기 합격 학습플랜으로 계획적으로 학습하시기 바랍니다.

시대에듀 시대금융자격연구소는 금융권 취업을 위해 은행텔러 자격증 취득을 목표로 하는 수험생들의 단기합격에 도움이 되고자 오랜 기간 동안 축적된 금융자격증 합격 노하우를 가지고 철저한 최신 출제 경향 분석을 통해 은행텔러 한권으로 끝내기를 출간하였습니다.

시대에듀 은행텔러 한권으로 끝내기로 자격증 취득을 준비하는 모든 수험생들의 합격과 장래의 무궁한 발전이 있기를 기원합니다.

CERTIFIED BANK TELLER

합격의 공식 ▶ 시대에듀

자격증 · 공무원 · 금융/보험 · 면허증 · 언어/외국어 · 검정고시/독학사 · 기업체/취업
이 시대의 모든 합격! 시대에듀에서 합격하세요!
www.youtube.com → 시대에듀 → 구독

자격시험안내

은행텔러란?

한국금융연수원의 정의에 따르면 은행텔러(CBT ; Certified Bank Teller)는 창구에서 일어나는 제반업무에 대해 신속하고 친절한 업무수행과 정확한 업무처리로 고객에게 도움을 주고 상담을 통해 문제해결을 하도록 도와주는 금융전문가를 말합니다.

시험구성

시험과목	세부내용	문항수 및 배점
제1과목 **텔러기본지식**	금융경제일반(3)	27
	창구실무법률(10)	
	고객서비스 및 창구마케팅(6)	
	내부통제 및 리스크관리(8)	
제2과목 **창구실무 Ⅰ**	일반수신(22)	42
	가계여신(9)	
	외국환(7)	
	내국환(4)	
제3과목 **창구실무 Ⅱ**	출납·계산(5)	31
	전자금융 및 지로·공과금(10)	
	신용카드(7)	
	신탁 및 집합투자(5)	
	방카슈랑스(4)	
소 계		**100**

2025 시험일정

회 차	접수일	시험일	시험시간	합격자 발표
55회	03.11(화)~03.18(화)	04.19(토)	10:00~12:00	05.02(금)
56회	08.12(화)~08.19(화)	09.20(토)		10.14(금)

※ 상기 시험일정은 금융연수원(www.kbi.or.kr)에 따른 것으로 주최측의 사정에 따라 변동될 수 있습니다.

자격시험안내

✳ 시험관련 세부정보

자격발급기관	응시자격	응시료	시험 시간	문제형식
한국금융연수원(www.kbi.or.kr)	제한 없음	55,000원	120분	객관식 5지선다형
합격기준		과락기준		
매 과목 40점(100점 만점) 이상으로 전 과목 평균 60점 이상 득점한 자		텔러기본지식 11점, 창구실무Ⅰ 17점, 창구실무Ⅱ 13점 이상을 득하여야 과락을 면함		

✳ 은행텔러 자격시험 관련 Q & A

알아두면 도움이 되는 시험응시 유의사항을 알려주세요.

[준비물] 시험 당일에는 신분증(주민등록증, 운전면허증, 여권 중 1) 및 수험표, 검정색 필기구를 반드시 지참해야 합니다.

※ 주민등록증을 발급받지 못한 고등학생의 경우 청소년증, 학생증, 재학증명서, 생활기록부 사본도 신분증으로 인정(단, 사진, 생년월일, 학교장 직인이 있어야 함)합니다.

[입실 시간] 수험생은 시험 시작 20분 전까지 입실 완료해야 하며, 시험 시작 후 고사장 입실이 불가합니다.

은행텔러 자격증이 취업에 도움이 되나요? 합격하기 위한 학습기간을 알려주세요.

최근 금융권 취업의 경쟁이 바늘구멍을 통과하기 만큼 힘들다는 말이 있습니다. 그렇기 때문에 은행텔러 자격증은 유연한 금융인력시장에 기회를 제공하는 통로이며, 은행텔러 자격증을 취득한 사람을 우대하는 것은 당연합니다.
은행텔러 자격증의 학습방법은 수험자의 전공여부 및 하루 평균 학습량에 따라 학습기간은 달라질 수 있지만, 본 교재에서는 단기합격을 위한 2주 학습플랜을 제공하고 있습니다. 합격을 목표로 하는 시험일을 정한 후, 시험일까지 남은 일수와 본인의 학습량을 고려한 적절한 학습플랜을 따라 성실하게 학습한다면 반드시 단기에 합격할 수 있습니다.

은행텔러 시험에 대한 최신 개정사항은 어떤 방식으로 본 교재에 반영되는지 알려주세요.

은행텔러 시험문제는 매년 상반기 개정되는 한국금융연수원의 기본서 내용을 토대로 출제됩니다. 따라서 본 교재는 개정된 기본서 내용과 출제경향을 반영하여 최신 개정판을 출간합니다.

※ 기본서 출간은 한국금융연수원 측의 출간 일정에 따라 변동될 수 있으며, 출간되지 않은 경우 가장 최근에 출간된 기본서를 기준으로 반영합니다.

과목별 학습전략

1과목 | 텔러기본지식(27문항)

[학습목표]
금융경제, 창구업무에 필요한 법률지식 및 고객서비스와 상담기법 등 텔러로서 갖추어야 할 기본지식에 대해 이해하여야 한다.

1장 | 금융경제일반(3문항)

금융거래의 대상인 통화(자금), 자금이용의 대가인 금리, 금융거래가 일어나는 금융시장에 대해 잘 이해하고 있어야 하며, 금융거래를 중개하는 금융기관의 기능과 우리나라 금융기관 현황에 대해 잘 살펴보아야 한다. 특히 정보의 비대칭 문제를 완화하기 위해 금융시장 및 금융기관을 지원·감시하는 법률체계 또는 기관을 의미하는 금융하부구조에 대한 출제 비중이 높으므로 중앙은행제도의 기능, 예금보호제도의 기능, 금융감독제도의 기능 등의 내용을 주의 깊게 학습해야 한다.

2장 | 창구실무법률(10문항)

예금계약의 법적성질을 알아보고, 각 거래별로 예금계약이 성립하는 시기와 예금거래약관의 일반이론에 대해 살펴보아야 하며, 예금거래의 상대방을 자연인과 법인 및 법인격 없는 단체로 나누어 예금계약 체결 시 유의사항을 살펴보아야 한다. 또한 타인명의예금과 공동명의예금에서 예금주의 확정방법, 예금의 입금과 지급, 예금에 대한 압류 및 예금거래와 상계에 관한 문제도 꾸준하게 출제되고 있다. 특히 이 장에서는 예금주의 사망, 예금채권의 질권 설정, 회사의 합병 등으로 인해 예금주가 변경되는 경우 은행의 업무처리 시 유의사항, 사고예금의 처리방법을 중점적으로 학습하여 고득점을 획득할 수 있도록 한다.

3장 | 고객서비스 및 창구마케팅(6문항)

창구접점에서의 MOT를 이해하고 창구서비스의 중요성 및 고객과의 상담 시 효과적인 상담화법과 공감적 경청에 대해 숙지하여야 한다. 특히 고객정보의 수집 및 활용을 통해 가망고객을 발굴하는 방법과 고객접근 및 세일즈 상담에 있어 효과적인 전개방법을 알아두는 것이 중요하다.

4장 | 내부통제 및 리스크관리(8문항)

내부통제제도의 개념에 대해 살펴본 후 그 주요수단에 해당하는 감사위원회 제도와 준법감시인 제도를 구체적으로 살펴보아야 하며, 금융소비자보호제도의 주요내용을 이해하고, 금융소비자보호법과 금융소비자 모범규준의 주요내용을 이해해야 한다. 이밖에도 불완전판매, 구속성영업행위, 금융실명제, 개인정보보호에 대한 문제가 다양하게 출제되고 있다.

2과목 | 창구실무 I (42문항)

[학습목표]
일반수신, 가계여신, 외국환, 내국환 등 창구업무에 필요한 실무지식 및 처리방법 등을 제고해야 한다.

1장 | 수신실무(22문항)

약관의 변경 시 대응방법 등 예금약관에 대한 전반적인 내용 및 예금거래 상대방에 따른 예금거래에 대해 숙지해야 하며, 거주자와 비거주자를 구분할 수 있어야 한다. 특히 예금거래의 신규처리 방법 및 절차와 예금의 입금 · 지급 · 해지 시의 처리방법 및 유의사항을 중점적으로 학습해야 한다. 이밖에도 예금잔액증명서, 예금의 질권설정, 예금의 압류 · 추심 및 전부명령, 원천징수 업무 · 비과세종합저축 등 예금의 관리에 대한 문제의 출제빈도가 높다. 수신일반 업무에 대한 기본지식을 쌓은 후에는 입출금이 자유로운 예금, 목돈운영에 적합한 예금, 목돈마련에 적합한 예금, 주택청약관련 예금을 종류별로 구분하고 각 예금에 해당하는 상품별 특징을 파악하는 것이 중요하다.

2장 | 가계여신실무(9문항)

여신의 개념과 여신운용의 기본원칙을 살펴본 후 여신의 제한내용, 기한의 이익, 여신의 취급절차, 여신의 운용방법 등을 숙지해야 한다. 여신에 대한 기본지식을 쌓은 후에는 보증여신의 의의와 연대보증제도, 신용여신의 의의와 CCS, 담보관련 내용에 대해 학습하여야 한다. 특히 부동산담보취득과 부동산등기부등본 보는 법을 익혀두는 것이 좋다. 이밖에도 여신금리의 운용에 대한 내용도 자주 출제되므로 자세히 공부하도록 한다.

3장 | 외국환업무(7문항)

외국환의 개념 및 외국환업무의 범위에 대해 정확하게 이해하고 있어야 하며, 은행의 일반업무와 외국환업무의 차이점과 특징을 숙지해야 한다. 특히 외환시장에서는 환율에 대한 기본지식을 갖추고 외환거래에서 발생하는 환전매매익과 관련된 수익성을 파악하는 것이 중요하다. 또한 외국환관리제도의 특징, 외국환거래법상 거주자와 비거주자의 구분, 외국환의 매매, 지급과 영수 등의 기본개념도 함께 학습해야 한다. 외국환에 대한 기본지식을 습득한 후에는 환전업무(당발송금, 타발송금, 외국통화 매매, 여행자수표 판매, 외화수표 매입(추심), 외화예금)의 기본개념을 파악하고 업무처리를 할 수 있도록 해야 한다.

4장 | 내국환업무(4문항)

은행의 환업무의 종류와 처리방법에 대해 살펴본 후 타행환에 대한 업무처리 방법을 중점적으로 학습하여야 한다. 특히 어음교환제도의 기능 및 어음교환의 종류에 대해 살펴보고 어음교환의 상세업무 처리방법에 대해 이해하는 것이 중요하다.

3과목 | 창구실무 II (31문항)

[학습목표]
신용카드, 지로공과금, 전자금융, 방카슈랑스 등 창구업무에 필요한 실무지식 및 처리방법 등을 제고해야 한다.

1장 | 출납 및 계산업무(5문항)

출납업무의 필요성과 각종 처리방법 및 현금의 보관 및 관리 등에 대해 알아야 한다. 특히 위 · 변조 화폐 발견 시 처리방법에 대한 문제가 빈번히 출제되므로 중점적으로 학습해야 한다. 또한 계산업무에 대한 전반적인 내용을 알아두고 전표와 장부에 대한 내용을 숙지해야 한다.

2장 | 전자금융 및 지로 · 공과금(10문항)

전자금융의 개념 및 발전단계에 따른 텔레뱅킹, 인터넷뱅킹, 펌뱅킹, 모바일뱅킹의 서비스 내용을 학습하여 은행텔러로서 갖추어야 할 기본적 능력을 배양하여야 한다. 지로 및 공과금 내용에서는 특히 지로제도의 특성을 알아두고, 지로업무의 유형(장표, 인터넷, 자동이체, 대량지급, 납부자자동이체, 타행자동이체)별 업무 내용을 중점적으로 학습하여 고득점을 획득할 수 있도록 한다.

3장 | 신용카드(7문항)

신용카드의 역할을 회원, 가맹점, 신용카드업자, 국민경제 측면에서 살펴보아야 하며, 체크카드, 직불카드, 선불카드와 비교해보는 것이 중요하다. 또한 신용카드의 유효기한, 연회비, 이용한도 등의 주요개념과 이용대금의 청구 및 결제방법에 대한 내용도 숙지하여야 한다.

4장 | 신탁 및 집합투자(5문항)

신탁의 개념과 기본원칙을 이해하고, 연금저축신탁 · 특정금전신탁의 각 상품별 특징을 중심으로 학습해야 한다. 또한 은행에서 위탁 판매하고 있는 집합투자상품의 개요, 집합투자상품의 분류, 비용, ELD, ELS 및 DLS 등 파생결합상품, 판매업무, 입출금업무 등에 대하여 숙지하여야 한다.

5장 | 방카슈랑스(4문항)

방카슈랑스의 형태에 따른 장점과 단점을 반드시 숙지하고 있어야 한다. 또한 보험의 기본적 특성과 원리를 잘 이해하고, 생명보험 및 손해보험 상품에 대해 중점적으로 학습하여 고득점을 획득할 수 있도록 한다.

2주 완성 플래너

목표일	학습 과목		공부한 날	완료
DAY1	워밍업! 핵심정리노트	Part 1 텔러기본지식	월 일	%
DAY2		Part 2 창구실무 I	월 일	%
DAY3		Part 3 창구실무 II	월 일	%
DAY4	Part 1 텔러기본지식	Ch. 1 금융경제일반	월 일	%
		Ch. 2 창구실무법률	월 일	%
DAY5		Ch. 3 고객서비스 및 창구마케팅	월 일	%
		Ch. 4 내부통제 및 리스크관리	월 일	%
DAY6	Part 2 창구실무 I	Ch. 1 수신실무	월 일	%
DAY7		Ch. 2 가계여신실무	월 일	%
DAY8		Ch. 3 외국환업무	월 일	%
		Ch. 4 내국환업무	월 일	%
DAY9	Part 3 창구실무 II	Ch. 1 출납 및 계산업무	월 일	%
		Ch. 2 전자금융 및 지로 · 공과금	월 일	%
DAY10		Ch. 3 신용카드	월 일	%
		Ch. 4 신탁 및 집합투자	월 일	%
DAY11		Ch. 5 방카슈랑스	월 일	%
DAY12	최종모의고사	1회 최종모의고사	월 일	%
DAY13		2회 최종모의고사	월 일	%
DAY14	오답노트 정리 및 최종마무리		월 일	%

CERTIFIED BANK TELLER

합격수기

합격생들의 공통적인 한마디는
100점도 합격! 60점도 합격!

저는 대학생 취준생으로 기말고사와 겹쳐서 공부할 시간이 일주일밖에 없었습니다. 그래서 책을 최대한 활용했는데요, 문제집 앞쪽에 있는 금융용어로 생소한 단어들을 익히고 O/X 문제로 전체적인 시험 흐름을 파악했습니다. 실제 시험에서도 비슷한 답안이 나와서 유용했던 부분이라고 생각합니다. 문제 부분에는 개념을 같이 배치하여 따로 찾아보는 수고도 덜었고요. 일주일 동안 평균 3시간 정도로 준비 기간이 짧아 고득점은 할 수 없었지만 인풋대비 아웃풋이 좋은 수험서였습니다. 준비하시는 분들 중에 비전공자나 현직에 계신 분들도 있을 텐데 충분히 쉽게 따실 수 있으실 것 같습니다.

총 공부시간은 3주정도 걸렸습니다. 하루에 많게는 4시간, 보통 2시간 이상은 공부에 집중했고, 시험 마지막 주말에는 5시간 이상 공부했습니다. 100점에 가까운 점수를 받기에는 턱없이 부족한 시간이지만 60점만 넘기면 되는 시험이기 때문에 큰 핵심만 그러면서 공부하면 충분히 합격 가능하다고 생각됩니다. 시험의 가장 큰 장애물은 용어가 너무 낯설고 헷갈렸습니다. 낯선 용어들을 머릿속에 상황을 그려보면서 이해하고, 여러 번 반복해야 용어가 익숙해지고 후에 모르는 용어가 나오더라도 대충 흐름상 어떤 뜻일지 이해가 됩니다. 시대에듀의 은행텔러 한권으로 끝내기는 따로 개념 설명 없이 바로 문제부터 들어가는데, 처음에는 밑도 끝도 없이 문제만 풀라는건가? 하면서 다른 책을 살까 했지만 짧은 해설도 나와있고, 꼭 알아야 할 이론 같은 경우, 문제 중간마다 별첨으로 나와있습니다. 즉, 이 책이 말하는건 한권으로 끝내고 싶으면 포인트만 공부하라는 것입니다. 처음 1회독 때는 이렇게 눈앞이 깜깜할 정도로 하나도 모르겠더니 2회, 3회독 때는 어느 정도 감이 잡혀 뭘 더 공부를 해야 하는지 보였습니다. 이렇게 3주 동안 반짝 공부하고 합격하게 되었습니다.

저는 비전공자 + 직장인으로 공부할 시간이 절대적으로 부족한 사람이었습니다. 그래도 텔러시험은 독학으로 충분히 가능하다 생각했기에 시대에듀의 한권으로 끝내기를 수험서로 선택하고 공부하였습니다. 처음 풀 때는 생소한 용어로 인해 정말 많이 틀리고 이렇게 해도 되나 싶었지만 아는 부분은 2번, 많이 틀리는 부분은 3~4번 정도 정독하니 자연스럽게 머리에 들어왔습니다. 모의고사는 시험 치기 전날 60점이 넘을 때까지 풀었습니다. 시험당일에는 해설만 따로 분리해서 외우면서 고사장에 도착했습니다. 시험 후기나 팁을 드리자면, 시험시간은 2시간이지만 보통 1시간 이후부터 다 풀고 나가기 시작합니다. 다시 말하자면 시간이 부족한 시험은 아니기에 자기가 아는 문제는 100% 맞춰야 합니다. 헷갈리는 문제는 따로 체크를 해두고 확실하게 맞았다고 생각한 문제는 한 번 더 검토하고 남는 시간에 체크해둔 문제들 중에 선지를 소거하고, 남는 선지들 중 가장 확신이 드는 선지를 택하였습니다. 이렇게 해도 시간은 15분정도 남았던 것 같았습니다(물론 개인차가 있으므로 시간 확인은 필수라고 봅니다). 그리고 결과는 무사히 합격 했습니다!

이 책의 구성

STEP 1
합격자들이 말하는 학습방법과 과목별 학습가이드

합격자들이 제시하는 학습방법과 2주 완성 셀프 학습 플래너로 자신만의 학습방향을 수립할 수 있습니다.

각 장마다 학습 포인트와 미리보기 문제를 정리하여 학습자의 학습시간을 최소화할 수 있도록 하였습니다.

STEP 2
이론의 빠른 흡수를 돕는 금융용어 120선 & 워밍업! 핵심정리노트

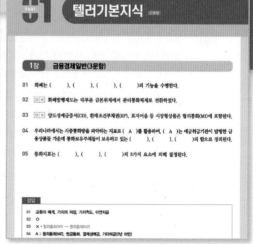

은행에서 쓰이는 어려웠던 대표적인 용어들을 알기 쉽게 정리하였습니다.

O·X문제와 빈칸 채우기 문제로 전체적인 이론을 훑어보고 복습할 수 있습니다.

CERTIFIED BANK TELLER

STRUCTURE

STEP 3
최신 개정사항과 출제경향이 완벽하게 반영된 출제예상문제 수록

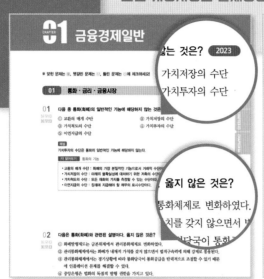

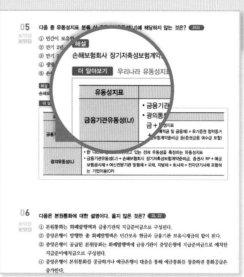

시험 유형과 유사한 예상문제를 통해 실전에 완벽하게 대비할 수 있습니다. 연도가 표기되지 않은 문제는 2020년 이전 기출복원문제로, 시험에서 반복 출제되는 핵심 내용이므로 참고하시기 바랍니다.

꼭 알아두어야 할 이론은 더 알아보기로 상세하고 친절하게 정리하였습니다.

STEP 4
시험 직전에 풀어보는 최종모의고사 2회 수록

제 1 회 최종모의고사

1과목 텔러기본지식(27문항)

01 다음 중 통화(화폐)와 관련된 내용으로 틀린 것은?
① 통화의 기능으로는 교환의 매개, 가치의 저장, 가치척도, 이연지급 등이 있다.
② 본원통화는 한국은행의 자산이다.
③ 본원통화는 민간의 보유현금과 금융기관의 지급준비금으로 구성된다.
④ 단기금융시장의 유동성 수준을 파악하는 지표로 M1(협의통화)을 활용한다.
⑤ 시중의 통화량은 중앙은행의 본원통화와 예금은행의 예금통화의 합으로 결정된다.

02 금융기관의 기능에 대한 설명으로 가장 옳지 않은 것은?
① 공급자와 수요자의 자금중개비용을 통해 거래비용을 절감한다.
② 공급자와 수요자가 각각 원하는 조건으로 만기 및 금액을 변환한다.
③ 자금을 모집, 분산을 통해 채무불이행의 위험을 감소시킨다.
④ 수표, 어음, 신용카드 등 다양한 지급결제수단을 제공한다.
⑤ 여유자금을 효과적으로 활용하여 투자수익률을 제고한다.

제 2 회 정답 및 해설

01	02	03	04	05	06	07	08	09	10	11	12	13	14	15	16	17	18	19	20
②	③	④	③	②	④	④	②	⑤	④	⑤	②	②	③	①	②	④	①	②	⑤
21	22	23	24	25	26	27	28	29	30	31	32	33	34	35	36	37	38	39	40
②	④	①	④	②	③	④	③	②	②	③	①	③	②	③	③	③	④	④	③
41	42	43	44	45	46	47	48	49	50	51	52	53	54	55	56	57	58	59	60
②	①	③	⑤	③	⑤	①	④	⑤	①	③	②	⑤	④	②	③	⑤	③	④	⑤
61	62	63	64	65	66	67	68	69	70	71	72	73	74	75	76	77	78	79	80
④	⑤	④	⑤	⑤	④	④	⑤	④	②	①	③	④	④	⑤	④	③	④	⑤	②
81	82	83	84	85	86	87	88	89	90	91	92	93	94	95	96	97	98	99	100
①	⑤	②	①	③	②	④	⑤	③	③	①	②	②	⑤	⑤	②	③	④	⑤	④

1과목 텔러기본지식(27문항)

01 피셔방정식(명목금리 = 실질금리 + 기대인플레이션(율)에 의해 실질금리는 명목금리에서 기대인플레이션을 차감하여 구한다. 즉, 1년 단기 정기예금의 실질금리 = 5% − 4% = 1% 이다.

02 채무 보증 또는 어음의 인수는 은행의 부수업무에 해당한다.

03 은행의 성립, 인수 · 합병 및 전환을 위해서는 금융위원회의 인허가를 받아야 한다.

04 예금계약의 법적성질은 소비임치계약이지만, 위임계약과 소비임치계약이 혼합된 계약은 당좌예금이다.

시험 출제빈도가 높은 문제들로 엄선한 최종모의고사로 현재 실력을 점검하고 완벽하게 마무리할 수 있습니다.

CERTIFIED BANK TELLER

금융용어
120선

지식에 대한 투자가 가장 이윤이 많이 남는 법이다.

— 벤자민 프랭클린 —

2025 금융용어 120선

001 계좌대체
중앙예탁기관에 계좌를 설정한 계좌 설정자 간의 유가증권 수수를 실물증권의 인수도 대신 계좌간 대체하는 방식으로 장부상 처리하는 것을 말한다.

002 공매도
없는 것을 판다는 의미로 쓰이며 주식시장에서 공매도란 투자자가 주식을 보유하지 않은 상태에서 주가하락을 예상하고 금융기관으로부터 주식을 빌려 먼저 매도한 후 주가가 하락하면 시장에서 주식을 매입하여 되갚은 후 차익을 얻는 투자를 말한다.

003 구속성예금
금융기관이 차주에 대한 여신과 연계하여 대출금액의 일부를 차주의 의사에 반하여 예·적금 등으로 수취하거나 정당한 사유 없이 차주의 예·적금 인출 및 해약을 제한하는 행위를 말한다.

004 고정분류여신
차주 채무상환능력의 저하를 초래할 수 있는 요인이 현재화되어 채권회수에 상당한 위험이 발생한 여신 또는 3개월 이상 연체하거나 부도가 발생한 차주의 여신 중 담보처분에 의한 회수예상가액 해당 여신을 말한다. 현행 은행업 감독규정에서는 고정분류여신에 대한 대손충당금은 기업 및 가계 모두 20% 이상 적용하여 적립하도록 규정하고 있다.

005 고정환율제도
외환의 시세 변동을 반영하지 않고 환율을 일정 수준으로 유지하는 환율제도이다. 고정환율제도를 시행하게 되면 환율 변동에 따른 충격을 완화하고 거시경제정책의 자율성을 어느 정도 확보할 수 있다는 장점이 있다. 하지만 특정 수준의 환율을 지속적으로 유지하기 위해서는 정부나 중앙은행이 재정정책과 통화정책을 실시하는 데 있어 국제수지 균형을 먼저 고려해야 하는 제약이 따르고 불가피하게 자본이동을 제한해야 한다. 또한, 경제의 기초 여건(fundamentals)이 악화되거나 대외 불균형이 지속되면 환투기공격에 쉽게 노출되는 단점이 있다.

006 자유변동환율제도
환율이 외환시장에서 외환의 수요와 공급에 의해 자율적으로 결정되도록 하는 환율제도이다. 자유변동환율제도하에서는 자본이동이 자유롭게 이루어지므로 국제유동성 확보가 용이하고 외부충격이 환율변동에 의해 흡수됨으로써 거시경제정책의 자율적 수행이 용이한 장점이 있다. 다만 외환시장 규모가 작고 외부충격의 흡수 능력이 미약한 개발도상국은 환율변동성이 높아짐으로써 경제의 교란요인으로 작용할 가능성이 크다.

007 금산분리

산업자본이 은행지분을 일정한도 이상 소유하지 못하도록 하는 것을 금산분리라고 한다. 은행업 등 금융산업은 예금이나 채권 등을 통하여 조달된 자금을 재원으로 하여 영업활동을 해서 자기자본비율이 낮은 특징이 있다. 이 때문에 금융산업의 소유구조는 다른 산업에 비해 취약한 편이며 산업자본의 지배하에 놓일 수 있는 위험이 존재한다. 이러한 이유로 은행법을 통해 산업자본이 보유할 수 있는 은행지분을 4% 한도로 제한하고 있다.

008 기축통화

여러 국가의 암묵적인 동의하에 국제거래에서 중심적인 역할을 하는 통화를 지칭한다. 20세기 초반까지는 세계 금융경제의 중심이었던 영국의 파운드화가 기축통화로서 국제거래에 주로 이용되었으며, 2차 세계대전 이후에는 전 세계 외환거래 및 외환보유액의 상당 부분을 차지하는 미국 달러화가 기축통화로 인정받고 있다.

009 난외거래

은행의 권리·의무가 확정되지 않아 재무상태표상(on-balance sheet) 자산 부채로 기록되지 않는 거래를 의미한다. 신용 대체거래(예 채무보증), 특정 거래 관련 우발채무(예 계약이행보증, 입찰보증, 환급보증 등), 무역금융(예 신용장), 증권인수보증, 금리 및 외환관련 파생상품거래의 신용리스크 상당액 등이 난외거래의 대표적인 예로 들 수 있다.

010 대량지급

은행지로 업무의 한 유형으로서 일시 또는 정기적으로 발생하는 대량지급 거래(급여, 연금, 배당금 등)를 위하여 공공기관이나 대기업 등 이용기관의 예금계좌에서 다수의 수취인 예금계좌로 지정된 날짜에 자금을 이체하는 업무이다. 대량지급을 이용하면 하나의 거래은행을 통해서도 전국 모든 은행의 수취인 예금계좌로 자금을 이체할 수 있다.

011 동일인/특수관계인

은행법(은행법 시행령 제1조의 4에 규정)상 각종 규제 적용에 있어 1인으로 보는 범위를 말한다. 동일인이란 본인 및 본인과 특수관계에 있는 자(특수관계인)를 말한다. 특수관계인의 범위는 일정 범위의 친족, 지분 보유, 고용, 의결권의 공동 행사 등을 요소로 하여 정해진다.

012 매입외환

매입외환은 외국환은행이 고객의 요청에 따라 매입한 외국통화로 표시된 수출환어음, 외화표시 내국 신용장어음, 외화수표, 약속어음 등의 자산을 말한다.

013 환가료

외국환은행이 수출환어음 등의 외국환을 매입하면 원화 대금은 즉시 고객에게 지급되나 외화자금은 추심 후 당방계정에 입금됨으로써 자금화되므로 동 기간만큼 은행은 고객에게 사실상 자금을 대출해 주는 효과가 발생한다. 외국환은행이 고객으로부터 수출환어음 등을 매입하는 경우, 고객에게 원화 대금을 지급한 시점과 어음 등의 발행자로부터 외화자금을 상환받는 시점 사이에 은행이 부담하는 어음금액에 대한 이자와 환차손 등을 고객으로부터 받게 되는데, 이러한 수수료를 환가료라고 한다.

014 예대금리차(예대마진)

자금중개기관인 은행이 자금차입자로부터 수취하는 대출금리와 예금자에게 지급하는 예금금리간의 격차로서 은행수익의 본질적 원천이 된다. 일반적으로 예대금리차는 예금과 대출시장의 경쟁도가 낮을수록, 은행의 위험기피성향이 강할수록, 대출취급에 따른 한계비용이 클수록, 신용위험이 높을수록 확대되는 것으로 알려져 있다.

015 은 선

은행권의 위조방지를 위한 장치의 하나로 은행권용지에 삽입된 플라스틱 또는 금속으로 된 가는 선형 필름을 말하며, 삽입된 필름의 문양 또는 글자 등을 확인할 수 있다. 은선(security thread)에는 현용 천원권과 같이 숨고 드러나기를 반복하는 부분노출은선과 오천원권, 만원권과 같이 용지 속에 완전히 삽입된 숨은 은선이 있다. 또 오만원권처럼 숨은 은선과 부분노출은선이 같이 있는 경우도 있다.

016 잠 상

은행권 위조방지를 위한 장치의 하나로 인쇄된 글자나 문양이 보통상태에서는 잘 보이지 않으나 보는 각도나 빛의 방향에 따라 보이는 장치를 말한다. 잠상(latent image)은 정면에서 볼 때는 보이지 않지만 은행권을 비스듬히 기울여 비춰봤을 때 숨겨놓은 문자나 문양이 나타나는 요판 인쇄기술의 하나다.

017 지 급

개인이나 기업 등 경제주체가 경제거래를 한 후 재화 또는 서비스의 대가로 현금, 수표, 신용카드, 자금이체 등을 이용하여 화폐적 가치에 대한 청구권을 이전하는 행위를 말한다. 현금으로 이루어지는 경우에는 청산기관과 결제기관의 청산 및 결제과정 없이 지급과 동시에 최종결제가 이루어진다. 비현금수단으로 지급하는 경우에는 지급인과 수취인의 거래은행 상이로 금융기관간 지급액 또는 수취액을 산정하는 청산과정과 최종확정된 지급액 또는 수취액에 해당하는 자금을 이전하는 결제과정이 별도로 필요하다.

018 청 산

자금결제에 있어 청산(clearing)은 경제주체간 지급행위가 수표, 계좌이체 등 비현금수단을 이용하여 이루어진 경우 지급인과 수취인의 거래은행들이 주고 받을 금액을 정산하고 최종 확정하는 과정을 말한다. 거래 이후 지급수단의 수령, 조회, 통지 및 차액계산(netting)이나 결제전 포지션 산출과정 모두가 청산에 해당된다.

019 추 심
일반적으로 어음 수표소지인이 거래은행에 어음 수표대금 회수를 위임하고 동 위임을 받은 거래은행은 어음 수표 발행점포 앞으로 동 대금의 지급을 요청하는 일련의 절차를 말한다. 약속어음의 경우에는 어음교환제도를 통하여 추심하고, 환어음의 경우에는 거래은행을 통해 지급인 은행에 추심한다.

020 출금이체
수취인이 자신이 거래하는 금융기관에 추심을 의뢰하여(인출지시) 지급인의 계좌로부터 이체금액을 출금하여 수취인 자신의 계좌에 입금하도록 하는 계좌이체방식을 말한다. 수표 추심, 지로시스템의 자동이체, 자금관리서비스(CMS)공동망의 대량자금이체 중 출금이체가 대표적인 출금이체방식이다.

021 갑기금
외국은행의 국내지점이 외국본점에서 가져오는 영업기금을 말하며 납입자본금의 성격을 띤다.

022 기산일
전산상 처리일자를 계산 시 기준이 되는 첫날로 잡는 날을 말한다.

023 기장날인하다.
기장(記帳)은 장부에 기록하는 의미이고 날인(捺印)은 도장을 찍는다는 의미로 장부에 필요한 사항을 기록하여 도장이나 서명을 한다는 의미이다.

024 대환대출
이전의 대출금이나 연체금을 금융기관에서 대출을 받아 갚는 제도이다.

025 대손준비금
'회계목적상 충당금'(한국채택국제회계기준[K-IFRS]에 의한 충당금)이 '감독목적상 충당금'(은행업감독규정 제29조 최소적립기준에 의한 충당금과 은행이 내부등급법의 기준을 활용하여 산출한 예상손실 중 큰 금액)에 미달하는 경우 은행이 그 차액을 이익잉여금 중 별도준비금으로 적립한 것을 말한다.

026 모출납
영업점에서 출납업무를 총괄적으로 담당하는 부서를 말하며 현금자금의 적정선 보유 관리 및 금고 내 현금의 관리를 담당한다.

027 분할 해지
예금을 일부 해지하는 것을 말한다.

028 상위하다.
서로 다르다. 서로 어긋나다.
입금한 현금이 입금의뢰서에 기재한 금액과 상위할 경우
= 입금한 현금이 입금의뢰서에 기재한 금액과 서로 다를 경우

029 산입하다.
계산하여 넣다. 포함시키다.

030 소 인
지워버리는 목적으로 도장을 찍는 것을 말하며 은행업무 상으로는 인지세법에 의한 수입인지를 첨부한 후 재사용이 불가하도록 고무인으로 표시하는 것을 말한다.

031 선입선출 방식
먼저 입금한 자금을 먼저 출금하는 방식을 말한다.

032 시 재
현금의 보유 상황, 현재 보유하고 있는 현금의 합계를 말한다.

033 예수금
임시로 받아서 나중에 돌려줄 금액을 말한다.

034 이관·이수
계좌를 보내는 것을 이관이라 하고, 계좌를 받는 것을 이수라 한다.

035 응당일
~에 해당하는 날

036 이자 원가일
이자를 지급하는 날(수신), 이자가 부과되는 날(여신)

037 전대(轉貸)
재임대, 다시 빌려줌을 뜻한다.

038 절사(切捨)
버림. 끊어버림
~원 미만은 절사한다. = ~원 미만은 버린다.

039 현수송
본지점 간 또는 타행 간 현금을 주고받는 것을 말한다.

040 할인식
이자가 선지급 되는 방식을 말한다.

금리의 종류

041 금 리
자금수요자가 자금공급자에게 돈을 빌린 데 대한 대가로 지급하는 이자금액 또는 이자의 원금대비 비율을 의미한다.

042 단리 : 원금에 대해서만 붙는 이자를 말한다.

043 복리 : 이자를 원금에 가산하여 그 합계액을 다음 기간의 원금으로 계산하는 방법이다.

044 고정금리 : 시중금리가 아무리 큰 폭으로 변하더라도 이자율이 변하지 않는 것을 의미한다.

045 변동금리 : 적용되는 이자율이 상품 가입기간에 계속 변하는 것을 의미한다.

046 명목금리 : 액면금액에 대한 금리, 즉 물가 상승률을 고려하지 않은 금리를 의미한다.

047 실질금리 : 명목금리에서 물가 상승률을 뺀 것이다. 실질금리와 물가 상승률은 서로 반대 방향으로 움직인다.

048 표면금리 : 금융거래 시 계약증서상에 기재된 명목상의 약속금리를 의미한다.

049 실효금리 : 원금에서 강제성 예금을 뺀 금액, 즉 실제로 부담하는 순자금조달비용을 의미한다.

050 금융기관
자금의 수요자와 공급자 사이에서 자금을 중개하고 각종 금융서비스를 제공하는 역할을 수행하는 기관을 말한다.

051 소비임치계약

수취인이 보관을 위탁받은 목적물의 소유권을 취득하여 이를 소비한 후 그와 같은 종류·품질 및 수량으로 반환할 수 있는 특약이 붙어 있는 것을 내용으로 하는 계약이다. 대표적인 예로서의 소비임치계약은 은행의 예·적금 상품을 들 수 있고 당좌예금은 위임계약과 소비임치계약이 혼합된 계약이다.

052 상사계약

은행은 상인이므로 은행과 체결한 예금예약은 상사임치계약이다.

053 부합계약

미리 당사자의 일방이 결정하고 상대방은 이에 따를 수밖에 없는 계약으로 은행이 약관을 제정하고 이를 예금계약의 내용으로 삼는다.

제한능력자

단독으로 유효한 법률행위를 하는 것이 제한되는 자를 말한다.

054 미성년자 : 만 19세 미만의 자로서 원칙적으로 행위능력이 없다.

055 피성년후견인 : 질병, 장애, 노령 등으로 인한 정신적 제약으로 사무를 처리할 능력이 부족하여 한정후견개시의 심판을 받은 자를 말한다. 원칙적으로 행위능력이 없다(의식이 없거나 치매 등의 이유로 사무능력이 지속적으로 없는 자).

056 피한정후견인 : 질병, 장애, 노령 등의 사유로 인한 정신적 제약으로 사무를 처리할 능력이 부족하여 한정후견개시의 심판을 받은 자로서, 원칙적으로 행위능력이 있다(장애, 우울증, 알콜중독 등으로 사무능력이 있지만 부족한 자).

057 점유이탈물횡령죄

만약 예금주가 오류입금인 사실을 알면서 예금을 인출하였다면 부당이득으로 반환하여야 하는데, 이는 점유이탈물횡령죄에 해당될 수 있기 때문이다. 점유이탈물횡령죄란 유실물, 표류물, 매장물 기타 타인의 점유를 이탈한 재물을 횡령함으로써 성립하는 범죄이다. 타인의 점유에 속하지 않는 타인의 재물을 영득하는 죄라는 점에서는 횡령죄와 공통점을 가진다. 그러나 본죄는 위탁관계에 의하여 타인의 재물을 보관할 것을 요하지 아니하며, 따라서 신임관계(信任關係)의 배반을 내용으로 하지 않는 점에서 횡령죄나 업무상 횡령죄와는 그 성질을 달리하는 범죄이다.

058　당좌거래
　　당좌예금을 갖고 있는 기업이 상거래 등을 위해 발행하는 약속 어음이나 당좌수표 등의 지급 업무를 은행에 위탁하는 것을 말하며 법인이나 사업자등록증을 가진 개인만이 당좌를 개설할 수 있다.

요구불예금 = 입출금이 자유로운 예금

059　보통예금 : 가입대상, 금액, 기간에 제한없이 예입과 인출을 자유로이 할 수 있는 통장식 은행예금이다.

060　당좌예금 : 당좌계약을 체결한 자가 사용할 수 있으며 한도 내에서 대출 가능하지만 이자를 지급하지 않는 예금이다.

061　별단예금 : 금융기관이 환, 대출, 보관 등의 업무수행과정에서 발생하는 미결제, 미정리된 일시적 보관금이나 예수금 등을 처리하기 위해 설치한 편의적 계정을 말한다.

062　공공예금 : 재산세, 등록세, 주민세 등의 지방세와 공공요금 수납대행 업무를 취급하는 예금이다.

저축성예금

063　정기예금 : 예금주가 일정기간 환급을 요구하지 않을 것을 약정하고 일정 금액을 은행에 예치, 은행은 이에 대하여 일정 이율의 이자를 지급할 것을 약속하고 증서 또는 통장을 발행·교부하는 예금이다.

064　정기적금 : 저축기간을 정하고 정기적으로 납입하여 만기일에 약정금액을 지급받는 것을 내용으로 하는 적립식 예금을 말한다.

065　저축예금 : 가계우대성 예금으로 MMDA가 해당한다.

066　기업자유예금 : 법인의 MMDA가 해당한다.

067　장기주택마련저축 : 무주택자의 주택 마련을 돕기 위해 도입된 자유적립식 장기저축상품

068　상 계
　　채권자와 채무자가 서로 상대방에 대해서 같은 종류의 채권을 가지는 경우에 채권자 또는 채무자 한 쪽의 일방적 의사표시에 의해 그 채권과 채무를 같은 금액에서 소멸케 하는 것을 목적으로 하는 단독행위이다.

069 **압 류**
채권자 등의 신청을 받은 국가기관이 압류집행이 있는 경우 강제집행의 첫단계로서 채무자의 재산처분이나 권리행사 등을 박탈하는 것을 말한다.

070 **가압류**
금전채권이나 금전으로 환산할 수 있는 채권에 관해 장래에 실시할 집행을 보존하기위해 미리 채무자의 재산에 대한 처분권을 확보해두는 것을 목적으로 하는 보존처분 하는 것을 말한다. 가압류 또는 압류는 처분금지의 효력에 한정되므로 채권회수의 목적을 달성하기위해서는 환가해야 한다.

071 **과징금**
금융관련법상의 의무위반에 대해 금융위가 금융회사 등에 부과 징수하는 금전적 제재

072 **과태료**
금전상의 제재라는 점에서 과징금과 유사하지만 과징금은 실체적 의무위반에 대해 부과하나, 과태료는 행정절차상의 의무위반에 대해 부과한다. 불속 시 과징금은 행정소송, 과태료는 비송사건절차법에 따른 법원의 재판에 의한다.

073 **수신업무**
빌려준 돈의 이자와 원금을 받는다는 의미로써 금융기관이 신용을 바탕으로 거래하는 상대방의 여유금을 예금형태로 흡수하는 업무를 말한다. 은행법에 의한 수신업무는 예금·별단예금·부수업무로 나눌 수 있다.

074 **여신업무**
여신이란 금융기관이 거래 상대방에게 금전 및 신용을 제공하는 거래행위를 뜻하는데 여신은 자금공여를 수반하는 신용공여인 대출 등과 자금공여를 수반하지 않는 지급보증 등을 포함한다.
• 좁은 의미 : 어음대출, 증서대출, 할인어음, 당좌대출, 신탁대출, 카드론(장기카드대출)
• 넓은 의미 : 기존대출에 지급보증, 사모사채인수, 대여유가증권 등
• 여신거래 = 직접적 금전대여 + 신용공여도(여신거래기본약관)

075 **소비자 금융**
광의의 소비자금융은 법인기업 여신을 제외한 모든 여신이지만, 협의의 소비자금융은 가계여신을 의미한다.

현금의 범위

076 **통화** : 한국은행권, 주화

077 **자점권** : 어음, 수표, 제 증서로서 그 지급지가 자점인 것을 말한다.

078 **타점권** : 통화와 자점권 이외의 어음, 수표와 제 증서로서 어음 교환에 회부해서 추심할 수 있는 것을 말한다.

079 **의심스런 거래보고제도**
금융거래와 관련하여 수수한 재산이 불법재산이라 의심되는 합당한 근거가 있거나 금융거래의 상대방이 자금세탁행위를 하고 있다고 의심되는 합당한 근거가 있는 경우 이를 금융정보분석원장에게 보고하도록 하는 제도이다.

080 **고액현금거래보고제도**
금융회사는 1천만원 이상의 원화 현금을 금융거래 상대방과 지급 또는 영수한 경우 그 사실을 30일이내에 금융정보분석원장에게 보고하여야 한다.

081 **고객확인의무**
고객의 신원확인 및 검증 거래관계의 목적, 실소유자 확인 등 고객에 대해 합당한 주의를 기울여 금융기관이 제공하는 금융거래 또는 서비스가 자금세탁 등의 불법행위에 이용되지 않도록 하는 제도이다.

082 **실소유자**
고객을 최종적으로 지배하거나 통제하는 자연인으로 해당 금융거래의 궁극적 혜택을 보는 개인을 말한다.

083 **배 서**
지시증권의 특유한 양도방법으로 증권상의 권리자가 그 증권에 소요사항을 기재하고 서명하여 이를 상대방에게 교부하는 행위를 말한다.

084 **수 표**
발행인이 은행 등 금융기관에 당좌예금을 자금으로 하여 일정금액의 지급을 의뢰하는 유가증권을 말한다.

085 횡선수표

도난이나 분실로 인한 위험방지를 위해 수표의 앞면 상단에 두 줄의 평행선을 그어 사용하는 수표를 말하며 평행선 사이에 지정표시가 없거나 은행 또는 은행도라고 기재한 것을 일반횡선수표, 평행선 사이에 은행명칭을 기재한 것을 특정횡선수표라 한다.

086 선일자수표

은행에 지급할 이자를 줄이거나 수표의 지급 제시 시간을 늦춰 수표의 부도를 예방하기 위한 목적으로 사용되고, 수표에 기재된 발행일자 이전에 현실적으로 발행되어 있는 수표를 말한다.

087 원천징수

원천(源泉)이란 물이 흘러나오는 근원지를 말한다. 따라서 원천징수는 소득의 근원에서 세금을 징수하는 것으로 소득을 지급하는 자가 소득의 일정부분에 대해 세금으로 미리 차감하고 지급한 뒤 이를 관할 세무서에 신고·납부하는 제도이다.

088 공시최고

법원이 일정한 권리나 청구의 신고를 시키되 그 신고가 없는 경우에는 수표상의 권리를 상실하게 하는 효과를 발생케 하는 독촉절차로 법원 내의 게시판에 게시하고 관보 또는 공보에 게제한 날로부터 3개월간 최고기일을 둔다.

089 제권판결

법원에서 공시최고 일정기간 내에 권리를 신고하게 하여 이를 주장하는 자가 없는 경우 당해 수표의 무효화(소극적 효력)와 수표상 채무자에 대하여 수표상의 권리를 행사할 형식적 자격을 부여(적극적 효력)하는 법원의 판결을 말한다.

채무관계인

090 차주 : 대차계약에서 빌리는 사람을 의미한다. 임대차인 경우에서는 임차인이 되며, 빌려주는 사람의 입장에서는 대주가 된다.

091 보증인 : 주채무자가 채무를 이행하지 않는 경우에 그 채무를 대신 부담하는 사람을 말하고, 보증인으로 되는 자는 행위능력 및 변제자력이 있어야 하며, 변제자력이 없게 된 때에는 채권자는 보증인의 변경을 청구할 수 있다.

092 담보제공자 : 차주의 금융기관 대출을 위해 담보를 제공해 주는 사람을 말한다. 여신거래의 차주, 보증인 및 담보제공자 등은 법률상, 사실상 완전한 능력자이어야 한다.

대출의 상환방법

093 **일시상환** : 약정된 기일에 일시에 상환하는 방법이다.

094 **원금균등 분할상환** : 매 일정기간마다 원금을 갚아나가고 줄어드는 원금의 이자를 함께 갚아나가는 방식이다. 매월 납입하는 금액이 갈수록 적어지는 구조이다.

095 **원리금균등 분할상환** : 매 상환일에 상환되는 금액이 대출기간 동안 동일한 액수로 상환이 되는 방법이다.

096 **불균등 분할상환** : 여신기간 중 상환금액 또는 상환기간이 불균등하게 상환되는 방법이다.

097 **혼합방식상환** : 매출금액 및 일정금액은 약정기간 동안 균등분할상환하고 잔액은 만기일에 일시 상환하는 방법이다.

098 **개인신용평가시스템**
CSS(CREDIT SCORING SYSTEM)라고 하며 금융기관에서 개인의 신용도를 과학적·통계적으로 분석하여 가계여신 신청인 및 보증인에 대한 신용도를 예측하는 개인신용평가 방법이다.

099 **최우선변제권**
주택임대차 계약관계에 있어 임차인(세입자)의 최소한의 권리를 보호하기 위해 민법보다 상위에 존재하는 특별법(주택임대차보호법)을 통하여 임차주택의 경·공매 시 소액임차인의 보증금 중 일정액을 다른 담보물권자보다 우선하여 변제받는 권리를 말한다.

등 기

일정한 권리관계를 공시하기 위하여 등기관이 법정절차에 따라서 공부(公簿)에 기재하는 것을 말한다. 등기부는 등기번호란, 표제부(아파트 등 집합건물의 경우 표제부가 2개임), 갑구, 을구의 4부분으로 되어 있다.

100 **등기번호란** : 토지나 건물대지의 지번이 기재되어 있다.

101 **표제부** : 토지와 건물의 내용, 즉 소재지, 구조 등이 변경된 순서대로 적혀 있다.

102 **갑구** : 소유권에 관한 사항이 접수된 일자순으로 적혀 있다.

103 을구 : 소유권 이외의 권리인 저당권, 지상권 같은 제한물권에 관한 사항을 기재한다.

104 속인주의
국민을 기준으로 하여 그 나라의 국적을 가진 사람이라면 자국에 있든지 타국에 있든지 그 소재 여하를 불문하고 자국의 법을 적용되어야 한다는 원칙이다. 우리나라의 국적법은 속인주의를 원칙으로 하되 보충적으로 속지주의를 적용하고 있다.

105 속지주의
속인주의가 국적을 기준으로 법을 적용 한다면 속지주의는 영역을 기준으로 법을 적용하는 주의, 즉 한 국가의 영역 안에 있어서는 자기 나라 사람이거나 외국 사람이거나를 불문하고 다 같이 그 나라 법의 적용을 받는다는 것이다.

106 당발송금
해외로 보내는 외화송금으로 국내의 송금인이 외국의 수취인에게 외화자금을 지급할 목적으로 외국환 은행에 원화 또는 외화로 송금대전을 지급하고 외국에 있는 은행을 지급은행으로 하여 외국의 수취인 에게 송금하는 것을 말한다.

107 타발송금
해외에서 들어오는 외화송금으로 해외의 송금은행이 환거래은행을 거쳐 국내 외국환은행을 지급은행 으로 지정하여 보내오는 외화송금을 말한다.

환업무

108 환 : 서로 멀리 떨어져 있어 채권·채무관계를 현금을 송치하지 않고 결제하는 제도를 말한다. 국내에 서 이루어지면 내국환, 외국과 이루어지는 경우를 외국환이라 한다.

109 당발환·타발환 : 환거래 발생기준으로 시작점이 되는 은행을 당발은행이라 하는데 환거래 시작이 자행이면 당발환, 상대은행이면 타발환이 된다. 또한 자급을 지급하는, 거래가 끝나는 은행을 타발은 행이라 한다.

110 전 금
은행 내부상 업무처리를 위해 자금을 수납하여 상대점 앞으로 보내주는 환업무를 말한다.

111 역 환
은행 내부적인 본·지점 간의 자금의 역청구 제도로 전금과 반대로 자금을 미리 수취하고 결제를 상대점 앞으로 청구하는 환으로 반드시 영업점장의 승인을 받아야 한다.

112 어 음

일정한 시기에 일정한 장소에서 일정한 금액을 지급하기로 약속한 유가증권을 말한다. 현재 어음법상에서는 약속어음과 환어음이 있으며 당좌계정을 거래하고 있는 거래처만 사용할 수 있다.

113 가마감 · 마감

당일자 계산을 확정하기 위해 거래를 완료하는 것을 마감이라 하며, 본 마감 전에 미리 정확 여부를 확인하기 위해 하는 것을 가마감이라고 한다. 즉, 각 단위 업무 당 당일자 업무의 종료하도록 하는 절차를 말한다.

114 전 표

은행의 모든 계산거래에 기본이 되는 단위로, 발생한 거래를 기록 계산하기 위해 거래내용을 간단하게 기재한 자료로서 회계상의 거래가 발생되면 반드시 전표를 작성하여야 한다.

115 지 로

일상적인 거래에서 발생하는 채권, 채무의 결제나 각종 자금 이전을 지급인과 수취인이 직접 현금이나 수표를 주고받는 대신에 예금계좌를 이용하여 결제하는 종합적인 지급결제제도이다.

116 신 탁

재산의 소유권을 믿을만한 타인에게 맡겨 관리하게 하는 것을 말한다. 신탁은 오래전부터 재산을 지키기 위한 수단으로 활용되었는데 오늘날에는 재산증식수단으로서의 신탁이 성행하게 되었다.

117 집합투자

2인 이상에게 투자를 권유하여 모은 금전 등을 투자자로부터 일상적인 운용지시를 받지 아니하면서 재산적 가치가 있는 투자대상자산을 취득하거나 처분, 그 밖의 방법으로 운용하여 그 수익을 투자자에게 돌려주는 것을 말한다.

118 신용카드할인

'카드깡'이라하며 물품 판매를 가장하여 신용카드 거래행위를 통해 자금을 융통해 주는 것을 말하는데 위장 카드가맹점을 통해 허위로 매출을 발생시키거나 물품을 구매했다가 재판매하는 방법으로 카드 결제한도까지 남아있는 금액을 미리 당겨서 쓰게 하는 불법 현금융통행위이다.

119 그림자 금융

전통적인 은행은 아니지만 은행과 유사한 기능을 수행하면서도 은행과 같은 엄격한 건정성 규제를 받지 않는 금융기관 및 금융활동에 의한 신용중개를 일컫는다. 현재는 유사은행업에 대한 규제강화와 투자유입감소로 그 규모는 축소되었다.

120 금융문맹

일상적인 영역과 산업분야에서 금융이 차지하는 중요성이 커짐에 따라 금융 관련 지식이 부족하여 돈의 소중함과 관리방식을 모르고 제대로 활용하지 못하는 사람들을 금융문맹이라 한다. 금융문맹이 될 경우 국민 개개인의 삶의 질이 저하될 수 있으며 사회성장기반도 악화될 수 있다.

아이들이 답이 있는 질문을 하기 시작하면 그들이 성장하고 있음을 알 수 있다

- 존 J. 플롬프 -

워밍업!
핵심정리노트

1과목	텔러기본지식
2과목	창구실무 I
3과목	창구실무 II

지식에 대한 투자가 가장 이윤이 많이 남는 법이다.

– 벤자민 프랭클린 –

PART 01

텔러기본지식 27문항

1장 금융경제일반(3문항)

01 화폐는 ( ), ( ), ( ), ( )의 기능을 수행한다.

02 ⃞O ⃞X 화폐발행제도는 대부분 금본위제에서 관리통화체제로 전환하였다.

03 ⃞O ⃞X 양도성예금증서(CD), 환매조건부채권(RP), 표지어음 등 시장형상품은 협의통화(M1)에 포함된다.

04 우리나라에서는 시중통화량을 파악하는 지표로 (A)를 활용하며, (A)는 예금취급기관이 발행한 금융상품들 가운데 통화보유주체들이 보유하고 있는 ( ), ( ), ( )의 합으로 정의된다.

05 통화지표는 ( ), ( ), ( )의 3가지 요소에 의해 결정된다.

정답

01 교환의 매개, 가치의 저장, 가치척도, 이연지급

02 O

03 X ▸ 협의통화(M1) → 광의통화(M2)

04 A : 광의통화(M2), 현금통화, 결제성예금, 기타예금(2년 미만)

※ **통화 및 유동성지표**

통화지표	협의통화(M1)	단기금융시장의 유동성 수준을 파악하는 지표
	광의통화(M2)	시중통화량을 파악하는 지표
유동성지표	금융기관유동성(Lf)	금융기관이 공급하는 유동성
	광의유동성(L)	한 나라의 경제가 보유하고 있는 전체 유동성을 측정하는 지표

05 금융상품의 종류, 통화 발행주체, 통화 보유주체

※ **통화지표 결정의 3가지 요소**

구 분	금융상품의 종류	통화 발행주체	통화 보유주체
M1	현금통화 + 결제성예금	예금취급기관	예금취급기관과 중앙정부를 제외한 모든 거주자 단위
M2	M1 + 기타예금(2년 미만)		• 공공 및 기타 비금융기업
Lf	M2 + 기타예금(2년 이상) + 생보사 보험계약준비금 + 증권금융 예수금	예금취급기관 + 생명보험사, 증권금융	• 중앙정부 이외의 정부단위(지방정부 및 사회보장기구) • 가계 및 민간비영리단체
L	Lf + 기타금융기관 상품 + 정부, 기업 발행채권 등	예금취급기관 + 생명보험사, 증권금융 + 정부, 기업 등	• 예금취급기관 이외의 금융기관

06 본원통화 = 화폐발행액 + 금융기관 지급준비예치금 = 민간보유현금 + 금융기관 지급준비금 = 민간보유현금 + 금융기관 보유현금(시재금) + (　　　　　　　　　)

07 (　　　　)는 본원통화(RB)에 대한 통화량(M)의 배율을 의미한다.

08 ○× 100만원을 연 10% 단리로 2년간 예금하면 2년 후 받게 되는 원리합계는 121만원이다.

09 ○× 피셔방정식에 따르면 실질금리는 명목금리에서 기대인플레이션을 합산하여 구할 수 있다.

10 회사채 발행의 (　　　) = 연간이자/(발행금리 − 발행수수료)

11 금리는 (　　　), (　　　), (　　　)의 기능을 수행한다.

12 금융기관들이 일시적인 자금과부족을 조절하기 위해 초단기자금을 거래하는 시장에서 형성된 1일물 금리를 (　　　)라고 하며, 한국은행이 자금중개회사들로부터 개별 거래금액과 금리를 통보받아 거래액을 기준으로 가중평균하는 방식으로 매일 산출한다.

13 (　　　　　)은 채권시장을 대표하는 채권에 대한 장 마감 시의 수익률 평균을 나타내는 지표로 채권매매 시 기준가격의 역할을 수행하므로 실세 수익률의 흐름과 시장기조를 예측할 수 있다.

14 (　　　　)는 국내 8개 은행(6개 시중은행, 농협, 중소기업은행)들이 제공한 자금조달 관련 정보를 기초로 하여 산출되는 자금조달비용지수로서, (　　　), (　　　), (　　　)로 구분되어 공시된다.

정답

06 금융기관 지급준비예치금(중앙은행 예치금)

07 통화승수(k)

08 × ▸ 단리 → 복리. 단리일 경우 120만원(= 100만원×(1+0.1×2))이 된다.

09 × ▸ 실질금리는 명목금리에서 기대인플레이션을 차감하여 구할 수 있다.

10 실효금리

11 자금수급조절, 자금배분, 경기조절

12 콜금리

13 최종호가수익률

14 COFIX, 잔액기준 COFIX, 신규취급액기준 COFIX, 단기 COFIX

15 ○× 금융시장이란 자금의 공급자와 수요자 간에 자금거래가 조직적으로 이루어지는 구체적인 형체를 지닌 장소를 의미한다.

16 ○× 금융시장은 미시적인 측면에서 금융자산의 가격결정, 투자자에 대한 높은 유동성(환금성) 제공, 금융거래의 비용과 시간 절감, 위험관리 수단 제공, 금융시장 참가자에 대한 규율, 자금중개기능 등의 기능을 수행한다.

17 우리나라의 단기금융시장(Money Market)은 일반적으로 만기 1년 이내의 금융상품이 거래되는 도매금융시장을 의미하며, ( ), ( ), ( ), ( ), ( ) 등으로 구성된다.

18 금융기관은 ( ), ( ), ( ), ( )의 기능을 수행한다.

19 은행은 ( ), ( ), ( )의 기능을 수행한다.

20 ○× 금융위원회 인허가 또는 등록을 필요로 하지 않는 겸영업무로는 유가증권의 인수·매출 및 모집·매출 주선, 환매조건부채권매매, 집합투자업, 투자자문업, 투자매매업, 투자중개업, 신탁업, 방카슈랑스, 신용카드업 등이 있다.

---

21 은행 업무를 영위하는 데 수반되는 (고유/부수/겸영)업무에는 지급보증, 어음인수, 상호부금, 팩토링, 보호예수, 수납 및 지급대행 등이 포함된다.

22 우리나라에는 (　　　), (　　　), (　　　), (　　　), (　　　) 등 총 5개의 특수은행이 있다.

23 ⃞O⃞X 특수은행은 대출재원의 상당부분을 채권발행으로 조달하며 이를 위해 일반은행보다 채권발행한도가 높다.

24 신용협동조합, 새마을금고, 농·수협·산림조합의 상호금융 등은 (　　　)에 해당한다.

25 ⃞O⃞X 우체국보험은 생명보험상품과 손해보험상품을 취급하고 있으며, 예금자보호대상에서 제외된다.

26 우체국보험은 민영보험에 비해 보험료가 상대적으로 저렴한 대신 계약보험금 한도를 1인당 (　　　) 이내로 제한하고 있다.

27 금융투자업은 경제적 기능에 따라 (　　　), (　　　), (　　　), (　　　), (　　　), (　　　)의 6개로 재분류하면서 금융규제의 체계가 기존의 금융기관별 규제에서 경제실질에 따른 (　　　) 규제체계로 전면 개편되었다.

28 ⃞O⃞X 한국은행은 금융기관을 상대로 예금을 받고 대출하는 기능을 수행한다.

29 한국은행은 (　　　), (　　　), (　　　) 등 주로 간접적인 조절방식으로 통화정책을 수행하나, 금융기관의 여수신금리 및 자산운용에 대하여 직접적으로 규제할 수도 있다.

정답

21 부수
22 한국산업은행, 한국수출입은행, 중소기업은행, 농업협동조합, 수산업협동조합
23 O
24 신용협동기구
25 X ▸ 우체국보험은 생명보험상품만 취급하며, 우체국예금과 마찬가지로 예금자보호대상에서 제외된다.
26 4천만원
27 투자매매업, 투자중개업, 집합투자업, 신탁업, 투자자문업, 투자일임업, 기능별
28 O
29 공개시장조작, 금융기관에 대한 여수신정책, 지급준비정책

30 ○× 현재 우리나라의 장기주택마련저축, 재형저축의 지급준비율은 2%이다.

31 필요 지급준비금의 (   ) 이내에서 금융기관 시재금을 지급준비금으로 인정한다.

32 ○× 현금 이외의 지급수단으로 지급이 이루어졌을 때 금융기관 등 청산기관(Clearing house)이 개입하여 최종적인 대차금액을 산출하는 과정을 지급(Payment)이라고 한다.

33 우리나라의 부보대상 금융기관에는 (   ), (   ), (   ), (   ), (   )이 있다.

34 ○× 개인 및 법인의 예금, 보험계약, 예탁금의 원금 및 이자, 금융채 등은 보호대상 금융상품에 해당한다.

35 예금보험공사가 지급하는 보험금의 한도는 원금과 소정이자를 합하여 1인당 (   )까지이다. 단, 2015년 2월 26일부터는 예금보호대상 금융상품으로 운용되는 확정기여형퇴직연금제도 또는 개인형퇴직연금제도의 적립금을 합하여 가입자 1인당 세전 최고 (   )까지 다른 예금과 별도로 보호한다.

36 부보금융기관이 예금보험공사에 납부해야 하는 예금보험료에는 (   ), (   ), (   ) 등 3가지가 있다.

---

37 ◯✕ 은행의 소유구조에 대한 규제에서 동일인은 원칙적으로 의결권 있는 발행주식 총수의 10%(지방은행은 15%)를 초과하여 은행 주식을 소유할 수 없다. 단, 동일인 주식보유한도를 초과하여 은행 주식을 보유하고자 하는 경우에는 10%(지방은행은 15%) 초과 시에만 금융위원회의 승인을 얻으면 된다.

38 사외이사제도에 의거 동 금융기관은 이사 중 (   ) 이상, 이사회 전체 이사 중 (   ) 이상을 사외이사로 선임하여야 하며, 이사회 내에 사외이사 선임을 위한 사외이사후보 추천위원회를 설치하여야 한다.

39 ◯✕ 감사위원회는 3인 이상의 이사로 구성되어야 하며, 감사위원 중 2분의 1 이상을 사외이사로 임명해야 한다.

40 (   )규제는 은행의 자산을 거래 상대방의 신용도, 채권의 만기, 담보 및 보증 유무 등을 기준으로 분류하고 위험이 높을수록 높은 가중치를 적용하여 계산된 위험가중자산에 비례하여 자기자본을 보유토록 규제하는 제도로써 위험가중자산에 대한 자기자본비율을 (   ) 이상 유지하여야 한다.

41 은행은 보유자산의 건전성을 정기적(분기 1회)으로 점검하여 (   ), (   ), (   ), (   ), (   )의 5단계로 분류하고 여신관련 손실액 이상을 대손충당금으로 적립해야 한다.

42 ◯✕ 적정시기조치 제도는 부실가능성이 있는 금융기관에 대하여 적절한 경영개선조치를 취하여 경영정상화 유도 및 가능성이 없는 금융기관을 퇴출시켜 안정성을 강화하기 위한 제도로 단계별로 경영개선권고, 요구, 명령이 있다.

정답

37 ✕ ▸ 10%(지방은행 15%), 25% 및 33% 초과 시마다 금융위원회의 승인을 얻어야 한다. 한편 비금융주력자(산업자본)는 은행주식의 4%(지방은행은 15%)를 초과하여 보유할 수 없다.

38 3인, 과반수

39 ✕ ▸ 2분의 1 → 3분의 2

40 BIS 자기자본비율, 8%

41 정상, 요주의, 고정, 회수의문, 추정손실

42 ◯

43 은행은 은행의 임직원이 직무를 수행함에 있어서 따라야 할 기본적인 절차와 기준인 (   )을(를) 정하고 이의 준수 여부를 감시할 (   )을(를) 두어야 한다.

44 (   )는 담보대출금액을 담보가치로 나눈 비율을 의미하며, (   )는 대출의 원리금 상환금액을 소득으로 나눈 비율을 의미한다.

45 ⃞O⃞X 기존에 DTI 산정 시 부채에는 신규취급 주택담보대출원리금과 기타대출 이자상환부담만 반영하였으나, 신DTI 산정 시에는 모든 주택담보대출원리금과 기타대출 이자상환부담을 반영하도록 하였다.

46 (   )는 기업이 필요한 자금을 조달할 수 있도록 하고 또는 경제주체 간 신용거래에서 발생할 수 있는 채무불이행의 위험을 경감시켜주기 위하여 담보능력이 부족한 기업에 대하여 채무이행을 보증하여 주는 제도를 말한다.

47 ⃞O⃞X 한국신용정보원은 전국은행연합회, 한국금융투자협회, 생명보험협회, 손해보험협회, 한국여신전문금융업협회 등 5개 신용정보 집중기관 및 보험개발원에서 통합 관리하던 신용정보를 분산, 관리하고 있다.

정답

43 내부통제기준, 준법감시인
44 LTV(Loan-to-Value Ratio, 담보인정비율), DTI(Debt service-to-Income Ratio, 총부채상환비율)
45 O
46 신용보증제도 ▸ 우리나라의 신용보증기관에는 신용보증기금과 기술신용보증기금 등이 있다.
47 X ▸ 분산, 관리하던 신용정보를 통합 관리하고 있다.

01 ○ × 보통예금, 저축예금은 질권설정과 양도가 금지된다.

02 ○ × 당좌예금은 소비임치계약이다.

03 은행과 체결한 예금계약은 (　　　)계약이기 때문에 예금채권의 소멸시효는 (　　　)이 걸린다.

04 ○ × 상호부금은 편무계약의 성질을 지닌 것으로 보아 왔지만, 예금적 성격을 강조하여 쌍무계약으로 보아야 한다는 견해도 있다.

05 비증권적 예금의 법률적 성질은 (　　　)이며, 증권적 예금의 법률적 성질은 (　　　)이다.

06 ○ × 증권적 예금을 했을 때 법률관계는 금전소비임치이다.

07 ○ × 창구에서 현금 입금 시 은행원이 현금을 받아 확인하는 때 예금계약은 성립한다.

08 ○ × 은행 예금거래기본약관은 타점권입금에 의한 예금계약의 성립시기를 은행이 증권을 교환에 돌려 부도반환시한이 지나고 결제를 확인했을 때로 규정한다.

09 ○ × 은행 예금거래기본약관은 자점권입금에 의한 예금계약의 성립시기를 입금 즉시로 규정한다.

정답

01 × ▸ 보통예금과 저축예금은 은행의 승낙이 있을 시 양도 가능하다.
02 × ▸ 당좌예금은 위임계약과 소비임치계약이 혼합된 계약이다.
03 상사임치, 5년
04 × ▸ 상호부금은 쌍무계약의 성질을 지닌 것으로 보아 왔지만, 예금적 성격을 강조하여 편무계약으로 보아야 한다는 견해도 있다.
05 지명채권, 지시채권 또는 무기명채권
06 × ▸ 비증권적 예금을 했을 때의 법률관계는 금전소비임치이며, 증권적 예금을 했을 때의 법률관계는 유가증권의 매매이다.
07 ○
08 ○
09 × ▸ 자점 발행의 자기앞수표의 경우에는 입금 즉시 예금계약이 성립하나, 개설점에서 지급하여야 할 증권은 그날 안에 결제를 확인했을 경우에 예금이 된다고 규정하고 있다.

10 ☐○ ☐× 계좌송금이란 지급인의 거래지시에 따라 은행이 특정계좌에서 자금을 출금하여 같은 은행 또는 다른 은행의 계좌에 입금하는 것을 말한다.

11 ☐○ ☐× 약관의 계약편입 요건에 의하면 약관의 모든 내용을 고객에게 설명하여야 한다.

12 ☐○ ☐× 약관의 계약편입 요건에 의하면 사전에 약관사본을 고객에게 교부하여야 한다.

13 ☐○ ☐× 약관의 의미가 불명확할 때에는 작성자에게 불이익하게 해석되어야 한다.

14 ☐○ ☐× 예금계약에 대해서는 예금거래기본약관의 내용이 최우선적으로 적용된다.

15 제한능력자에는 ( ), ( ), ( )이(가) 있다.

16 ☐○ ☐× 미성년자(만 19세 미만의 자)가 법정대리인의 동의 없이 법률행위를 한 때에는 법정대리인은 미성년자의 법률행위를 취소할 수 있다.

17 ☐○ ☐× 피한정후견인은 원칙적으로 행위능력이 없다.

18 ☐○ ☐× 당좌예금거래는 어음·수표의 지급사무를 위임하는 계약이므로 원칙적으로 제한능력자의 단독거래는 허용하지 않는다.

19 ☐○ ☐× 미성년자의 경우 가족관계등록부를 통해 법정대리관계를 확인한다.

정답

10 ✕ ▸계좌이체에 해당한다. 계좌송금이란 예금주가 예금계좌를 개설한 영업점인 개설점 이외에서 자기계좌에 입금하거나, 제3자가 개설점 또는 다른 영업점이나, 다른 금융기관에서 예금주의 계좌에 입금하는 것을 말한다.

11 ✕ ▸약관의 중요한 내용을 고객에게 설명하여야 한다.

12 ✕ ▸고객의 요구가 있는 경우에는 약관사본을 교부하여야 한다.

13 ○

14 ✕ ▸당해 예금상품의 약관, 예금별 약관, 예금거래기본약관 순으로 적용된다.

15 미성년자, 피성년후견인, 피한정후견인

16 ○

17 ✕ ▸미성년자와 피성년후견인은 원칙적으로 행위능력이 없지만, 피한정후견인은 원칙적으로 행위능력이 있다.

18 ○

19 ○

20 ☐○☐× 예금의 중도해지나 예금담보대출의 경우에는 위임장 이외에도 예금주 본인의 의사를 반드시 확인하여야 한다.

21 ☐○☐× 등기가 이루어지지 않은 외국회사의 경우에도 당좌계좌개설은 허용된다.

22 ☐○☐× 공동소유형태 중 총유는 구성원이 일정한 범위 내에서 사용권과 수익권, 처분권을 가진다.

23 ☐○☐× 법인격 없는 재단의 예금은 구성원 전원의 준총유에 속한다.

24 (   )이란 2인 이상의 특정인이 서로 출자하여 공동의 사업을 영위하는 것을 목적으로 결합된 단체를 말한다.

25 조합원이 조합재산에 대해 가지는 공동소유형태를 나타내는 (   )는(은) 각 조합원에게 지분이 인정되나, 그 지분의 양도나 재산분할은 제한된다.

26 여러 명이 저당권·예금채권 등 소유권 이외의 재산을 소유하는 것을 (   )라고 한다.

27 예금의 명의인과 실질적 예금주가 다른 예금을 (   )이라 한다.

28 ☐○☐× 금융실명제하에서도 합의차명 또는 도용차명에 의한 타인명의예금이 가능하다.

29 금융실명제하에서 타인명의예금의 경우 금융기관이 그 사실을 알지 못한다면 원칙적으로 (   )을(를) 예금주로 보아야 한다.

정답

20 ○

21 × ▸ 당좌계좌개설은 계속적 거래를 전제로 하기 때문에 계속적 거래를 할 수 없는 등기가 이루어지지 않은 외국회사는 당좌계좌개설이 허용되지 않는다.

22 × ▸ 공동소유형태 중 총유의 관리권과 처분권은 사단 자체에 귀속되는 반면 그 구성원은 일정한 범위 내에서 사용권과 수익권만을 가진다.

23 × ▸ 법인격 없는 재단의 예금은 재단에 속하므로, 사람(자연인)과의 관계가 형성되지 않기 때문에 총유, 공유, 합유 등의 관계가 형성될 수 없다.

24 조합

25 합유

26 준공동소유(준공유, 준총유, 준합유)

27 타인명의예금

28 ○

29 예금명의자

30 은행직원이 적극적으로 타인명의예금을 알선하거나 중개함으로써 불법 차명거래를 알선·중개한 경우 (   ) 이하의 징역 또는 (   ) 이하의 벌금이 가해진다.

31 (   )이란 2인 이상의 자가 예금주로 되어 있는 예금을 말한다.

32 ☐○☐× 준공유설, 준합유설, 공동반환특약부 분할채권설은 모두 공동예금주 1인이 단독으로 예금의 전부이건 일부이건 반환을 청구할 수 없다.

33 동업자들이 동업자금을 공동명의로 예금한 경우와 같은 조합재산인 예금채권은 조합의 성질상 조합원의 (준공유/준합유)가 된다.

34 ☐○☐× 공동명의예금 지급청구 시 어떠한 경우라도 각자 또는 그 승계인은 분할청구나 단독지급청구는 하지 아니한다.

35 ☐○☐× 공동명의예금은 향후 법적분쟁이 발생할 우려가 많으므로 개인 1인 명의로 취급하는 것이 바람직하다.

36 ☐○☐× 예금의 독단인출을 방지·감시하고자 하는 목적으로 공동명의예금을 개설한 경우 예금에 관한 관리처분권이 예금채권자 전원에게 귀속된다고 볼 수 있다.

37 예금주가 은행직원의 실수로 과다 지급된 금액을 반환하지 않을 경우 형사상 (   )를(을) 적용할 수 있다.

38 ☐○☐× 계좌송금의 법적성질은 위임계약과 금전소비임치계약이 혼합된 계약이다.

정답

30	5년, 5천만원
31	공동명의예금
32	○
33	준합유
34	○
35	○
36	× ▸ 공동명의 예금채권자들이 예금채권에 대하여 갖는 각자의 지분에 대한 관리처분권은 각자에게 귀속된다.
37	점유이탈물횡령죄
38	× ▸ 계좌송금은 위임계약일 뿐 금전소비임치계약이 혼합된 계약은 아니다.

39 ○× 현금 계좌송금의 경우 예금계약의 성립시기는 예금원장에 입금기장을 마친 때이고, 타점권 계좌송금의 경우 예금계약의 성립시기는 부도반환시한이 지나고 결제를 확인한 때이다.

40 ○× 은행이 실수로 잘못된 계좌송금을 한 경우 은행은 착오에 의한 입금 취소를 할 수 없다.

41 은행이 예금지급에 관하여 면책을 주장하기 위해서는 (   ), (   ), (   ), (   ) 등의 요건을 모두 충족하여야 한다.

42 ○× 양도성예금증서와 같은 유가증권은 그 증권의 점유자에게 지급하면 그 소지인이 정당한 권리자인지 여부와 관계없이 은행은 면책된다.

43 무통장지급, 무인감지급 등과 같이 약관이 정하는 예금지급절차를 따르지 않는 예금의 지급을 (   )이라고 하며, 예금주가 아닌 제3자에게 지급한 경우에는 면책될 수 없다.

44 ○× 상속은 사망한 사실이 가족관계등록부에 기재된 시점에서 개시된다.

45 ○× 상속이 개시되면 피상속인의 권리·의무가 상속인에게 포괄적으로 상속된다.

46 혈족상속인의 상속은 (   ), (   ), (   ), (   )의 순으로 진행되며, 배우자는 피상속인의 직계비속 또는 직계존속과 동순위로 상속권자가 된다.

47 ○× 태아는 상속인이 될 수 없다.

48 (   )이란 상속개시 전에 상속인이 사망하거나 결격자가 된 경우 그 직계비속이 순위에 갈음하여 상속권자가 되는 제도를 말한다.

정답

39	○
40	× ▸ 은행이 실수로 지정계좌 이외의 예금계좌에 입금하였다면 은행은 위임사무를 종료한 것으로 볼 수 없고 착오임이 명백하므로 그 입금을 취소할 수 있다.
41	채권의 준점유자에 대한 변제, 인감 또는 서명의 일치, 비밀번호의 일치, 은행의 선의·무과실
42	○
43	편의지급
44	× ▸ 상속은 사망한 시점에서 개시된다.
45	○
46	피상속인의 직계비속, 피상속인의 직계존속, 피상속인의 형제자매, 피상속인의 4촌 이내의 방계혈족
47	× ▸ 태아는 출생한 것으로 간주하여 상속인이 된다.
48	대습상속

49 공동상속의 경우 배우자에게는 (   ), 자녀에게는 (   )의 비율로 상속분을 배정한다.

50 ☐○☐✕ 유언집행자가 선임된 경우 유언집행자의 청구가 없더라도 상속인에게 예금을 지급할 수 있다.

51 유류분이란 유증에 의한 경우에 법정상속인 중 직계비속과 배우자는 법정상속의 (   )까지, 직계존속과 형제자매는 (   )까지 수증자에게 반환을 청구할 수 있는 권리를 말한다.

52 ☐○☐✕ 상속인은 상속의 개시가 있음을 안 날로부터 3개월 이내에 상속을 포기할 수 있다.

53 상속으로 인하여 취득할 재산의 범위 내에서 채무를 변제할 것을 조건으로 상속을 승인하는 제도를 (   )이라 한다.

54 ☐○☐✕ 예금거래기본약관은 '거래처가 예금을 양도하려면 사전에 은행에 통지하고 동의를 받아야 한다. 다만, 법령으로 금지한 경우에는 양도할 수 없다'는 양도금지특약을 규정하고 있다.

55 ☐○☐✕ 예금의 전부채권자가 예금양도금지특약의 존재를 알았다면 그 전부명령은 무효이다.

56 ☐○☐✕ 예금양도로써 은행에 대항하기 위해서는 은행의 승낙을 받아야 하고, 제3자에게 대항하기 위해서는 은행의 승낙서에 확정일자를 받아야 한다.

57 ☐○☐✕ 질권자에게 직접청구권과 변제충당권이 인정되려면 피담보채권과 질권설정된 채권이 모두 변제기에 있어야 한다.

정답

49 1.5, 1
50 ✕ ▸ 유언집행자가 선임된 경우에는 유언집행자의 청구에 의하여 예금을 지급하여야 하며 상속인에게 지급하여서는 안 된다.
51 $\frac{1}{2}$, $\frac{1}{3}$
52 ○
53 한정승인
54 ○
55 ✕ ▸ 양도금지특약을 위반하여 다른 사람에게 예금을 양도한 경우 그 양도는 무효하다. 다만 전부채권자가 그 특약을 알고 있든 모르고 있든 관계없이 전부명령은 유효하다.
56 ○
57 ○

58 ☐○☐× 질권설정된 예금의 예금주가 이자의 지급을 요청하는 경우에는 질권자의 동의가 없어도 지급할 수 있다.

59 ☐○☐× 질권설정된 예금을 다른 종목의 예금으로 바꾼 경우에는 두 예금채권 사이에 동일성이 인정되므로 원칙적으로 다른 종목의 예금에도 질권의 효력이 미친다.

60 ☐○☐× 합병의 효과로 존속회사는 소멸회사의 권리의무를 포괄적으로 승계하므로 소멸회사의 예금은 채권양도 등의 절차 없이 당연히 존속회사의 예금이 된다.

61 ☐○☐× 예금에 대한 압류명령의 효력이 발생하는 시기는 그 결정문이 채무자에게 송달된 때이다.

62 당좌예금에 대한 가압류가 있는 경우 당좌예금의 지급자금이 지급제시된 어음금액보다 적을 때의 부도사유는 (   )이고, 같거나 많을 때의 부도사유는 법적으로 가해진 (   )이다.

63 ☐○☐× 당좌예금에 대하여 장래 입금될 금액에 대한 압류가 있는 경우 당좌대출을 상환하거나 당좌대출을 증가시킬 수 없다.

64 (   )이란 집행채무자(예금주)가 제3채무자(은행)에 대하여 가지는 예금채권을 집행채권과 집행비용청구권에 갈음하여 압류채권자에게 이전시키는 법원의 명령을 말한다.

65 ☐○☐× 추심명령은 즉시항고가 허용되므로 확정되어야 그 효력이 생긴다.

66 ☐○☐× 체납처분압류는 가압류의 선·후에도 불구하고 항상 우선한다.

정답

58 × ▸ 질권의 효력은 그 원금뿐 아니라 이자에도 미치므로 질권설정된 예금의 예금주가 이자의 지급을 요청하는 경우에도 질권자의 동의하에서만 지급할 수 있다.

59 × ▸ 질권설정된 예금을 기한갱신하는 경우에는 동일성이 인정되므로 질권이 그대로 유지되지만, 다른 종목의 예금으로 바꾼 경우에는 새로이 성립하는 예금채권에 미치지 않는다.

60 ○

61 × ▸ 가압류명령이 제3채무자(은행)에게 송달된 때이다.

62 예금부족, 지급제한

63 × ▸ 압류의 효력은 예금채권에 대하여만 미치므로 당좌대출을 상환하거나 당좌대출이 증가되더라도 아무런 지장이 없다.

64 전부명령

65 × ▸ 추심명령은 전부명령의 경우와 달리 제3채무자에 대한 송달로써 그 효력이 생긴다. 반면, 전부명령은 확정되어야 그 효력이 생긴다.

66 ○

67 ☐☒ 전부명령이 체납처분압류보다 먼저 있는 경우에도 체납처분이 우선한다.

68 ☐☒ 추심명령이 체납처분압류보다 먼저 있는 경우에는 추심명령이 우선한다.

69 ☐☒ 채무자의 1월간 생계유지에 필요한 예금, 학교법인의 수업료, 국민기초생활보장법상 급여가 입금되는 곳으로 지정된 급여수급계좌, 별단예금 중 주식청약증거금과 사채청약금은 압류가 금지되는 예금채권이다.

70 상계의 기능에는 (   ), (   ), (   )이 있다.

71 상계의 요건에는 (   ), (   ), (   ), (   ), (   )의 5가지가 있다.

72 ☐☒ 상계를 하기 위해서는 수동채권도 반드시 변제기에 있어야 한다.

73 형식상으로는 상계권의 행사나 실질상으로는 신의칙에 반하거나 권리남용에 해당하여 상계권의 행사로 볼 수 없는 것을 (   )이라 한다.

74 ☐☒ 상계통지는 반드시 서면으로 해야 한다.

75 ☐☒ 상계의 효과는 상계의 의사표시가 상대방에게 도달한 때 나타난다.

정답

67 ✕ ▸ 전부명령이 체납처분압류보다 먼저 있는 경우에는 전부명령이 우선하며, 전부된 예금을 제외한 잔액에 대하여 체납처분압류의 효력이 미친다.

68 ✕ ▸ 체납처분압류와 추심명령이 있는 경우에는 원칙적으로 그 우선순위를 묻지 않고 체납처분압류가 우선한다.

69 ✕ ▸ 주식청약증거금과 사채청약금은 발행회사 또는 청약인에게 반환청구권이 있는 압류가 가능한 예금채권이다.

70 간이결제기능, 당사자의 공평유지기능, 담보적 기능
   ＊ 상계란 채권자와 채무자가 서로 상대방에 대해서 같은 종류의 채권을 가지는 경우에, 채권자 또는 채무자 한 쪽의 일방적 의사표시에 의해 그 채권과 채무를 같은 금액에서 소멸케 하는 것을 목적으로 하는 단독행위이다.

71 당사자 사이에 대립하는 두 채권이 있을 것, 목적이 서로 동일할 것, 두 채권이 변제기에 있을 것, 상계금지채권이 아닐 것, 상계남용에 해당하지 않을 것

72 ✕ ▸ 자동채권(대출채권)은 기한이 도래하여야 상계할 수 있으나, 수동채권(예금 등)의 기한은 채무자의 이익을 위한 것으로 추정되고, 채무자가 포기할 수 있으므로 수동채권은 반드시 변제기에 있을 필요는 없다.
   ＊ 상계를 하려는 자의 채권을 자동채권이라 하고, 상계당하는 자의 채권을 수동채권이라 한다.

73 상계권의 남용

74 ✕ ▸ 상계통지는 불요식행위이므로 반드시 서면으로 해야 하는 것은 아니나, 은행은 통상 배달증명부 내용증명 우편으로 통지하고 있다.

75 ✕ ▸ 상계의 효과는 각 채무가 상계할 수 있는 때 나타난다. 즉, 상계적상에 있을 때 대등액에 관하여 당사자 양쪽의 채권이 소멸한 것으로 본다(상계의 소급효).

76 ☐O☐× 자기앞수표발행의 법적성질은 위임설이 통설이다.

77 사고신고를 이유로 부도처리된 자기앞수표의 소지인이 은행을 상대로 수표금청구 소송을 제기하는 경우, 은행이 사고신고인에 대하여 취하게 되는 법적절차는 (   )이다.

78 수표소지인의 제권판결에 대한 불복의 소는 제권판결의 사실을 안 날로부터 (   ) 이내에만 가능하며, 체권판결선고일로부터 (   )이 경과한 후에는 제소할 수 없다.

79 ☐O☐× 제권판결은 공시최고신청인을 실질상·수표상의 권리자로 확정하는 것으로 은행은 제권판결취득자인 사고신고인에게 수표금을 지급할 의무가 있다.

80 당좌계정은 (   ), (   ), (   ), (   )의 경우 사고가 발생한다.

81 ☐O☐× 약속어음이나 수표에 대한 피사취, 계약불이행의 경우 사고신고인은 제권판결을 받을 수 없다.

82 (   )는 어음발행인이 지급자금의 부족으로 인한 거래정지처분의 회피를 목적으로 사고신고서 등을 제출하는 것을 방지함과 아울러 선의의 어음소지인에게 당해어음의 지급을 담보하여 어음거래질서의 안정을 도모하기 위한 제도이다.

83 ☐O☐× 사고신고담보금 처리를 위한 약정은 제3자를 위한 계약이므로 은행은 원칙적으로 어음발행인에 대한 대출채권과 사고신고담보금을 상계처리할 수 없다.

84 ☐O☐× 사고신고담보금 지급 시 법적인 확정절차가 종료될 때까지는 어음소지인과 어음발행인은 모두 정지조건부 채권자이다.

정답

76 × ▸ 발행은행이 발행의뢰인에게 자기앞수표를 매매하는 것이라고 보는 매매설이 통설이다.

77 소송고지

78 1개월, 3년

79 × ▸ 제권판결은 공시최고신청인에게 수표상의 권리를 행사할 수 있는 형식적인 자격만을 인정하는 데 불과한 것이므로 은행은 제권판결취득자인 사고신고인에게 수표금을 지급할 의무가 있는 것이 아니다.

80 위조·변조, 멸실·훼손, 분실·도난, 피사취·계약불이행

81 O

82 사고신고담보금제도

83 O

84 O

85 ⊙⊠ 사고신고담보금의 예치자는 사고신고인인 어음소지인이다.

86 ⊙⊠ 사고신고담보금은 사고신고서 접수의 시점에서 예치 받는다.

87 ⊙⊠ 당해어음이 지급제시기간 내에 제시되지 않은 경우 은행은 사고신고담보금을 어음소지인에게 지급할 수 있다.

88 ⊙⊠ 사고신고 또는 지급정지가처분사유가 분실·도난이고 당해 어음에 대한 제권판결을 받아 법원의 판결문을 제출하고 1개월이 경과한 경우 제권판결을 받은 자에게 지급가능하다.

정답

85 ✕ ▸ 사고신고담보금의 예치자는 사고신고인인 어음발행인이다.

86 ✕ ▸ 사고신고담보금은 사고신고서 접수의 시점이 아니라 부도반환시점에서 예치 받는다.

87 ✕ ▸ 어음소지인이 아닌 어음발행인에게 지급할 수 있다.

88 ○

01 고객서비스의 새로운 패러다임은 (양/질), (국내화/세계화), (보호된 시장/개방된 시장), (고객중심/자사중심), (고객만족/시장점유율), (판매자 시장/구매자 시장), (감성 중시/기능 중시), (유연성/경직성)으로 변화되었다.

02 (   )란 고객의 만족과 직원의 만족도 수준 간에는 매우 밀접한 정의 관계가 있다는 것을 의미한다.

03 고객이 나를 느끼는 순간을 의미하는 (   )에서 창구직원의 응대 서비스에 따라 고객만족도가 결정된다.

04 ○× 고객은 은행에 제공하는 상품과 직원의 서비스를 경험하는 15초 이내의 짧은 순간에 그 기업에 대한 이미지를 예상하고 판단할 수 있다.

05 은행을 방문하는 고객은 은행의 신속 정확한 업무처리와 직원의 세련된 상담 스킬을 원하는 (   ) 욕구와 직원의 인간적인 접근과 인간적인 배려를 원하는 (   ) 욕구를 모두 가지고 있다.

06 창구에서의 단계별 고객응대는 (   ), (   ), (   ), (   )의 순으로 진행된다.

07 피터드러커는 커뮤니케이션을 (   ), (   ), (   )로 정의한다.

08 고객과 커뮤니케이션을 할 때 고객이 편안한 느낌을 가지고 대화할 수 있도록 친밀한 관계를 형성하기 위해 하는 행동을 (   )라고 한다.

09 ○× 의사소통에 있어서 언어적 요소보다 시각적 청각적 요소 등 비언어적 요소가 더 많은 영향을 미친다.

정답

01 질, 세계화, 개방된 시장, 고객중심, 고객만족, 구매자 시장, 감성 중시, 유연성

02 고객만족거울 효과(Satisfaction Mirror Effect)

03 고객접점(MOT : 진실의 순간)

04 ○

05 실제적, 개인적

06 고객맞이, 고객상황판단, 욕구충족, 만족여부 확인

07 지각(知覺), 기대(期待), 요구(要求)

08 관심 기울이기

09 ○

10 ☐○☐×☐ 고객과의 상담 시 You/Be Message를 I/Do Message보다 많이 사용하는 것이 효과적이다.

11 고객의 마음을 보고 감정적으로는 물론 지적으로도 완전하고 깊게 이해하려는 의도를 가지고 상대방 대화를 경청하는 것을 (   )이라고 한다.

12 효과적인 커뮤니케이션을 위하여 말하기 (   )%, 경청하기 (   )%, 생각하기 (   )%가 적절히 조화를 이루어야 한다.

13 ☐○☐×☐ 적절한 칭찬 소재를 찾아서 분명하고 솔직하게 칭찬하여야 한다.

14 ☐○☐×☐ 문제의 해결을 위해서 여러 사람 앞에서 구체적으로 비평하는 것이 효과적이다.

15 서비스 칠거지악(七去之惡)에는 (   ), (   ), (   ), (   ), (   ), (   ), (   )의 7가지가 있다.

16 ☐○☐×☐ 고객에게 소개받기보다는 TM·DM 등을 통한 방법이 더 효과적이다.

17 ☐○☐×☐ 창구세일즈에서 직원은 은행을 대표하기 때문에 자신의 이름을 밝힐 필요가 없다.

18 상품구매 심리 7단계는 (   ), (   ), (   ), (   ), (   ), (   ), (   )의 순으로 진행된다.

19 ☐○☐×☐ 고객상담 시 도입부에서는 고객의 주의를 끌기 위해 처음 1분을 중요하게 사용해야 한다.

정답

10 × ▸ 고객과의 상담 시 I/Do Message를 사용하는 것이 더 효과적이다.
11 공감적 경청
12 10, 30, 60
13 ○
14 × ▸ 여러 사람 앞이 아닌 개인적으로 비평하는 것이 바람직하다.
15 무관심, 무시, 냉담, 어린애 취급, 로봇화, 규정집, 무책임
16 × ▸ 고객에게 소개받는 것이 때론 TM·DM보다 더 효과적이다.
17 × ▸ 서비스실명제로 고객에게 자신의 이름을 알리도록 해야 한다.
18 주의, 흥미, 연상, 욕망, 비교검토, 확신, 결정
19 ○

20 세일즈 상담의 성공 프로세스는 (   ), (   ), (   ), (   )의 4단계로 이루어진다.

21 관계형성 기법에는 (   ), (   ), (   ), (   )의 4가지 중요한 요소가 있다.

22 고객의 무관심에 대한 대응법은 (   ), (   ), (   )의 방법이 있다.

23 ☐O☐X 고객의 거래현황, 재정상태 등에 대한 질문은 문제질문에 해당한다.

24 ☐O☐X 한정질문은 고객으로 하여금 중요한 정보를 노출시키기도 하므로 개방형 질문보다 훨씬 강력하다.

25 ☐O☐X 현재서비스와 고객이 바라는 서비스 사이의 서비스 Gap을 명확히 하기 위해서는 고부가(High gain)질문을 해야 한다.

26 ☐O☐X 세일즈에 있어서 상품의 특성(Feature), 단점(Weakness), 혜택(Benefit)을 중심으로 고객에게 제안을 효과적으로 전달하여야 한다.

27 고객반론 응대의 3F기법은 (   ), (   ), (   )를 의미한다.

28 (   )은(는) 구매약속을 함축 또는 유도하는 세일즈맨의 행동으로서 고객으로 하여금 그것에 대한 승낙 또는 거절을 표시하도록 유도하는 행위를 의미한다.

29 ☐O☐X 불만고객을 응대할 시 사람, 시간, 장소 등을 변경하지 않고 일관되게 응대하여야 한다.

정답

20 고객과의 관계형성, 고객니즈 파악, 확인하기, 제안하기
21 시선 맞추기, 적응, 친밀감 조성, 감정이입
22 고객상태 수용, 고객입장 조율, 상담목적 재확인
23 X ▸ 현황질문에 해당한다.
24 X ▸ 개방형 질문은 고객으로 하여금 중요한 정보를 노출시키기도 하므로 한정질문보다 훨씬 강력하다.
25 O
26 X ▸ 단점(Weakness) → 장점(Advantage)
27 Feel(고객의 현재기분), Felt(과거 고객느낌), Found(새로운 사실발견)
28 클로징
29 X ▸ 불만고객 응대 시 3변주의로 응대하여 사람 → 시간 → 장소를 변경하여 응대한다.

01 ☐○ ☐× 내부통제제도는 금융회사가 추구하는 최종목표이다.

02 내부통제는 영업활동의 효율성 달성을 위한 성과목적, 재무 및 경영정보의 (   ), (   ), (   ) 유지를 위한 정보목적, 관련법, 규정 및 정책의 준수를 위한 준법목적을 가진다.

03 내부통제의 구성요소에는 (   ), (   ), (   ), (   ), (   )이 있다.

04 ☐○ ☐× 이사회는 전반적인 사업전략과 중요한 정책을 주기적으로 검토·승인하고 효과적인 내부통제제도 운영에 적합한 조직구조를 승인한다.

05 2015년 7월 31일 제정된 「금융회사의 지배구조에 관한 법률」상 감사위원회는 (   ) 이상의 이사로 구성하고 감사위원 중 (   ) 이상은 대통령령으로 정하는 회계 또는 재무 전문가이어야 하며, 사외이사가 감사위원의 (   ) 이상이어야 한다.

06 (   )란 기업이 사업을 운영함에 있어 접할 수밖에 없는 제 규범들과 조화를 이뤄 적정하고 건전한 사업 활동을 하기 위해 마련한 조직 내지는 장치로 총칭된다. 즉 법령, 기업윤리, 사내규범 등의 법규범을 철저히 준수해 사업운영을 완전하게 하기 위한 것으로, 법규범 위반을 조직적으로 사전에 방지하는 것이다.

정답

01 ✕ ▶ 내부통제제도는 금융회사가 추구하는 최종목표가 아니라 최종목표를 달성하기 위한 과정 또는 수단이다.

02 신뢰성, 완전성, 적시성

03 통제환경, 리스크평가, 통제활동, 정보와 의사소통, 모니터링

04 ○

※ **내부통제시스템의 적절한 운영을 위한 이사회의 임무**

- 전반적인 사업전략과 중요한 정책을 주기적으로 검토·승인
- 금융회사가 당면한 제반 리스크를 이해하고, 동 리스크에 대한 수용가능 한도를 설정하며, 경영진이 동 리스크를 인식·측정·모니터링·통제할 수 있는 제반절차를 구축·운영토록 감독
- 효과적인 내부통제제도 운영에 적합한 조직구조를 승인
- 경영진이 내부통제시스템의 유효성을 스스로 적절히 모니터링 하도록 감독

05 3명, 1명, 3분의 2

06 준법감시(컴플라이언스)

07 　ox　 준법감시인제도의 운영과 관련된 내부통제기준에는 대표이사의 임면과 해임에 관한 사항이 포함된다.

08 　ox　 준법감시인은 선량한 관리자의 주의로 그 직무를 수행하여야 하며, 자산운용에 관한 업무 등을 수행한다.

09 　ox　 내부감사기능은 경영진과는 독립적인 제3자적 관점에서 경영진의 직무를 견제·감시하는 역할을 한다.

10 　ox　 준법감시기능은 경영진의 입장에서 임직원의 내부통제기준 준수여부 점검 및 위반사항 발견 시 조사하여 감사위원회에 보고하는 역할을 한다.

11 금융소비자보호법은 금융상품 속성에 따라 (　　　), (　　　), (　　　), (　　　)으로 분류한다.

---

07 X ▸ 준법감시인의 임면절차에 관한 사항은 포함되지만, 대표이사의 임면과 해임에 관한 사항은 포함되지 않는다.

※ **내부통제기준에 포함되어야 하는 사항**

- 업무의 분장 및 조직구조
- 임직원이 업무를 수행할 때 준수하여야 하는 절차
- 내부통제와 관련하여 이사회, 임원 및 준법감시인이 수행하여야 하는 역할
- 내부통제기준의 제정 또는 변경 절차
- 준법감시인의 임면절차
- 이행상충을 관리하는 방법 및 절차 등

08 X ▸ 준법감시인은 자산운용에 관한 업무, 당해금융기관이 영위하는 은행업무와 그 부수업무, 당해금융기관이 겸영하는 금융업무를 수행하는 직무를 담당하여서는 아니 된다.

※ **준법감시인의 주요 직무**

- 내부통제기준 준수여부에 대한 점검 및 조사
- 내부통제기준 준수매뉴얼 작성·배포
- 주요업무에 대해 법규준수 측면의 사전검토
- 임직원 교육
- 임직원 윤리강령의 제정·운영 등

09 O
10 O
11 예금성 상품, 투자성 상품, 보장성 상품, 대출성 상품

12 금융소비자보호법은 금융상품판매행위 속성에 따라 (　　　　), (　　　　), (　　　　)로 분류한다.

13 금융소비자보호법상 금융상품 유형별 영업행위 준수사항으로서 (　　), (　　), (　　), (　　), (　　), (　　), (　　)를 규정하고 있다.

14 ⃞O⃞X⃞ 보장성 상품, 투자성 상품, 대출성 상품을 구매권유하는 경우 일반금융소비자의 정보를 파악하고, 그 일반금융소비자에게 적합하지 아니한 경우 구매권유를 금지하는 적정성원칙을 따라야 한다.

15 모든 금융거래에 대해 판매규제(적합성·적정성원칙 제외) 위반 시 징벌적 과징금을 부과할 수 있는 근거가 신설되었고 위반행위 관련 수입의 최대 (　　　)까지 부과가 가능하다.

16 약관규제법상 약관에 대한 내용통제의 형태로는 (　　　), (　　　), (　　　)가 있다.

17 약관규제법상 약관의 해석원칙에는 (　　　), (　　　), (　　　), (　　　) 등이 적용된다.

18 ⃞O⃞X⃞ 약관규제법에 의하면 금융회사가 명시·설명의무를 위반하여 계약을 체결한 때에는 당해 약관의 계약 내용을 주장할 수 없다.

19 ⃞O⃞X⃞ 당사자 사이에 약관의 내용과 다르게 합의한 사항이 있을 때 그 합의사항보다 약관이 우선한다.

정답

12 직접판매업자, 판매대리중개업자, 자문업자

13 적합성원칙, 적정성원칙, 설명의무, 불공정영업행위의 금지, 부당권유행위 금지, 금융상품 등에 관한 광고 관련 준수사항, 계약서류의 발급의무

14 ✕ ▸ 적합성원칙에 대한 설명이다.

    ＊ 적정성원칙이란 보장성 및 투자성, 대출성 상품에 대하여 구매권유하지 아니하고 금융상품 관련 계약을 체결하는 경우 일반금융소비자의 정보를 파악하고, 금융상품이 그 일반금융소비자에게 적합하지 아니한 경우 위험성을 알리도록 의무화하는 것을 말한다(예금성 상품에서는 미적용).

15 50%

16 편입통제, 해석통제, 불공정성통제

17 개별약정 우선의 원칙, 객관적(통일적) 해석의 원칙, 작성자불이익의 원칙, 엄격해석의 원칙

18 ○

19 ✕ ▸ 합의사항은 약관에 우선한다.

20 금융이용자의 권익이나 의무에 불리한 영향이 없는 경우에는 약관의 제정 또는 변경 후 (　　　) 이내에 금융위원회에 사후보고할 수 있다.

21 금융사고의 주요특징을 살펴보면 원인은 (　　　　　), 주체는 (　　　　　), 유형은 (　　　　　)이다.

22 금융부분의 10대 위반행위에는 (　　　), (　　　), (　　　), (　　　), (　　　), (　　　), (　　　), (　　　), (　　　), (　　　) 등이 속한다.

23 ☐○☐× 과징금과 과태료는 금전상의 제재라는 점에서 유사하나, 과징금은 행정절차상의 의무위반에 대해 부과하고, 과태료는 실체적 의무위반에 대해 부과한다는 점에서 차이가 있다.

24 형법상 횡령과 배임 또는 업무상의 횡령과 배임의 죄를 범한 자가 취득한 관련 재물 또는 재산상 이익의 가액이 (　　　) 이상일 때 가중 처벌된다.

25 금융회사가 고객에게 약관의 중요한 내용을 설명하지 않거나, 판매상품에 대하여 충분한 인식을 시키지 못한 채 상품을 권유·판매하는 행위를 금융상품의 (　　　　　)라고 한다.

26 ☐○☐× 채권발행기업이 파산하였을 때 채무 변제순위가 일반채권보다 뒤에 있는 후순위채권은 일반 채권에 비해 금리가 높고, 예금자보호 대상이기 때문에 투자자들이 선호하는 경향이 있다.

정답

20　10일

21　실적추구, 내부·공모, 위·변조

22　금융상품 불완전 판매, 대출금리·수수료 부당수취, 꺾기, 불법채권 추심행위, 대주주·계열사 부당지원, 보험사기, 보이스피싱 등 금융사기, 불법사금융, 유가증권 불공정거래, 불법 외환거래

23　× ▸ 과징금은 실체적 의무위반에 대해 부과하나, 과태료는 행정절차상의 의무위반에 대해 부과한다. 불복 시 과징금은 행정소송, 과태료는 비송사건절차법에 따른 법원의 재판에 의한다.

24　5억원

25　불완전판매(Mis-selling)

26　× ▸ 후순위채권은 일반 채권에 비해 금리가 높기 때문에 투자자들이 선호하는 경향이 있으나, 예금자보호 대상이 아니고, 회사 부도 시 다른 채권자들에 대한 부채가 청산된 후 상환될 수 있다는 위험이 있다.

27 금융상품은 원본손실가능성 여부를 기준으로 손실의 가능성이 있는 (A)과 손실의 가능성이 없는 (B)으로 분류되며, 다시 (A)은 원본초과손실가능성 여부를 기준으로 손실의 가능성이 있는 (C)과 손실의 가능성이 없는 (D)으로 분류된다. 한편, (C)은 거래소 시장 거래여부를 기준으로 거래소 시장이 존재하는 (E)과 거래소 시장이 존재하지 않는 (F)으로 분류된다.

28 자본시장법상 불완전판매에 대한 규제에는 ( ), ( ), ( ), ( ) 등이 있다.

29 금융투자업자가 일반투자자에게 투자권유를 하지 아니하고 파생상품, 그 밖에 대통령령으로 정하는 금융투자상품을 판매하려는 경우에는 ( )이(가) 적용된다.

30 펀드 불완전판매 방지를 위한 판매절차 표준매뉴얼은 ( ), ( ), ( ), ( ), ( )의 순서를 따른다.

31 자본시장법상 투자권유는 ( ), ( ), ( ), ( )의 순으로 진행된다.

32 ☐ ☒ 약정이율, 대출부대비용은 다른 대출공시사항보다 크게 표시한다.

33 ☐ ☒ 은행상품을 광고하는 경우 은행의 명칭, 은행상품의 내용, 거래조건 등의 표기는 생략이 가능하다.

정답

27 A : 금융투자상품, B : 비금융투자상품, C : 파생상품, D : 증권(주식, 수익증권 등), E : 장내파생상품(지수선물, 옵션 등), F : 장외파생상품(선도, 스왑 등)

28 신의성실의무, 이해상충 관리의무, 투자권유에 대한 규제(적합성의 원칙, 적정성의 원칙, 설명의무), 부당투자권유의 금지

29 적정성의 원칙

30 고객투자목적 등 파악, 고객 유형 분류, 고객에게 적합한 펀드 선정, 대상 펀드에 대한 충분한 설명, 사후관리

31 고객정보 파악(Know-Your Customer-Rule), 고객의 투자성향 파악, 금융투자상품의 투자위험도 분류, 고객에게 적합한 금융투자상품 권유(적합성 원칙) or 파생상품등에 대한 투자자보호 강화(적정성 원칙)

32 ○

33 ✕ ▸ 은행의 명칭, 은행상품의 내용, 거래 조건 등을 포함하여야 하고, 은행이용자의 합리적 의사결정 및 오해방지를 위하여 이자율의 범위 및 산정방법, 이자의 지급 및 부과시기, 부수적 혜택 및 비용을 명확히 표시하여야 한다.

34 6대 판매행위 규제원칙에는 (   ), (   ), (   ), (   ), (   ), (   )가 있다.

35 현행 금융상품모집인에는 (   ), (   ), (   ), (   )의 4가지 형태가 있다.

36 (   )란 금융회사가 영업활동 시 금융상품을 강요하는 행위(소위 꺾기)를 말한다.

37 대출고객의 의사와 관계없이 대출실행일 전후 (   ) 이내 판매한 예금(월적립금 기준) 등이 대출금액의 (   )를 초과하는 경우를 꺾기로 간주하여 규제한다.

38 ○× 여신거래와 관련하여 차주의 의사에 반하여 예금, 적금 등 은행상품의 가입 또는 매입을 강요하는 행위는 금지된다.

39 현행 법규상 구속행위금지의 대상은 (   )기업 또는 신용등급 (   ) 이하의 개인이다.

40 ○× 신용카드는 구속성영업행위의 대상이 된다.

41 ○× 개정 금융실명법은 모든 차명거래를 금지한다.

42 ○× 본부직원, 계약직·시간제 근무자·도급직도 실명확인의무에 대한 권한과 의무가 주어진다.

정답

34 적합성원칙, 적정성원칙, 설명의무, 구속성상품계약 체결금지, 부당권유금지, 광고규제

35 보험설계사, 신용카드모집인, 대출모집인, 투자권유대행인

36 구속성영업행위

37 1개월, 1%

38 ○

39 중소, 7등급

40 × ▶ 신용카드는 구속성 관련 판매상품에 해당하지 않는다. 예금·적금, 상호부금, 금전신탁, 소기업·소상공인공제 및 유가증권 (양도성예금증서, 금융채, 환매조건부채권, 선불카드, 선불전자지급수단, 상품권 등)이 구속성영업행위의 대상이 된다.

41 × ▶ 모든 차명거래를 금지하는 것이 아니고, 불법재산의 은닉, 자금세탁행위, 공중협박자금조달행위, 강제집행의 면탈 및 그 밖의 탈법행위를 목적으로 하는 차명거래(불법 차명거래)만을 금지하고 있다.

42 × ▶ 후선부서 직원(본부직원, 서무원, 청원경찰 등)은 실명확인을 할 수 없다. 반면 영업점 직원(본부의 영업부서, 계약직·시간제 근무자·도급직 포함)은 실명확인이 가능하다.

43 거래주체별 실명확인증표로서 개인의 경우에는 (   )이 원칙이며, 법인의 경우에는 (   ), (   ), (   )이 실명확인증표가 될 수 있다.

44 ○× 금융회사가 실명이 확인된 계좌에 의한 계속거래를 하는 경우에는 실명확인 생략이 가능하다.

45 금융회사 종사자에게 명의인의 서면상 요구나 동의 없이는 금융거래정보 또는 자료를 타인에게 제공하거나 누설할 수 없도록 (   )의무를 규정한다.

46 ○× 예금거래와 대출거래가 함께 발생하는 당좌대출, 종합통장대출 등은 비밀보장의 대상에서 제외된다.

47 금융회사가 제3자에게 금융거래정보를 제공한 경우에는 정보 등을 제공한 날로부터 (   ) 이내에 서면으로 명의인에게 통보하여야 한다.

정답

43 주민등록증, 사업자등록증, 고유번호증, 사업자등록증명원
 * 임의단체 : 납세번호 또는 고유번호가 있는 경우에는 납세번호증 또는 고유번호증이 실명확인증표가 되며, 납세번호 또는 고유번호가 없는 경우에는 대표자 개인의 실명확인증표가 된다.
 * 외국인 : 외국인등록증, 여권 또는 신분증이 실명확인증표가 된다.

44 ○
 ※ 실명확인 생략이 가능한 거래

> • 실명이 확인된 계좌에 의한 계속거래
> • 각종 공과금의 수납
> • 100만원 이하의 원화송금(무통장입금 포함)
> • 100만원 이하에 상당하는 외국통화 매입 · 매각 등

45 비밀보장

46 × ▸ 비밀보장의 대상이다.
 ※ 비밀보장 제외대상

> • 금융거래에 관한 단순통계자료
> • 성명, 주민등록번호, 계좌번호, 증서번호 등이 삭제된 다수 거래자의 금융거래자료로서 특정인에 대한 금융거래정보를 식별할 수 없는 자료
> • 순수한 대출거래 · 보증 · 담보내역 등에 관한 정보 및 자료
> * 단 예금거래와 대출거래가 함께 발생하는 당좌대출, 종합통장대출 등은 비밀보장의 대상이 된다.
> • 신용카드 발급, 가맹점 가입, 카드를 이용한 매출, 현금서비스, 기타 회원, 가맹점 및 채무관리 등에 관한 정보 및 자료
> • 대여금고 이용에 관한 정보
> • CCTV화면 관련 정보

47 10일

48 ☐×☐ 명의인의 서면상 동의에 의한 정보제공 시 동의서에 불법 동의에 대한 처벌내용을 기재하여야 한다.

49 ☐×☐ 약속어음의 경우 중간배서인에게 어음 앞·뒷면에 나타난 정보의 제공이 가능하다.

50 금융회사의 종업원이 불법 차명거래 알선·중개행위를 하거나 금융거래 비밀보장의무 위반행위를 한 경우에는 (   ) 이하의 징역 또는 (   ) 이하의 벌금에 처한다.

51 ☐×☐ 금융회사의 종업원이 실명거래의무 위반행위를 하거나 설명의무 위반행위, 금융거래정보의 제공 사실 통보의무 위반행위 도는 금융거래 정보 제공 내용 기록·관리의무 위반행위를 한 경우에는 3천만원 이하의 과태료를 부과한다.

52 신용정보란 금융거래 등 상거래에 있어서 거래 상대방의 신용도와 신용거래능력 등을 판단할 때 필요한 정보로서 (   ), (   ), (   ), (   ), (   ) 등이 있다.

53 ☐×☐ 개인정보보호자는 보유기간 경과, 개인정보의 처리 목적 달성 등 그 개인정보가 불필요하게 되었을 때에는 지체없이 그 개인정보를 파기하여야 한다.

54 ☐○☐× 개인정보 중 금융거래현황은 수집 및 이용이 금지되는 민감정보에 해당한다.

55 ☐○☐× 개인정보처리자는 고유식별정보(주민등록번호, 여권번호, 운전면허번호, 외국인등록번호)를 원칙적으로 처리할 수 없다.

정답

54 × ▸ 금융거래현황은 민감정보에 해당되지 않는다.

※ **민감정보**

- 사상·신념
- 노동조합·정당의 가입·탈퇴
- 정치적 견해
- 건강, 성생활 등에 관한 정보
- 그 밖의 정보주체의 사생활을 현저하게 침해할 우려가 있는 개인정보로서 대통령령이 정하는 정보

55 ○

1장 수신 실무(22문항)

01 은행이 자금을 조달하는 업무를 (　　　)라 하며, 자금을 대여하는 업무를 (　　　)라 한다.

02 예금은 예금주와 은행과의 계약에 의하여 예금주가 은행에 예금을 입금하면 은행은 이를 사용하고 예금주의 지급요청이 있을 경우 동액으로 반환하는 (　　　　)이다.

03 예금약관은 (　　　), (　　　), (　　　), (　　　)의 순으로 적용한다.

04 거래유형별 약관에는 (　　　), (　　　), (　　　)이 있다.

05 ○× 기본약관 또는 예금별 약관을 바꾼 때에는 1개월 전에 한 달간 이를 영업점과 인터넷 홈페이지에 거래처가 볼 수 있도록 게시하여야 한다.

06 ○× 약관변경의 내용이 거래처에 불리한 경우에는 변경약관 시행일 1개월 전에 1개 이상의 일간신문에 공고하는 등의 방법으로 거래처에 알린다.

정답

01 수신업무, 여신업무
02 금전소비임치계약(金錢消費任置契約)
03 개별약정, 예금상품별 약관, 예금의 거래유형별 약관, 예금거래 기본약관
04 입출금이 자유로운 예금약관, 거치식 예금약관, 적립식 예금약관
05 ○
06 × ▸ 2개 이상의 일간신문에 공고하여야 한다.

※ **약관의 변경 시 처리방법**

- 1개월 전에 한 달간 영업점과 인터넷 홈페이지에 게시
- 2개 이상의 일간신문에 공고
- 거래처가 신고한 전자우편(E-mail)에 의한 통지
- 현금자동지급기 · 현금자동입출금기 설치장소에 게시
- 거래통장에 표기
- 인터넷뱅킹 가입고객의 경우에는 인터넷뱅킹 초기화면에 게시

07 ◯✕ 미성년자, 피성년후견인, 피한정후견인 등 제한능력자의 예금행위는 법정대리인에 의한 대리행위가 필요하다.

08 ◯✕ 국가 및 지방자치단체 등의 공법인은 회계 전담자로 임명된 출납공무원이나 기관장 명의로 거래해야 한다.

09 비영리를 목적으로 하는 사단법인, 재단법인을 (   )이라고 하며, 주식회사, 유한회사, 합자회사, 합명회사 또는 영리사단을 (   )이라 한다.

10 ◯✕ 권리능력 없는 사단·재단으로 그 단체의 대표자나 개인명의로 거래한다.

11 외국에 거주하고 있는 자 중에서 대한민국 국적을 가진 자를 (   )라고 하며, 외국국적을 취득한 자를 (   )라고 한다.

12 ◯✕ 국민인 비거주자는 외국환거래규정에 의한 양도성예금증서에 가입할 수 있다.

13 ◯✕ 외국인 비거주자는 보통예금, 저축예금, 기업자유예금, 정기예금, 표지어음, RP에 한하여 가입할 수 있다.

14 ◯✕ 외국인 거주자는 원칙적으로 예금거래에 제한이 없다.

15 비거주자의 판정시기는 (   ), (   ), (   )이다.

16 출입국기록상 국내 체재일이 2과세기간에 걸쳐 (   )일 이상인 경우에는 특별한 사유가 없는 한 거주자로 판정한다.

정답

07 ✕ ▸ 미성년자, 피성년후견인, 피한정후견인 등 제한능력자의 예금행위는 정당한 권리자의 예금계약 취소 시 원상회복이 가능하므로 특별한 절차 없이 예금을 수납할 수 있다.

08 ◯

09 민사법인, 상사법인

10 ◯

11 국민인 비거주자, 외국인 비거주자

12 ✕ ▸ 국민인 비거주자는 외국환거래규정에 의한 양도성예금증서와 세법상 거래 제한 예금을 제외한 모든 예금을 가입할 수 있다.

13 ◯

14 ◯

15 금융상품 가입자의 상품 가입요청 시, 가입 후 매 3년마다, 만기·해지 시

16 183

17 ☐○☐× 비거주자에 대한 판정은 외국 국적이나 영주권 등의 보유 여부에 따라 차등 적용된다.

18 ☐○☐× 비거주자 판정기준표의 작성 결과 항목 모두 '예(Yes)'로 기재되면 거주자로 판정한다.

19 ☐○☐× 무기명식예금은 서명 또는 인감을 받는다.

20 ☐○☐× 최초 신규계좌 개설 시에만 실명확인증표 원본에 의하여 실명확인을 해야 한다.

21 (   )란 수표를 발행하거나 소지한 사람이 도난당하거나 분실한 수표를 부정하게 취득한 사람이 수표를 현금화하는 것을 방지하기 위한 제도를 말한다.

22 (   )는 은행 또는 거래처에 한하여 수납할 수 있으며, (   )는 피지정은행이 당행으로 지정되었을 때만 수납할 수 있다.

23 발행일부터 (   )이 경과한 국고수표, 발행일로부터 (   )이 경과한 우편환증서는 수납할 수 없다.

24 국내에서 발행된 수표의 지급제시기간은 발행일을 포함하여 (   )일이다.

25 ☐○☐× 약속어음은 지급을 한 날 또는 이에 이은 2영업일까지 지급일이므로 교환제시하여 지급은행에 도달하는 날짜를 기준으로 수납하여야 한다.

26 ☐○☐× 무통장입금은 거래완료 이전에 고객에게 수취인 성명을 재확인하고 입금처리한다.

정답

17 ✕ ▸ 비거주자 판정은 판정 기준표에 따르며 외국 국적이나 영주권 등의 보유 여부에는 불문한다.
18 ✕ ▸ 판정기준표의 항목 중 한 가지 항목이라도 '예(Yes)'로 기재되면 거주자로 판정한다.
19 ✕ ▸ 무기명식예금은 서명이나 인감을 받지 않는다.
20 ✕ ▸ 신규개설 및 재예치를 할 때마다 실명확인증표 원본에 의하여 실명확인을 하여야 한다.
21 횡선제도
22 일반횡선수표, 특정횡선수표
23 1년, 6월
24 11
25 ○
26 ○

27 ☐○ ☐× 무기명식 정기예금, 양도성예금증서, 표지어음은 예금잔액증명서를 발급할 수 없다.

28 ☐○ ☐× 질권설정 후 이행기가 도래하는 이자 채권에는 질권의 효력이 미치지 않는다.

29 잡익편입 대상계좌는 지급기일 또는 지급에 응할 수 있게 된 때로부터 (   )이 경과한 예금으로 한다.

30 ☐○ ☐× 사고신고, 질권설정, 기타 지급제한이 있는 계좌와 당좌, 가계당좌의 경우는 계좌 개설점에서만 해지처리가 가능하다.

31 ☐○ ☐× 대법원의 판례에 따라 입출식 및 저축성예금은 잡익편입 대상에 포함되고 있다.

32 ☐○ ☐× 피상속인이 입출금이 자유로운 예금 또는 거치식 예금을 보유하고 있는 경우에만 상속인이 요청하는 각자의 상속지분을 지급할 수 있다.

33 ☐○ ☐× 상속지분 지급을 요청하는 상속인에게 해당 지분만큼 지급하고 남아 있는 지분은 공탁하거나, 주의사고 등록하여 잔존시킬 수 있다.

34 ☐○ ☐× 예금채권에 대한 압류의 효력은 압류명령이 제3채무자인 은행에 송달된 때 발생한다.

35 ☐○ ☐× 예금에 대한 압류 시 압류 후의 예금이자에 대해서도 그 효력이 미친다.

36 국세·가산금 또는 체납처분비는 다른 채권에 우선한다. 다만, 질권을 설정한 경우에는 세무서의 압류등기일 또는 등록일 전에 동 질권의 설정을 등기 또는 등록한 사실이 (   ), (   ), (   )의 방법에 의하여 증명되는 경우에는 질권이 국세에 우선한다.

정답

27 ○

28 ✕ ▸ 질권의 효력은 설정된 예금의 원금과 질권설정 후 이행기가 도래하는 모든 이자 채권에도 미친다.

29 만 5년

30 ○

31 ✕ ▸ 입출식 및 저축성예금은 대법원 판례로 인해 최종거래일로부터 5년 이상 경과한 계좌이어야 잡익편입 대상에 포함한다.

32 ✕ ▸ 피상속인이 입출금이 자유로운 예금만 보유하고 있는 경우에만 지급할 수 있다. 거치식, 적립식 예금 또는 일부 지급에 제한이 있는 예금을 보유하고 있는 경우에는 불가하다.

33 ○

34 ○

35 ○

36 공증인의 증명, 질권에 대한 증명으로 세무서장이 인정하는 것, 금융기관의 장부상 증명으로서 세무서장이 인정하는 것

37 ☐○☐×☐ 이자소득의 원천징수시기는 원칙적으로 이자 등을 실제로 지급하는 때이다.

38 비거주자에 대한 원천징수세율은 지급이자액의 ( )%를 적용한다. 이 중 소득세는 ( )%, 지방소 득세는 ( )%이다.

39 ☐○☐×☐ 법인세법에서 열거된 금융보험업을 영위하는 법인의 이자로서 CD, 표지어음, RP 등의 채권에서 발생하는 소득은 원천징수 면제 대상이다.

40 ☐○☐×☐ 비과세종합저축은 원칙적으로 은행이 취급하는 모든 예금이 대상이지만 CD, 표지어음 등과 같이 증서로 발행되고 유통할 수 있는 예금은 제외된다.

41 ☐○☐×☐ 비과세종합저축의 만기 후 발생한 이자에 대하여도 완전 비과세를 적용한다.

42 비과세종합저축의 예치한도는 기존의 세금우대종합저축과 생계형저축한도를 포함하여 통합한도로 원금 을 합하여 ( )이다.

정답

37 ○

38 22, 20, 2

39 × ▸ CD, 표지어음, RP 등의 채권에서 발생하는 소득은 과세대상이다.

　　 ※ **원천징수 면제 대상**

> • 국가 또는 지방자치단체, 사업자등록번호상 구분코드가 83번인 정부기금
> 　 * 민간기금은 원천징수 대상
> • 국립학교 및 공립학교
> 　 * 사립학교는 원천징수 대상
> • 신탁회사·투자신탁회사·증권예탁원의 신탁 및 예탁재산
> • 법인세법에서 열거된 금융보험업을 영위하는 법인의 이자
> 　 * 단, CD, 표지어음, RP 등의 채권에서 발생하는 소득은 과세 대상

40 ○

　　 ※ **비과세종합저축의 제외대상**

> • 증서로 발행되고 유통할 수 있는 예금 등 : CD, 표지어음, 무기명정기예금 등
> • 어음·수표 등에 의해 지급할 수 있는 예금 등 : 당좌예금, 가계당좌예금
> • 조세특례제한법에서 규정하고 있는 예금 등
> • 기 취급 중인 비과세예금 등 : 연금저축신탁 등
> • 환율변동에 의하여 한도관리에 어려움이 있는 외화예금 등

41 × ▸ 만기해지뿐만 아니라 중도해지 시에도 완전 비과세를 적용하지만 만기 후 발생한 이자에 대하여는 일반 과세한다.

42 5천만원

43 ⬚○|×⬚ 비과세종합저축의 명의변경 및 양수도는 허용하지 아니한다.

44 ⬚○|×⬚ 자금세탁방지업무제도에서 의심스러운 거래보고 제도(STR)의 기준금액은 폐지되었으며, 고액현금거래보고(CTR)의 기준금액은 2019년부터 1천만원이다.

45 고액현금거래보고(CTR)는 그 거래사실을 (   ) 이내에 금융정보분석원장에게 보고하여야 한다.

46 ⬚○|×⬚ 비과세종합저축은 주민등록증 등으로 확인하여 만 65세 이상인 거주자이면 가입이 가능하다.

47 고객의 거래행위를 고려한 위험도에 따라 고위험의 경우는 (   ), 중·저위험의 경우는 (   )마다 재확인하여 고객확인의무(CDD)를 지속적으로 관리한다.

48 ⬚○|×⬚ 1천만원 이상의 일회성 금융거래는 고객확인의무를 실행할 대상 금융거래이다.

49 ⬚○|×⬚ 금융소득종합과세는 부부의 소득을 합산하여 2천만원을 초과하는 경우에 모든 금융소득과 타종합소득을 합산하여 과세하는 제도이다.

정답

43 ○

44 ○

45 30일

46 ○

47 1년, 3년

48 ✕ ▸ 1천 5백만원(미화 1만불 상당액) 이상의 일회성 금융거래가 고객확인의무를 실행할 대상 금융거래이다.

　※ **고객확인의무를 실행할 대상 금융거래**

> • 예금계좌의 신규개설과 기타 계속적 금융거래를 개시할 목적으로 계약을 체결하는 경우(여신, 보험, CD발행, 대여금고, 보관어음수탁 등)
> • 1천 5백만원(미화 1만불 상당액) 이상의 일회성 금융거래
> • 금융거래의 실제 당사자 여부가 의심되는 등 자금세탁행위*나 공중협박자금조달행위**를 할 우려가 있는 경우
> 　* 자금세탁행위 : ❶ 불법재산의 취득·처분 또는 발생 원인에 대한 사실을 가장하거나 그 재산을 은닉하는 행위나,
> 　　❷ 탈세목적으로 재산의 취득·처분 또는 발생 원인에 대한 사실을 가장하거나 그 재산을 은닉하는 행위
> 　** 공중협박자금조달행위 : 공중협박자금에 이용된다는 점을 알면서 자금 또는 재산을 모집·제공하거나 이를 운반·보관하는 행위 및 위의 행위를 강요하거나 권유하는 행위

49 ✕ ▸ 금융소득은 부부의 소득을 합산하지 않고 별도로 계산한다.

50 소득세법상 종합소득에는 (　　　　), (　　　　), (　　　　), (　　　　), (　　　　), (　　　　), (　　　　)이 있다.

51 종합과세대상 금융소득 = 금융소득 − (　　　)예금의 금융소득 − (　　　　)되는 금융소득

52 입출금이 자유로운 예금에는 (　　　), (　　　), (　　　), (　　　), (　　　), (　　　)이 있다.

53 ☐○☐× 보통예금은 예치금액, 예치기간의 제한이 없다.

54 ☐○☐× 저축예금은 개인이나 법인 구별 없이 가입할 수 있다.

55 ☐○☐× 기업자유예금은 사업자등록증이 있는 법인사업자만 가입할 수 있으며, 개인사업자는 가입할 수 없다.

56 ☐○☐× 시장금리부 수시입출식 예금(MMDA)은 개인 및 기업이 모두 가입할 수 있으며, 금리네고가 가능하다.

정답

50 이자소득, 배당소득, 부동산임대소득, 사업소득, 근로소득, 일시재산소득, 기타소득

51 비과세, 분리과세

　※ **비과세 금융소득**

　　• 연금저축신탁 상품 등의 원가 시 발생하는 이자
　　• 비과세종합저축, 생계형저축, 재형저축 상품 등의 이자소득세가 없는 이자
　　• 주식과 채권의 양도 시 발생하는 매매차익
　　• 계약기간이 10년 이상인 저축성 보험차익

　※ **분리과세되는 금융소득**

　　• 세금우대저축이자
　　• 분리과세 신청된 상환기간이 10년 이상인 장기채권 매입 후 분리과세 신청 시 매입 수 3년 경과 후부터 발생된 이자는 30% 분리과세
　　• 비실명예금의 이자
　　• 비거주자금융소득

52 보통예금, 저축예금, 기업자유예금, 별단예금, 당좌예금, 가계당좌예금

53 ○

54 ✕ ▸ 저축예금은 개인만 가입할 수 있다. 반면 보통예금은 개인이나 법인 구별 없이 가입할 수 있다.

55 ✕ ▸ 기업자유예금은 사업자등록번호를 부여받은 국가, 지방자치단체, 법인, 개인사업자 또는 고유번호를 부여받은 단체가 가입할 수 있다.

56 ○

57 다른 어떤 예금에도 속하지 않는 일시적인 예금 또는 보관금을 처리하기 위하여 설정된 예금을 (   ) 이라고 한다.

58 자기앞수표의 지급 제시기간은 발행일 포함 (   )이다.

59 ☐○ ☐× 500만원 미만의 소액 일반 자기앞수표는 발행하지 않음을 원칙으로 한다.

60 ☐○ ☐× 사전수도 시 정액수표의 경우 용지에 서명판만 날인하여 수도한다.

61 정액자기앞수표는 (   ), (   ), (   )의 3종이다.

62 ☐○ ☐× 사고수표 신고인은 사고신고 접수일로부터 7영업일 이내에 공시최고신청 접수서류를 은행에 제출 하여야 한다.

63 (   )는 법원이 일정한 권리 또는 청구의 신고를 시키되 그 신고가 없는 경우에는 수표상의 권리 를 상실하게 하는 효과를 발생케 하는 독촉절차로 법원 내의 게시판에 게시하고 관보 또는 공보에 게재한 날로부터 3개월간 최고기일을 둔다.

64 (   )이란 법원에서 공시최고 일정기간 내에 권리를 신고케 하여 이를 주장하는 자가 없는 경우 당해 수표의 무효화(소극적 효력)와 수표상 채무자에 대하여 수표상의 권리를 행사할 형식적 자격을 부여 (적극적 효력)하는 법원의 판결을 말한다.

65 ☐○ ☐× 가계당좌예금은 개인에 한하여 전 금융기관을 통하여 1계좌만 거래할 수 있다.

정답

57 별단예금

58 11일 ▸ 발행일로부터 10일간, 발행일 포함 11일이며 법정휴일, 금융휴무일이면 이에 이은 제1거래일까지 연장한다.

59 ○

60 × ▸ 사전수도 시 정액수표의 경우 용지에 서명판과 직인을 날인하고, 발행일자는 기입하지 않은 상태로 수도하였다가 발행요청 이 있으면 담당직원이 발행일자만 기입하여 교부한다.

　　* 일반수표의 경우 용지에 서명판만 날인하여 수도하고 발행요청이 있으면 담당직원이 금액과 발행일자를 기입하여 책임 자의 검인 및 직인을 날인받아 교부한다.

61 10만원권, 50만원권, 100만원권

62 × ▸ 사고신고 접수일로부터 5영업일 이내에 공시최고신청 접수서류를 은행에 제출하여야 한다.

63 공시최고제도

64 제권판결

65 ○

66 ☐○☒ 가계당좌예금을 이용하는 고객은 계속적으로 증가하고 있다.

67 목돈운영에 적합한 예금에는 (   ), (   ), (   ), (   ) 등이 있다.

68 ☐○☒ 일반정기예금은 과거에는 통장식이 대부분이었으나 현재는 주로 증서식으로 발행된다.

69 ☐○☒ 증서식 정기예금은 기명식과 무기명식으로 구분되며, 대부분 기명식으로 신규한다.

70 ☐○☒ 정기예금과 정기적금은 최단 1개월 이상으로 계약해야 한다.

71 ☐○☒ 정기예금 및 정기적금의 최단만기에 해당하는 날이 토요일 또는 공휴일인 경우에는 그 직전 영업일을 만기로 한다.

72 ☐○☒ 계약기간이 장기(1년 이상)인 경우 만기까지의 금리를 단리로 적용하여 계산하는 것이 일반적이다.

73 ☐○☒ 양도성예금증서(CD)의 만기일은 일반적으로 1년 이상이다.

74 ☐○☒ 양도성예금증서(CD)의 중도해지는 불가능하다.

75 ☐○☒ 양도성예금증서(CD)는 증서의 교부만으로 예금의 양도가 가능하다.

정답

66 ✕ ▸ 전자금융, 신용카드 등이 활성화됨에 따라 현재 가계당좌예금을 이용하는 고객은 거의 없다.

67 정기예금, 양도성예금증서(CD), 표지어음, 환매조건부채권매도(RP)

68 ✕ ▸ 일반정기예금은 과거에는 증서식이 대부분이었으나 현재는 주로 통장식으로 발행된다.

69 ○

70 ✕ ▸ 정기예금은 최단 1개월 이상으로 계약이 가능하지만 정기적금 또는 상호부금은 최단 6개월 이상으로 계약해야 한다.

71 ✕ ▸ 최단만기제한예금은 그 다음 첫영업일을 지급기일로 한다.

72 ✕ ▸ 계약기간이 단기(1년 미만)인 경우에 대한 설명이다. 계약기간이 장기인 경우 일정한 기간 단위로 이자를 원금에 가산하거나 지급하는 것이 일반적이다.

73 ✕ ▸ 양도성예금증서(CD)의 만기일의 경우 기일은 일(日)로 정하며 30일 이상으로 한다.

74 ○

75 ○

76 ○✕ 양도성예금증서(CD)는 표지어음과 마찬가지로 예금자보호법이 적용되는 대상이다.

77 ○✕ 양도성예금증서(CD)는 표지어음과 마찬가지로 지급준비금을 예치하지 않는다.

78 표지어음의 발행금액은 액면가 기준 (   ) 이상으로 한다.

79 ○✕ 표지어음은 은행을 발행인으로 매출의뢰인을 수취인으로 하는 무기명 할인식 약속어음으로 발행한다.

80 표지어음의 발행기간의 경우 최저기간은 (   ) 이상으로 하고, 최장기간은 금융기관별로 차등 적용하지만 일반적으로 (   ) 이내로 하며, 만기일은 공휴일이 아니어야 한다.

81 환매조건부채권매도(RP)의 환매수 기간은 일반적으로 (   ) 이상 (   )까지이다.

82 ○✕ 환매조건부채권매도(RP)의 매도이율은 만기일시지급식 정기예금의 지급방식과 같은 후취를 적용한다.

83 목돈마련에 적합한 예금에는 (   ), (   ), (   )이 있다.

84
- 정기적금의 계약액 = 원금 + (A) = 월저축금 × 계약기간(월) + (A)
- 정기적금의 (A) = 월저축금 × 표면이율 × $\dfrac{(\quad)\times(\quad)}{2} \times \dfrac{1}{12}$

85 계약자가 정기적금 계약을 해지하고 새로운 계약을 맺어 해지한 계좌를 2개 이상의 계좌로 나누는 것을 (   )이라고 한다.

정답

76 ✕ ▸ 양도성예금증서(CD)는 예금자보호법의 적용대상이 아니다.
77 ✕ ▸ 양도성예금증서(CD)는 지급준비율 2%를 부담한다.
78 1천만원
79 ✕ ▸ 기명 할인식 약속어음으로 발행한다.
80 30일, 270일
81 15일, 1년
82 ○
83 정기적금, 자유적금, 재형저축
84 A : 세전이자, 계약기간(월수), 계약기간＋1
85 계약의 나눔(분할)

86 ☐○☒ 정기적금의 계약액은 월저축금별로 만기까지 복리로 계산하므로 계약기간이 길수록 고객에게 유리하다.

87 ☐○☒ 정기적금은 계약기간이 길수록 표면금리가 낮다.

88 ☐○☒ 정기적금의 나눔 계약에 의해 통장을 나누더라도 나누기 전 계좌 금액과는 동일하여야 한다.

89 ☐○☒ 자유적금은 만기앞당김 지급제도와 만기이연제도가 있다.

90 ☐○☒ 자유적금의 경우는 계좌를 분할할 수 있다.

91 ☐○☒ 주택청약종합저축은 순위가 발생하고 소정의 청약자격을 갖추면 국민주택 및 민영주택에 모두 청약할 수 있다.

92 주택청약종합저축 취급금융기관은 (   ), (   ), (   ), (   ), (   ), (   ), (   ), (   ) 등 8개 기관이다.

93 ☐○☒ 주택청약종합저축은 국민인 개인(국내에 거주가 있는 재외동포 제외) 또는 외국인 거주자도 가입 가능하다.

94 ☐○☒ 전 금융기관을 통하여 주택청약종합저축, 청약예금, 청약부금, 청약저축 중 1계좌만 가입가능하다.

95 주택청약의 저축기간은 따로 정하지 아니하며 (   )로부터 국민주택 등과 민영주택의 입주자로 선정되면 (   )이 불가능하다.

정답

86 ✕ ▸ 단리로 계산하기 때문에 계약기간이 길수록 고객에게 불리하다.
87 ✕ ▸ 정기적금은 계약기간이 길수록 표면금리가 높다.
88 ○
89 ✕ ▸ 자유적금은 만기앞당김 지급제도와 만기이연제도가 없다.
90 ✕ ▸ 정기적금의 경우는 계좌를 분할할 수 있지만, 자유적금 계좌는 분할이 아니라 입금한 건별로 지급 거래를 할 수 있다.
91 ○
92 우리은행, 농협은행, 신한은행, 하나은행, 기업은행, 대구은행, 부산은행, 국민은행
93 ✕ ▸ 주택청약종합저축은 국내에 거주가 있는 재외동포도 가입 가능하다.
94 ○
95 가입한 날, 추가입금

96 주택청약종합저축은 신규 당일 최고 (　　　)까지 예치 가능하다.

97 〔○│×〕 주택청약종합저축은 본인 담보대출이 불가능하다.

98 〔○│×〕 주택청약종합저축은 예금자보호법 대상이다.

99 〔○│×〕 주택청약종합저축의 소득공제대상은 총급여액이 7천만원 이하 근로자인 무주택 세대주로서 무주택확인서를 제출한 고객이다.

100 주택청약종합저축의 소득공제한도는 무주택확인서를 제출한 과세연도 이후에 납입한 금액을 기준으로 하여 연간 불입금액의 (　　　)%로 (　　　)만원까지이다.

정답

96	2,700만원
97	✕ ▸ 주택청약종합저축은 본인 담보대출이 가능하다.
98	✕ ▸ 주택청약종합저축은 예금자보호법 대상이 아니다.
99	○
100	40, 120

01 좁은 의미의 여신이란 은행이 직접 자금을 부담하는 금전에 의한 신용공여를 의미하며 (   ), (   ), (   ), (   ), (   ), (   ) 등이 있다.

02 넓은 의미의 여신이란 은행이 직접 자금을 부담하는 대출뿐만 아니라 직접적인 자금부담이 없는 (   ), (   ), (   ) 등을 포함하는 개념이다.

03 여신은 담보유무에 따라 (   ), (   ), (   )으로 분류하며, 거래방식에 따라 (   ), (   )으로 분류한다.

04 대출금은 차주에 따라 (   ), (   ), (   )로 분류한다.

05 여신운용은 (   ), (   ), (   ), (   )의 기본원칙에 충실하여야 한다.

06 ○× 은행법상 동일한 개인·법인 및 그 개인·법인과 대통령령으로 정하는 신용위험을 공유하는 자에 대하여 그 은행의 자기자본의 25%를 초과하는 신용공여를 금지한다.

07 약정기일이 경과되었는데 회수되지 않은 여신이나, 약정기일은 남아 있으나 은행과의 약정내용을 위반하여 기한의 이익을 상실한 여신을 (   )이라고 한다.

08 ○× 기한의 이익이란 기한이 있는 법률행위에서 기한이 있음으로 해서 당사자가 얻는 이익을 말하며, 일반적으로 채무자의 이익이 더 크다.

09 ○× 기한의 이익이 상실되면 대출금이자에 대해서도 연체이율이 적용된다.

10 채무관계인이란 (   ), (   ), (   ) 등을 말하며, 이들은 법률상, 사실상 완전한 능력자이어야 한다.

정답

01 어음대출, 증서대출, 할인어음, 당좌대출, 신탁대출, 카드론

02 지급보증, 사모사채인수, 대여유가증권

03 담보여신, 보증여신, 신용여신, 건별거래여신, 한도거래여신

04 기업자금대출, 가계자금대출, 공공 및 기타자금대출

05 안정성의 원칙, 수익성의 원칙, 성장성의 원칙, 공공성의 원칙

06 ○

07 연체대출금

08 ○

09 × ▸ 기한의 이익이 상실되면 원금에 대해 연체이율이 적용된다.

10 차주, 보증인, 담보제공자

11 ⭕❌ 피한정후견인 또는 피성년후견인과는 여신거래를 할 수 없다.

12 ⭕❌ 혼인한 미성년자가 친권자의 채무를 인수하는 경우는 이해상반의 행위에 해당한다.

13 ⭕❌ 외국인 거주자는 국내에서 영업활동에 종사하고 있는 자 또는 6개월 이상 국내에 체재하고 있는 자를 말한다.

14 ⭕❌ 해외교포에 대한 여신거래를 하는 경우 본인과의 거래는 국내에 거주하는 자연인과 동일하게 업무 처리한다.

15 ⭕❌ 여신신청내용과 신청서류를 검토하여 융자가부를 결정하였을 경우에는 지체 없이 그 사실을 신청 인에게 통지하여야 한다.

16 기 취급된 여신(건별거래 및 한도거래)의 상환을 위하여 동일한 과목, 동일한 금액, 동일인 명의로 재취급 하는 것을 (   )이라 하며, 기 취급한 여신의 증액, 기간, 과목을 제외한 거래조건을 변경하는 것을 (   )이라 한다.

17 여신의 회수는 (   ), (   ), (   ), (   )의 순으로 회수하여야 한다.

18 ⭕❌ 상계실행은 상계통지일로부터 7영업일 이내에 하여야 한다.

19 채무자가 은행에 대하여 부담하는 특정된 채무만을 보증하는 것을 (   )이라고 한다.

20 채무자와 은행 사이에 이미 맺어져 있거나 앞으로 맺게 될 거래계약으로부터 현재 발생되어 있거나 앞으 로 발생할 채무를 보증한도액의 범위 내에서 보증하는 것을 (   )이라고 하며, (   ), (   ), (   )의 3가지 유형이 있다.

정답

11 ⭕

12 ❌ ▸ 혼인한 미성년자는 성년자로 간주되므로 이해상반의 행위가 아니다.

13 ⭕

14 ⭕

15 ⭕

16 재약정, 조건변경

17 비용, 지연배상금, 이자, 원금

18 ❌ ▸ 상계실행은 상계통지일로부터 3영업일 이내에 하여야 한다.

19 특정채무보증

20 근보증, 특정근보증, 한정근보증, 포괄근보증

21 채무자가 은행에 대하여 부담하는 현재 및 장래의 모든 채무(여신거래로 인한 채무뿐만 아니라 보증채무 등 기타 다른 형태의 채무를 포함)를 보증하는 것을 ( )이라고 한다.

22 ◯|× 연대보증은 연대보증인이 최고의 항변권 및 검색의 항변권을 가지지 못한다.

23 ◯|× 연대보증은 주채무가 무효, 취소로 부존재가 되면 연대보증인은 책임을 면하게 된다.

24 ◯|× 연대보증은 연대보증인이 수 인이 있더라도 채권자는 연대보증인 한 명에 대하여도 주채무의 전액을 보증한도 금액까지 청구할 수 있다.

25 ◯|× CSS에 의한 신용취급 대상여신은 상품별로 신용취급한도를 별도로 정한 경우에도 신청평점시스템(ASS)에 의하여 산출된 한도범위 내 신규여신에 대해 신용취급할 수 있다.

26 ( )이란 차주의 금융부채 원리금 상환액이 소득에서 차지하는 비율을 의미하는 것으로 담보대출을 취급하는 하나의 기준이다.

27 ( )이란 은행들이 주택을 담보로 대출을 해줄 때 적용하는 담보가치 대비 최대 대출가능 한도를 의미한다.

28 ◯|× 주택담보대출의 경우 원칙적으로 120% 이상의 담보한도를 설정한다.

정답

| 21 | 포괄근보증 |
| 22 | ◯ |

※ **최고의 항변권 · 검색의 항변권**

최고의 항변권	채권자가 보증인에게 채무의 이행을 청구한 때는 보증인은 먼저 주채무자가 자력이 있다는 사실 및 그 집행이 용이하다는 것을 증명하여 먼저 주채무자에게 청구할 것을 항변할 수 있는 권리
검색의 항변권	채권자가 보증인에게 채무의 이행을 청구한 경우에 보증인은 주채무자에게 변제자력이 있다는 사실 및 집행이 용이함을 증명하여, 먼저 주채무자에게 집행하라고 그 청구를 거절할 수 있는 권리

23	◯
24	◯
25	× ▸ CSS에 의한 신용취급 대상여신은 상품별로 신용취급한도를 별도로 정한 경우를 제외하고 ASS에 의하여 산출된 한도범위 내 신규여신에 대해 신용취급할 수 있다.
26	총부채상환비율(DTI)
27	주택담보대출비율(LTV)
28	× ▸ 주택담보대출의 경우 110%, 주택담보대출 外의 경우 120% 이상을 담보한도로 설정한다.

29 ○× 담보로 취득한 부동산·동산은 해당 보험에 가입하여야 한다.

30 ○× 대지는 해당건물과 공동담보 취득함을 원칙으로 하며, 나대지인 경우에는 지상권을 함께 취득하여야 한다.

31 ○× 미등기주택이나 미등기전세는 주택임대차보호법의 보호대상이 아니다.

32 ○× 주택임차권의 대항력의 취득시기는 주택의 인도와 전입신고를 한 때에 그 익일로부터 생긴다.

33 소액임차인이라도 주택임대차보호법에 의한 특별보호를 받으려면 (   ), (   )의 2가지 대항요건을 모두 구비하고 있어야 한다.

34 ○× 소액임차권자가 다른 담보물권자보다 우선변제받을 수 있는 범위는 대지가액을 포함한 주택가액의 3분의 2에 한정한다.

35 ○× 우리나라는 부동산 1개마다 등기부 1개씩을 만들어 등기소에 보관하고 있다.

36 등기부는 (   ), (   ), (   ), (   )의 4부분으로 구성되어 있다.

37 ○× 등기번호란에는 접수번호(접수일자)가 기재되어 있다.

38 ○× 부동산에 관한 권리는 등기하지 아니하면 효력이 생기지 않는다.

39 등기된 권리의 우선순위는 같은 갑구나 을구에서는 (   )에 의하여, 갑구와 을구 간에서는 (   )에 의하여 결정된다.

정답

29 ○
30 ○
31 × ▸ 미등기주택이나 미등기전세도 주택임대차보호법의 적용을 받는다.
32 ○
33 주택의 인도, 주민등록
34 × ▸ 2분의 1에 한정한다.
35 ○
36 등기번호란, 표제부, 갑구, 을구
37 × ▸ 등기번호란에는 토지나 건물대지의 지번이 기재되어 있다.
38 ○
39 등기의 전후(순위번호), 접수일자(접수번호)

40 계약자유의 내용에는 (　　　), (　　　), (　　　), (　　　) 등이 있다.

41 은행이 여신거래관련 약관은 제정·변경이 있을 경우 (　　　　　)의 승인을 받도록 한다.

42 약관의 계약편입 요건으로는 (　　　)와 (　　　)가 있다.

43 약관의 해석원칙에는 (　　　), (　　　), (　　　), (　　　), (　　　)이 있다.

44 연대보증이나 담보관계 약정에서 정한 피보증(담보)채무의 범위에 속하는 은행채권의 원금을 확정시키는 시기를 (A)라고 하며, (A)의 종류에는 (　　　), (　　　), (　　　)이 있다.

45 전국은행연합회에서 고시하는 자금조달비용지수를 (　　　　　)라고 한다.

46 대출금리는 기준금리에 (A)를 더하여 적용하며, (A)는 (　　　), (　　　), (　　　) 시 산출한다.

47 ☐○☐× 금리 변경 시에는 변경일을 기준으로 하여 변경일까지는 종전이율을, 변경일 다음날부터는 변경이율을 각각 적용하는 것이 일반적이다.

48 ☐○☐× 외화대출이자는 360일로 나누어 산출하되, 원화로 수입하는 경우에는 대고객 전신환매입률을 곱한 금액으로 한다.

49 대출금이 기일에 상환되지 않을 경우 대출기일 다음날부터 상환일 전일까지 연체이율에 의한 (　　　　　)을 받는다.

정답

40 체결의 자유, 상대방 선택의 자유, 내용결정의 자유, 방식의 자유

41 금융감독원

42 명시의무, 설명의무

43 개별약정 우선의 원칙, 객관적 해석의 원칙, 작성자 불리의 원칙, 축소해석의 원칙, 신의성실의 원칙

44 A : 결산기, 장래지정형, 지정형, 자동확정형

45 COFIX

46 A : 신용가산금리, 신규(증대포함), 기간연장, 재약정
　　 * 신용가산금리란 차주의 신용도에 따라 적용되는 금리 및 연체대출금리를 말한다.

47 × ▶ 금리 변경시에는 변경일을 기준으로 하여 변경일 전일까지는 종전이율을, 변경일부터는 변경이율을 각각 적용하는 것이 일반적이다.

48 × ▶ 전신환매입률 → 전신환매도율

49 지연배상금

01 외국환의 종류에는 (   ), (   ), (   )이 있다.

02 외환거래의 수익은 (   ), (   ), (   )으로 나누어져 여수신거래에 비하여 복잡한 회계처리를 거치게 된다.

03 ○× 외국환의 경우 각 지역 간의 환거래에 따르는 자금결제구조는 비교적 간단하다.

04 외환시장은 외국환은행끼리 거래하는 (   )과 은행과 일반고객이 거래하는 (   )으로 구분한다.

05 외환시장의 참가자는 (   ), (   ), (   ), (   )으로 구성된다.

06 ○× 선물환거래는 외환매매계약 체결 후 2영업일 이내에 외국환 현물이 결제되는 거래를 의미한다.

07 외환시장은 자국통화와 외국통화의 매매가 자국 내에서 이루어지는 (   )과 자국통화와 외국통화의 매매가 외국에서 이루어지는 (   )으로 구분한다.

08 ○× 영국·호주 등은 외국통화를 기준으로 외국통화 1단위와 교환될 자국통화의 단위량을 표시하는 자국화표시환율 방식을 채택한다.

정답

01 대외지급 수단(외국통화, 외국통화로 표시되었거나 외국에서 사용할 수 있는 정부지폐, 은행권, 주화, 우편환, 신용장, 환어음, 약속어음 등), 외화증권, 외화채권
02 이자, 수수료, 외환매매익
03 × ▸ 외국환의 경우 그 거래의 장소가 전 세계에 걸쳐 있고 내국환에 있어서의 중앙은행이나 금융결제원과 같은 기능을 담당할 환의 중앙결제기관이 없을 뿐만 아니라, 거래통화 역시 다종 다양하기 때문에 환결제의 구조는 더욱 복잡하게 구성되어 있다.
04 은행 간 시장(Interbank Market), 대고객 시장(Customer Market)
05 외국환은행, 고객, 외환중개인, 중앙은행
06 × ▸ 현물환거래에 대한 설명이다. 선물환거래는 2영업일 이후에 이행될 통화간 환율을 미리 약정하고 약정한 이행일자에 약정한 환율로 양 통화를 결제하는 거래를 말한다.
07 역내시장(On-Shore Market), 역외시장(Off-Shore Market)
08 × ▸ 자국통화를 기준으로 자국통화 1단위와 교환될 외국통화의 단위량을 표시하는 외화표시환율 방식을 채택한다.

09 ☐○ ☐× 매입환율과 매도환율은 고객의 입장에서 말하는 환율이다.

10 ☐○ ☐× 항상 매입환율은 매도환율보다 낮게 책정된다.

11 ☐○ ☐× 한국은행기준율은 금일자 외환시장에서 환율이 변동하는 것과는 관계없이 영업시간 내내 환율변동이 없다.

12 은행이 고객에게 외환을 매도하는 거래에 적용하는 (   )은 매매기준율에 일정 마진을 가감하여 산출하며, 은행이 고객으로부터 외환을 매입하는 (   )은 매매기준율에 마진을 차감하여 산출한다.

13 ☐○ ☐× 수입어음 결제, 당발송금의 취결, 외화수표 매입은 전신환매도율이 적용된다.

14 ☐○ ☐× 현찰매입률은 전신환매입률보다 낮고 현찰매도율은 전신환매도율보다 높다.

15 (   )란 외국환은행이 외화수표 등의 외국환을 매입한 후 현금화할 때까지 우편기간 및 어음기간 동안 발생하는 자금부담에 대하여 이자성격으로 징수하는 기간개념의 수수료이다.

16 ☐○ ☐× 외국환은행이 일본 엔화, 싱가폴 달러, 홍콩 달러, 말레이시아 링기트를 매입할 때 표준우표일수 10일을 적용하여 10일간의 이자에 해당하는 환가료를 받는다.

17 외국환은행의 대고객 환율은 (   ), (   ), (   ), (   ), (   ), (   ), (   )로 갈수록 점점 높아진다.

정답

09 × ▸ 매입환율과 매도환율은 가격제시자(외국환 은행)의 입장에서 말하는 환율이다. 가격제시자는 외환을 고객으로부터 싸게 사서 비싸게 팔아야 하기 때문에 항상 매입환율은 매도환율보다 낮게 정해진다.

10 ○

11 ○

12 전신환매도율, 전신환매입률

13 × ▸ 외화수표 매입의 경우 전신환매입률이 적용된다.

  ※ **전신환매매율(T/T Selling and Buying Rate)의 적용**

  - 전신환매입율의 적용 : 수출환어음 매입, 타발송금대전 지급, 외화수표 매입, 외화예금 지급
  - 전신환매도율의 적용 : 수입어음 결제, 당발송금의 취결, 타발추심, 외화예금 입금

14 ○

15 환가료

16 × ▸ JPY, HKD, SGD, MYR은 9일을 적용하며, 기타 통화는 10일 적용한다.

17 현찰매입률 < 수표매입률 < 전신환매입율 < 매매기준율 < 전신환매도율 < T/C매도율 < 현찰매도율

18 우리나라는 국내거주자가 해외부동산을 취득하는 경우 국내 외국환 거래법을 적용하여 규제하는 (속지주의/속인주의) 외환관리제도의 특징을 가진다.

19 현재 우리나라 외환관리제도는 부분적인 (Positive System/Negative System) 방식을 채택하고 있다.

20 국내 일정소득이나 직업이 없는 외국인이 외국인거주자가 되기 위해서는 국내에 ( ) 이상 체류하여야 한다.

21 국내에 비거주자였던 자로서 국내에 입국하여 ( ) 이상 체재하고 있는 자는 국민인거주자가 될 수 있다.

22 ☐○☒ 외국환은행은 국민인 거주자가 외국환은행 등에 외국환을 매각한 실적 범위 내에서 국민인 거주자에게 외국환을 매각할 수 있다.

23 지급인이 1개의 외국환은행을 통해서만 해당사유에 대한 지급거래를 하여 여러 외국환은행에서 중복하여 과다 지급되는 일이 없도록 하는 제도를 ( )이라 한다.

24 ☐○☒ 무역대금을 지급하는 경우에는 지급증빙서류 제출이 면제된다.

---

18 속인주의

19 Negative System

20 6개월

21 3개월

22 ✕ ▸ 외국인 거주자에 대한 매각에 해당한다.

※ **국민인 거주자에 대한 외국환 매각대상**

- 당해 외국환을 인정된 거래 또는 지급에 사용하기 위한 경우(수입대금, 해외체재비 등)
- 거주자에게 소지목적으로 매각하는 경우
- 거주자의 외화예금계정에 예치할 목적으로 매각하는 경우
- 타 외국환은행으로 이체하기 위하여 외국환을 매각하는 경우. 다만, 대외계정 및 비거주자 외화신탁계정으로 이체하고자 하는 경우에는 인정된 거래에 따른 지급에 한한다.

23 거래외국환은행의 지정

24 ✕ ▸ 무역대금을 지급할 경우에는 외국환은행의 장에게 지급 등의 사유와 금액을 입증하는 지급등의 증빙서류를 제출하여야 한다.

25 ⊡×⊡ 유학생경비는 지정거래외국환은행을 통하여 송금해야 한다.

26 (　　　)이란 국내의 송금인으로부터 원화 또는 외화를 송금대금으로 받고 외국의 수취인에게 외화자금을 송금하는 것을 말한다.

27 ⊡×⊡ 당발송금은 금융결제원이 송금의 중계역할을 담당한다.

28 ⊡×⊡ 전신송금환의 경우 거액송금이나 신속지급을 요하는 송금에 많이 이용된다.

29 ⊡×⊡ 유학생경비와 해외체재자경비 등은 금액 제한이 없다.

30 ⊡×⊡ 국민인 거주자가 미화 10만불 초과 타발송금 영수 시 취득경위를 입증하는 서류를 제출하지 않는 경우 '영수확인서'를 징구하여야 한다.

31 ⊡×⊡ 국민인 거주자가 외국통화 또는 외화표시(여행자)수표를 매입하는 경우에는 영수확인서 징구대상이 아니다.

32 ⊡×⊡ 국내자금이체(거주자 간 또는 비거주자 간)는 영수확인서 징구대상이다.

33 ⊡×⊡ 외국인 거주자 또는 비거주자는 영수확인서 징구대상이 아니다.

정답

25 ○
　　※ **지정거래은행을 통해 송금하여야 하는 거래**
　　　　• 거주자의 증빙서류미제출 지급(거주자의 증여성 지급)
　　　　• 해외체재자의 체재비 등 지급(유학생경비의 지급 포함)
　　　　• 외국인근로자 등의 국내소득의 지급 및 연간 미화 5만불 이하의 지급
　　　　• 환전영업자

26 당발송금
27 × ▸ 외국환은행의 해외 환거래은행이 송금의 중계역할을 한다.
28 ○
29 ○
30 ○
31 ○
32 × ▸ 국내자금이체(거주자 간 또는 비거주자 간)는 영수확인서 징구대상이 아니다.
33 ○

34 ☐○☐× 여행자수표는 전신환매도율보다 환율이 저렴하다.

35 외국통화 매입에 대한 대가를 원화로 지급 요청 시 (현찰매입률/현찰매도율)을 적용한다.

36 지급지가 미국인 경우 수표의 제시기간은 개인수표의 경우 발행일로부터 (   ), 은행수표의 경우 발행일로부터 (   ), 여행자수표의 경우 (   ), 국고수표의 경우 발행일로부터 (   )이다.

37 ☐○☐× JPY 표시 일본 자기앞수표는 추심전매입(BP)이 가능하다.

38 ☐○☐× 일반적으로 외화당좌예금의 잔액에 대해서는 부리하지 않는다.

39 장기 미결된 외화송금, 수취인 불명의 외화송금, 기타 일시적인 외화예수금 등 일시적으로 예치가 필요한 외화자금을 보관하는 것을 (   )이라 한다.

정답

34 ✕ ▶ 여행자수표 매도율은 전신환매도율보다 높지만 현찰매도율보다는 저렴하다.

35 현찰매입률

36 3개월, 6개월, 무기한, 1년

37 ✕ ▶ 매입과 추심이 불가능하다.

38 ○

39 외화별단예금

01 ○× 당발환 거래를 취소해야 하는 경우 당발점에서 먼저 거래를 취소해야 한다.

02 ○× 모든 환거래는 본지점계정을 이용하고 있다.

03 ○× 부득이한 사유로 타발점에서 수신당일 정리가 불가능한 미결제환은 부채 과목으로 일시 대체처리하고 조속한 시일 내에 정리해야 한다.

04 환거래 당사자는 (   ), (   ), (   ), (   )의 4자 관계이다.

05 환거래가 발생하면 당사자 간에는 민법상의 위임 및 준위임의 법률관계가 발생하며, 의뢰인과 취결은행 간에는 (   )가 발생한다.

06 은행 내 본·지점 간 자금의 이전을 위한 내부 환을 (A)이라고 하며, (A)의 주요 가능 업무에는 (   ), (   ), (   ) 등이 있다.

07 (   )은 은행 내 본지점 간 자금의 역청구 제도로서 분쟁의 원인이 되기 쉬우므로 업무 처리 시 주의를 기울여야 한다.

08 타행환공동망 업무의 종류에는 (   ), (   )가 있다.

09 ○× 타행환공동망 업무 시 1회 송금 최고한도는 5억원으로 제한되어 있다.

10 ○× 타행환 업무 이용시간은 영업일 오전 7시부터 오후 6시까지이나, 취소거래는 동 시간 이후에도 가능하다.

정답

01 × ▸ 타발점에서 타발환 지급 또는 결제 거래를 먼저 취소해야 당발환 취소가 가능하다.

02 ○

03 × ▸ 미결제환은 자산과목으로, 미지급환은 부채과목으로 일시 대체처리해야 한다.

04 의뢰인, 당발은행(취결은행), 타발은행(지급은행), 수취인(지급인)

05 소비임치계약관계

06 A : 전금, 업무상의 자금이체, 직원 상호 간의 송금, 기타 업무와 관련하여 고객이 요청한 자금이체

07 역환(역 이체)

08 송금업무, 자기앞수표조회 업무

09 ○

10 × ▸ 취소거래도 당일 타행환 업무 운용시간 내에 처리하여야 한다.

11 ☐○ ☐× 역환의 사유가 부당하여 입금 정리가 불가능할 때에는 당발점에 동 금액을 재역환 처리한다.

12 ☐○ ☐× 어음교환은 참가은행 간 교환된 어음의 지급할 금액과 받을 금액과의 총액을 결제하는 총액결제방식을 취하고 있다.

13 ☐○ ☐× 우편환 증서는 어음의 정보교환 대상이다.

14 ☐○ ☐× 당좌수표와 가계수표는 자금조정의 대상이 되는 어음으로서 제시은행과 지급은행 간에 자금조정을 실시해야 한다.

15 ☐○ ☐× 한국은행을 제외한 참가은행은 정액 및 일반자기앞수표, 콜자금결제통지서, 현송금영수증 등 자금조정 대상어음을 교환할 때 제시은행과 지급은행 간에 자금조정을 실시해야 한다.

16 ☐○ ☐× 타점권 처리 시 특정횡선의 누락으로 발생하는 사고에 대해서는 지급은행이 그 책임을 부담한다.

17 ☐○ ☐× 타점권 수납 시 특정횡선수표는 피지정은행이 타행일 경우에만 수납가능하다.

정답

11 X ▸ 역환의 사유가 부당하여 입금정리가 불가능할 때에는 즉시 당발점으로 연락하여 취소 처리하도록 한다.

12 X ▸ 어음교환은 참가은행 간 교환된 어음의 지급할 금액과 받을 금액과의 차액만 결제함으로써 은행의 지급자금을 대폭적으로 줄일 수 있다.

13 X ▸ 우편환 증서는 텍스트에 의해 전송되는 자기앞수표의 정보교환 대상이다.

※ 정보교환 대상에 따른 어음교환의 분류

- 자기앞수표의 정보교환 : 정액 및 일반 자기앞 수표와 우편환 증서의 텍스트 정보를 교환하는 것을 말한다.
- 어음의 정보교환 : 약속어음, 당좌수표, 가계수표 및 제증서의 이미지 정보를 교환하는 것을 말한다.

14 X ▸ 당좌수표와 가계수표는 제시은행과 지급은행 간에 자금조정을 하지 않는 어음이다.

※ 자금조정 대상에 따른 어음교환의 분류

- 자기앞수표 및 자기앞영수증 : 자금조정의 대상이 되는 어음으로서 제시은행과 지급은행 간에 자금조정을 실시해야 하는 어음
- 어음·당좌수표·가계수표 및 기타 영수증 : 제시은행과 지급은행 간에 자금조정을 하지 않는 어음

15 ○

16 X ▸ 타점권 처리 시 특정횡선의 누락으로 발생하는 사고에 대해서는 지출은행(제시은행)이 그 책임을 부담한다.

17 X ▸ 타점권 수납 시 특정횡선수표는 피지정은행이 당행일 경우에만 수납가능하다.

18 ⃞○⃞✕ 타점권 수납 시 우편환증서의 제시기간은 발행일로부터 1년 이내이다.

19 어음교환 지출 시 어음교환담당자는 교환지출총액이 (   ), (   ), (   )와의 일치여부를 반드시 확인하여야 한다.

20 ⃞○⃞✕ 액면금액과 교환금액이 상이한 어음 및 증서의 교환 지출시에는 액면금액을 표기하여 지출한다.

21 ⃞○⃞✕ 어음교환 지출 시 출납정산표(합계)를 출력하여 텔러와 어음교환 담당자간 인수・인도의 정확여부를 확인하여야 한다.

22 ⃞○⃞✕ 타행 발행 수표 중 수납 즉시 현금지급을 희망하는 고객이 소지한 정액 및 일반 자기앞수표가 대상수표이다.

1장 출납 및 계산업무(5문항)

01 통화와 어음·수표의 수납 및 지급업무, 현금의 정리 및 보관, 시재금관리, 어음교환 등의 업무를 포함한 업무를 (　　　)라고 한다.

02　ⓞⓧ 출납업무 시 현금의 수금은 거래처와 은행 간의 채권·채무 관계의 변동과 무관하므로 타 은행업무와는 독립적이다.

03　ⓞⓧ 현금이 남았는데 당일 그 원인을 파악할 수 없는 경우 가수금 출납과잉금 항목으로 입금처리하고 3개월 경과 후에도 정당한 고객을 찾지 못한 경우 해당월 말일에 전산으로 자동 이익금 처리한다.

04 자동화기기 과잉금은 가수금 계정에 (　　　)간 별도로 구분하여 입금하고 동 기간이 경과하여도 원인을 찾지 못하면 해당월 말일에 이익금 처리한다.

05　ⓞⓧ 수납업무는 대차대조표상으로 채권의 발생, 채무의 소멸이 일어나는 업무이다.

06　ⓞⓧ 특정횡선수표는 지점이 지정되어 있는 경우에 한하여 수납한다.

07　ⓞⓧ 제시기간이 경과한 수표라도 발행인의 지급위탁 취소가 없는 한 지급될 수 있다.

정답

01 출납업무

02 ✕ ▸ 현금의 수급은 거래처와 은행 간의 채권·채무 관계에 변동을 일으키게 하는 법률행위이기 때문에 전반적으로 다른 은행업무와 밀접하게 연결되어 있다.

03 ○

04 5년

05 ✕ ▸ 채무(부채)의 발생, 채권(자산)의 소멸이 일어나는 업무이다.

06 ○

07 ○

08 어음수납 시에는 ( ), ( ), ( ), ( ), ( ), ( ) 등의 형식적 요건에 주의하여야 한다.

09 수납인 · 횡선인 관리대장은 폐기일로부터 ( )간 보관하여야 한다.

10 ⃞O⃞X⃞ 발견된 위조지폐 실물을 금융기관 직원이 강제 회수할 수 있는 권한이 있다.

11 ⃞O⃞X⃞ 화폐를 위 · 변조하는 행위는 규정에 따라 2년 이하의 징역 또는 500만원 이하의 벌금에 처한다.

12 훼손정도가 경미하여 계속 유통에 적합하다고 인정되는 화폐를 ( )이라 하며, 오염 · 파손 · 훼손의 정도가 심하여 계속 유통에 부적합하다고 판단되는 화폐를 ( )이라 한다.

13 ⃞O⃞X⃞ 사용권 정사 시 앞면과 뒷면을 구분하여야 한다.

14 ⃞O⃞X⃞ 사용권은 권면의 오른쪽 끝에서 3분의 1되는 선에 띠지의 중앙이 일치되도록 세로로 묶어 정리한다.

15 손상화폐의 남아 있는 면적이 원래 크기의 ( ) 이상인 경우 전액으로 교환되고, 남아 있는 면적이 원래 크기의 ( ) 이상인 경우 반액으로 교환된다.

16 ⃞O⃞X⃞ 화재로 거액이 불에 탄 경우에는 관할 경찰관서, 소방관서, 기타행정관서의 증명서 등을 함께 제출하면 교환금액을 판정하는 데 도움이 된다.

정답

08 어음요건의 구비여부, 어음의 제시기간 경과여부, 배서의 연속 유무, 위 · 변조 여부, 지시금지 어음 여부, 은행에서 교부받은 약속어음 용지인지 여부

09 5년

10 X ▶ 금융기관 직원은 발견된 위조지폐를 강제회수할 권한이 없다.

11 X ▶ 화폐를 위 · 변조하는 행위는 법규정에 따라 사형, 무기 또는 5년 이상의 징역에 처한다. 한편 위조지폐를 취득한 후 그 사실을 알고 사용하는 경우에는 형법에 의거 2년 이하의 징역 또는 500만원 이하의 벌금에 처한다.

12 사용권, 손상권

13 X ▶ 정사 시 앞면과 뒷면의 구분은 생략한다. 단, 첫장은 앞면이 위치하도록 하고, 끝장은 뒷면이 위치하도록 한다.

14 X ▶ 왼쪽 끝에서 3분의 1

15 $\frac{3}{4}$, $\frac{2}{5}$

16 O

17 ◯✕ 회계상의 거래가 발생하면 반드시 전표를 작성해야 한다.

18 전표의 종류는 (   ), (   ), (   ), (   )로 구분된다.

19 ◯✕ 우편환증서는 대용전표에 해당한다.

20 ◯✕ 전표는 계정과목별로 작성하여야 한다.

21 ◯✕ 입금거래 및 내부거래 전표는 아라비아 숫자로 기재할 수 있다.

22 ◯✕ 일반적으로 대체거래는 일부대체인 경우에 한하여 사용하고 있다.

23 ◯✕ 적요란은 간단명료하게 전표 발생 계정을 기재하는 곳이다.

24 ◯✕ 마감하고 난 후 발생하는 거래나, 익일 처리하여야 하는 마감 후 거래는 원칙적으로 할 수 없으나, 부득이한 경우 담당책임자의 승인을 받아 취급할 수 있다.

25 결산일 기준으로 아직 수익으로 계상되지 않은 수익을 (   ), 아직 지급되지 않은 비용은 (   ), 결산일 전에 미리 받은 수익은 (   ), 결산일 전에 미리 지급한 비용은 (   )이라 하며, 각각 정해진 산식에 의해 산출하여 보정 처리하여야 한다.

정답

17 ◯
18 입금전표, 지급전표, 입출금 공용전표, 대용전표
19 ✕ ▸ 우편환증서는 대용전표에 해당하지 않는다.
  ※ **대용전표의 종류**

  - 당좌수표, 약속어음, 환어음, 가계수표, 자기앞수표, 송금수표, 표지어음
  - 양도성예금증서
  - 외국환매입신청서
  - 배당금영수증
  - 현금서비스신청서
  - 대환현금서비스신청서
  - 입금표(채권)
  - 지급표(채권)

20 ◯
21 ◯
22 ✕ ▸ 일반적으로 대체거래는 전액대체인 경우에 한하여 사용하고 있다.
23 ◯
24 ◯
25 미수수익, 미지급비용, 선수수익, 선급비용

26 거래가 발생하였으나, 계정과목 또는 금액이 확정되지 않아서 정당계정처리가 어려울 경우 일시회계처리 하는 계정을 (   )이라 한다.

27 계정과목이 확정되지 않았거나, 계정과목은 확정되었으나 금액이 확정되지 않았을 경우 처리하는 계정을 (   )이라 한다.

28 ☐○☐× 가지급금은 앞으로 정당계정으로 처리하여야 하며, 3개월 이상 장기 보유하는 것이 원칙이다.

29 ☐○☐× 모든 은행의 연동거래는 전액 대체거래로 처리한다.

30 ☐○☐× 모든 은행의 연동거래는 입금처리한 후에 지급처리한다.

31 ☐○☐× 입금 합계금액이 지급금액을 초과할 경우 연동거래는 제외된다.

32 같은 종류, 같은 성질의 자산·부채·자본 및 수익·비용의 변동을 명백하게 하기 위하여 설정하는 계산 상의 구분을 (   )이라고 한다.

33 무전표처리 대상에서 제외되는 거래에는 (   ), (   ), (   ), (   ), (   ), (   ) 등이 있다.

---

01 전자금융의 발전은 ( ), ( ), ( ), ( )의 4단계로 구분한다.

02 전자금융거래에 의하여 자금이 출금되는 계좌의 명의인을 ( )이라 하며, 자금이 입금되는 계좌의 명의인을 ( )이라 한다.

03 수취인의 전자적 장치를 통한 지급지시에 따라 은행이 지급인의 출금계좌에서 자금을 출금하여 같은 은행 또는 다른 은행의 계좌에 입금하는 것을 ( )라고 한다.

04 ○× 계좌이체이란 이용자가 현금자동지급기, 자동입·출금기를 통하여 자기 또는 타인의 계좌에 자금을 입금하는 것을 말한다.

05 텔레뱅킹 이용자번호를 부여받은 고객은 가입 신청 후 ( ) 이내에 이체비밀번호를 등록하여야 한다.

06 ○× 은행에서 사용하는 '3영업일'이라 함은 통상 시작일로부터 종료일까지 휴일을 포함하여 3일째되는 날을 의미한다.

07 계좌이체 시 기존의 비밀번호 외에 보안용 비밀번호를 추가로 사용하기 위한 카드로서 카드에 30개 또는 50개의 코드번호와 해당 비밀번호가 수록되어 있어 이체 시마다 무작위로 임의의 코드번호에 해당하는 비밀번호를 요구함으로써 사고를 예방하는 것을 ( )라고 한다.

08 전자금융거래의 인증을 위하여 이용고객에게 제공되는 일회용 비밀번호 생성 보안매체를 ( )라고 한다.

정답

01 계정계의 온라인화단계, 정보계의 온라인화단계, PC뱅킹(홈뱅킹·펌뱅킹)단계, 인터넷·스마트뱅킹 단계
02 지급인, 수취인
03 추심이체
04 × ▶ 계좌송금에 대한 설명이다. 계좌이체란 지급인의 전자적 장치를 통한 지급지시에 따라 은행이 지급인의 출금계좌에서 자금을 출금하여 같은 은행 또는 다른 은행의 계좌에 입금하는 것을 말한다.
05 3일
06 × ▶ 휴일은 포함되지 않는다.
07 씨크리트 카드
08 OTP(One Time Password)발생기

09 (　　　　　)이란 은행이 제공하는 서비스의 이용자 확인을 위하여 이용자가 직접 지정하는 6~8자리의 숫자가 조합된 개인인증번호를 말한다.

10 ⃞O⃞X⃞ 텔레뱅킹의 업무처리 시 PIN 및 OTP발생기 등 본인을 위한 정보가 3회 연속하여 틀렸을 때에는 자동 정지된다.

11 ⃞O⃞X⃞ 텔레뱅킹의 업무처리 시 이체불능 건에 대한 재처리는 일정 간격을 두고 지속적으로 재처리함을 원칙으로 한다.

12 ⃞O⃞X⃞ 은행별 독자성 부족, 서비스의 한국통신 의존, 서비스이용 불편 등의 사유로 현재 각 은행들은 별도로 자체 인터넷서비스 시스템을 구축하고 있다.

13 ⃞O⃞X⃞ 개인 공동인증서는 은행 · 신용카드 · 보험용과 전자거래 범용으로 구분할 수 있으며, 은행 · 신용카드 · 보험용의 경우 무료로 발급이 가능하다.

14 ⃞O⃞X⃞ 공동인증서는 최종 이체일로부터 3개월 이내 이체실적이 없는 경우에는 거래가 정지된다.

15 자금의 이동이 빈번하고 그 횟수가 많은 기업이 보다 효과적으로 자금을 이전시키기 위한 기업전용 자금 이체서비스를 (　　　　)라 한다.

16 이용기관이 은행과 데이터 통신을 위해 설치한 부가가치통신망을 (　　　)이라 한다.

정답

09 PIN(Personal Identification Number)
10 X ▸ 계좌비밀번호, 이체비밀번호 등 본인을 위한 정보가 3회 연속하여 틀렸을 때에는 자동 정지된다. 다만, PIN은 연속 5회, OTP 발생기는 전금융기관을 통합하여 연속 10회 틀렸을 때 자동 정지된다.
11 X ▸ 이체실행은 1회의 실행으로 하고 이체불능 건에 대한 재처리는 하지 않는다.
12 O
13 O
14 X ▸ 12개월 이내 이체실적이 없는 경우 거래가 정지된다.
15 펌뱅킹거래
16 펌뱅킹 VAN(Value Added Network)망

17 이용기관이 지급할 자금을 지정된 출금계좌에서 당·타행의 수취인계좌로 송금하고 그 처리결과를 전송하는 펌뱅킹의 서비스를 (   )라 한다.

18 ⊡× 펌뱅킹업무 이용업체는 펌뱅킹업무 이용에 따른 수수료 수입을 증대시킬 수 있다.

19 ⊡× 국가기관 및 지방자치단체는 직접 CMS 출금이체를 신청할 수 없다.

20 ⊡× 금융결제원 CMS공동망 업무란 학교의 각종 수납금을 학교에서 직접 수납하지 않고 학부모나 학생의 계좌에서 일괄 출금하여 학교의 수납 모계좌로 집금하는 은행 간 공동망 업무를 말한다.

21 ⊡× IC칩이란 Internet Circuit의 약어로 휴대폰에 내장되어 모바일뱅킹 서비스를 제공할 수 있도록 금융정보를 기록·저장하는 SIM타입의 IC카드를 말한다.

22 CD/ATM기 상단부에 장착되어 있는 통신장치에 휴대폰칩에 내장된 정보를 인식시켜 현금 입·출금 등의 자동화기기 거래를 이용하는 방식을 (   )이라 한다.

23 일상거래에서 발생하는 지급인과 수취인 간의 채권·채무관계를 현금이나 수표 등을 직접 주고 받는 대신 결제기구를 통하여 수취인이나 지급인의 예금계좌로 자금을 이체하여 결제하는 종합적인 지급결제제도를 (   )라고 한다.

24 수수료에 따라서 출금일로부터 3영업일 또는 7영업일이 걸리는 지로업무를 (   )라고 한다.

25 지로이용수수료는 이용기관이 부담하는 (   )와 납부자가 부담하는 (   )로 구분하며, 참가 금융기관의 수입으로 한다.

정답

17 자금지급이체업무

18 X ▸ 이용업체가 아닌 은행입장에서의 이점에 해당한다. 이용업체는 펌뱅킹업무를 통해서 자금관리를 위한 시간·인력·비용을 절감할 수 있다.

19 X ▸ 국가기관 및 지방자치단체도 출금이체 이용기관 직접접수를 허용하고 있다.

20 X ▸ 스쿨뱅킹 업무에 관한 설명이다.

21 X ▸ Integrated Circuit의 약어이다.

22 RF(Radio Frequency)방식

23 지로(Giro)제도

24 자동이체

25 지로수수료, 고객수수료

26 ☐○☐✕☐ 지로수수료는 이용기관에게 따로 징구한다.

27 ☐○☐✕☐ 지로대금을 수납(출금)하는 금융기관의 수납처리비용 보전을 위해 이용기관의 거래 금융기관이 수납(출금) 금융기관에 지급하는 비용으로 결제원 지로위원회의 심의를 거쳐 이사회에서 결정한다.

28 지료장표의 종류에는 (   ), (   ), (   ), (   ), (   )의 5가 지가 있으며, 이 중 (   )만 1매 1조로 구성되어 있고, 나머지는 2매 1조로 구성된다.

29 ☐○☐✕☐ 정액OCR장표는 대형이용기관인 KT, 한국전력공사, 국민건강보험공단, 국민연금공단이 사용하는 전산처리용 장표이다.

30 ☐○☐✕☐ 고객과의 분쟁이 발생하였을 때에 처리를 지연하여 지로 처리에 지장을 초래한 경우 결제원은 이용승인을 취소할 수 있으며 취소기관에 대해서는 3년간 지로 이용을 제한할 수 있다.

31 ☐○☐✕☐ 장표지로업무, 대량지급업무 및 자동이체업무 이용기관에는 지로번호가 부여된다.

32 ☐○☐✕☐ 타행자동이체는 고객의 계좌에서 출금하여 고객이 지정한 타금융기관 계좌로 이체하는 데 1영업일이 소요된다.

33 ☐○☐✕☐ 표준OCR장표의 수납정보는 수납일 다음 영업일 17:30까지 결제원에 전송하여야 한다.

정답

26 ✕ ‣ 이용기관이 부담하는 지로수수료는 이용기관의 계좌로 지로대금을 이체할 때 차감 징수한다.
27 ○
28 OCR, 정액OCR, MICR, 표준OCR, 전자납부전용장표, 전자납부전용장표
29 ✕ ‣ 표준OCR장표에 대한 설명이다.
30 ✕ ‣ 1년간 지로 이용을 제한할 수 있다.
31 ✕ ‣ 대량지급업무 이용기관에는 승인번호를 부여한다.
32 ✕ ‣ 출금 즉시 이체된다.
33 ✕ ‣ 표준OCR장표의 수납정보는 수납일 다음 영업일 19:30까지 결제원에 전송한다.

01 신용을 담보로 이를 소지한 회원이 지정된 가맹점으로부터 상품이나 용역을 현금의 즉시 지불 없이 신용공여기간동안 외상으로 구입할 수 있는 증표를 (   )라고 한다.

02 신용카드의 기능에는 (   ), (   ), (   ), (   ), (   )이 있다.

03 체크·신용결제 방식이 혼합된 겸용카드를 의미하는 (   )는 체크카드 기반 상품과 신용카드 기반 상품으로 구분된다.

04 (   )란 마이크로프로세서, 카드운영체제, 보안 모듈, 메모리 등을 갖춤으로써 특정 Transaction을 처리할 수 있는 능력을 가진 집적회로 칩을 내장한 신용카드 크기의 플라스틱 카드로 스마트카드라고도 불리어진다.

05 신용카드업자의 계약에 따라 그로부터 신용카드를 발급받은 자를 (   )이라 하며, 신용카드업자와의 계약에 따라 신용카드회원 등에 대하여 신용카드 등에 의한 거래에 의하여 물품의 판매 또는 용역의 제공 등을 하는 자를 (   )이라 한다.

06 신용카드 회원업무는 (   ), (   ), (   ), (   ), (   ), (   ), (   )의 흐름으로 이어진다.

07 신용카드 가맹점 업무는 (   ), (   ), (   )의 흐름으로 이어진다.

08 ○✕ 개인 신용카드 회원이 선불카드 금액과 상품권 금액을 합하여 월 2백만원의 이용한도를 초과하여 지급하는 것은 금지 대상이다.

정답

01 신용카드
02 대금지불 기능, 소비자신용 기능, 신분확인 기능, 고객관리 기능, 금액할인 기능
03 하이브리드 카드
04 IC카드
05 신용카드 회원(Cardholder), 신용카드 가맹점(Merchant)
06 회원모집, 카드발급, 카드교부, 카드이용, 이용대금청구, 이용대금결제, 사후관리
07 가맹점가입, 신용판매, 가맹점관리
08 ✕ ▸ 월 1백만원의 이용한도를 초과하는 선불카드와 상품권의 구입은 금지 대상이다.

09 ☐☒ 직불카드는 신용카드와 체크카드의 장점을 모아서 만든 카드로 모든 신용카드 가맹점에서 사용이 가능하다.

10 ☐☒ 여신전문금융업법은 신용카드 발급업무, 부대업무, 회원 및 가맹점 책임에 관하여 적용하는 법규이다.

11 ☐☒ 신용카드사 임원은 카드모집을 할 수 있다.

12 ☐☒ 신용카드 모집인의 등록업무는 은행연합회장이 위탁받아 처리한다.

13 개인신용카드의 신규발급 시에는 (   ), (   ), (   ), (   ), (   ) 순의 절차를 따른다.

14 월 가처분소득 = 가처분소득 ÷ 12 = {(   )−(   )} ÷ 12

15 ☐☒ 결제능력 심사 시 월 가처분소득에 따른 결제능력을 평가하는데, 전업주부의 경우 배우자 가처분소득의 최대 50%까지 본인 가처분소득으로 인정가능하다.

16 ☐☒ 행동평점모형(BSS)이란 카드발급신청서의 정보, 실적정보, 회원신용정보 등을 활용하여 카드발급신청 고객에 대해 신청 시점으로부터 이후 수개월 내의 부실 가능성 또는 수익 정도를 예측하는 신용평가모형이다.

17 결제일에 따라 신용카드를 이용할 수 있는 결제일과 이용기간의 차이를 (   )이라 한다.

18 신규발급으로 2025년 5월 20일 최초 입회한 경우의 유효기한은 (   )이다.

정답

09 ✕ ▸ 체크카드는 신용카드와 직불카드의 장점을 모아서 만든 카드로 모든 가맹점에서 사용이 가능하다.

10 ○

11 ○

12 ✕ ▸ 여신전문금융업법에서는 모집인 관련 등록업무를 여신금융협회장에게 위탁하고 있다.

13 사전신용조회, 신청서 접수, 결제능력심사(평가), 회원자격기준심사, 카드발급거래 또는 반송

14 연소득, 연간 채무원리금상환액

15 ○

16 ✕ ▸ 신청평점모형(ASS)에 대한 설명이다. BSS란 카드매출액, 연체실적, 현금서비스 비중 등 카드사용 패턴을 고려한 회원의 실적정보 및 외부신용정보 등을 활용하여 기존 거래 고객에 대해 수개월 내의 부실 가능성 또는 수익정도를 예측하는 신용평가모형이다.

17 신용공여기간

18 2030년 4월 ▸ 신규발급의 경우 유효기한은 카드발급 년, 월 포함하여 5년의 해당월 말일이다(발급월 전월 말일 + 5년).

19 갱신발급으로 갱신발급 前카드의 유효기한이 2025년 9월인 경우의 유효기한은 (   )이다.

20 ☐O☐X 재발급 카드는 기존카드의 유효기한이 적용된다.

21 ☐O☐X 개인회원의 기본연회비는 일반적으로 카드별로 청구하며 제휴연회비는 회원별로 청구한다.

22 (   )란 국내 인터넷 쇼핑몰 이용 시 회원의 카드번호, 비밀번호 등을 입력함으로써 발생될 수 있는 회원의 개인신용정보 유출 문제를 원천적으로 차단할 수 있는 신용카드 지불서비스 프로그램이다.

23 ☐O☐X 신용카드단말기(CAT ; Card Authorization Terminal)를 통한 승인은 가장 전형적인 대행승인의 방법이다.

24 ☐O☐X 해외한도는 총한도에 따라 부여하며, 해당 국가의 통화를 기준으로 운용된다.

25 ☐O☐X 특별승인한도는 현재의 총한도와는 별도로 부여되는 한시적 한도로 한도의 복원은 없으며, 연간 최대 2회까지 일시불의 형태로 허용된다.

26 (VAN사/회원/가맹점/신용카드업자) 입장에서 거래승인이란, 카드사에게 정상적으로 대금을 받을 수 있는지의 여부를 조회하여 보증을 받는 절차이다.

27 결제계좌 자동이체를 통한 결제대금은 (   ), (   ), (   ), (   ) 순으로 회수된다.

28 ☐O☐X 연체 중인 회원의 결제계좌 변경도 가능하다.

정답

19 2030년 9월 ▸ 갱신발급의 경우 유효기한은 갱신발급 前카드의 유효기한 만료일로부터 5년 해당월 말일이다(구카드 만료일 + 5년).

20 O

21 X ▸ 개인회원의 기본연회비는 일반적으로 회원별 또는 카드별로 청구하며, 제휴연회비는 카드별로 청구한다.

22 인터넷 안전결제(ISP ; Internet Secure Payment)

23 X ▸ 일반승인의 방법이다.

24 X ▸ 원화를 기준으로 운용된다.

25 O

26 가맹점

27 통상 연회비, 연체대금, 각종 수수료(청구보류 수수료, 환가료, 취급수수료 등), 원금

28 X ▸ 연체 중인 회원의 결제계좌 변경은 원칙적으로 불가능하다.

29 ☐☒ 연회비는 청구월과 상관없이 우선 입금처리된다.

30 ☐☒ 일부결제금액이월약정(리볼빙) 수수료 회수 후 일부결제금액이월약정(리볼빙) 원금을 회수한다.

31 ☐☒ 이용대금 결제 방법으로는 영업점 창구회수, 카드사나 은행의 콜센터를 통한 회수, 가상계좌를 통한 회수, 인터넷뱅킹, 폰뱅킹, 모바일뱅킹을 통한 회수 방법 등이 있다.

32 (   )이란 카드사가 정한 자격기준을 충족하는 회원이 사전에 약정한 결제대금만 매월 결제일에 결제하면 잔여 결제대금에 대해 일정 수수료와 함께 상환이 연기되고 회원별 잔여 이용한도 범위 내에서 기간에 관계없이 계속 카드 이용이 가능한 신용카드 결제방법이다.

33 일부결제금액이월약정(리볼빙)의 기간은 최장 (   ) 이내의 범위에서 운영된다.

34 ☐☒ 일부결제금액이월약정(리볼빙) 결제 청구 방식에 따라 정률식과 정액식으로 구분되며 우리나라에서는 정액법을 따르고 있다.

35 여전법에 의하면 신용카드회원 등에게 신용카드 등을 사용한 거래에 의하여 물품의 판매 또는 용역의 제공 등을 하는 자를 (   )이라고 정의한다.

36 ☐☒ 가맹점 계약은 청약요건에 따라 카드사의 가입요청에 대해 가맹점 가입을 승낙함으로써 성립하는 낙성계약이다.

37 ☐☒ 가맹점 계약의 유효기간은 가맹점 계약체결일로부터 2년으로 하며 2년씩 연장된다.

38 가맹점수수료의 구성요소에는 (   ), (   ), (   ), (   ), (   ) 등이 있다.

정답

29 ○

30 ○

31 ○

32 일부결제금액이월약정(리볼빙)

33 5년

34 ✕ ▸ 우리나라에서는 정률법을 따른다.

35 가맹점

36 ✕ ▸ 가맹점 계약은 청약요건에 따라 가맹점 가입을 신청한 업소에 대해 카드사가 심사를 거쳐 가맹점 가입승인 통지를 함으로써 성립되는 낙성계약이다.

37 ✕ ▸ 가맹점 계약의 유효기간은 가맹점 계약체결일로부터 1년으로 하며 1년씩 연장된다.

38 자금조달비용, 위험관리비용, 일반관리비용, 거래승인·매입정산비용, 마케팅비용

39 가맹점수수료는 여신전문금융업법령 및 가맹점표준약관에 근거하여 가맹점별 차등적용하며, (   ), (   ), (   ), (   ), (   ), (   )의 6대 원칙을 따라야 한다.

40 ☐○ ☐× 신용카드 가맹점은 가맹점수수료를 신용카드회원이 부담하게 하여서는 아니 된다.

41 ☐○ ☐× 결제대행업체는 신용카드 가맹점의 명의를 타인에게 빌려주는 행위를 하여서는 아니 된다.

42 ☐○ ☐× 신용카드에 따른 거래로 생긴 채권의 경우 신용카드업자 외의 자에게 양도할 수 있다.

43 매출전표는 (   ), (   ), (   )의 3매 1조로 구성되어 있다.

44 매출집계표는 (   ), (   )의 2매 1조로 구성되어 있다.

45 ☐○ ☐× 사업자가 기존 회원이었다면 그 해당계좌를 가맹점의 신용카드 결제대금 계좌로 사용할 수 있다.

46 ☐○ ☐× 신용카드상의 유효기한 표시가 12/11인 경우에는 2012년 11월이 유효기한이다.

47 ☐○ ☐× 매출집계표는 일시불과 할부를 구분하여 기재하여야 한다.

정답

39 근거에 기초한 수수료 산정, 적격비용부담, 수익자부담, 부당한 차별금지, 대형가맹점 부당행위금지, 영세한 중소가맹점에 대한 우대수수료율 적용

40 ○

41 × ▸ 결제대행업체의 경우에는 신용카드 가맹점의 명의를 타인에게 빌려주는 행위, 신용카드에 의한 거래를 대행하는 행위 등을 할 수 있다.

42 × ▸ 신용카드에 따른 거래로 생긴 채권의 경우 신용카드업자 외의 자에게 양도하여서는 안 된다.

43 카드사용(은행용), 가맹점용, 회원용(영수증)

44 카드사용(은행용), 가맹점용

45 ○

46 × ▸ 2011년 12월이 유효기한이다.

47 × ▸ 매출집계표는 일시불과 할부의 구분 없이 1장으로 작성하되 외화금액은 구분하여 기재하여야 한다.

01 위탁자가 특정한 재산권을 수탁자에게 이전하거나 기타의 처분을 하고 수탁자로 하여금 수익자의 이익 또는 특정한 목적을 위하여 그 재산권을 관리·처분하게 하는 법률관계를 (   )이라 한다.

02 ☐○☐× 은행 신탁업무에서 위탁자는 신탁회사(은행)를 의미하며, 수탁자는 고객을 의미한다.

03 위탁자와 수익자가 같은 경우를 (   )이라 하고, 위탁자와 수익자가 다른 경우를 (   )이라 한다.

04 신탁의 기본원칙에는 (   ), (   ), (   ), (   )이 있다.

05 위탁자가 운용지시를 할 수 있는지 여부에 따라 (   )과 (   )으로 구분한다.

06 신탁계약 건별로 신탁재산을 별도 구분하여 관리·운용하는 신탁을 (   )이라 하며, 다수의 위탁자로부터 모집한 자금을 공동으로 관리·운용하는 신탁을 (   )이라 한다.

07 ☐○☐× 단독운용신탁에는 특정금전신탁이나 재산신탁 등이 있으며, 합동운용신탁에는 금전신탁이나 투자신탁 등이 해당된다.

08 ☐○☐× 장부가평가상품은 원칙적으로 실적배당원칙에 위배되기 때문에 신규수탁이 중지되었다.

정답

01 신탁

02 × ▸ 은행 신탁업무에서 위탁자는 자기가 소유하고 있는 금전 또는 기타 재산을 타인에게 맡겨 관리하는 자로서 고객을 의미하며, 수탁자는 타인이 맡긴 재산을 형식상 소유하면서 타인을 위해 관리·운용·처분하는 자로서 신탁회사(은행)를 말한다.

03 자익신탁, 타익신탁

04 분별관리의 원칙, 실적배당의 원칙, 평등비례배당의 원칙, 선관의무의 원칙

※ **신탁의 기본원칙**

> • 분별관리의 원칙 : 고유재산과 신탁재산의 구분관리 및 신탁재산 간에 구분해서 관리하여야 한다.
> • 실적배당의 원칙 : 신탁재산의 관리, 운용에 따라 발생하는 모든 손익은 신탁재산에 귀속시켜 배당하여야 한다.
> • 평등비례배당의 원칙 : 실적배당 시 신탁금과 기간에 의한 총적수에 따라 평등하고 균등하게 배당하여야 한다.
> • 선관의무의 원칙 : 선량한 관리자의 주의로써 신탁재산을 관리 및 처분하여야 한다는 원칙이다.

05 불특정신탁, 특정신탁

06 단독운용신탁, 합동운용신탁

07 ○

08 ○

09 신탁회사가 인수할 수 있는 신탁재산에는 (　　　), (　　　), (　　　), (　　　), (　　　), (　　　), (　　　), (　　　), (　　　), (　　　), (　　　) 등이 포함된다.

10 수탁자가 신탁재산 관리의 대가로써 받는 수수료를 (　　)라고 하며, 운용성과에 관계없이 신탁재산의 일정한 비율로 정한 (　　)와 운용성과에 연동하여 받기로 정한 (　　)로 구분한다.

11 합동운용하는 신탁의 이익계산 또는 판매 및 환매를 원활히 하기 위하여 신탁재산의 순가치를 나타내는 지수를 (　　　　)이라 한다.

12 (　　　　　) = $\dfrac{\text{고객이 신탁한 금액}}{\text{기준가격}} \times 1{,}000$

13 ◯✕ 집합투자상품에서 투자자의 환매청구에 응하기 위해 발생할 수 있는 비용을 중도해지수수료라고 한다.

14 ◯✕ 신탁설정 초일의 기준가격은 100원이며, 신탁재산의 운용결과 순자산이 늘어나면 기준가격은 100원보다 낮아진다.

15 ◯✕ 재산신탁이란 위탁자로부터 금전을 수탁하여 운용한 후 신탁 종료 시 수익자에게 금전으로 지급하는 신탁을 말한다.

16 연금저축신탁에서 연금수령 또는 연금외 수령 시 인출순서는 (　　　), (　　　), (　　　) 순이다.

17 ◯✕ 연금저축신탁의 연금수령기간은 만 55세 및 적립기간 5년 요건을 모두 충족한 시점부터 10년 이상이다.

정답

09 금전, 증권, 금전채권, 동산, 부동산, 지상권, 전세권, 부동산임차권, 부동산소유권 이전등기청구권, 그 밖의 부동산관련 권리, 지적재산권을 포함한 무체재산권

10 신탁보수, 기본보수, 수익보수

11 기준가격

12 수익권좌수

13 ✕ ▶ 환매수수료라고 한다.

14 ✕ ▶ 신탁설정 초일의 기준가격은 1,000원이며 신탁재산의 운용결과 순자산이 늘어나면 기준가격은 1,000원보다 커진다.

15 ✕ ▶ 금전신탁에 대한 설명이다. 재산신탁이란 신탁종료 시 신탁재산의 운용현상 그대로 수익자에게 교부하는 신탁을 의미한다.

16 당해 연도 납입금액, 소득공제 받지 않은 납입금액, 소득공제 받은 납입금액

17 ◯

18 위탁자가 지정하는 방법으로 신탁재산을 운용한 후 신탁기간 종료 시 신탁금 건별로 신탁원본 및 이익을 수익자에게 지급하는 단독운용신탁을 (   )이라 한다.

19 ○× 특정금전신탁은 만기 후에는 약정한 이자를 지급한다.

20 ○× 특정금전신탁의 경우 유가증권의 매매차익은 비과세하고, 유가증권이자 등은 이자소득으로 주식 배당금 등은 배당소득으로 과세한다.

21 2인 이상에게 투자권유를 하여 모은 금전 등을 투자자로부터 일상적인 운용지시를 받지 아니하면서 재산적 가치가 있는 투자대상자산을 운용한 결과를 배분하는 것을 (   )라고 한다.

22 펀드재산을 보관, 관리하고 자산운용회사의 펀드 운용을 감시하는 역할을 하는 집합투자의 당사자는 (   )이다.

23 증권집합투자기구에서 주식형은 집합투자재산 중 주식에 (   ) 이상을 투자하는 것을 말하며, 주식혼합형은 집합투자재산 중 주식에 (   ) 이상을 투자하는 것을 말한다.

24 ○× 혼합자산집합투자기구란 집합투자재산을 운용함에 있어서 투자비율 등의 제한을 받지 아니하는 집합투자기구를 의미한다.

25 ○× 금융기관에 대한 6개월 이내의 단기대출은 단기금융집합투자기구가 투자 가능한 금융상품에 해당한다.

정답

18 특정금전신탁

19 × ▸ 특정금전신탁은 만기 후에도 실적배당한다.

20 ○

21 집합투자

22 수탁회사

23 60%, 50%

24 ○

25 × ▸ 금융기관에 대한 30일 이내의 단기대출에 투자 가능하다.

※ **단기금융집합투자기구가 투자 가능한 금융상품**

- 남은 만기가 6개월 이내인 양도성예금증서 및 금융기관에의 예치
- 남은 만기가 5년 이내인 국채증권
- 남은 만기가 1년 이내인 지방채증권 · 특수채증권 · 사채권, 기업어음증권
- 남은 만기가 1년 이내인 어음의 매매
- 금융기관에 대한 30일 이내의 단기대출
- 다른 단기금융집합투자기구의 집합투자증권
- 전자단기사채 등

26 환매금지형집합투자기구 설정·설립 의무 대상에는 (   ), (   ), (   ), (   )가 있다.

27 ☐○☐×   Umbrella Fund란 다른 집합투자기구가 발행하는 집합투자증권을 취득하는 구조의 집합투자기구를 설정·설립하는 경우를 말한다.

28 ☐○☐×   투자매매업자 또는 투자중개업자는 모집합투자기구의 집합투자증권을 투자자에게 판매하여서는 아니 된다.

29 ☐○☐×   개방형 펀드는 일정기간 또는 전기간 환매가 금지된다.

30 (   )란 특정 업종이나 테마 관련 주식에 주로 투자하는 주식투자형 펀드를 말한다.

31 ☐○☐×   집합투자상품의 비용은 크게 보수와 수수료로 구분되며, 보수와 수수료는 고객이 직접 부담한다.

32 ☐○☐×   운용보수는 펀드운용의 대가로서 처음 펀드를 개설할 때 한 번 수취한다.

33 ☐○☐×   선취판매수수료는 순투자금액에 대해 수수료 부과하고, 후취판매수수료는 원리금에 대해 수수료 부과하기 때문에 장기투자 시 후취형이 고객에게 유리하다.

34 ☐○☐×   주식편입비가 50% 이상인 펀드의 경우 오후 3시 이후에 환매를 하면 기준가 적용은 3영업일이고 처리일은 4영업일이다.

35 주가연계증권(ELS)의 수익률 결정방식 중 (   )형은 만기시점의 기초자산가격이 일정수준 이상이면 약정된 일정금액을 지급하고, 그 이하인 경우 가격상승률과 이익참여율에 따라 지급한다.

정답

26   부동산집합투자기구, 특별자산집합투자기구, 혼합자산집합투자기구, 각 집합 투자기구 자산총액의 20% 이상을 시장성 없는 자산에 투자할 수 있는 집합투자기구

27   × ▸ 모자형집합투자기구에 대한 설명이다. Umbrella Fund는 복수의 집합투자기구 간에 각 집합투자기구의 투자자가 소유하고 있는 집합투자증권을 다른 집합투자기구의 집합투자증권으로 전환할 수 있는 권리를 투자자에게 부여하는 전환형집합투자기구를 말한다.

28   ○

29   × ▸ 폐쇄형 펀드에 대한 설명이다. 개방형 펀드는 투자자에게 환매청구권 및 펀드 지분 추가 매수가 자유로운 펀드이다.

30   섹터

31   × ▸ 보수는 펀드에서 부담하여 기준가격으로 반영되며, 수수료는 고객이 직접 부담한다.

32   × ▸ 운용보수는 펀드운용의 대가로서 매일 펀드자산에서 수취한다.

33   × ▸ 장기투자 시 선취형이 고객에게 유리하다.

34   ○

35   BULL-SPREAD

01 방카슈랑스란 프랑스어로 (   )와 (   )의 합성어이다.

02 ☐ O ☐ X 방카슈랑스는 광의의 의미로 유니버설뱅킹과 알피난츠 등과 함께 금융겸업화를 대표하는 의미로 사용된다.

03 ☐ O ☐ X 합작투자나 기존인력을 포함하여 은행의 보험자회사를 설립하는 경우 문화적 갈등이 생긴다.

04 ☐ O ☐ X 조인트 벤처의 형태는 방카슈랑스의 시너지를 극대화 시킬 수 있다.

05 ☐ O ☐ X 은행이 보험회사를 인수·합병하는 형태의 경우 계열사인 보험사가 제공하는 서비스가 나쁠 경우 그룹의 다른 고객에게 끼치는 영향이 미미하다.

06 방카슈랑스의 중장기적인 전략은 직접 겸업을 통한 (   ) 전략이다.

07 현대 금융산업의 트렌드는 (   ), (   ), (   ), (   )이다.

08 ☐ O ☐ X 불특정다수를 대상으로 한 신문·TV광고 및 인터넷사이트를 이용한 모집행위는 금지된다.

09 ☐ O ☐ X 보험의 대상이 되는 손실은 확정적이고 측정이 불가능해야 한다.

10 개개인의 입장에서 보면 우연한 사고이지만, 이를 단체로 볼 때는 일정 확률로 나타나기 때문에 보험제도 를 안정적으로 유지할 수 있다는 보험의 기본원리를 (   )이라 한다.

정답

01 방크(은행), 어슈어런스(보험)

02 O

03 O

04 X ▸ 방카슈랑스의 시너지가 극대화될 수 있는 것은 은행이 보험회사를 인수·합병하는 형태의 장점이다.

05 X ▸ 다른 고객에게 끼치는 영향이 크다는 단점이 있다.

06 종합금융화

07 겸업화, 대형화, 국제화, 종합금융화

08 X ▸ 방문판매, 전화, 우편, E-mail 발송을 통한 판매활동은 금지되지만 불특정 다수를 대상으로 한 신문, TV광고 및 인터넷사이 트를 이용한 모집행위는 허용된다.

09 X ▸ 측정이 가능해야 한다.

10 대수의 법칙

11 ⃞o ⃞× 수지상등의 원칙이란 개인의 입장에서 보험료가 보험금의 가치에 상응해야 한다는 보험의 기본원리이다.

12 ⃞o ⃞× 우리나라 상법 보험편에서는 보험을 손해보험과 생명보험으로 분류한다.

13 ⃞o ⃞× 보험료 납입최고기간까지 보험료가 납입되지 않은 경우에는 보험료 납입최고기간이 끝나는 날의 다음 날부터 계약이 해지된다.

14 ⃞o ⃞× 납입최고기간이 끝나는 날의 7일 전에 최고하여야 한다.

15 보험료 납입의 연체로 보험계약이 해지된 경우 보험계약의 해지일로부터 (   ) 이내에 보험계약을 (   ), (   ), (   )를 납입하여 부활할 수 있다.

16 생명보험에서 (   )는 순보험료와 부가보험료로 구분된다.

17 생명보험에서 순보험료는 (   )와 (   )로 구분된다.

18 생명보험에서 부가보험료는 (   ), (   ), (   )로 구분된다.

19 생명보험료를 계산하는 3가지 요소에는 (   ), (   ), (   )이 있다.

20 연령의 증가에 따라 달라지는 보험료를 (   )라고 한다.

21 (   )란 보험의 목적에 대한 피보험자의 권리를 법률상 당연히 취득하는 제도를 말한다.

정답

11 × ▸ 급부 반대급부 균등의 원칙에 해당한다. 수지상등의 원칙이란 보험가입자로부터 받은 보험료 총액이 보험사고로 지급하는 보험금 총액과 일치한다는 원칙으로 상부상조 정신에 의해 형성된 개념이다.

12 × ▸ 손해보험과 인보험으로 분류한다.

13 ○

14 × ▸ 15일 전에 최고한다.

15 3년, 부활청약서, 연체보험료, 소정의 이자

16 영업보험료

17 위험보험료, 저축보험료

18 신계약비, 유지비, 수금비

19 예정위험률, 예정이율, 예정사업비율

20 자연보험료

21 잔존물대위

22 (　　　　　)란 피보험자의 손해가 제3자의 행위로 인해 생긴 경우, 보험금액을 지급한 보험자가 지급한 금액 내에서 그 제3자에 대한 보험계약자의 권리를 법률상 당연히 취득하는 제도를 말한다.

23 손해보험은 직접적인 손해액만을 원칙적으로 보상하는 (　　　　　)이 적용된다.

24 ○× 신계약의 모집, 보험료의 수금, 계약의 관리 등에 드는 사업비를 예측한 비율을 예정이율이라고 한다.

25 ○× 장기손해보험의 경우 한 번의 사고에 의하여 지급받는 보험금이 가입 시 최대지급보험금의 70% 이하이면 가입 시 가입금액으로 원상회복이 되는 자동복원제도가 있다.

정답

22 청구권대위
23 이득금지의 원칙
24 × ▸ 예정사업비율에 대한 설명이다.
25 × ▸ 70% 이하 → 80% 미만

CHAPTER 1

금융경제일반

01 통화 · 금리 · 금융시장

02 금융기관

03 금융하부구조

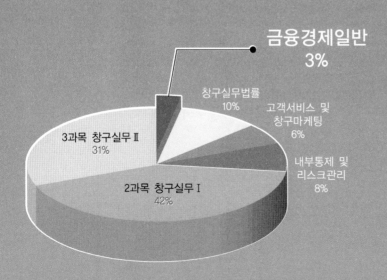

금융경제일반
3%

창구실무법률
10%

고객서비스 및
창구마케팅
6%

3과목 창구실무 Ⅱ
31%

내부통제 및
리스크관리
8%

2과목 창구실무 Ⅰ
42%

출제포인트 및 중요도

통화 · 금리 · 금융시장	통 화	1문항	33.3%	★★☆
	금 리			★★★
	금융시장			★★★
금융기관	금융기관 개론	1문항	33.3%	★★☆
	은 행			★★★
	비은행 예금취급기관			★★☆
	보험회사			★☆☆
	금융투자회사			★★☆
	여신전문금융회사			★☆☆
	기타 · 공적 금융기관			★☆☆
금융하부구조	중앙은행제도	1문항	33.3%	★★★
	지급결제제도			★☆☆
	예금보험제도			★★★
	금융감독제도			★★☆
	기타 금융하부구조 담당기관			★★☆
합 계		3문항	100%	

● 워밍업! 핵심문제

금융의 종류에 대한 다음 설명 중 옳은 것은?

① 금융활동의 주체는 가계 · 기업 · 금융기관의 세 부분으로 대별하는 것이 기본적이다.

② 금융기관은 여타 금융활동 주체간의 금융중개기능을 수행한다.

③ 소비자금융 · 기업금융 · 정부의 금융활동은 모두 금융기관을 경유한다.

④ 금융기관이 중개하지 않는 금융수단은 유가증권 외에는 없다.

⑤ 금융방식 가운데 금융기관이 개제하는 것은 직접금융이라 한다.

해설 금융활동의 주체는 가계 · 기업 · 정부 · 금융기관의 네 부분으로 대별할 수 있으며, 소비자금융 · 기업금융 · 정부의 금융활동은 금융기관을 경유하는 부분과 그렇지 않은 부분이 있다. 금융기관이 중개하지 않는 금융수단(금융자산은 유가증권, 기업 간 신용, 출자금 등이 있고, 금융기관이 개재하는 것은 간접금융, 개재하지 않는 것은 직접금융이라 한다. 답 ②

CHAPTER 01 금융경제일반

공부시작일	공부종료일
1회독	월 일	월 일
2회독	월 일	월 일

※ 맞힌 문제는 ◎, 헷갈린 문제는 △, 틀린 문제는 ☒에 체크하세요!

01 통화 · 금리 · 금융시장

01 다음 중 통화(화폐)의 일반적인 기능에 해당하지 않는 것은? `2023`

① 교환의 매개 수단
② 가치저장의 수단
③ 가치척도의 수단
④ 가치투자의 수단
⑤ 이연지급의 수단

> **해설**
> 가치투자의 수단은 통화의 일반적인 기능에 해당하지 않는다.

> **더 알아보기** 통화의 기능
>
> • 교환의 매개 수단 : 화폐의 가장 본질적인 기능으로서 거래적 수단이다.
> • 가치저장의 수단 : 미래의 불확실성에 대처하기 위한 저축의 수단이다.
> • 가치척도의 수단 : 모든 재화의 가치를 측정할 수 있는 수단이다.
> • 이연지급의 수단 : 장래에 지급해야 할 채무의 표시수단이다.

02 다음은 통화(화폐)와 관련된 설명이다. 옳지 않은 것은?

① 화폐발행제도는 금본위제에서 관리통화체제로 변화하였다.
② 관리통화체제에서는 화폐가 내재적 가치를 갖지 않으면서 법적구속력에 의해 강제로 통용된다.
③ 관리통화체제에서는 경기상황에 따라 통화당국이 통화공급을 탄력적으로 조절할 수 있기 때문에 인플레이션 문제를 해결할 수 있다.
④ 중앙은행은 법화의 독점적 발행 권한을 가지고 있다.
⑤ 중앙증권 이외에 자기앞수표, 은행예금 등 금융기관의 부채(예금통화)도 실질적인 화폐로 이용되고 있다.

> **해설**
> 관리통화체제에서는 화폐공급량에 제한을 두지 않기 때문에 인플레이션을 유발하기 쉬운 단점이 있다.

03 다음 중 통화(화폐)에 대한 내용으로 틀린 것은?

① 통화량이란 일정시점에서 시중에 유통되고 있는 화폐의 양을 의미한다.

② 통화량 증가는 장기적으로 물가안정 기능을 가져온다.

③ 우리나라의 통화지표에는 협의통화(M1), 광의통화(M2), 금융기관유동성(Lf), 광의유동성(L)이 있다.

④ 금융기관유동성(Lf)은 이전의 총유동성(M3)으로서 정부나 기업이 발행하는 국공채와 회사채는 제외된다.

⑤ 광의유동성(L)은 한 나라가 보유한 전체 유동성의 크기를 측정하는 것으로 정부나 기업이 발행하는 국공채와 회사채 등이 포함된다.

> **해설**
>
> 통화량 증가는 단기적으로 소득증가, 생산 및 고용기회 확대 등으로 경제 성장에 기여하지만 장기적으로는 인플레이션을 유발한다. 물가가 지속적으로 상승하는 인플레이션으로 인하여 합리적 소비·투자 저해, 국제수지 악화, 경제 불평등 심화 등의 부작용이 발생한다.

04 다음 중 통화지표 분류 상 광의통화(M2)에 해당하지 않는 것은? `22, 23`

① 증권사 RP   ② 표지어음

③ 발행어음   ④ CD

⑤ CMA

> **해설**
>
> 증권사 RP는 광의유동성(L)에 포함된다.

더 알아보기 우리나라 통화지표 편제현황

통화지표	구성 금융상품
협의통화(M1)	• 단기금융시장의 유동성 수준을 파악하기 위한 통화지표 • 현금통화 + 요구불예금 + 수시입출식 저축성예금
광의통화(M2)	• 시중통화량을 파악하기 위한 통화지표 • 협의통화(M1) + MMF + 만기 2년 미만 정기예적금 및 부금 + 시장형 금융상품(CD, RP, 표지어음 등) + 실적배당형 금융상품(2년 미만 금전신탁 수익증권 등) + 2년 미만 금융채 + 기타 통화성 금융상품(CMA, 2년 미만 외화예수금, 종합금융회사 발행어음, 신탁형 증권저축 등)

05 다음 중 유동성지표 분류 상 금융기관유동성(Lf)에 해당하지 않는 것은? `2022`

① 민간이 보유한 현금통화

② 만기 2년 이상 정기예적금

③ 만기 2년 이상 장기금전신탁

④ 생명보험회사의 보험계약준비금

⑤ 손해보험회사 장기저축성보험계약준비금

해설

손해보험회사 장기저축성보험계약준비금은 광의유동성(L)에 포함된다.

더 알아보기 우리나라 유동성지표 편제현황

유동성지표	구성 금융상품
금융기관유동성(Lf)	• 금융기관이 공급하는 유동성을 포괄하는 유동성지표 • 광의통화(M2) + 2년 이상 장기금융상품(정기예적금 및 금융채) + 유가증권 청약증거금 + 만기 2년 이상 장기금전신탁 + 생명보험계약준비금 등(증권금융 예수금 포함) + 장단기 금융채 + 고객예탁금
광의유동성(L)	• 한 나라의 경제가 보유하고 있는 전체 유동성을 측정하는 유동성지표 • 금융기관유동성(Lf) + 손해보험회사 장기저축성보험계약준비금, 증권사 RP + 예금보험공사채 + 여신전문기관 발행채 + 국채, 지방채 + 회사채 + 전자단기사채 포함하는 기업어음(CP)

06 다음은 본원통화에 대한 설명이다. 옳지 않은 것은? `21, 22`

① 본원통화는 화폐발행액과 금융기관의 지급준비금으로 구성된다.

② 중앙은행이 발행한 총 화폐발행액은 민간보유 현금과 금융기관 보유시재금의 합이 된다.

③ 중앙은행이 공급한 본원통화는 화폐발행액에 금융기관이 중앙은행에 지급준비금으로 예치한 지급준비예치금으로 구성된다.

④ 중앙은행이 본원통화를 공급하거나 예금은행이 대출을 통해 예금통화를 창출하면 통화공급은 증가한다.

⑤ 중앙은행에 의해 최초로 발행된 본원통화와 예금은행의 신용창조과정을 통해 파생된 예금통화에 의해 시중의 통화공급량이 결정된다.

해설

중앙은행이 발행하는 본원통화는 화폐발행액과 금융기관의 지급준비예치금으로 구성된다.

더 알아보기 본원통화의 구성

• 본원통화 = 화폐발행액 + 금융기관 지급준비예치금
• 본원통화 = 민간보유 현금통화 + 금융기관 지급준비금
• 본원통화 = 민간보유 현금통화 + 금융기관 보유시재금 + 금융기관 지급준비예치금

07 금리의 종류에 대한 설명으로 틀린 것은?

① 1년 만기 정기예금 금리가 5%일 경우 물가상승률이 4%이면 실질금리는 1%이다.
② 실효금리는 이자지급 방법, 대출금 상환방법, 수수료, 세금 등 대출에 부대조건을 감안한 후 차입자가 실질적으로 부담하는 순자금조달비용을 의미한다.
③ 변동금리는 시장금리변동 위험을 자금 차입자가 부담한다.
④ 채권수익률의 변화는 채권가격의 변화와 양(+)의 관계를 갖는다.
⑤ 단리는 원금에 대한 이자만 계산하는 반면 복리는 원금에 대한 이자와 이자에 대한 이자도 함께 계산한다.

해설

채권수익률의 변화는 채권가격의 변화와 음(-)의 관계를 갖는다.

더 알아보기 금리의 종류

단리와 복리	
단 리	원금에 대한 이자만 계산하는 방법
복 리	원금에 대한 이자와 이자에 대한 이자를 함께 계산하는 방법
고정금리와 변동금리	
고정금리	시장금리변동 위험을 자금 공급자(대출자)가 부담하는 금리
변동금리	시장금리변동 위험을 자금 수요자(차입자)가 부담하는 금리
명목금리와 실질금리	
명목금리	물가상승에 따른 구매력의 변화가 반영되지 않은 금리
실질금리	물가상승에 따른 구매력의 변화가 반영된 금리
피셔방정식	명목금리 = 실질금리 + 기대인플레이션
표면금리와 실효금리	
표면금리	금융거래를 할 때 표면적으로 약속한 금리
실효금리	차입자가 실질적으로 부담해야 하는 순자금조달비용

08 피셔방정식에 따르면 명목금리는 실질금리와 기대인플레이션의 합으로 표현된다. 다음 중 이와 관련된 설명으로 가장 옳은 것은? `2025`

① 명목금리가 일정하면 기대인플레이션이 상승할수록 실질금리는 상승한다.
② 명목금리가 일정하면 기대인플레이션이 상승할수록 실질금리는 하락한다.
③ 명목금리에 상관없이 기대인플레이션이 상승하면 실질금리는 상승한다.
④ 명목금리에 상관없이 기대인플레이션이 상승하면 실질금리는 하락한다.
⑤ 명목금리가 기대인플레이션보다 낮으면 실질금리는 상승한다.

해설

피셔방정식은 명목금리 = 실질금리 + 기대인플레이션이므로 명목금리가 일정하면 기대인플레이션이 상승할수록 실질금리는 하락한다.

09 금리의 기능 및 결정요인에 대한 설명으로 가장 거리가 먼 것은?

① 자금의 수요가 공급보다 많아지면 금리가 상승한다.

② 경기가 침체기일 경우 금리는 하락한다.

③ 금리는 자금의 수요량과 공급량이 일치하는 수준에서 결정된다.

④ 경기 침체기일 경우 신규투자를 위한 자금수요가 줄어들어 금리가 하락하는 경향이 있다.

⑤ 인플레이션은 화폐의 구매력을 강화시키므로 인플레이션이 높을수록 금리는 하락한다.

> **해설**
>
> 인플레이션은 화폐의 구매력을 악화시키므로 인플레이션이 높을수록 금리는 상승한다.

> **더 알아보기** 금리의 기능

자금수급 조절기능	• 자금의 수요와 자금의 공급을 적절하게 조절하는 기능 • 자금의 수요가 자금의 공급보다 많으면 금리는 높아지고, 금리가 오르면 돈을 빌리는 비용이 커지기 때문에 자금의 수요가 감소하게 되어 자금 수급의 불균형이 생기게 되는데, 향후 원금과 이자를 상환해가면서 자금의 공급이 다시 증가하게 되어 결국 수요와 공급은 일치하게 되는 기능
자금배분기능	자금을 공급받아 더 높은 이익을 낼 수 있는 산업으로 자금이 흘러가도록 유도하는 등 국가 전체적으로 자금이 보다 효율적으로 사용되게 하는 기능
경기조절기능	• 「금리의 변동 → 투자 및 소비의 조정 → 총수요의 변화」라는 과정을 통해 경기를 조절하는 기능 • 금리가 상승하면 투자와 소비가 감소하고 저축이 증가하여 경기를 진정시키고, 금리가 하락하면 저축이 감소하고 투자와 소비가 증가하여 경기를 부양시키는 기능
물가조절기능	금리상승으로 원가가 상승하면 결국 제품가격이 인상되어 소비와 투자를 위축시키고, 총수요가 줄어들면서 자연히 물가가 하락되어 다시 수요를 증가시키는 기능

10 다음 중 금리에 대한 설명으로 옳지 않은 것은? `2024`

① 갑 주식회사에서 증권사를 통해 만기가 1년인 회사채 2억원을 9%에 발행하고 증권사에 발행수수료 등으로 2천만원을 지급할 경우 실효금리는 9%이다.

② 금리의 기능에는 자금수급조절기능, 자금배분기능, 경기조절기능 등이 있다.

③ 채권의 기대수익률이 균형수익률보다 낮으면 향후 채권의 시장가격 하락을 예상할 수 있다.

④ 투자자들은 금리하락 시 은행 예금보다 주식이나 부동산 등 실물자산 투자를 더 선호하는 경향이 있다.

⑤ 금리의 경기조절기능은 '금리의 변동 → 투자 및 소비의 조정 → 총수요의 변화'라는 과정을 통하여 이루어진다.

> **해설**
>
> 실효금리는 10%이고, 표면금리가 9%이다.
> 회사채 발행의 실효금리 = 연간이자 / (발행금액 − 발행수수료) = 1천 8백만원 / (2억원 − 2천만원) = 10%

11 다음 중 금융시장의 구분 방법이 옳지 않은 것은? 23, 24

① 금융시장은 금융거래가 금융중개기관을 통해 이루어지는지에 따라 직접금융과 간접금융으로 구분되고, 표준화된 거래규칙의 존재여부에 따라 자금시장과 자본시장으로 구분된다.
② 단기금융시장은 통상 1년 이내의 단기금융상품이 거래되는 시장이다.
③ 장기금융시장은 주식시장과 1년 이상의 장기채권이 발행되는 시장으로 자본시장이다.
④ 콜, 기업어음(CP), 양도성예금증서(CD), 환매조건부채권매매(RP), 표지어음 등은 단기금융시장에서 거래되는 상품이다.
⑤ 주식, 채권, 자산유동화증권 등은 자본시장에서 거래되는 상품이다.

해설

단기금융시장과 자본시장은 금융거래의 만기를 기준으로 구분된다. 표준화된 거래규칙 및 물리적인 거래장소 존재여부는 장내시장과 장외시장을 구분 짓는 기준이다.

더 알아보기 금융시장의 구분

금융중개기관 개입에 따른 구분	
직접금융	금융중개기관이 개입하지 않고 차입자가 직접 본원증권을 발행함으로써 자금을 조달하는 방법
간접금융	금융중개기관이 간접증권을 발행하여 조달한 자금으로 본원증권을 매입함으로써 차입자가 자금을 조달하는 방법
만기에 따른 구분	
단기금융시장	• 만기 1년 이내의 금융자산이 거래되는 시장 예 콜, 기업어음(CP), 양도성예금증서(CD), 환매조건부채권매매(RP), 통화안정증권, 표지어음 등 • 기업, 개인 또는 금융기관이 일시적인 여유자금을 운용하거나 부족자금을 조달하는 등 개별경제주체들의 유동성 보유에 따른 기회비용을 최소화하는 데 활용
자본시장	• 만기 1년 이상의 채권이나 만기가 없는 주식이 거래되는 시장 예 주식, 채권, 자산유동화증권 등 • 기업, 정부 등 자금부족부문이 자금잉여부문으로부터 장기적으로 필요한 자금을 조달하는데 활용

11 ① 정답

12 다음 중 금융시장에 대한 내용으로 틀린 것은?

① 반드시 구체적인 형체를 지닌 시장에서 자금의 공급자와 수요자 간에 자금거래가 조직적으로 이루어져야 한다.
② 우리나라의 장내시장으로는 한국거래소가 있으며 장외시장은 점두시장을 의미한다.
③ 유통시장의 가격은 발행시장의 가격결정에 기준이 된다.
④ 정보의 생산과 유통은 차입자의 미래 상환능력에 영향을 미칠 수 있으므로 매우 중요하다.
⑤ 발행시장에서 간접발행방법이 직접발행방법보다 일반적이다.

해설

금융시장은 반드시 구체적인 형체를 지닌 시장만을 의미하는 것은 아니며 거래가 체계적 반복적으로 이루어지는 장외시장과 같은 추상적인 시장도 포함한다.

더 알아보기 금융시장의 구분

장소에 따른 구분	
장내시장	• 표준화된 거래규칙 및 거래장소가 존재하는 시장 • 한국거래소
장외시장	• 표준화된 거래규칙 및 거래장소가 존재하지 않는 시장 • 점두시장(OTC ; Over-The-Counter market)
신규발행에 따른 구분	
발행시장	• 단기금융상품이나 장기금융상품이 새로이 발행되는 시장 • 발행기관이 존재하는 간접발행과 발행기관이 존재하지 않는 직접발행으로 구분 • 간접발행방법이 직접발행방법보다 일반적인 방법
유통시장	• 이미 발행된 단기금융상품이나 장기금융상품이 거래되는 시장 • 금융상품의 유동성을 증대시키고, 금융상품의 발행가격을 결정하는데 중요한 역할을 함

13 다음 금융시장의 기능 중 미시적 기능에 속하지 않는 것은?

① 금융자산의 가격결정
② 높은 환금성 제공
③ 금융거래의 비용과 시간 절감
④ 금융시장 참가자에 대한 규율
⑤ 자금잉여부문을 자금부족부문에 공급하는 자금중개기능

해설
자금잉여부문을 자금부족부문에 공급하는 자금중개기능은 금융시장의 거시적 기능에 속한다.

더 알아보기 금융시장의 기능

거시적 측면	자금잉여부문을 자금부족부문에 공급하는 자금중개기능
미시적 측면	금융자산의 가격결정, 높은 유동성(환금성) 제공, 금융거래의 비용과 시간 절감, 위험관리 수단 제공, 금융시장 참가자에 대한 규율 기능 등

14 채권시장에 대한 다음 설명 중 옳지 않은 것은?

① 채권은 만기가 비교적 장기인 채무증서를 말한다.
② 우리나라 채권은 발행주체별로 크게 국채, 지방채, 특수채, 회사채로 구분된다.
③ 채권은 발행주체 및 한도가 관련 법률에 의하여 엄격하게 제한되어 있다.
④ 정부가 국채를 발행하기 위해서는 감독당국에 유가증권신고서를 제출하여야 한다.
⑤ 은행채는 자기자본의 3배까지만 발행 가능하다.

해설
정부가 국채를 발행하기 위해서는 국회의 동의를 받아야 하고, 기업이 회사채를 발행하기 위해서는 감독당국에 유가증권신고서를 제출하여야 한다.

15 다음 금융시장의 특징 중 가장 거리가 먼 것은?

① 콜시장은 금융기관 상호간에 일시적인 자금과부족을 조절하기 위하여 초단기 자금을 차입하거나 대여하는 시장이다.
② 콜 만기는 최장 90일 이내이지만 1일물이 대부분을 차지한다.
③ 기업이 은행으로부터 차입하여 자금을 조달하는 방식은 직접금융방식이다.
④ 우리나라 장내파생상품시장은 한국거래소의 선물시장으로 단일화되어 있다.
⑤ 금융시장은 미시적인 측면에서 금융자산의 가격결정, 투자자에 대한 높은 환금성(유동성)제공, 금융거래 비용과 시간의 절감, 위험관리 수단 제공, 금융시장 참가자에 대한 규율 등의 기능을 수행한다.

해설

은행으로부터 차입하여 자금을 조달하는 방식은 간접금융방식에 해당한다. 반면, 기업이 주식공모, 회사채발행, 외국인에 의한 직접투자, 기업어음발행 등을 통해 자금을 조달하는 방식을 직접금융방식이라고 한다.

16 이자율과 채권의 시장가격 및 채권수익률의 관계 중 가장 옳지 않은 것은? `2025`

① 이자율과 채권의 가격은 서로 아무런 관련이 없다.

② 이자율이 상승하면 채권의 시장가격은 하락한다.

③ 채권의 가격이 하락하면 채권의 만기수익률은 상승한다.

④ 채권의 수익률은 채권이 지급할 원금과 이자의 현재가치가 시장가격과 같아지도록 만드는 할인율이다.

⑤ 채권의 기대수익률이 균형수익률보다 낮으면 향후 채권의 시장가격의 하락을 예상할 수 있다.

해설

이자율과 채권가격은 역의 관계이다. 채권의 기대수익률이 균형수익률보다 낮으면 앞으로 기대수익률 상승, 즉 채권가격의 하락이 예상된다.

17 다음 금융시장의 특징 중 가장 거리가 먼 것은?

① 금융시장은 실물시장에 비해 정보의 비대칭으로 인한 역선택이나 도덕적 해이 등의 문제가 발생할 가능성이 높다.

② 유통시장은 증권시장에서 채권이나 주식을 발행하는 시장을 말한다.

③ 콜시장과 RP시장에서 이자는 만기에 일시지급된다.

④ CD시장에서 중도환매는 금지되어 있는 반면 CP시장에서 중도환매는 제한 없이 행해진다.

⑤ 콜시장의 만기는 최장 90일 이내이고, CD시장의 만기는 30일 이상이다.

해설

증권시장에서 채권이나 주식을 발행하는 시장은 발행시장이며, 유통시장은 발행된 증권을 유통하는 시장을 말한다. 유통시장은 투자증권의 현금화를 용이하게 하고 유통시장의 가격이 발행시장의 가격결정에 기준이 되기도 한다.

18 금융기관의 기능에 대한 설명으로 옳지 않은 것은?

① 자금 공급자 및 수요자가 보다 저렴한 비용으로 금융거래를 할 수 있도록 한다.

② 소액 단기자금을 모아 거액 장기자금을 공급하거나 거액 장기자금을 모아 소액 단기자금으로 공급하는 등 자금 수요자가 원하는 조건으로 변환하여 금융거래가 성립되기 쉽도록 한다.

③ 다수의 자금공급자로부터 자금을 모집하고 이를 분산하여 공급하기 때문에 채무불이행에 따른 위험을 축소시켜준다.

④ 수표, 어음, 신용카드, 자금이체 등 다양한 지급결제수단을 제공하여 준다.

⑤ 금융기관은 투자자산의 가격변동에 따른 위험은 헤지할 수 없다.

> **해설**
> 금융기관은 각종 파생상품을 통하여 투자자산의 가격변동에 따른 위험을 헤지할 수 있다.

> **더 알아보기** 금융기관과 은행의 기능
>
> **금융기관의 기능**
> • 자금의 공급자 및 수요자 간의 거래비용 절감
> • 자금의 공급자와 수요자가 각각 희망하는 조건의 만기 및 금액으로 변환
> • 채무불이행위험 및 가격변동위험의 축소
> • 수표, 어음, 신용카드, 자금이체 등 지급결제수단 제공
>
> **은행의 기능**
> • 자금중개기능
> • 신용창조기능
> • 지급결제기능

19 다음 중 우리나라 통화정책의 운용체계에 대한 설명으로 적절하지 않은 것은? `2020`

① 중앙은행은 핵심 정책목표인 금융안정을 도모하기 위해 통화정책을 수립·집행한다.

② 한국은행은 통화정책 운영체계로서 물가안정목표제를 채택하고 있다.

③ 한국은행은 운용목표로 한국은행 기준금리를 사용하고 있다.

④ 한국은행은 2019년 이후 물가안정목표는 우리경제의 적정 인플레이션 수준, 선진국 사례 등을 고려하여 2%로 설정하고 적용기간은 특정하지 않기로 한다.

⑤ 기준금리는 한국은행의 최고 정책결정기구인 금융통화위원회에서 결정하고 결정된 기준금리는 궁극적으로 실물경제 활동에 영향을 미치게 된다.

> **해설**
> 우리나라에서는 1950년에 설립된 한국은행이 중앙은행 역할을 담당하고 있으며 중앙은행은 핵심 정책목표인 물가안정을 도모하기 위해 통화정책을 수립·집행한다. 금융안정은 한국은행의 주요 기능이다.

한국은행의 주요 기능

- 화폐발행
- 통화정책 수립 및 집행
- 금융안정
- 지급결제제도의 총괄 및 감시
- 조사통계 업무 수행
- 국고 및 증권 업무

20 다음 중 은행의 고유업무가 아닌 것은?

① 예금·적금의 수입
② 유가증권의 발행
③ 어음의 할인
④ 수납 및 지급대행
⑤ 내국환·외국환

해설
수납 및 지급대행은 은행의 부수업무에 해당한다.

더 알아보기 은행의 고유업무와 부수업무의 범위

고유업무	• 예금·적금의 수입 • 유가증권, 그 밖의 채무증서의 발행 • 자금의 대출 • 어음의 할인 • 내국환·외국환
부수업무	• 채무 보증 • 어음의 인수 • 상호부금 • 팩토링 • 보호예수 • 수납 및 지급대행 • 전자상거래와 관련한 지급대행 • 지방자치단체의 금고대행 • 업무용 부동산의 임대 • 은행업과 관련된 전산시스템 및 소프트웨어의 판매 대행

21 은행의 업무가 잘못 연결된 것은?

① 고유업무 : 자금의 대출

② 고유업무 : 신용카드업

③ 부수업무 : 지방자치단체의 금고대행

④ 겸영업무 : 투자자문업

⑤ 겸영업무 : 보험대리점 업무

해설

신용카드업은 은행의 겸영업무에 해당하며, 해당 법령에서 인허가 또는 등록을 받아야 하는 업무이다. 또한 은행이 겸영업무를 직접 운영하려는 경우 금융위원회 신고가 필요하다.

더 알아보기 은행의 겸영업무

인허가 또는 등록이 필요한 업무	• 자본시장법에 따른 업무 – 파생상품의 매매·중개업무 – 금융위원회가 정한 파생결합증권 매매업무 – 국채증권, 지방채증권 및 특수채증권의 인수·매출 및 모집·매출 주선업무 – 특수채증권 및 사채권의 매매 업무 – 집합투자업, 투자자문업, 신탁업, 투자매매업, 투자중개업, 일반사무관리회사의 업무, 명의개서대행회사의 업무 – 환매조건부매도 및 매수 업무 • 기타 법령에 따른 업무 – 보험대리점의 업무 – 퇴직연금사업자의 업무 – 신용카드업 – 담보부사채에 관한 신탁업
기타 업무	• 유동화전문회사의 유동화자산 관리 및 채권추심업무에 대한 수탁업무 • 기업의 인수 및 합병의 중개·주선 또는 대리업무 • 기업의 경영, 구조조정 및 금융 관련 상담·조력 업무 • 증권의 투자 및 대차거래 업무 • 상업어음 및 무역어음의 매출

22 은행의 업무에 관한 설명으로 틀린 것은?

① 은행의 고유업무 및 부수업무는 별도 인가 없이도 영위할 수 있다.

② 은행의 요구불예금은 만기 1년 이내의 대출에 활용하고, 1년 이상의 기한부예금 또는 사채발행을 통해 조달한 자금은 1년을 초과하는 대출에 활용한다.

③ 은행은 투자일임업을 제외한 다른 금융투자업의 겸영이 가능하다.

④ 모든 겸영업무는 반드시 해당 법령에서 인허가 또는 등록을 받아야 한다.

⑤ 지급보증, 어음인수, 상호부금, 팩토링, 보호예수 등은 부수업무에 포함된다.

해설

겸영업무는 해당 법령에서 인허가 또는 등록이 필요한 업무와 필요하지 않는 기타 업무로 구분된다. 유가증권의 인수·매출 및 모집·매출 주선, 환매조건부채권매매, 집합투자업, 투자자문업, 투자매매업, 투자중개업, 신탁업, 방카슈랑스, 신용카드업 등은 금융위원회 인허가 또는 등록을 필요로 하는 겸영업무이다.

23 다음 특수은행에 대한 설명 중 옳지 않은 것은?

① 특수은행은 대출재원을 주로 예금에 의존한다.

② 특수은행에는 한국산업은행, 한국수출입은행, 기업은행, 농업협동조합, 수산업협동조합이 있다.

③ 특수은행은 특정 부문에 대하여 자금을 원활하게 공급하기 위해 설립되었다.

④ 한국수출입은행은 수출금융을 효율적으로 지원하기 위해 설립되었다.

⑤ 특수은행의 일부 또는 모든 업무에서 한국은행법 및 은행법의 적용이 배제된다.

해설

특수은행은 대출재원을 재정자금과 채권발행에 상당 부분 의존한다.

24 비은행 예금취급기관에 대한 설명으로 옳은 것은?

① 종합금융회사는 지급결제, 보험, 가계대출 등의 업무를 영위하는 금융기관이다.

② 상호저축은행은 일정 행정구역 내에 소재하는 개인에 대한 금융편의를 제공하는 목적으로 설치된 서민금융기관으로 기업금융은 제공하지 않는다.

③ 상호금융업무는 농업협동조합, 수산업협동조합 및 산림조합에서 취급한다.

④ 새마을금고는 신용협동조합이 취급하는 모든 업무를 동일하게 취급하고 있다.

⑤ 우체국예금은 예금자보호대상에 포함된다.

해설

① 종합금융회사는 지급결제, 보험, 가계대출 등을 제외한 대부분의 기업금융업무를 영위할 수 있는 금융기관이다.

② 상호저축은행은 일정 행정구역 내에 소재하는 개인 및 소규모 기업에 대한 금융편의를 제공하는 목적으로 설치되었다.

④ 새마을금고는 어음할인을 제외한 신용협동조합의 모든 업무를 취급할 수 있다.

⑤ 우체국예금은 그 원리금에 대해 정부가 지급책임을 지고 있기 때문에 예금자보호대상에서 제외된다.

25 다음 중 신용협동기구에 속하지 않는 것은?

① 새마을금고   ② 농협 상호금융

③ 수협 상호금융   ④ 상호저축은행

⑤ 산림조합의 상호금융

해설

신용협동기구에는 신용협동조합, 새마을금고, 농업협동조합, 수산업협동조합 및 산림조합의 상호금융이 속한다.

26 보험회사에 대한 다음 설명 중 옳지 않은 것은?

① 생명보험은 보험금 지급조건에 따라 사망보험, 생존보험, 생사혼합보험(양로보험)으로 구분한다.

② 생명보험회사는 보험계약준비금을 주로 유가증권 및 대출로 운용한다.

③ 손해보험은 장기저축성보험과 화재보험이 가장 높은 비중을 차지하고 있다.

④ 손해보험상품은 만기가 통상 1년으로 짧기 때문에 손해보험회사는 보험계약준비금을 유동성 높은 자산으로 운용한다.

⑤ 우체국보험은 생명보험상품만 취급하며, 계약보험금 한도를 1인당 4천만원 이내로 제한한다.

> **해설**
> 손해보험상품은 부보위험대상에 따라 화재, 해상, 자동차, 보증, 특종, 연금, 장기저축성 및 해외원보험 등으로 분류되며, 자동차보험과 장기저축성보험이 가장 높은 비중을 차지한다.

27 자본시장법에 대한 내용으로 옳지 않은 것은?

① 자본손실 가능성이 있는 금융상품이라면 원칙적으로 금융투자상품에 해당한다고 규정하고 있어 금융투자상품의 범위가 대폭 확대되었다.

② 자본시장법은 증권거래법, 선물거래법, 간접투자자산운용업법, 신탁업법, 종합금융회사법, 한국증권선물거래소법의 6개 법률을 통합한 법률이다.

③ 금융기관별 상이한 규율을 적용하는 기관별 규율체제를 도입하였다.

④ 금융투자회사의 업무영역 범위를 대폭 확대하였다.

⑤ 금융투자상품에 대한 투자권유 규제의 도입 등 투자자 보호제도를 강화하였다.

> **해설**
> 자본시장법은 금융투자업을 경제적 기능에 따라 투자매매업, 투자중개업, 집합투자업, 신탁업, 투자자문업, 투자일임업으로 재분류함으로써 기능별 규제를 도입하였다.

> **더 알아보기** 자본시장법의 주요 특징
>
> - 금융투자상품 개념의 포괄적 규정
> - 경제적 실질에 따른 금융투자업의 기능별 규제
> - 금융투자회사의 업무범위 확대
> - 투자자 보호제도의 선진화

28 다음 중 한국은행의 주요 기능 중 통화정책과 관련하여 가장 옳지 않은 것은? `2025`

① 한국은행은 통화안정증권 발행, 환매조건부채권 및 국채 매매 등을 통해 공개시장운영 정책을 수행한다.
② 지급준비제도란 금융기관으로부터 지급준비금 적립대상 채무의 일정비율 해당액을 중앙은행에 의무적으로 예치하도록하는 제도이다.
③ 한국은행은 대기성 여수신제도를 도입하면서 중앙은행 대출제도를 여수신제도로 확대·개편하였다.
④ 한국은행은 공개시장운영, 여수신정책, 지급준비제도 등 간접적인 방법으로 통화정책을 수행한다.
⑤ 한국은행은 금융기관의 여수신금리 및 자산운용에 대하여 직접적으로 규제할 수 없다.

해설

금융기관에 대한 직접규제로 금융기관에 대한 여·수신금리 규제, 금융기관 신용공급량의 직접 통제, 특정부문에 대한 금융기관의 여신취급 금지와 같은 신용할당 등이 있다.

29 다음 중 한국은행의 주요 기능이 아닌 것은? `21, 25`

① 화폐발행
② 외국환 관련 업무
③ 국고금 관리
④ 증권투자에 대한 규제
⑤ 금융기관 예금의 수입

해설

증권투자에 대한 규제는 한국은행의 주요 기능에 해당하지 않는다.

더 알아보기 한국은행의 주요 기능

- 화폐발행
- 통화정책 수립 및 집행(공개시장조작, 여수신정책, 지급준비정책, 금융기관에 대한 직접규제)
- 금융안정
- 지급결제제도의 총괄·감시
- 외환정책 관련 업무
- 금융기관 예금의 수입
- 국고금 관리

30 다음 중 예금보험제도에 대한 관한 설명으로 옳지 않은 것은?

① 예금보험공사가 지급하는 보험금의 한도는 원금과 이자를 합쳐 1인당 5천만원이다.
② 부보금융기관이 예금보험공사에 납부해야 하는 예금보험료에는 보험료, 특별기여금, 출연금 등 3가지가 있다.
③ 은행은 예금보험공사에 연 1회 보험료를 납부해야 한다.
④ 금융기관의 예금보험료율은 금융기관별로 다르다.
⑤ 부보금융기관은 업무를 개시한 날로부터 1월 이내에 출연금을 예금보험공사에 납부해야 한다.

해설

보험료는 예금보험공사에 납부해야 하는 보험료를 의미하는데, 은행은 분기별로, 여타금융기관은 연 1회 보험료를 예금보험공사에 납부해야 한다.

31 다음 중 예금자보호법에 의한 예금보호를 받지 못하는 금융상품은? `2025`

① 은행의 외화예금
② 은행의 양도성예금증서
③ 종합금융회사의 발행어음
④ 상호저축은행의 신용부금
⑤ 보험회사의 확정기여형 퇴직연금

해설

은행의 양도성예금증서(CD), 환매조건부채권(RP), 금융투자상품, 은행 발행채권, 실적배당상품 등은 비보호금융상품이다.

더 알아보기 보호대상 금융상품 구분

구 분	보호금융상품	비보호금융상품
은 행	요구불예금, 저축성예금, 적금, 부금, 외화예금, 원금보전신탁 등	양도성예금증서(CD), 환매조건부채권(RP), 은행발행채권, 실적배당신탁, 주택청약종합저축, 금융투자상품(수익증권, 뮤추얼펀드, MMF 등) 등
투자매매업자 투자중개업자	원금이 보전되는 금전신탁, 신용공여 담보금 등의 현금 잔액 등	금융투자상품(수익증권, 뮤추얼펀드, MMF 등), 선물·옵션거래 예수금, RP, CMA, ELS, ELW, 증권사발행채권 등
보 험	개인보험계약, 확정기여형 퇴직연금 등 원금이 보전되는 금전신탁	법인보험계약, 보증보험계약, 재보험계약, 변액보험계약 등
종 금	발행어음, 표지어음, 어음관리계좌(CMA)	수익증권, 뮤추얼펀드, MMF, RP, CD, CP, 종금사발행채권 등
상호저축은행	예금, 적금, 부금, 표지어음	후순위채권 등

32

우리나라의 금융감독제도에 대한 설명으로 옳지 않은 것은?

① 금융업종별로 별도의 금융감독기구가 존재하는 분산형 금융감독체제를 유지하고 있다.
② 금융위원회는 국내 금융정책 및 모든 금융업종에 대한 포괄적 감독정책을 수립하고 금융감독원은 감독정책을 집행한다.
③ 금융위원회는 내부조직으로 별도의 합의제 기구인 증권선물위원회를 설치·운영한다.
④ 금융감독원은 무자본 특수법인으로서 특별법에 근거하여 설립된 행정조직이다.
⑤ 금융감독원은 국가로부터 독립하여 특정한 공공사무를 담당하는 공법인이다.

해설

우리나라의 금융감독체계는 금융위원회와 금융감독원이 거의 모든 금융기관을 감독하는 통합형 금융감독체제이다. 다만 기획재정부, 한국은행, 예금보험공사 등도 각종 금융관계법령에 의거하여 금융감독에 간접적으로 참여하고 있다.

33

은행업 진입·퇴출에 관한 내용으로 틀린 것은?

① 시중은행 설립을 위한 최소자본금은 1천억원이다.
② 지방은행 설립을 위한 최소자본금은 250억원이다.
③ 동일인은 원칙적으로 의결권 있는 발행총수의 9%를 초과하여 은행의 주식을 보유할 수 없다.
④ 부정한 방법으로 은행업을 인가한 경우 금융위원회는 은행에 대해 6개월 이내의 기간을 정하여 영업의 전부정지를 명할 수 있다.
⑤ 자산총액이 5조원 이상인 금융투자회사는 전체 이사 중 2분의 1 이상을 사외이사로 선임해야 한다.

해설

동일인은 원칙적으로 의결권 있는 발행총수의 10%(지방은행 15%)를 초과하여 은행의 주식을 보유할 수 없다. 단, 동일인 주식보유한도를 초과하여 은행 주식을 보유하고자 하는 경우에는 10%(지방은행 및 지방은행지주회사 15%), 25%, 33% 초과 시마다 금융위원회의 승인을 얻어야 한다.

더 알아보기 은행의 소유 및 경영구조

주식보유한도	
동일인의 경우	의결권 주식총수의 10%(지방은행 15%) 미만
비금융주력자의 경우	의결권 주식총수의 4%(지방은행 15%) 미만
비금융주력자가 의결권을 행사하지 않을 경우	10%까지 보유 가능

사외이사 및 감사위원회제도	
사외이사 선임	이사 중 3인 이상, 이사회 전체 이사 중 과반수 이상
감사위원회 구성	3인 이상의 이사로 구성하되 2/3 이상은 사외이사로 임명

34 다음 중 은행 등 금융기관에 대한 금융감독제도에 해당하는 않는 것은?

① 설립·퇴출 및 업무영역에 관한 규제
② 소유지배구조에 관한 규제
③ 경영건전성 규제
④ 업무행위에 관한 규제
⑤ 공정거래에 대한 규제

해설
공정거래에 대한 규제는 해당사항이 아니다.

35 경영건전성 규제에 대한 내용으로 가장 거리가 먼 것은? `2021`

① 은행의 경영건전성 규제 비율은 자본비율 8%, 유동성커버리지비율 100% 이상, 원화예대율 100% 이하이다.
② 보유자산을 정상, 요주의, 고정, 회수의문, 추정손실의 5단계로 분류하여 관리하고 적정 수준의 대손충당금을 적립하여야 한다.
③ 주식과 상환기간 3년을 초과하는 유가증권(국채, 통화안정증권 제외)에 대한 투자가 자기자본의 60% 이내로 제한된다.
④ 자본적정성 기준 및 경영실태평가 결과에 따라 적정시정조치(경영개선권고, 경영개선요구, 경영개선명령)가 발동된다.
⑤ 일반은행의 경우 주식과 상환기간 5년을 초과하는 유가증권에 대한 투자가 자기자본의 60% 이내로 제한된다.

해설
5년이 아니라 3년이다.

36 LTV 및 DTI 규제에 대한 설명으로 옳지 않은 것은? 23, 24

① LTV는 담보대출금액을 담보가치로 나눈 비율을 의미한다.

② DTI는 대출의 원리금 상환금액을 소득으로 나눈 비율을 의미한다.

③ 이미 주택담보대출을 1건 이상 받은 다주택자는 추가로 주택담보대출을 받을 때 10%p씩 강화된 LTV · DTI가 적용된다.

④ 총체적 상환능력 비율(DSR)은 (모든 대출 원리금 상환액)/연간 소득으로 산정하고 금융회사 여신관리 과정에서 다양한 활용방안을 마련할 예정이다.

⑤ 신 DTI 제도하에서는 부채항목에 포함되는 원리금 부담액이 줄어들게 되어 그만큼 대출가능액이 늘어난다.

해설

신 DTI 제도하에서는 모든 주택담보대출 원리금과 기타대출 이자상환부담을 반영한다. 따라서 부채항목에 포함되는 원리금 부담액이 늘어나게 되어 그만큼 대출가능액이 줄어든다.

더 알아보기

구 분	신 DTI(Debt to Income)	DSR(Debt Service Ratio)
명 칭	총부채상환비율	총체적 상환능력 비율
산정방식	(모든 주담대 원리금 상환액 + 기타대출 이자상환액) / 연간소득	(모든 대출원리금 상환액) / 연간소득
활용방식	대출 심사 시 규제비율로 활용	금융회사 여신관리 과정에서 다양한 활용방안 마련예정

37 정부는 서울 등 일부지역의 주택가격 급등으로 2019년 12월 주택시장 안전화 방안을 발표하면서 투기지역·투기과열지구에 대한 주택담보대출 관리강화 방안을 시행하였는데, 그 내용으로 바르지 못한 것은? `2020`

① 현재 투기지역·투기과열지구의 주택담보대출 LTV 비율은 40%이지만, 주택가격 구간별 LTV 규제비율을 시가 9억원 기준으로 차등 적용하여야 했다.

② 현재 투기지역·투기과열지구내 다주택세대는 대출금지, 1주택세대 및 무주택 세대에 대해 LTV 40%를 적용하고 있다.

③ 향후 모든 차주에 대하여 투기지역·투기과열지구내 시가 15억원 초과 초고가아파트를 담보로 한 주택구입용 주택담보대출을 금지하도록 했다.

④ 평균 DSR은 업권별 평균 이내로 각 금융회사별 관리하고 있다.

⑤ 투기지역·투기과열지구내 시가 15억원 초과 주택의 차주에 대해서는 차주단위로 DSR규제를 적용하도록 변경했다.

해설

⑤ 15억원이 아니라 9억원이다.

①

현 행	개 선	
	주택가격구간	대 상
주택가격 구간 없이 LTV 40% 적용	9억원 이하분	LTV 40% 적용
	9억원 초과분	LTV 20% 적용

더 알아보기 2020년 2월 수도권내 주택가격 안정을 위한 조정대상지역의 주택담보대출에 대해 LTV 규제 강화 내용

• 조정대상지역의 주택담보대출의 LTV 규제 강화

현 행	개 선	
	주택가격구간	대 상
주택가격 구간 없이 LTV 60% 적용	[구간 1] 9억원 이하분	LTV 50% 적용
	[구간 2] 9억원 초과분	LTV 30% 적용

– 무주택세대주
– 주택가격 5억원 이하
– 부부합산 연소득 6,000만원 이하(생애최초구입자 7,000만원 이하)
  * 위 세 가지 요건을 모두 충족하는 '서민·실수요자'는 현행과 같이 LTV 가산(+10%p)하도록 하였다.
• 서민 실수요자를 위한 내집마련 지원 상품인 디딤돌대출, 보금자리론의 경우 LTV 규제 비율을 최대 70% 유지
• 조정대상지역 내 1주택세대의 주택담보대출 시 실수요 요건 강화 : '2년 내 기존 주택처분 및 신유주택 전입의무'를 조건으로 주택담보대출 가능

CHAPTER 2

창구실무법률

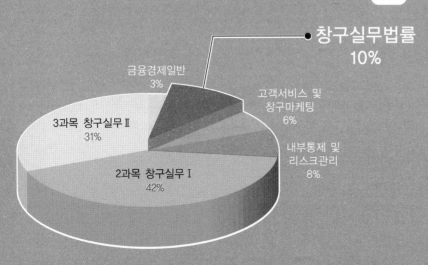

창구실무법률
10%

금융경제일반
3%

고객서비스 및
창구마케팅
6%

3과목 창구실무Ⅱ
31%

내부통제 및
리스크관리
8%

2과목 창구실무Ⅰ
42%

출제포인트 및 중요도

예금계약	예금거래의 성질	2문항	20%	★★★
	예금계약의 성립			★★☆
	예금거래약관			★★☆
예금거래의 상대방	자연인과의 거래	1문항	10%	★★☆
	법인과의 거래			★☆☆
	법인격 없는 단체와의 거래			★☆☆
예금주의 확정	타인명의예금	1문항	10%	★★★
	공동명의예금			★★☆
예금의 입금과 지급	예금의 입금업무	1문항	10%	★★★
	예금의 지급업무			★★★
예금의 관리(Ⅰ)	예금주의 사망	2문항	20%	★★★
	예금채권의 양도와 질권설정			★★★
	기타 예금주의 변경			★☆☆
예금의 관리(Ⅱ)	예금에 대한 압류	1문항	10%	★★★
	예금거래와 상계			★★☆
사고예금의 처리	예금의 사고처리	2문항	20%	★★☆
	자기앞수표의 사고처리			★★☆
	당좌계정의 사고처리			★★★
합 계		10문항	100%	

➕ 워밍업! 핵심문제

예금계약의 법적성질과 가장 거리가 먼 것은?

① 예금계약은 예금자가 금전의 보관을 위탁하고 은행이 이를 승낙하여 자유롭게 운용하다 가 같은 금액의 금전을 반환하면 되는 소비임치계약이다.

② 예금계약은 예금자가 예금의 의사를 표시하면서 은행에 돈을 제공하고 은행이 그 의사에 따라 그 돈을 받아 확인하려면 그로써 성립하는 요물계약이다.

③ 예금채권의 소멸시효는 5년이다.

④ 은행원은 예금업무를 처리함에 있어서 은행원에게 일반적으로 요구되는 정도의 상당한 주의를 다해야만 면책된다.

⑤ 은행은 예금계약 성립을 위해 거래처에게 약관의 중요내용을 설명할 필요는 없다.

> 해 설 | 은행은 예금계약이 성립하기 위해서 계약 체결 시 거래처에게 약관의 내용을 명시하고 중요내용 을 설명해야 한다.
> 답 ⑤

※ 맞힌 문제는 ◉, 헷갈린 문제는 ▲, 틀린 문제는 ✕에 체크하세요!

01   예금계약

01 다음 중 「은행법」에 의한 수신업무에 해당하지 않는 것은?

① 정기적금

② 당좌예금

③ 상호부금

④ 별단예금

⑤ 특정금전신탁

해설

특정금전신탁은 신탁업법에 의해 규율되는 신탁업무에 해당한다.

더 알아보기   예금거래의 종류

은행법에 의한 수신업무	예 금	입출금이 자유로운 예금	보통예금, 저축예금, 당좌예금
		적립식 예금	정기적금, 상호부금
		거치식 예금	정기예금
	별단예금	자기앞수표발행기금, 당좌개설보증금, 사고신고담보금, 주식납입보관금	
	부수업무	어음교환, 회사채원리금지급대행	
신탁업법에 의한 신탁업무	금전신탁	특정금전신탁, 불특정금전신탁	
		금전신탁 이외의 신탁	

02 은행이 예금거래기본약관 등을 제정하고 이를 예금계약의 내용으로 삼는 것은 어떤 계약의 성격
인가?

① 소비임치계약　　　　　　　　　　　② 상사계약

③ 부합계약　　　　　　　　　　　　　④ 쌍무계약

⑤ 요물계약

해설

부합계약이란 계약당사자의 일방이 미리 작성하여 정형화 시켜 놓은 일반거래약관에 따라 체결되는 계약을 말한다.

더 알아보기 예금계약의 법적성질

소비임치 계약	• 임치인이 금전 기타 대체물의 소유권을 수치인에게 이전하고, 수치인은 계약에 의해 임치물을 　소비한 후 그와 같은 종류, 품질 및 수량으로 반환하는 계약이다. • 반환시기의 약정이 없는 때에는 임치인은 언제든지 그 반환을 청구할 수 있다. • 예금계약은 소비임치계약이나, 당좌예금은 위임계약과 소비임치계약이 혼합된 계약이다.
상사계약	예금계약은 상사임치계약이고, 예금채권의 소멸시효는 5년이다.
부합계약	계약당사자의 일방이 사전에 작성하여 정형화시켜 놓은 일반거래약관에 따라 체결되는 계약 이다.

03 다음 중 예금계약의 법적구조에 관한 설명으로 옳지 <u>않은</u> 것은? <u>2025</u>

① 보통예금과 저축예금은 은행 승낙 시 질권설정과 양도가 가능하다.

② 정기예금은 사전에 예치기간이 정해진 금전소비임치계약으로 정한 기한에 대한 이익은 은행에
있다.

③ 정기예금은 원칙적으로 만기일 전에 예금의 반환을 청구할 수 없다.

④ 상호부금은 쌍무계약의 성질을 지닌 것으로 보아왔지만 예금적 성격을 강조하여 정기적금과
동일하게 편무계약으로 보아야한다는 견해도 있다.

⑤ 당좌예금은 위임계약과 소비임치계약이 혼합된 계약이다.

해설

보통예금·저축예금은 입출금이 자유로우며 원칙적으로 질권설정이 금지되어 있다. 단, 은행이 승낙할 경우 양도는 가능하다.

더 알아보기 각종 예금계약의 법적구조

보통예금· 저축예금	• 반환기간이 정해지지 않아 입출금이 자유로움 • 질권설정이 금지되어 있음. 단, 은행 승낙 시 양도는 가능함 • 최종의 입금 또는 출금이 있으면 그 잔액에 대하여 하나의 새로운 예금채권이 성립하므로 그 예금채권의 소멸시효는 입금 또는 출금이 있는 때로부터 새로이 진행됨
정기예금	• 예치기간이 약정된 금전소비임치계약 • 예금주는 원칙적으로 만기일 전에 예금의 반환을 청구할 수 없음. 단, 거래처에 부득이한 사유가 있는 때에 한해 만기 전에도 지급가능
별단예금	각종 금융거래에 수반하여 발생하는 미정리예금·미결제예금·기타 다른 예금 종목으로 처리가 곤란한 일시적인 보관금 등을 처리하는 예금계정
정기적금	월부금을 정해진 회차에 따라 납입하면 만기일에 은행이 계약액을 지급하는 계약
상호부금	• 일정한 기간을 정하여 부금을 납입하게 하고 기간의 중도 또는 만료 시에 부금자에게 일정한 금전을 급부할 것을 내용으로 하는 약정 • 거래처는 부금을 납입할 의무를 부담하고 은행은 중도 또는 만기 시에 일정한 급부를 하여야 하는 쌍무계약
당좌예금	어음·수표의 지급사무처리의 위임을 목적으로 하는 위임계약과 금전소비임치 계약이 혼합된 계약

04 실물거래방식 증권적 예금에서 예금을 했을 때의 법률관계는 무엇인가?

① 금전소비임치
② 유가증권의 매매
③ 위임계약
④ 지명채권의 성립
⑤ 별단예금 계약의 성립

해설

실물거래방식 증권적 예금에서 예금을 했을 때의 법률관계는 유가증권의 매매이다. 금전소비임치는 비증권예금에서 예금을 했을 때의 법률관계이다.

더 알아보기 증권적 예금과 비증권적 예금의 구분

구 분	비증권적 예금	증권적 예금
거래방식	예금수신, 통장/증서 교부	예금수신, 증권매출
법률적 성질	지명채권	무기명채권 or 지시채권
예금 시 법률관계	금전소비임치	유가증권의 매매

05 다음 중 증권적 상품의 법률적 성질로 옳지 않은 것은?

① 금융기관의 예금을 효력에 따라서 구분하면 비증권적 예금과 증권적 예금으로 나눌 수 있다.

② 증권적 예금의 법률적 성질은 지명채권이다.

③ 증권적 예금을 예금했을 때의 법률관계는 유가증권매매이다.

④ 증권적 예금에는 표지어음매출, 상업어음매출, 무역어음매출, 무기명정기예금, 양도성예금증서 등이 있다.

⑤ 증권적 예금을 매출하는 거래방식에는 실물거래방식과 통장거래방식의 두 가지가 있다.

> **해설**
> 증권적 예금의 법률적 성질은 지시채권 또는 무기명채권이다.

06 예금계약의 성립시기에 관한 내용으로 옳지 않은 것은? `2025`

① 예금계약은 은행이 금원을 받아 확인한 때에 성립한다.

② 점외수금의 경우에는 수금직원이 금전을 확인한 때이다.

③ ATM에 의한 입금의 경우 고객이 확인버튼을 누른 때이다.

④ 타점권입금의 경우 증권으로 입금했을 때 은행이 그 증권을 교환에 돌려 부도반환 시한이 지나고 결제를 확인한 때이다.

⑤ 지점권입금의 경우 개설점에서 지급하여야 할 증권은 그 날에 결제를 확인한 때이다.

> **해설**
> 점외수금의 경우에는 수금직원이 영업점으로 돌아와 수납직원에게 금전을 넘겨주고 수납직원이 확인한 때이다. 한편, 현금에 의한 계좌송금의 경우에는 예금원장에 입금 기장을 마친 때, 증권류에 의한 계좌송금의 경우에는 증권류의 입금과 같은 시기에 예금계약이 성립한다.

07 예금거래약관에 대한 다음 설명 중 옳지 않은 것은? `23, 25`

① 예금계약은 대부분 일반거래약관에 따라 체결되는 부합계약이다.

② 약관은 해석자의 주관에 의할 것이 아니라 객관적 합리성에 입각하여 해석되어야 한다.

③ 약관의 의미가 불명확한 경우 기업측에 불리하고 고객에게는 유리하게 해석하여야 한다.

④ 현행 예금거래약관은 예금거래 기본약관과 예금종류별로 약관체계를 이원화하였다는 점에서 단계별 약관체계를 구성하고 있다고 할 수 있다.

⑤ 예금계약에 대해서는 예금별 약관이 가장 최우선적으로 적용된다.

[해설]

예금계약에 대해서는 당해 예금상품의 약관이 우선적으로 적용되고 그 약관에 규정이 없는 경우에는 예금별 약관, 예금거래기본약관의 내용이 차례로 적용된다.

08 다음은 내용에 해당하는 약관의 해석원칙은?

> 기업과 고객 사이에 약관과 다르게 합의한 사항에 대해서는 당해 합의가 약관에 우선한다.

① 객관적 해석의 원칙　　　　　　　② 통일적 해석의 원칙

③ 작성자불이익의 원칙　　　　　　　④ 개별약정우선의 원칙

⑤ 신의성실의 원칙

[해설]

개별약정우선의 원칙에 대한 설명이다.

[더 알아보기] 약관의 해석원칙

객관적·통일적 해석의 원칙	약관은 해석자의 주관에 의할 것이 아니라 객관적 합리성에 입각하여 해석되어야 하며 시간, 장소, 거래상대방에 따라 달리 해석되어서는 아니 된다는 원칙
작성자불이익의 원칙	약관의 의미가 불명확한 때에는 작성자인 은행측에 불이익이 되고 고객에게는 유리하게 해석되어야 한다는 원칙
개별약정우선의 원칙	은행과 고객이 약관에서 정하고 있는 사항에 대하여 명시적 또는 묵시적으로 약관의 내용과 다르게 합의한 사항이 있는 경우에는 당해 합의사항을 약관에 우선하여 적용하여야 한다는 원칙

09 다음은 제한능력자와의 거래에 대한 설명이다. 옳지 않은 것은? 2025

① 제한능력자로는 미성년자·피성년후견인·피한정후견인이 있다.

② 미성년자가 법정대리인의 동의 없이 한 법률행위는 해지할 수 있다.

③ 피성년후견인은 원칙적으로 행위능력이 없지만, 피한정후견인은 원칙적으로 행위능력이 있다.

④ 피성년후견인의 경우 가정법원이 정한 범위 또는 일상생활에 필요하고 대가가 과도하지 않는 법률행위는 취소할 수 없다.

⑤ 피한정후견인의 경우 가정법원이 정한 행위에 한하여 후견인의 동의가 필요하며, 후견인의 동의 없이 한 법률행위는 취소할 수 있다.

> **해설**
>
> 미성년자가 법정대리인의 동의 없이 법률행위를 한 때에는 법정대리인은 미성년자의 법률행위를 취소할 수 있다(민법 제5조).

더 알아보기 제한능력자와의 거래

> • 제한능력자란 단독으로 유효한 법률행위를 할 수 없는 자를 의미하며, 미성년자·피성년후견인·피한정후견인이 있다.
>
> | | |
> |---|---|
> | **미성년자** | • 만 19세 미만의 자로 원칙적으로 행위능력이 없음
• 법정대리인의 동의 또는 직접 법률행위를 하거나 법정대리인이 미성년자를 대리하여 그 행위를 할 수 있음 |
> | **피성년후견인** | • 질병, 장애, 노령 등의 사유로 인한 정신적 제약으로 사무를 처리할 능력이 지속적으로 결여되어 성년후견개시의 심판을 받은 자로 원칙적으로 행위능력이 없음
• 법정대리인인 후견인은 피성년후견인을 대리하여 법률행위를 할 수 있고 피성년후견인이 적법한 법률행위의 취소가 가능함 |
> | **피한정후견인** | • 질병, 장애, 노령 등의 사유로 인한 정신적 제약으로 사무를 처리할 능력이 부족하여 한정후견개시의 심판을 받은 자로, 원칙적으로 행위능력이 있음
• 가정법원이 범위를 정해 동의를 유보할 수 있으며, 이 경우 후견인의 동의 없이 한 법률행위의 취소가 가능함. 법정대리인이 후견인이 대리권을 행사하기 위해서는 법원의 대리권 수요가 필요함 |
>
> • 미성년자나 피성년후견인의 경우, 그 법정대리인이 범위를 정하여 처분을 허락한 재산은 이들이 자유로이 처분할 수 있다.
>
> • 당좌예금거래는 어음·수표의 지급사무를 위임하는 위임계약이므로 제한능력자의 단독거래는 허용하지 않는 것이 원칙이다.

10 법정대리관계 확인 방법으로 옳지 않은 것은? `23, 24, 25`

① 미성년자의 경우 친권자와 후견인이 대리인이 된다.
② 미성년자의 대리인은 가족관계등록부에 의하여 확인한다.
③ 피성년후견인과 피한정후견인의 경우 후견인이 대리인이 된다.
④ 부재자의 대리인은 법원의 선임판서에 의하여 확인한다.
⑤ 사망자의 대리인은 사망자의 유언이나 가족관계등록부에 의하여 확인한다.

해설

사망자의 대리인은 사망자의 유언이나 법원의 선임심판서에 의하여 확인한다.

더 알아보기 법정대리관계의 확인방법

구 분		대리인	확인서류
제한능력자인 경우	미성년자	친권자, 후견인	가족관계등록부
	피성년후견인	후견인	후견인등기부
	피한정후견인		
부재자의 경우		부재자 재산관리인	법원의 선임판서
사망한 경우		유언집행자, 상속재산관리인	사망자의 유언, 법원의 선임심판서

11 법인과의 거래에 관한 내용으로 틀린 것은?

① 법인과의 예금거래는 그 대표자 또는 그로부터 대리권을 수여받은 대리인과 하여야 한다.
② 예금거래 시 거래명의를 대표권자로 하지 않고 A주식회사 홍길동으로 하는 것을 원칙으로 한다.
③ 주식회사와 유한회사의 경우에는 대표이사가 회사를 대표한다.
④ 합명회사와 합자회사의 경우에는 정관으로 업무집행사원을 달리 정한 바가 없으면 무한책임사원이 회사를 대표한다.
⑤ 공동대표의 경우 포괄적 위임은 허용되지 않으나 개별적 위임은 통상적으로 허용된다.

해설

예금거래 시 거래명의를 대표권자로 하지 않고 'A주식회사 경리부장 홍길동'으로 해도 된다. 단, 'A주식회사 홍길동'이라고 하면 홍길동이 회사의 대표자로서 예금을 한 것인지 개인으로서 예금을 한 것인지 분쟁이 발생할 수 있으므로 피한다.

12 법인격이 없는 단체와의 거래에 대한 설명으로 옳은 것은?

① 법인격이 없는 사단으로 부가가치세법에 의한 고유번호를 부여받은 경우에는 대표자 개인의 예금으로 거래하면 된다.

② ①의 경우 법인격이 없는 사단의 공유로 귀속된다.

③ 법인격이 없는 사단으로서 고유번호를 부여받지 못한 경우에는 대표자 개인의 예금이 아니라 법인격이 없는 사단에 총유적으로 귀속된다.

④ 법인격 없는 재단의 경우 예금의 귀속관계는 준총유의 관계가 될 수 있다.

⑤ 민법은 조합에 대하여는 법인격을 인정하지 않고 구성원 사이의 계약관계로 보고 있다.

> **해설**
>
> ①, ② 법인격이 없는 사단으로 부가가치세법에 의한 고유번호를 부여받은 경우에는 대표자 개인의 예금이 아니라 법인격이 없는 사단에 총유적으로 귀속된다.
>
> ③ 법인격이 없는 사단으로서 고유번호를 부여받지 못한 경우에는 대표자 개인의 예금으로 거래하면 된다.
>
> ④ 법인격 없는 재단은 권리능력과 구성원이 없으므로 그 예금의 귀속관계는 준총유나 준합유의 관계가 될 수 없다.

13 다음 중 법인격 없는 사단에 해당하지 않는 것은?

① 동문회   ② 노동조합

③ 아파트 부녀회   ④ 아파트 관리사무소

⑤ 아파트 입주자 대표회의

> **해설**
>
> 아파트 관리사무소는 입주자 대표회의 하부기관에 불과하다.

14 다음에서 설명하고 있는 공동소유의 형태는 무엇인가? `2025`

> • 권리능력이 없는 사단의 구성원이 집합체로서 물건을 소유하는 공동소유형태
> • 공동소유 물건의 관리 · 처분권이 사단자체에 귀속됨
> • 구성원은 일정한 범위 내에서만 사용권을 가지되 타인에게 양도하거나 상속하지 못함

① 총 유   ② 공 유

③ 합 유   ④ 단독소유

⑤ 공동소유

해설

총유에 대한 설명이다.

더 알아보기 공동소유의 형태

- 총유 : 법인이 아닌 두 사람 이상의 개인이 만든 단체(사단)가 부동산을 소유하는 것을 말한다. 각 개인이 공동으로 이용할 수는 있으나 지분이 없으므로 개인이 처분할 수 없다.
- 공유 : 두 사람 이상이 하나의 부동산을 지분으로 나누어 소유하는 공동소유형태이다. 각 공유자는 타 공유자의 동의 없이 자신의 지분처분이 가능하며, 단독소유로 전환할 수도 있다. 단, 공유의 등기와 지분의 등기를 해야 한다.
- 합유 : 두 사람 이상의 공동사업을 하기 위해 만든 단체(조합)가 부동산을 가지는 것을 말한다. 총유와 달리 일정비율로 재산을 나눠 가지는 지분이 가능하지만 합유는 공유와 총유의 중간 형태로 지분처분의 자유와 분할청구권이 없다.

03 예금주의 확정

15 타인명의예금에 대한 다음 설명 중 옳지 않은 것은? 20, 23, 24

① 예금의 명의인과 실질적 예금주가 다른 예금을 타인명의예금이라 한다.

② 금융실명제하에서도 합의차명 또는 도용차명이 있을 수 있다.

③ 금융실명제 이후 타인명의예금의 문제점은 완전히 해소되었다.

④ 금융실명제하에서도 은행과 출연인과의 특별한 약정이 있었다면 출연인을 예금주로 볼 수 있다.

⑤ 금융실명제하에서는 타인명의예금의 경우 금융기관이 그 사실을 모른다면 그 예금주는 원칙적으로 예금명의자로 보아야 한다.

해설

금융실명제하에서도 자신의 명의를 빌려주는 자와 명의를 빌리는 자가 서로 합의하는 경우에는 금융기관이 알든 모르든 타인명의로 예금할 수 있고, 서로 합의가 없는 경우라도 타인이 본인의 명의를 도용하여 예금할 수 있기 때문에 예금의 출연자와 예금의 명의인 중 누구를 진정한 타인명의예금의 소유자로 볼 것인가 하는 예금주 결정의 문제가 발생한다.

16 은행직원이 적극적으로 타인명의예금을 알선하거나 중개하는 방법으로 예입을 받을 경우 금융실
명법상 가해질 수 있는 형벌로 옳은 것은?

① 5백만원 이하의 벌금
② 3년 이하의 징역 또는 5백만원 이하의 과태료
③ 3년 이하의 징역 또는 5백만원 이하의 추징금
④ 5년 이하의 징역 또는 5천만원 이하의 과태료
⑤ 5년 이하의 징역 또는 5천만원 이하의 벌금

해설
불법 차명거래 알선·중개 행위를 한 임직원에게는 5년 이하의 징역 또는 5천만원 이하의 벌금에 해당하는 형벌이
가해질 수 있다.

17 공동명의예금의 법률관계에 대한 설명 중 준합유설에 해당하지 않는 것은?

① 1인 지분에 대한 압류·전부가 가능하다.
② 지분처분이나 분할청구의 자유가 없다.
③ 조합계약의 포괄적 지분에 관하여는 압류가 가능하다.
④ 공동목적을 위한 예금조합계약이 결성된 것으로 본다.
⑤ 조합재산인 예금채권은 조합의 성질상 조합원의 준합유가 된다.

해설
준합유설에 따르면 조합계약의 포괄적 지분에 관하여는 압류가 가능하나, 개별적 재산에 대한 개별적 지분에 관하여
는 압류가 허용되지 않으므로 압류·전부의 대상이 되지 않는다. 1인의 지분에 대한 압류·전부가 가능한 것은 준공
유설에 해당하는 설명이다. 준공유설이란 준합유가 되려면 공동사업 영위라는 주관적 의사가 있어야 하고, 그 내부관
계가 은행과의 특약으로 알 수 있어야 하는데, 제3자가 실제 내부관계를 알 수 없으므로 준공유로 보아야 한다는
설이다.

18 공동명의예금의 법률관계에 대한 설명으로 가장 거리가 먼 것은?

① 준공유설, 준합유설, 공동반환특약부 분할채권설 모두 공동예금주 1인이 단독으로 예금의 전부이건 일부이건 반환을 청구할 수 없다.

② 공동명의예금과 관련하여 징구한 각서에는 각자 분할청구의 절차가 포함되어야 한다.

③ 준합유설에 따르면 개별적 재산에 대한 개별적 지분은 압류·전부의 대상이 되지 않는다.

④ 분쟁예방 및 법률관계 명확화를 위하여 어떠한 사정이 있더라도 각자 또는 그 승계인은 분할청구나 단독지급청구를 하지 않을 것을 특약하는 것이 바람직하다.

⑤ 공동명의예금은 향후 법적분쟁이 발생할 우려가 많으므로 개인 1인 명의로 취급하는 것이 바람직하다.

해설

공동명의예금과 관련하여 징구한 각서에는 공동명의예금 계좌개설의 목적, 공동명의예금의 명확한 소유형태, 압류가 있을 때의 처리방법, 상계하고자 할 때의 처리 방법이 포함되어야 한다.

더 알아보기 공동명의예금 취급 시 유의사항

- 공동명의예금 계좌개설의 목적이 동업 또는 공동사업 목적이라면 준합유 관계에 있다고 명시한다.
- 전원의 기명날인이 있는 예금의 지급청구는 공동명의 예금주 중 누구에게 지급하더라도 각자는 이의가 없도록 한다.
- 각자 또는 그 승계인은 어떠한 경우에도 분할청구나 단독지급청구를 할 수 없다.
- 압류가 있을 때의 처리방법이나 은행에서 상계하고자 할 때의 처리방법을 명백히 한다.

19 예금의 입금 시 현금입금에 대한 설명으로 옳지 않은 것은? 2025

① 현금의 확인을 유보하는 의사 없이 예금통장 등을 발행한 후에 부족액이 발생한 경우에는 은행이 입증책임을 부담한다.
② 예금을 한다는 합의와 금전의 인도가 있으면 예금의사 합치로 본다.
③ 은행이 실제로 입금된 금액보다 과다한 금액으로 예금계약을 할 경우 실제로 입금된 금액에 한하여 예금계약이 성립한다.
④ 제3자가 과다입금인 사실을 모르고 그 예금에 대하여 대부해 준 경우에는 은행이 그로 인한 손해를 배상해야 한다.
⑤ 은행원이 입금조작을 잘못하여 정당계좌에 자금부족이 발생한 경우에는 은행이 손해를 배상해야 한다.

> 해설
> 예금의사의 합치란 막연히 예금을 한다는 합의와 금전의 인도로는 부족하고 어떤 종류, 이율, 기간으로 예금을 하겠다는 의사의 합치가 있는 경우를 말한다.

20 타점권 입금의 법적 성격으로 가장 거리가 먼 것은? 2025

① 타점권을 입금시키는 행위는 위임계약이다.
② 입금 받을 어음이나 수표를 지급제시기간 내에 제시하지 못할 경우 입금인은 소구권을 상실하고 은행은 과태료를 부담하게 된다.
③ 은행이 수표를 입금받는 경우에는 선일자 수표인지, 수표요건을 구비하였는지 여부를 확인하여야 한다.
④ 일반횡선수표인 경우에는 입금인이 당행과 계속적인 거래가 있는 거래처인지 여부를 확인하여야 한다.
⑤ 특정횡선수표인 경우에는 그 특정된 은행이 당행과 계속적인 거래가 있는지 여부를 확인하여야 한다.

> 해설
> 특정횡선수표인 경우에는 그 특정된 은행이 당행인지 여부를 확인한다.

21 계좌송금에 대한 다음 설명 중 옳지 않은 것은?

① 계좌송금의 법적 성질은 위임계약과 금전소비임치계약이 혼합된 계약이다.

② 현금 계좌송금의 경우 예금계약의 성립 시기는 예금원장에 입금기장을 마친 때이다.

③ 타점권 계좌송금의 경우 부도반환시한이 지나고 결제를 확인한 시점에서 예금계약이 성립한다.

④ 위임계약이 종료된 상태에서는 입금의 취소를 주장할 수 없다.

⑤ 은행이 실수로 지정계좌 이외의 예금계좌에 입금한 경우에는 착오계좌 예금주의 동의 없이 취소할 수 있다.

해설

계좌송금은 입금의뢰인이 송금할 금액을 수납은행에 입금하면서 예금주에게 입금해 줄 것을 위탁하고 수납은행이 이를 승낙함으로서 성립하는 위임계약이다.

22 A가 갑은행에서 B에게 송금해야 하는 것을 A의 착오로 인해 C에게 송금하였다. 이 경우 법률관계에 대한 설명으로 가장 옳지 않은 것은? 2025

① C는 송금된 금액에 대한 반환의무가 있다.

② C가 송금된 금액을 사용하는 경우 횡령죄에 해당한다.

③ 갑은행은 부당이득반환의 책임이 있다.

④ A는 C에게 부당이득반환청구의 소를 제기할 수 있다.

⑤ B는 C에게 착오송금된 금액에 대하여 지급을 요구할 수 없다.

해설

수취은행은 자금중개의 기능을 담당할 뿐 이득을 얻은 바 없으므로 부당이득반환의 상대방이 되지 않는다.

23

예금의 지급업무에 대한 내용으로 옳지 않은 것은? 2025

① 예금채권은 원칙적으로 지참채무가 원칙이다.

② 예금채권은 예금의 지급, 변제공탁, 상계, 소멸시효의 완성 등으로 소멸한다.

③ 무기명예금은 원칙적으로 계좌개설 영업점에서 지급한다.

④ 예금주는 은행 영업시간 내에는 언제라도 예금을 청구할 수 있고 금전채권의 성질상 은행은 원칙적으로 불가항력을 주장할 수 없다.

⑤ 선관주의 의무를 위반하여 무권리자에게 지급한 경우에는 예금자에게 지급의 유효를 주장할 수 없다.

해설

예금주는 은행에서 예금채권을 수령하므로 예금채권은 원칙적으로 추심채무가 원칙이다. 반면, 지명채권의 경우 채무자가 채권자의 주소지에서 변제하므로 지참채무가 원칙이다.

24

은행의 예금지급에 관한 면책요건에 대한 설명으로 틀린 것은?

① 채권의 준점유자에 대한 변제일 경우 면책된다.

② 비밀번호가 일치할 경우 면책된다.

③ 인감 또는 서명은 숙련된 은행원이 반드시 과학적 기계를 이용하여 충분한 대조를 통해 일치한다고 인정되면 면책된다.

④ 전부채권자 또는 추심채권자는 예금통장이나 증서를 소지하고 있지 않더라도 은행이 선의·무과실이면 면책된다.

⑤ 예금주의 대리인임을 주장하며 예금을 지급받은 자에 대한 변제일 경우 면책된다.

해설

인감 또는 서명은 과학적인 기계를 이용하여 정밀한 대조를 요구하는 것이 아니고, 육안으로 상당한 주의를 하여 일치한다고 인정되면 면책된다.

더 알아보기 은행의 지급면책요건

- 채권의 준점유자에 대한 변제일 것
- 인감 또는 서명은 육안으로 상당한 주의를 하여 일치한다고 인정될 것
- 비밀번호가 일치할 것
- 은행이 선의·무과실일 것

25 법정상속제도에 대한 다음 설명 중 옳지 않은 것은?

① 민법은 법정상속을 원칙으로 하되 유언이 있을 경우 유언상속을 따른다.

② 자연혈족뿐만 아니라 법정혈족도 혈족에 포함한다.

③ 같은 순위의 상속인이 여러 사람인 경우에는 최근친을 선순위로 본다.

④ 서자와 적모사이에는 혈연도 없고 법정혈족도 아니므로 상속인이 될 수 없다.

⑤ 공동상속재산의 지분에 대한 처분은 상속재산을 분할하기까지는 공동상속인 전원의 동의를 얻어야 한다는 합유설이 통설이다.

해설

상속재산 공유의 성질은 공유설과 합유설이 대립되지만 통설은 공유설을 따른다. 공유설이란 공동상속인이 상속분에 따라 각자의 지분을 자유롭게 처분할 수 있다는 견해이며, 합유설은 상속재산을 분할하기까지는 그 공동상속재산의 지분에 대한 처분은 공동상속인 전원의 동의를 얻어야 한다는 견해이다.

26 김시대씨는 은행에 정기예금 500만원을 가지고 있다. 김시대씨가 갑작스런 사고로 사망하였을 때 다음 중 정기예금 상속 분배에 대하여 가장 옳은 것은?(A(아내), B(아들), C(아버지), D(동생))

`2025`

① A 300만원, B 200만원

② A 200만원, B 300만원

③ A 200만원, B 200만원, C 100만원

④ A 200만원, B 200만원, D 100만원

⑤ A 150만원, B 150만원, C 100만원, D 100만원

해설

예금주가 사망한 경우 혈족상속의 순위는 혈연상의 근친에 따라 그 순위가 정하여 진다. 혈족이란 자연혈족뿐만 아니라 법정혈족도 포함하며 만약 선순위 상속권자가 1인이라도 있으면 후순위권자는 전혀 상속권을 가지지 못한다.
1순위 : 피상속인의 직계비속
2순위 : 피상속인의 직계존속
3순위 : 피상속인의 형제자매
4순위 : 피상속인의 4촌 이내의 방계혈족
배우자는 피상속인의 직계비속 또는 직계존속과 동순위로 상속권자가 된다. 같은 순위의 상속인이 여러 사람인 경우 최근친을 선순위로 보며, 같은 순위의 상속인이 두사람 이상인 경우 공동상속을 한다. 공동상속인 간의 상속분 비율은 배우자 1.5, 그 밖의 상속인들에게는 1이다.

27 상속제도에 대한 설명으로 옳지 않은 것은?

① 상속은 사망한 사실이 가족관계등록부에 기재된 시점에서 개시된다.

② 상속이 개시되면 피상속인의 권리와 의무가 포괄적으로 상속인에게 상속된다.

③ 태아는 상속순위에 있어서 출생한 것으로 간주되므로 상속인이 된다.

④ 공동상속인 간의 상속분으로 배우자는 1.5, 그 밖의 자녀에게는 1의 비율을 적용받는다.

⑤ 상속재산은 분할할 때까지 공유이다.

해설

상속은 사망한 시점에서 개시된다.

28 예금주의 사망에 대한 설명으로 틀린 것은? 2025

① 예금주가 사망한 경우 혈족상속의 순위는 혈연상의 근친에 따라 그 순위가 정해진다.

② 유증이란 유언에 따른 재산의 증여행위이며, 유증의 형태에는 포괄유증과 특정유증이 있다.

③ 유언집행자가 있으면 유언집행자 청구에 따라 예금을 지급하여야 하며, 상속인에게 지급하여서
는 아니 된다.

④ 포괄유증을 받은 자는 재산상속인과 동일한 권리의무가 있으므로 적극재산만 승계한다.

⑤ 특정유증의 경우 수증자는 상속인 또는 유언집행자에 대하여 채권적 청구권만을 가진다.

해설

포괄유증을 받은 자는 적극재산뿐만 아니라 소극재산인 채무까지도 승계한다.

더 알아보기 유언상속의 형태

포괄유증	• 상속재산의 전부 또는 일정비율로 자산과 부채를 함께 유증하는 것 • 포괄유증 수증자는 재산상속인과 동일한 권리의무가 있으므로, 적극재산뿐만 아니라 소극재산(채무)까지도 승계
특정(지정)유증	• 상속재산 가운데 특정한 재산을 지정하여 유증하는 것 • 특정유증 수증자는 상속인 또는 유언집행자에 대하여 채권적 청구권만 승계

29 상속과 관련한 설명 중 틀린 것은?

① 특정유증에서 은행은 예금을 상속인 또는 유언집행자에게 지급함이 원칙이다.

② 유류분은 직계비속과 배우자는 법정상속의 1/2까지, 직계존속과 형제자매는 1/3까지 인정된다.

③ 공유설에 의하면 행방불명인 자의 상속분을 제외한 나머지 부분은 각 상속인에게 지급할 수
있다.

④ 부재자의 재산관리인은 2년간의 상속인 수색절차를 거쳐 상속인이 없으면 특별연고자에게 재산
을 분여한다.

⑤ 상속인은 상속의 개시일로부터 3개월 내에 상속을 포기할 수 있다.

27 ① 28 ④ 29 ⑤ 정답

상속인은 상속의 개시 있음을 안 날로부터 3개월 내에 상속을 포기할 수 있다.

30 다음 중 유언상속에 대한 설명으로 바르지 못한 것은? 20, 25

① 유증이란 유언에 따른 재산의 증여행위를 말한다.
② 유언의 방식 중 공정증서 또는 구수증서에 의한 것이 아닌 경우 가정법원의 유언검인심판서를 징구하여 유언의 적법성 여부를 확인한다.
③ 유증의 형태로는 상속재산의 전부 또는 일정 비율로 자산과 부채를 함께 유증하는 포괄유증과 상속재산 가운데 특정한 재산을 유증하는 특정유증이 있다.
④ 유언집행자가 선임된 경우 상속재산에 대한 권리는 상속인에게 있으므로 상속인에게 지급하여야 한다.
⑤ 법정상속인 중 직계비속와 배우자는 법정상속의 2분의 1까지 수증자에게 반환을 청구할 수 있는 권리를 유류분이라 한다.

유언집행자가 선용되어 있는 경우에는 상속재산에 대한 권리권이 유언집행자에게 있으므로 그 유무를 확인하여야 하며, 유언집행자의 청구에 의하여 예금을 지급하여야 하며 상속인에게 지급하여서는 안 된다.

31 상속으로 인하여 취득할 재산의 범위 내에서 채무를 변제할 것을 조건으로 상속을 승인하는 제도는? 2024

① 단순승인   ② 한정승인
③ 상속포기   ④ 유류분
⑤ 협의분할

한정승인은 상속으로 인하여 취득할 재산의 범위 내에서 채무를 변제할 것을 조건으로 상속을 승인하는 제도이다.

32 상속예금의 지급에 대한 설명으로 옳지 않은 것은?

① 당좌거래는 상속인에게 승계된다.
② 상속예금을 지급할 때 상속인 전원으로부터 동의서와 손해담보약정을 받는 것이 바람직하다.
③ 상속인들로부터 가족관계등록사항별 증명서, 제적등본, 유언장 등을 징구하여 상속인을 확인한다.
④ 정기적금 적립기간 중 예금주가 사망한 경우 상속인 전원의 동의가 있어야 공동상속인 중 1인이 적금계약을 승계할 수 있다.
⑤ 상속재산관리인 선임여부 및 상속재산의 분할여부를 확인한다.

당좌거래는 피상속인의 사망으로 계약관계가 종료되므로 은행은 당좌거래계약을 해지하고 상속인으로부터 미사용 어음 및 수표를 회수하여야 한다.

33 예금채권의 양도에 관한 설명 중 옳지 않은 것은?

① 기명식 예금은 지명채권이므로 원칙적으로 그 양도성이 인정된다.
② 예금거래기본약관에서는 예금의 양도를 특약으로 제한하고 있다.
③ 예금의 양도는 양도인과 양수인 사이에 예금양도계약과 은행의 승낙이 있어야 한다.
④ 전부채권자가 양도금지특약을 알고 있었다면 전부명령은 무효이다.
⑤ 예금주가 양도금지특약을 위반하여 예금을 다른 사람에게 양도한 경우 그 양도는 무효이고 은행에 대하여 대항할 수 없다.

양도금지의 특약에도 불구하고 전부채권자가 그 특약을 알고 있든 모르고 있든 관계없이 전부명령은 유효하다.

34 예금채권의 질권설정에 대한 다음 설명 중 옳지 않은 것은? 2020

① 제3자가 예금에 대하여 질권설정을 하고자 하는 경우에는 은행의 질권설정금지특약으로 인하여 은행의 승낙이 필요하다.
② 질권자에게 직접청구권과 변제충당권이 인정되려면 질권설정된 예금만 변제기에 있으면 된다.
③ 예금채권에 대한 질권의 효력은 그 예금의 이자에도 미친다.
④ 질권설정한 예금에 기한갱신이 있는 경우 특별한 사정이 없는 한 종전 예금채권에 설정된 담보권은 당연히 새로이 성립하는 예금채권에도 미친다.
⑤ 질권설정한 예금을 다른 종목의 예금으로 바꾼 경우 원칙적으로 질권의 효력이 미치지 않는다.

질권자에게 직접청구권과 변제충당권이 인정되기 위해서는 피담보채권과 질권이 설정된 채권이 모두 변제기에 있어야 한다.

더 알아보기 예금의 질권설정

- 은행의 질권설정 : 은행이 받은 예금에 대한 질권설정이므로 별도 승낙 필요 없음
- 제3자의 질권설정 : 은행의 질권설정금지특약으로 인해 은행의 승낙이 필요하며, 제3자에게 대항하기위해서는 확정일자가 필요함

35 다음 중 예금의 질권자에게 인정되는 권리에 해당되지 않는 것은?

① 질권자는 공탁청구권을 가진다.
② 질권자는 중도해지권을 가진다.
③ 질권자는 직접청구권을 가진다.
④ 질권자는 변제충당권을 가진다.
⑤ 질권자는 우선변제권을 가진다.

> **해설**
> 질권자는 예금에 대한 계약당사자가 아니므로 중도해지권이 없다.

36 예금주의 변경에 따른 예금처리절차에 대한 설명 중 옳지 않은 것은? 21, 23

① 회사의 합병이 있는 경우에는 권리이전을 위한 특별한 행위가 필요없다.
② 합병의 효과로 예금주가 소멸회사인 경우에는 소멸회사의 예금은 채권양도 등의 절차 없이 존속회사의 예금이 된다.
③ 합병의 효과로 예금주가 존속회사인 경우에는 별다른 조치가 필요없다.
④ 개인기업이 법인기업으로 전환하는 경우 법인이 개인기업의 권리의무를 승계하므로 별도의 승계절차가 필요 없다.
⑤ 무기명예금은 무기명채권이기 때문에 그 교부로서 권리가 이전되므로 별도의 양도승낙이 필요 없다.

> **해설**
> 개인기업과 법인기업은 별개의 인격을 가지므로 개인기업을 법인으로 전환하는 경우에는 그 대표자가 같더라도 개인기업의 권리의무를 승계하는 것은 아니다. 따라서 별도의 승계절차가 필요하다.

37 도산절차 시 예금거래에 대한 설명으로 옳지 않은 것은?

① 회생절차개시신청이 있음을 알고 채권을 취득한 경우 그 채권과 예금을 상계할 수 있다.
② 회생절차개시결정이 있어도 당좌거래는 계속할 수 있다.
③ 당좌계약은 위임계약이므로 파산으로 인해 종료된다.
④ 파산자의 예금은 파산관재인 명의로 변경하고 파산관재인에게만 지급한다.
⑤ 개인회생절차개시결정이 있으면 은행은 법원으로부터의 예금에 대한 별도의 보전처분 또는 중지명령이 없는 한 예금주에게 예금을 지급할 수 있다.

> **해설**
> 회생절차개시신청이 있음을 알고 취득한 채권은 예금과 상계할 수 없다.

38 예금주의 변경에 대한 내용으로 가장 거리가 먼 것은?

① 회생절차개시 결정 후에 지급제시되는 어음・수표는 지급을 거절하여야 한다.

② 회생절차개시 결정이 있으면 관리인 또는 그 대리인과 거래하여야 한다.

③ 재산관리인제도는 행방불명된 자의 재산을 관리하기 위한 제도이다.

④ 예금거래에 있어서 은행은 예금주의 행방불명사실을 거의 알 수 없으므로 통장이나 증서를 소지하고 비밀번호와 인감이 신고인감과 일치함을 확인하고 지급한 경우에는 면책된다.

⑤ 회생절차상 보전처분에 따라 보전관리인이 선임된 경우에도 종전의 대표이사에게 예금을 지급할 수 있다.

해설

회생절차상 보전처분에 따라 보전관리인이 선임된 경우에는 종전의 대표이사는 대표권을 상실하므로 보전관리인에게 예금을 지급하면 된다.

06 예금의 관리(Ⅱ)

39 예금의 (가)압류명령이 송달된 경우의 실무처리절차에 대한 다음 설명 중 옳지 않은 것은?

① 압류명령의 송달연월일 및 접수시각을 명확히 기록하고, 송달보고서에 기재된 시각을 확인하여야 한다.

② 피압류채권의 표시가 예금을 특정할 정도로 유효하게 기재되어 있는지 확인한다.

③ 압류된 예금에 대하여 즉시 온라인에 주의사고 등록을 해야 한다.

④ 해당 예금과 관련하여 예금주에 대한 대출채권이 있는 경우 상계권 행사여부를 검토한다.

⑤ 송달일로부터 1개월 이내에 진술서를 작성하여 법원에 제출하여야 한다.

해설

송달일로부터 1주일 이내에 진술서를 작성하여 법원에 제출하여야 한다.

40 예금에 대한 압류명령의 효력이 발생하는 시기는 언제인가?

① 채권자가 압류명령을 신청한 때
② 법원이 압류명령을 결정할 때
③ 압류명령결정문이 제3채무자인 은행에 송달된 때
④ 압류명령결정문이 확정된 때
⑤ 압류명령결정문이 채무자에게 송달된 때

> **해설**
> 예금에 대한 압류명령의 효력은 그 결정문이 제3채무자인 은행에 송달된 때 발생한다.

41 압류에 대한 설명으로 가장 적절한 것은?

① 예금에 대한 가압류가 본점에 송달된 경우 그 효력발생시기는 금융기관의 해당 영업점에 송달된 때이다.
② 피압류예금을 특정할 수 없으면 압류의 효력이 없다.
③ 은행은 예금주의 예금에 대한 압류사실을 예금주에게 반드시 통지하여야 한다.
④ 예금주에게 여러 계좌가 있고, 예금총액이 집행채권의 총액을 상회하는 경우에는 압류의 효력이 발생한다.
⑤ 예금채권에 대한 압류의 효력은 원칙적으로 압류 설정액에 대하여 발생한다.

> **해설**
> ① 예금에 대한 가압류가 본점에 송달된 경우 그 효력발생시기는 압류명령결정문이 본점에 접수된 때이다.
> ③ 압류결정문은 예금주에게도 송달되기 때문에 은행이 압류사실을 통지해야할 법적인 의무는 없다.
> ④ 예금주에게 여러 계좌가 있고, 집행채권의 총액이 예금총액을 상회하는 경우에는 압류의 효력이 발생하나, 집행채권의 총액이 예금총액을 하회하는 경우에는 압류의 효력이 발생하지 않는다.
> ⑤ 압류의 효력은 그 전액에 대하여 미치는 것이 원칙이다.

42 압류의 효력이 미치는 범위에 대한 설명 중 옳지 않은 것은?

① 압류결정문이 은행에 송달된 때까지 입금된 금액에 대하여만 효력이 미친다.
② 압류 전과 압류 이후에 발생한 모든 이자에 대해 압류의 효력이 발생한다.
③ 당좌대출을 사용 중인 경우에 당좌예금잔액이 없으므로 압류는 효력을 가지지 않는다.
④ 예금잔액이 압류명령서상의 청구채권에 미달하는 경우에는 실제 잔액에 대해서만 압류의 효력이 발생한다.
⑤ 압류채권의 표시를 현재 입금된 금액 및 계속 입금될 금액 중 청구채권액에 달하기까지의 금액이라고 한 경우 장래의 입금될 금액에 대하여도 압류의 효력이 미친다.

압류 전에 이미 발생한 이자채권은 기본채권인 예금채권과는 달리 독립성을 갖고 원본과는 분리되어 변제되거나 양도될 수 있는 것이므로 이에 대해서는 압류·전부의 효력이 미칠 수 없다는 것이 통설·판례이다.

> **더 알아보기** 예금에 대한 압류의 종류
>
> • 금액확정부 압류 : 송달시점에서의 잔액에 대하여만 압류의 효력이 미치며, 그 후 입금되는 금액에 대해서는 압류의 효력이 미치지 않는다.
> • 장래확정부 압류 : 송달시점의 잔액뿐만 아니라 장래 입금될 금액에 대해서도 압류의 효력이 미친다.

43 다음 중 압류가 금지된 예금채권이 아닌 것은? `2025`

① 변제기가 빠른 적립식예금
② 학교법인의 입학금 및 수업료
③ 채무자의 예금계좌에 입금된 급여
④ 채무자의 예금계좌에 입금된 퇴직금
⑤ 채무자의 1개월간 생계유지에 필요한 예금

해설

압류가 금지되는 예금채권에는 채무자의 1개월간 생계유지에 필요한 개인별 잔액이 150만원 이하의 예금, 학교법인의 수업료, 입학금, 학교운영 지원비, 기성회비, 채무자의 예금계좌에 입금된 급여 및 퇴직금 등이 있다.

44 예금 종류별 압류에 대한 내용으로 옳지 않은 것은?

① 당좌예금이 압류된 경우에는 당좌대출을 일으켜 지급제시된 어음·수표를 결제할 수 없다.
② 압류금액을 공제한 이후 당좌예금잔액이 지급제시된 금액보다 적을 때에는 예금부족으로 부도 처리한다.
③ 통장예금이 자동이체 결제계좌인 경우 일반적으로 자동이체가 압류에 우선한다.
④ 기한부채권인 정기예금은 피압류채권의 지급조건이 성취되거나 기한이 도래할 때까지 압류채권자에게 대하여는 그 예금의 지급을 거절할 수 있다.
⑤ 당좌예금거래보증금은 당좌거래해지 후 미사용 어음·수표를 회수하고 손해배상금을 공제한 후 잔액을 전부채권자에게 지급하면 된다.

해설

당좌예금이 압류된 경우에도 당좌대출을 일으켜 지급제시된 어음·수표를 결제할 수 있다.

45 다음 설명이 나타내는 압류된 예금을 환가 받기 위한 조치는? `21, 23, 24`

○△☒
○△☒

> 예금주가 은행에 대하여 가지는 예금채권을 집행채권과 집행비용청구권에 갈음하여 압류채권자에게 이전시키는 법원의 명령

① 압류명령
② 진술명령
③ 추심명령
④ 전부명령
⑤ 공탁명령

해설
전부명령에 해당하는 설명이다.

더 알아보기 추심명령과 전부명령

추심명령	• 예금주가 은행에 대해 가지는 예금채권의 추심권을 압류채권자에게 주어 직접 은행에게 이행을 청구하도록 하는 명령 • 은행에 대한 송달로써 효력이 발생 • 추심채권자에게 지급 시 확정여부의 확인 불필요
전부명령	• 예금주가 은행에 대하여 가지는 예금채권을 집행채권과 집행비용청구권에 갈음하여 압류채권자에게 이전시키는 법원의 명령 • 전부채권자에게 지급 시 확정여부의 확인 필요 • 전부명령이 있는 경우 압류채권을 채권자에게 이전 가능

46 압류된 예금에 대한 설명으로 옳지 않은 것은?

○△☒
○△☒

① 전부명령은 예금채권을 집행채권과 집행비용청구권에 갈음하여 압류채권자에게 이전시키는 것이다.
② 전부명령이 확정되면 전부명령이 제3채무자인 은행에 송달된 때로 소급하여 효력이 발생한다.
③ 추심명령은 예금주가 은행에 대하여 갖는 예금채권의 추심권을 압류 채권자에게 부여하는 집행법원의 명령이다.
④ 추심채권자에게 지급하는 경우에는 반드시 확정여부를 확인하고 예금을 지급해야 한다.
⑤ 환가처분에 의해 압류된 예금을 전부채권자에게 지급하는 경우 은행이 법원에서 발급한 확정증명원을 징구하여 확정여부를 확인해야 한다.

해설
추심채권자에게 지급함에 있어서는 그 확정여부의 확인이 필요 없다.

47

예금에 대한 체납처분압류의 설명으로 옳은 것은? `2025`

① 체납처분압류와 가압류가 경합하는 경우 체납처분압류보다 가압류가 선행된다면 가압류가 우선한다.
② 추심명령이 체납처분압류보다 먼저 있는 경우에는 추심명령이 우선한다.
③ 체납자의 재산처분을 금하고 체납자를 대위하여 추심할 수 있는 권리가 인정된다.
④ 국민건강보험공단의 건강보험료 체납으로 인한 압류는 국세체납처분에 준한다.
⑤ 체납처분압류가 전부명령보다 먼저 있는 경우 채권자평등주의에 따라 안분하여 분배된다.

해설
① 가압류 또는 가처분이 있을 경우 영향을 받지 아니한다. 가압류의 선·후에도 불구하고 체납처분압류가 가압류에 항상 우선한다.
② 추심명령이 체납처분압류보다 먼저 있는 경우에도 체납처분압류가 우선한다.
④ 국민건강보험공단의 건강보험료 체납으로 인한 압류는 조세체납처분절차를 준용한다.
⑤ 체납처분압류가 전부명령보다 먼저 있는 경우에는 체납처분이 우선하며 잔액에 대하여만 압류의 효력이 있다.

48

상계를 이루기 위한 요건이 아닌 것은? `2021`

① 두 채권이 변제기에 있지 않아야 한다.
② 상계금지채권이 아니어야 한다.
③ 상계권의 행사에서 상계남용에 해당하지 않아야 한다.
④ 두 채권 모두 목적이 서로 동일하여야 한다.
⑤ 상계를 하려면 두 채권이 서로 대립하고 있어야 한다.

해설
두 채권이 변제기에 있어야 한다.

더 알아보기 상계의 요건

- 상계하려고 하는 자의 채권인 자동채권(은행의 대출채권)과 상계당하는 자의 채권인 수동채권(채무자의 예금채권)이 서로 대립하여야 한다.
- 상계하려고 하는 자의 채권인 자동채권(은행의 대출채권)과 상계당하는 자의 채권인 수동채권(채무자의 예금채권)이 동일한 목적을 가져야 한다.
- 상계하려고 하는 자의 채권인 자동채권(은행의 대출채권)과 상계당하는 자의 채권인 수동채권(채무자의 예금채권)이 모두 변제기에 있어야 한다.
- 상계금지채권이 아니어야 한다.
- 상계남용에 해당하지 않아야 한다.

49 예금거래와 상계에 대한 설명으로 옳지 않은 것은? `2023`

① 상계의 효력은 상계적상에 있을 경우 대등액에 관하여 채권이 소멸한 것으로 본다.
② 상계통지는 상계하겠다는 통지여야 하므로 상계실행 전에 반드시 하여야 한다.
③ 상계금지특약은 제3자에게 대항할 수 없다.
④ 형식상으로는 상계권의 행사나 실질적으로 신의칙에 반하거나 권리남용에 해당하여 상계권의 행사로 볼 수 없는 것을 상계권의 남용이라 한다.
⑤ 상계란 채권자와 채무자가 서로 상대방에 대해서 같은 종류의 채권을 가지는 경우에 채권자와 채무자의 합의에 의해 그 채권과 채무를 같은 금액에서 소멸케 하는 계약이다.

해설
상계란 채권자와 채무자가 서로 상대방에 대해서 같은 종류의 채권을 가지는 경우에 채권자 또는 채무자 한 쪽의 일방적 의사표시에 의해 그 채권과 채무를 같은 금액에서 소멸케 하는 단독행위이다.

더 알아보기 상계의 기능

- 실제로 채무를 이행할 필요가 없어 결제절차가 간편한 간이결제기능
- 당사자의 대등액 채무가 공평하게 소멸한 것으로 생각하는 공평유지기능
- 자기의 채권을 확보하기 위해 자기의 채무를 활용하는 담보적 기능

50 상계금지채권에 해당하지 않는 것은?

① 자동채권에 질권이 설정된 경우
② 수동채권이 압류금지채권인 경우
③ 수동채권이 지급금지채권인 경우
④ 자동채권에 항변권이 붙어 있는 경우
⑤ 수동채권이 고의의 불법행위에 의한 손해배상청구권인 경우

해설
수동채권에 질권이 설정된 경우가 상계금지채권에 해당한다.

더 알아보기 상계금지채권

성질상 금지된 채권	노동제공의무, 항변권이 붙어있는 자동채권
법률상 금지된 채권	• 불법행위에 의한 손해배상청구권을 수동채권으로 하는 상계의 금지 • 압류금지채권을 수동채권으로 하는 상계의 금지 • 지급금지채권을 수동채권으로 하는 상계의 금지 • 수동채권에 질권이 설정된 경우
의사표시에 의해 금지된 채권	당사자의 반대 의사표시에 의하여 상계 금지된 채권

51   예금의 사고신고 접수와 처리에 대한 설명으로 옳지 않은 것은?

① 예금거래기본약관상의 면책규정은 사고신고의 경우에도 적용된다.

② 사고신고는 주민등록증 등의 실명증표를 통해 본인 여부를 확인하거나, 본인으로부터 정당한 권한을 받았는지 확인하는 것이 중요하다.

③ 예금에 사고가 생긴 때에는 서면신고 없이 전화신고만 있으면 즉시 지급정지를 해지하여야 한다.

④ 면책약관이 적용된다고 하더라도 금융기관의 선량한 관리자의 주의의무가 배제되는 것은 아니다.

⑤ 사고신고 접수를 소홀히 하는 동안 무권리자가 예금을 인출해 갈 경우 은행은 과실에 따른 손해배상책임을 지게 된다.

> **해설**
>
> 예금 사고가 생긴 때에는 서면으로 신고하도록 한다. 다만 긴급하거나 부득이할 때에만 영업시간 중에 전화 등으로 신고할 수 있는데 이때에도 다음 영업일 안에 서면신고하도록 한다.
> 전화신고만 있고 서면신고가 없을 때 예금주 본인의 예금에 지급정지가 있으면 본인이 사고신고를 하지 않은 경우 이의를 제기할 것이다. 따라서 실거래상으로는 전화신고 시 연락처를 확인하고 서면신고를 독촉하여 실무상 처리를 확실하게 해두는 것이 좋다.

52   자기앞수표의 사고처리에 관한 다음 설명 중 옳지 않은 것은?   `23, 24`

① 자기앞수표의 소지인과 발행은행 간에 수표상의 관계는 존재하지 않는다.

② 자기앞수표의 경우 발행은행이 발행의뢰인에게 자기앞수표라는 유가물을 매매하는 것이라고 보는 매매설이 현재의 통설이다.

③ 매매설의 입장에서 자기앞수표에 대한 사고신고의 법적 성질은 「수표법」이 정하는 지급위탁의 취소가 아니다.

④ 자기앞수표의 사고신고는 지급제시기간 경과 여부에 관계없이 경고적인 의미의 단순한 사고신고의 통지에 불과하다.

⑤ 자기앞수표의 사고신고가 있는 경우라도 지급여부는 은행의 자유이다.

> **해설**
>
> 수표상의 당사자가 아닌 발행의뢰인과 발행은행 간에 수표상의 관계가 존재하지 않는다. 자기앞수표의 소지인과 발행은행 간의 관계에서는 자기앞수표의 발행 후 수표상의 관계만 남게 된다.

더 알아보기 | 발행의뢰인과 발행은행의 관계

- 위임설 : 실질적 위임관계
- 매매설 : 발행의뢰인에게 발행은행의 유가물인 자기앞수표를 매매하는 관계(현재 통설)

---

53 사고예금의 처리에 대한 다음 내용 중 틀린 것은?

○△✕
○△✕

① 본인여부에 의심스러운 점이 있다면 실명증표의 위·변조 여부를 유의하여야 한다.
② 긴급하거나 부득이한 사유로 전화 등으로 신고한 경우에는 다음 영업일 안에 서면으로 신고하여야 한다.
③ 어음발행인이 당해 어음을 회수하여 제출한 경우 은행은 사고신고담보금을 어음발행인에게 지급할 수 있다.
④ 은행은 권리유보부 제권판결을 받은 사고신고인에게 수표금을 지급하여야 한다.
⑤ 당해어음과 관련하여 이해관계인이 소송이 계속 중임을 입증하는 서면을 지급은행에 제출한 바 없고 지급제시일로부터 6개월이 경과한 경우 사고신고담보금을 어음발행인에게 지급할 수 있다.

해설

권리가 유보된 제권판결에는 권리행사의 자격을 부여하는 적극적 효력이 없으므로, 권리유보부 제권판결 취득자에게 수표금을 지급하여서는 안 된다.

---

54 다음 자기앞수표처리 과정에서 은행이 사고신고인에 대하여 취하게 되는 법적절차는?

사고신고를 이유로 부도처리된 자기앞수표의 소지인이 은행을 상대로 수표금청구소송을 제기하는 경우

① 소송고지   ② 제권판결
③ 권리신고   ④ 공시최고
⑤ 진술명령

해설

은행은 사고신고인에게 그 소송에 참가하도록(소송고지에 의한 보조참가 유도)하고 소송결과에 따라 처리한다.

55 공시최고 및 제권판결에 대한 다음 설명 중 틀린 것은?

① 공시최고의 관할법원은 지급지 관할법원이다.
② 수표소지인의 권리신고는 공시최고기일까지 하여야 한다.
③ 공시최고는 증권의 피사취나 계약불이행의 경우에 한하여 신청할 수 있다.
④ 제권판결에는 확정증명이 없으며, 선고와 동시에 효력이 발생한다.
⑤ 제권판결에 대한 불복의 소는 제권판결의 사실을 안 날로부터 1개월 이내 가능하며, 선고일로부터 3년이 경과한 후에는 제소할 수 없다.

> **해설**
> 공시최고는 증권의 도난·분실·멸실의 경우에 한하여 신청할 수 있다.

56 당좌계정의 사고처리에 대한 내용으로 옳지 않은 것은?

① 위조·변조가 외관상 명백한 경우에는 지급거절해야 하며, 외관상 명백하지 않은 경우에는 위·변조신고를 받고 처리한다.
② 멸실·훼손의 경우 사고신고담보금 입금의무가 없다.
③ 멸실·훼손의 경우 최종 소지인은 제권판결을 얻어 권리를 행사해야 한다.
④ 분실·도난의 경우 발행인을 통하여 은행에 지급정지의뢰를 하여야 한다.
⑤ 피사취·계약불이행의 경우 사고신고인이 권리행사할 수 있는 유일한 방법은 제권판결을 받는 것이다.

> **해설**
> 피사취·계약불이행의 경우에는 사고신고인이 제권판결을 받을 수 없으므로, 소송으로 권리자가 정해진다.

57 어음발행인이 사고신고제도를 악용하는 것을 방지하고 선의의 어음소지인을 보호하기 위해 당해 어음의 지급을 담보해 주는 제도는?

① 전부명령제도   ② 추심명령제도
③ 압류제도   ④ 질권설정제도
⑤ 사고신고담보금제도

> **해설**
> 사고신고담보금제도에 대한 내용으로서 어음발행인이 지급자금의 부족으로 인한 거래정지처분을 회피하고자 사고신고서 등을 제출하는 것을 방지하고 선의의 어음소지인에게 당해어음 지급을 담보하여 어음거래질서의 안정을 도모하기 위한 제도이다.

55 ③ 56 ⑤ 57 ⑤   **정답**

58 사고신고담보금제도에 관한 내용 중 옳은 것은? `23, 25`

① 어음소지인은 사고신고담보금의 1차 청구권자이다.

② 사고신고담보금 처리를 위한 약정은 당사자를 위한 계약이다.

③ 사고신고담보금의 예치자는 사고신고인인 어음소지인이다.

④ 사고신고담보금은 사고신고서 접수의 시점에서 예치 받는다.

⑤ 사고신고담보금을 예치시키지 않은 경우 사고신고접수가 불가능하다.

해설

② 사고신고담보금은 제3자를 위한 계약이다.

③ 사고신고담보금의 예치자는 사고신고인인 어음발행인이다.

④ 사고신고담보금은 부도반환 시점에서 예치 받는다.

⑤ 사고신고담보금을 예치시키지 않은 경우에도 사고신고접수는 가능하다.

더 알아보기 사고신고담보금의 지급

지급 대상자	지급 사유
어음소지인	• 어음소지인이 어음금지급청구소송 또는 어음채무부존재확인소송에서 승소한 판결 확정증명 또는 그와 동일한 효력이 있는 증서를 제출한 경우 • 어음소지인이 확정된 이행권고결정문 또는 확정된 지급명령문을 제출한 경우 • 어음발행인이 어음소지인에 대한 어음금지급에 동의하고 이를 증명하는 서면을 제출하는 경우
어음발행인	• 어음발행인이 어음금지급청구소송 또는 어음채무부존재확인소송에서 승소한 판결 확정증명 또는 그와 동일한 효력이 있는 증서를 제출한 경우 • 어음발행인이 당해 어음채무로 인해 그 상대방을 위하여 별도로 담보공탁하였음을 입증하는 서면을 제출한 경우 • 어음발행인이 당해 어음을 회수하여 제출하는 경우 • 당해어음과 관련하여 이해관계인이 소송이 계속 중임을 입증하는 서면을 지급은행에 제출한 바 없고 지급제시일로부터 6개월이 경과한 경우 • 당해어음이 지급제시기간 내에 제시되지 않은 경우
법원으로부터 제권판결을 받은 자	분실·도난의 사유로 사고신고 또는 지급정지가처분이 되었고 당해 어음에 대한 제권판결을 받아 법원의 판결문을 제출하고 1개월이 경과한 경우

교육은 우리 자신의 무지를 점차 발견해 가는 과정이다.

– 윌 듀란트 –

CHAPTER 3

고객서비스 및 창구마케팅

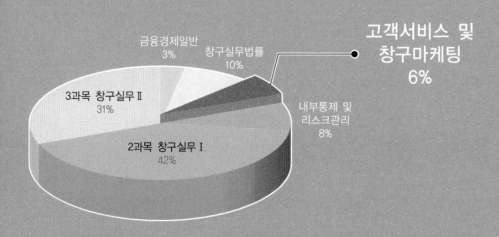

고객서비스 및
창구마케팅
6%

금융경제일반
3%

창구실무법률
10%

내부통제 및
리스크관리
8%

3과목 창구실무Ⅱ
31%

2과목 창구실무Ⅰ
42%

출제포인트 및 중요도

고객서비스(CS) 개요	고객서비스의 변화	1문항	16.67%	★★★
	창구서비스와 텔러			★★☆
고객서비스의 전개	창구에서의 고객서비스	3문항	50%	★☆☆
	고객서비스 상담화법			★★★
	고객불만 사전예방 및 극복			★★☆
창구세일즈 기법	창구세일즈의 기초	2문항	33.33%	★★☆
	고객접근 · 고객상담			★★★
	반론극복 · 상담종결			★☆☆
합 계		**6문항**	**100%**	

⊕ 워밍업! 핵심문제

창구세일즈의 특성에 대한 설명으로 가장 거리가 먼 것은?

① 창구세일즈란 서비스를 판매하는 것이다.

② 창구세일즈는 팀워크에 의한 조직판매형태를 취한다.

③ 창구세일즈는 비용이 가장 비싼 점두판매나 지역밀착경영의 지름길인 판매형태이다.

④ 창구세일즈는 기술이지 학문이 아니다.

⑤ 창구세일즈는 대인적인 요소가 많은 판매활동이다.

[해 설] 창구세일즈는 비용을 가장 절감할 수 있는 점두판매이다. 답 ③

※ 맞힌 문제는 ◎, 헷갈린 문제는 △, 틀린 문제는 ☒에 체크하세요!

01 고객서비스(CS) 개요

01 다음 중 새로운 서비스 패러다임에 대한 내용으로 틀린 것은? `20, 21, 25`

① 국내화에서 세계화로 변화
② 보호된 시장에서 개방된 시장으로 변화
③ 자사중심에서 고객중심으로 변화
④ 감성 중시에서 기능 중시로 변화
⑤ 경직성에서 유연성으로 변화

해설

기능 중시에서 감성 중시로 변화하였다.

02 다음 설명에 해당하는 고객만족과 관련된 용어는?

> • 나는 우리 회사의 대표다.
> • 고객만족은 직원에게 되돌아오는 메아리이다.

① 프로텔러 효과
② 서비스 리더쉽
③ 공정성 이론
④ 기대-불일치 이론
⑤ 고객만족거울 효과

해설

고객만족거울 효과(Satisfaction Mirror Effect)에 대한 설명이다.

03 고객만족에 대한 다음 설명 중 옳지 않은 것은?

① 고객의 어원은 '반복적으로 행하는 습관과 같은 것'이라는 의미이다.

② 기능중심·업무중심에서 감성중심의 서비스로 패러다임이 변화되고 있다.

③ 고객의 기대에 적합한 고객가치를 지속적으로 창조해 낼 수 있는 전략적인 개선을 통해 고객가치창출 시대에 나만의 경쟁력 있는 서비스브랜드로 승부하여야 한다.

④ 고객만족거울 효과에 따르면 직원의 만족과 고객의 만족은 상호 부의 관계에 있다.

⑤ 프로텔러는 고객만족 서비스를 통해 고객과의 관계를 더욱 강화하여 더 많은 반복구매를 이끌어 낼 수 있어야 한다.

> **해설**
> 직원의 만족과 고객의 만족은 상호 정의 관계에 있다.

04 다음 서비스 접점(MOT) 성공에 영향을 끼치는 요인 중 성격이 다른 하나는?

① 보증과 보장

② 고객에 대한 쉬운 접근

③ 고객과 종업원의 충성도

④ 신속하고 정확한 지원기술

⑤ 숙련된 일선 서비스 제공자 선발 및 교육

> **해설**
> 보증과 보장의 경우는 비대면 접점(보이지 않는 서비스)에 해당한다. 그 외의 보기들은 면대면 접점(보이는 서비스)에 해당한다.
>
> **더 알아보기** 면대면 접점 성공에 영향을 끼치는 요인
>
> - 신중한 고객 세분화 전략 선택
> - 고객에 대한 쉬운 접근
> - 고객과 종업원의 충성도
> - 신속하고 정확한 지원기술
> - 숙련된 일선 서비스 제공자 선발 및 교육
> - 시의적절하고 믿을 수 있는 서비스
> - 외모와 행동이 신뢰를 주는 텔러

05 창구서비스에 대한 설명으로 틀린 것은?

① 고객접점이란 바로 고객이 나를 느끼는 순간을 말한다.

② 고객이 은행이 제공하는 상품과 직원의 서비스를 경험하는 15초 이내의 짧은 순간에 그 기업에 대한 이미지뿐만 아니라 고객서비스의 질을 예상하고 판단한다.

③ 프레드 리치헬드와 얼 새서의 조사에 따르면 산업에서 수익을 결정하는 요소는 시장점유율이다.

④ 고객유지율 5% 증가 시 은행의 경우 85%까지 수익 신장을 가져 올 수 있다고 한다.

⑤ 창구접점 직원의 고객지향적 마인드를 바탕으로 한 효과적인 창구서비스는 은행의 장기적인 수익을 결정짓는 요인이 될 수 있다.

해설
산업에서 수익을 결정하는 요소는 고객충성도이다.

CHAPTER 01 CHAPTER 02 CHAPTER 03 CHAPTER 04

02   고객서비스의 전개

06 다음 중 창구에서의 단계별 고객응대에 대한 순서가 바르게 나열된 것은?

① 상황파악 → 욕구충족 → 만족여부 확인 → 고객맞이 단계

② 상황파악 → 고객맞이 단계 → 욕구충족 → 만족여부 확인

③ 욕구충족 → 상황파악 → 고객맞이 단계 → 만족여부 확인

④ 고객맞이 단계 → 상황파악 → 욕구충족 → 만족여부 확인

⑤ 고객맞이 단계 → 욕구충족 → 만족여부 확인 → 상황파악

해설
창구에서의 단계별 고객응대는 「고객맞이 단계 → 상황파악 → 욕구충족 → 만족여부 확인」 순으로 진행된다.

07 다음은 창구에서의 단계별 고객응대에 대한 설명이다. 다음은 어느 단계인가? `20, 25`

- 적절한 정보를 제공한다.
- 고객의 욕구를 파악하기 위하여 적절한 질문을 한다.

① 고객맞이 단계　　　　　　② 상황파악 단계
③ 욕구충족 단계　　　　　　④ 만족여부 확인 단계
⑤ A/S 단계

해설

상황파악 단계에 해당하는 설명이다. 이 외에도 고객상황을 파악하기 위해 고객의 말을 주의깊게 듣고 중요사항을 메모하거나 고객이 말한 내용을 요약하여 말함으로써 고객니즈를 재확인한다. 또한 상황파악 단계에서는 고객을 추궁하거나 시시비비를 따지려 하지 않아야 한다.

08 다음 중 욕구충족단계에서 고객 응대요령으로 적절하지 않은 것은?

① 고객님 바로 처리해 드리겠습니다.
② 고객님 제가 이렇게 해드리려고 하는데 괜찮으신가요?
③ 고객님 제가 이런 것을 도와드릴 수 있는데 어떻게 생각하세요?
④ 고객님 제가 이 상품의 혜택을 간단히 설명드려도 될까요?
⑤ 고객님 제가 더 도와드릴 일이 있으신가요?

해설

만족여부확인 단계에 해당하는 내용이다.

09 고객과의 효과적인 상담을 위해 '확인하기' 단계 중 감정 확인하기 : 공감하기에서 사용하는 의사소통이 아닌 것은? `20, 21`

① 상대방이 말한 용어와 같은 뜻을 가진 다른 말을 사용함으로써 혼란한 내용을 간결하게 하여 이야기의 주제를 부각시키며 상대의 이해가 올바른가를 검토할 수 있도록 한다.
② 공감적으로 의사소통하는 첫 단계는 자신이 당면하고 있는 문제에 대해서 스스로 어떻게 느끼는지에 대해 이야기하는 내용을 주의 깊게 들어주는 것이다.
③ 이야기하고 있는 동안 그의 말에 귀를 기울여야 하지만 어떻게 반응할까를 생각하느라고 시간을 허비해서는 안 된다.
④ 상대방이 느끼는 감정을 이해하고 그 이해를 말로 표현해야 한다.
⑤ 감정과 그의 상황을 잘 이해하고 있다는 말을 그에게 해주어야 한다.

해설

상대방이 말한 용어와 같은 뜻을 가진 다른 말을 사용함으로써 의사소통하는 것은 사실 확인방법 중 바꾸어 말하기에 속한다.

10 효과적인 커뮤니케이션에 대한 설명 중 옳은 것은? `21, 23`

① Alvert Mehrabion 교수의 연구에 따르면 의사소통에 미치는 요소 중 언어적 요소가 93%를 차지한다.

② 고객과의 상담이 원활하게 이루어지기 위해서는 경청하기가 60% 이상을 차지하여야 한다.

③ 고객을 칭찬할 때는 적절한 칭찬 소재를 찾아 자주 해주는 것이 효과적이다.

④ 의사소통 시 시각적인 이미지의 비중이 높으므로 상품안내장 등을 적극적으로 활용하는 것이 좋다.

⑤ 효과적인 커뮤니케이션을 위해서는 직원과 고객이 같다고 생각해야 한다.

해설

① 비언어적 커뮤니케이션이 93%를 차지한다.

② 말하기 10%, 경청하기 30%, 생각하기 60%로 이루어져야 한다.

③ 칭찬을 너무 자주하게 되면 오히려 고객에게 반감을 줄 수 있다.

⑤ 듣는 고객의 입장에서는 직원들이 잘 알고 있는 금융상품 용어들이 어려울 수 있으므로 직원은 고객의 입장에서 상담하여야 한다.

11 효과적인 커뮤니케이션에서 상대방 대화에 대한 피드백에 대한 내용으로 옳은 것은? `20, 21, 25`

① I-message는 고객의 저항과 반감을 일으킨다.

② You-message는 고객에게 솔직한 인상을 준다.

③ You-message는 상호이해를 증진시켜 고객의 협력을 이끌어낸다.

④ Be-message는 감정개입으로 상호 감정이 상할 수 있다.

⑤ Do-message는 하나의 사실을 일반화하는 오류를 발생시킨다.

해설

피드백하기

구 분	방 식	표 현	기대효과
I-message	나의 감정, 생각 표현	나는 ~하게 느낀다. (고객님께서 오해가 있으셨다면 대단히 죄송합니다)	개방적, 상호이해 증진
You-message	고객의 행동, 말을 평가・비평	너는 ~하다. (고객님 ~에 대해 이해를 못하시는군요)	고객의 저항, 반감을 일으킴
Be-message	고객의 인격, 현재상황을 표현	~는 ~다. (당신은 참 지저분한 사람이군요)	감정개입으로 상호 감정이 상함, 일반화 오류
Do-message	구체적인 행동, 결과표현	~는 ~한다. (자주 흘리시네요)	평가나 비평 없이 사실을 구체적으로 전달하여 문제해결

12 피드백을 할 때 유의할 점이 아닌 것은?

① 묘사성   ② 비강요성

③ 비가변성   ④ 준비성

⑤ 즉시성

해설

고객이 노력하면 바꿀 수 있는 행동에 한해서 피드백을 해야 한다(가변성).

13 공감적 경청에 대한 설명으로 옳지 않은 것은?

① 고객의 수준에 맞는 대화를 유도해 나간다.

② 고객의 대화에 깔린 감정적인 내용을 이끌어 낸다.

③ 공감적 경청은 직원이 고객의 의사에 동의하는 것을 말한다.

④ 고객과의 대화내용을 반복하고 재정리하는 것은 공감적 경청에 도움이 된다.

⑤ 공감적 경청이 적절하지 못하거나 필요하지 않은 경우를 구별하는 방법을 활용한다.

해설

공감적 경청은 고객을 감정적 · 지적으로 완전하고 깊게 이해하는 것을 의미한다.

14 다음 중 효과적으로 비평하는 요령이 아닌 것은?

① 공개적으로 비평하는 것이 좋다.

② 구체적으로 비평하는 것이 좋다.

③ 문제 해결을 위해서 비평하는 것이 좋다.

④ 부정적인 어휘는 피하는 것이 좋다.

⑤ 진지한 태도로 한 번만 비평하는 것이 좋다.

해설

개인적으로 비평하는 것이 좋다.

15 고객불만 응대요령으로 옳지 않은 것은? `2025`

① 내가 먼저 사과하고 변명하지 않는다.

② 선입견에 사로잡히지 않도록 한다.

③ 불만을 피드백하여 권한 내에서 처리한다.

④ 고객의 감정보다는 규정과 규칙에 따라 응대한다.

⑤ 3변 주의로 응대하여 사람 → 시간 → 장소를 변경한다.

해설

고객의 기분이나 감정보다 규정과 규칙을 앞세우는 태도는 고객불만의 요인이며, 서비스 칠거지악에 포함된다.

16 서비스 칠거지악에 포함되지 않는 것은? `22, 23`

① 고객의 애로사항에 대해 무관심하다.

② 고객의 요구나 문의사항을 무시한다.

③ 고객을 다 알고 있는 어른 취급한다.

④ 어느 고객에게나 같은 말과 동작으로 응대한다.

⑤ 고객의 기분이나 감정보다는 규정과 규칙을 우선한다.

해설

고객을 마치 어린애 취급한다. 고객불만을 야기시키는 7가지 요인으로는 무관심, 무시, 냉담, 어린애 취급, 로봇화, 규정집, 무책임이 있다.

17 다음은 어떤 상황별 고객응대 요령을 설명하는 것인가?

> • 목소리를 낮추고 양해의 인사말을 건넨다.
> • 다른 고객에게 폐를 끼치지 않도록 장소를 옮긴다.
> • 응대자를 바꾼다.

① 고객이 큰소리로 언성을 높이는 경우

② 고객이 따지고 들거나 불평하는 경우

③ 고객이 무리한 요구를 하는 경우

④ 고객의 요구를 거절할 경우

⑤ 직원의 실수로 업무착오가 발생한 경우

해설

고객이 큰소리로 언성을 높이는 경우의 응대요령에 해당한다.

18 **불만고객 응대요령에 대한 설명으로 가장 거리가 먼 것은?** `2025`

① 양해의 인사말을 건넨 후에도 고객이 계속 언성을 높일 때에는 장소와 응대자를 바꾼다.

② 고객의 무리한 요구에 대해서는 고객의 입장을 이해하고 있음을 알려주고 납득할 수 있도록 차근차근 설명한다.

③ 직원의 실수로 업무착오가 발생한 경우 변명하지 않고 솔직하게 사과한 후 신속하게 처리한다.

④ 고객의 오해로 분쟁이 발생한 경우 고객을 의심하거나 질타하지 않고 정확하게 확인하고 자세히 설명한다.

⑤ 고객의 요구를 들어줄 수 없는 경우 본인은 해주고 싶지만 윗선에서 거절한 어감으로 공손하게 설명한다.

해설

고객의 요구를 들어줄 수 없는 경우 본인은 해주고 싶지만 윗선에서 거절한 어감으로 응대하는 것은 오해를 살 수 있다. 책임자가 고객의 입장을 인정해준 후 거절사유를 공손하게 설명하도록 한다.

19 **고객 불만에 대한 응대흐름을 순서대로 나열한 것은?**

① 사과·경청 → 원인분석 → 해결책 강구 → 해결책 제시 → 검토 활용

② 사과·경청 → 원인분석 → 해결책 강구 → 검토 활용 → 해결책 제시

③ 원인분석 → 해결책 강구 → 해결책 제시 → 검토 활용 → 사과·경청

④ 원인분석 → 해결책 강구 → 사과·경청 → 검토 활용 → 해결책 제시

⑤ 검토 활용 → 사과·경청 → 원인분석 → 해결책 강구 → 해결책 제시

해설

고객 불만에 대한 응대는 「사과·경청(공감표현) → 원인분석(재질문) → 해결책 강구(입장제안) → 해결책 제시(혁신적 행동) → 검토 활용(확인)」의 흐름으로 진행된다.

20 바람직한 창구세일즈에 대한 설명으로 옳지 않은 것은?

① 고객의 니즈와 욕구에 맞는 적극적이고 전문적인 제안형 세일즈를 하여야 한다.

② 가망고객 발굴을 위해서는 고객수를 증가시키는 것에 집중하여야 한다.

③ 가망고객을 참여시켜서 고객의 니즈를 파악한다.

④ Key-Man으로부터 가망고객을 소개받는다.

⑤ 상담 중 중요내용을 반드시 메모하며 적극적으로 경청하고 적절한 질문을 통해 고객을 대화에 적극적으로 참여시킨다.

> **해설**
> 가망고객 발굴을 위해서는 고객세일즈 상대인 고객 분류를 검토한 후 예상고객에 대한 충분한 정보를 수집하고 관계를 형성하여야 한다.

21 고객의 통장을 통한 정보수집 항목에 해당하지 않는 것은?

① 최종거래일과 최종잔액

② 종합통장인 경우 자동연결 내역

③ 최근 3개월간의 거래금액

④ 현금카드 이용 상황

⑤ 급여이체 거래내역

> **해설**
> 최근 1개월간의 거래금액·거래일·입출금 회수, 공과금 자동이체 등의 거래내역 등이 고객의 통장을 통한 정보수집 항목에 해당한다.

22 세일즈 타겟 고객을 분류하는 방법에 해당하지 않는 것은?

① 지리적 조건   ② 인구통계적

③ 심리적 조건   ④ 행동경향별

⑤ 상품성향

> **해설**
> 세일즈 타겟 고객을 분류하는 방법에는 지리적 조건, 인구통계적(연령, 성별, 소득 등), 심리적 조건(사회계층, 라이프스타일 등), 행동경향별(구매성향, 브랜드 선호도 등)이 있다.

23 가망고객을 발굴하는 방법으로 옳지 않은 것은?

① 기존고객에 대한 자료를 꾸준히 관리하여 추가적인 교차판매를 한다.
② 일정기간 휴면계좌 고객의 거래중단 이유를 파악하여 고객관계를 재정립한다.
③ 소규모의 이벤트 및 세미나를 실시하여 고객에게 소속감을 높여준다.
④ 고객에게 소개를 부탁하기보다는 TM·DM 등을 통한 방법이 더 효과적이다.
⑤ 세일즈 활동을 하지 않는 당행 직원으로부터 가망고객을 소개받는다.

> **해설**
> 고객에게 소개를 부탁하는 마케팅 효과가 TM·DM보다 더 효과적이다.

24 다음 중 바람직한 고객접근방법이 아닌 것은? `2025`

① 인사말은 반드시 첨가하여 말한다.
② 고객의 이름을 기억하여 자주 부르도록 한다.
③ 명찰, 명함 등을 통해 자신의 이름을 알리도록 한다.
④ 밝고 적극적인 첫인상은 고객과의 관계형성에 도움을 준다.
⑤ 고객의 사생활을 존중하기 위해 업무 외의 사적인 질문은 하지 않는다.

> **해설**
> 고객에게 관심을 가지고 고객의 주소, 직업, 가족 등 고객정보를 DB화하여 활용한다.

25 고객에 대한 성공적인 접근기술로 가장 거리가 먼 것은?

① 어프로치북·안내장 등 시각자료를 사전에 준비하여 제시한다.
② 자기소개를 먼저 한 후 접근의 목적을 명확하게 밝힌다.
③ 제공할 수 있는 혜택을 제시한다.
④ 고객에게 비교자료를 제시한다.
⑤ 충격적인 통계 등을 서두에 제시하여 고객의 관심을 유도한다.

> **해설**
> 먼저 접근·방문 목적을 밝힌 후 자기소개를 하여야 한다.

26 고객에게 좋은 첫인상을 심어주는 6단계 중 가장 우선하여야 할 접근방법은? `2022`

① 활짝 웃는다.

② 고객의 눈을 부드럽게 바라본다.

③ 먼저 인사를 한다.

④ 고객에 따라 의상과 매너에 유의한다.

⑤ 고객에게 관심을 표현한다.

해설

첫 만남에서 서비스 이미지는 10초 내외에서 결정되므로 활짝 웃고 있어야 한다.

27 상품구매 심리 7단계 중 "2년 후 3천만원 목돈을 만들기 위해서는 한 달에 얼마를 납입해야 하는 적금을 들어야 할까?"라는 질문을 하는 단계는? `23, 24`

① 흥미단계

② 연상단계

③ 욕망단계

④ 비교검토단계

⑤ 결정단계

해설

상품가입 시 여러 가지를 연상해 보는 단계에 해당한다.

더 알아보기 상품구매 심리 7단계

1단계	주 의	상품광고·포스터·안내장을 눈여겨 보는 단계
2단계	흥 미	괜찮은 상품에 대한 흥미를 나타내는 단계
3단계	연 상	상품가입 시 여러 가지를 연상해 보는 단계
4단계	욕 망	연상단계를 통해 자신에게 도움이 될 것으로 느껴져 그 상품에 대한 가입욕구가 생기는 단계
5단계	비교검토	다른 상품과 비교검토하여 가입을 망설이고 있는 단계
6단계	확 신	최종적으로 구매를 확신하는 단계
7단계	결 정	최종적으로 구매를 하는 단계

28 고객과의 관계형성에 도움이 되는 것이 아닌 것은? `2020`

① 시선 맞추기

② 공감적 경청하기

③ 판매를 위한 정보 전달하기

④ 편안한 분위기 조성하기

⑤ 고객의 현재 상태와 느낌을 공유하기

해설

상담프로세스 4단계 제안하기에 해당하는 내용이다. 제안단계에서는 상품 판매를 위해 필요한 정보(상품의 특성, 장점, 혜택 등)를 제공한다.

29 고객의 무관심에 대한 응대요령으로 옳지 않은 것은?

① "고객님의 입장을 충분히 이해합니다." – 고객상태 수용

② "저라도 그랬을 겁니다." – 고객상태 수용

③ "그럼 이렇게 하시죠. 앞에서 말씀드린 바와 같이" – 상담목적 재확인

④ "대부분 고객님과 같은 반응을 보이십니다." – 고객상태 수용

⑤ "큰 문제가 아니므로 걱정하지 마십시오." – 고객입장 조율

해설

고객입장 조율에 해당한다.

30 세일즈 상담 프로세스에 대한 설명으로 옳지 않은 것은?

① 고객상담 시 많은 질문을 던질수록 세일즈에 성공할 확률이 낮아진다.

② "고객님, 은퇴 후의 노후생활을 위한 대비는 어떻게 하고 계신지요?"는 개방질문의 형식을 따른다.

③ 현재의 상태와 바람직한 상태 사이의 갭을 명확히 하기 위해 고부가 질문을 한다.

④ 상품을 제안할 때는 상품의 특성, 장점, 혜택을 중심으로 전달할 수 있어야 한다.

⑤ 연관질문을 통해 고객의 문제점과 연계하여 개발함으로써 고객의 니즈를 보다 구체화하여 파악할 수 있다.

해설

고객상담 시 많은 질문을 던질수록 세일즈에 성공할 확률이 높아진다.

31 고객의 니즈를 파악하기 위한 질문법에 대한 내용으로 옳지 않은 것은? 2020

① 한정질문(Closed Question)은 직접적으로 빠른 시간 안에 고객의 답변을 구할 때 사용한다.

② 개방형질문(Open Question)은 고객과의 깊이 있는 대화를 통해 고객의 잠재된 니즈를 보다 구체화시켜 준다.

③ 고객의 거래현황, 성향 등의 자료를 수집하기 위한 현황질문을 너무 자주하면 고객의 불만을 야기시킬 수 있다.

④ 연관질문 단계에서는 "타은행과 거래 중이신데 현재 서비스에 만족하십니까?"와 같은 질문을 통해 고객니즈를 구체화한다.

⑤ 해결질문 단계에서는 직접적으로 고객이 문제를 해결하는 데 도움이 되는 이익이나 효용에 대해 느끼게 한다.

해설

"타은행과 거래 중이신데 현재 서비스에 만족하십니까?"는 문제질문 단계에서 이루어지는 대화이다. 연관질문 단계에서는 문제질문을 통해 파악된 문제점을 연관하여 개발시킨 질문을 해야 한다.

32 다음 중 세일즈 상담 프로세스 단계별 설명으로 바르지 못한 것은? 20, 21

① 관계형성의 기법은 고객을 만난 후 사용하며 상담을 진행하는 중 고객과 신뢰를 구축하기 위해 사용하는 기법이다.

② 상담 프로세스 2단계는 고객니즈(Needs) 파악인데 상담초기에는 대개 작게 시작해서 세일즈가 점차 진전됨에 따라 그 강도가 커지게 된다.

③ 직원은 고객의 니즈가 고객이 경험하고 느낀 어려움·문제점과 같은 잠재 니즈인지, 강한 욕구나 욕망이 명확히 언급된 현재 니즈인지를 구분할 수 있어야 한다.

④ 상담 프로세스 3단계는 고객의 현상태와 희망적인 상태의 차이점을 파악하여 고객이 증가시키려는 것이나 감소하고자 하는 것이 무엇인지 알아내야 한다.

⑤ 상담 프로세스 4단계 제안하기 단계에서는 고객에게 상품이나 서비스에 대한 명확하고 긍정적인 이미지를 심어주어야 한다.

해설

관계형성의 기법은 고객을 만날 때 먼저 사용하게 되며, 상담을 준비하는 단계에서 고객과 신뢰를 구축하기 위해 사용하는 기법이다.

33 고객반론을 다루는 방법으로 옳지 않은 것은? 23, 25

① 고객의 반론에 대해 진지한 태도로 경청한다.

② 고객과 논쟁하려 들지 않는다.

③ 고객의 반론을 질문으로 되묻는다.

④ 자신이 느끼는 기분을 말이나 목소리·얼굴 등을 통해 고객에게 전달하여야 한다.

⑤ 3F(Feel, Felt, Found) 응대기법으로 대처한다.

해설

고객만족의 열정과 정확한 정보를 제공할 수 있는 냉정한 두뇌를 갖추어야 한다.

더 알아보기 고객반론 응대의 3F 기법

Feel(고객의 현재기분), Felt(과거 고객느낌), Found(새로운 사실 발견)

34 고객상담의 클로징 중 구매약속에 이르는 4가지 방법으로 적절하지 않은 것은?

① 고객정보탐색에 많은 시간을 할애하면 구매약속에 이를 수 있다.

② 고객과의 상담 클로징에서 고객의 주요 관심사에 대해 상담을 했는지 재확인한다.

③ 고객의 니즈를 구체화하여 이를 권유하는 상품이 어떻게 고객에게 혜택을 줄 수 있는지 설명하고 세일즈 포인트를 정리하여 고객의 결정에 도움을 줄 수 있도록 한다.

④ 구매약속시점에서 성공적인 세일즈맨들은 제안대신 요청을 한다.

⑤ 고객과의 신뢰감을 쌓아 관계형성을 하였더라도 실질적인 계약·재구매 등이 이루어지지 않으면 그 빛을 잃게 된다.

해설

구매약속시점에서 성공적인 세일즈맨들은 요청대신 제안을 하며, 가장 효과적인 방법은 고객에게 적합한 다음 단계(현실적인 약속)를 제안하는 것이다.

CHAPTER 4

내부통제 및
리스크관리

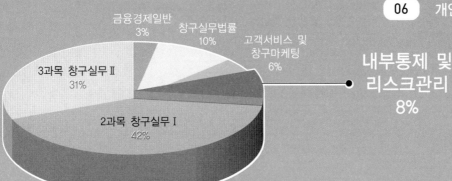

금융경제일반
3%

창구실무법률
10%

고객서비스 및
창구마케팅
6%

내부통제 및
리스크관리
8%

3과목 창구실무Ⅱ
31%

2과목 창구실무Ⅰ
42%

CHAPTER 04 내부통제 및 리스크관리

출제포인트 및 중요도

내부통제제도	내부통제제도 일반	2문항	25%	★★★
	감사위원회제도			★☆☆
	준법감시인제도			★★☆
금융소비자보호	금융소비자보호제도	2문항	25%	★☆☆
	금융소비자보호법(제정안)의 주요내용			★★★
	금융소비자제도의 운영			★★☆
	약관제도 규제			★☆☆
	전자금융사고에 대한 규제			★☆☆
	금융사고의 예방			★☆☆
불완전판매	불완전판매	1문항	12.5%	★★★
구속성영업행위	구속성영업행위	1문항	12.5%	★★★
금융실명제	금융실명거래 원칙 및 방법	1문항	12.5%	★★☆
	금융거래에 대한 비밀보장			★★★
	금융실명거래 위반에 대한 처벌 및 제재			★☆☆
개인정보보호	개인정보보호의 원칙	1문항	12.5%	★☆☆
	개인정보의 처리			★☆☆
	개인정보 처리의 제한			★★☆
	개인정보의 안전한 관리			★☆☆
	개인신용정보의 관리·보호 제도			★☆☆
합계		8문항	100%	

워밍업! 핵심문제

다음 중 준법감시인의 기능에 해당하는 것은?

① 임직원윤리강령의 제정
② 외부감사인의 감사활동에 대한 평가
③ 내부통제시스템의 적정성·경영성과 평가
④ 내부감사부서장과 감사의 직무수행상 필요한 직원의 임면 동의
⑤ 감사결과 지적사항에 대한 조치

해설 ②, ③, ④, ⑤는 내부감사기능에 해당한다. 답 ①

※ 맞힌 문제는 ◎, 헷갈린 문제는 △, 틀린 문제는 ✕에 체크하세요!

01 **내부통제제도**

01 내부통제제도에 대한 설명이다. 옳지 않은 것은?

① 금융회사 내부에서 자체적으로 마련하여 금융회사의 모든 구성원들이 지속적으로 실행·준수하도록 하는 일련의 통제과정이다.
② 조직운영의 효율성 증진과 경영방침의 준수 등의 목표를 위해 사전 또는 상시적으로 통제·감독하는 제도이다.
③ 목표를 달성하는데 합리적인 확신을 주는 제도이다.
④ 금융회사의 최종목표 달성을 위한 과정 또는 수단으로써 금융회사의 경영정책 및 매뉴얼이 된다.
⑤ 정부와 금융감독당국은 내부통제의 수단으로 사외이사, 감사위원회, 준법감시인 및 선진화된 리스크관리 제도 등을 잇달아 도입하였다.

해설
내부통제제도는 금융회사의 경영정책이나 매뉴얼이 아니라 금융회사 내 모든 구성원에 의해 수행되는 일련의 통제활동을 의미한다.

02 내부통제 목적 중 성과목적에 해당하는 것은?

① 영업활동의 효율성 달성
② 재무정보의 신뢰성 유지
③ 경영정보의 완전성 유지
④ 경영정보의 적시성 유지
⑤ 관련법, 규정 및 정책의 준수

해설
내부통제의 경우 성과목적(영업활동의 효율성 달성), 정보목적(재무 및 경영정보의 신뢰성·완전성·적시성 유지), 준법목적(관련법, 규정 및 정책의 준수)으로 나누어진다.

03 내부통제의 구성요소에 해당하지 않는 것은?

① 통제환경

② 리스크평가

③ 벤치마킹

④ 정보와 의사소통

⑤ 모니터링

해설

내부통제의 법적근거로는 은행법, 보험업법, 금융지주회사법, 자본시장법 등 각종 금융회사의 설립근거 법률에 명시되어 있으며, 내부통제의 구성요소로는 통제환경, 리스크평가, 통제활동, 정보와 의사소통, 모니터링으로 나누어진다.

04 내부통제의 운영주체의 구성과 해당 업무에 대한 내용으로 잘못 연결된 것은? `2025`

① 이사회 : 금융회사 내부통제체계 및 운영 전반의 적정성을 점검하고 내부통제 정책의 수립 및 감독에 관한 사항의 심의·의결과 대표이사의 내부통제 총괄 관리의무 이행에 대한 감독이 있다.

② 경영진 : 개정 금융사지배구조법은 경영진내 소위원회로서 내부통제위원회를 신설하여 기업문화 정착방안 등을 심의·의결하고, 경영진이 수행하는 내부통제 관리업무를 점검하고 개선을 요구할 수 있다.

③ 이사회 : 이사회내 위원회로는 임원후보추천위원회, 감사위원회, 위험관리위원회, 보수위원회가 있다.

④ 경영진 : 각 임원의 통제활동을 감독하는 총괄 관리의무를 지며, 임원에게는 내부통제 관리의무가 부여된다.

⑤ 감사위원회 : 경영진의 내부통제제도 운영을 평가하고 그 결과를 이사회에 보고하는 역할을 한다.

해설

이사회에 대한 설명이다. 개정 금융사지배구조법은 이사회내 소위원회로서 내부통제위원회를 신설하였고, 내부통제위원회는 내부통제 기본방침·전략, 임직원 윤리·준법의식 제고를 기업문화 정착방안 등을 심의·의결하고, 경영진이 수행하는 내부통제 관리업무를 점검하고 미흡한 사항에 대해서는 개선을 요구할 수 있다.

더 알아보기 내부통제시스템의 적절한 운영을 위한 이사회와 경영진의 임무

이사회	• 금융회사 내부통제체계 및 운영 전반의 적정성 점검 • 내부통제 정책의 수립 및 감독에 관한 사항의 심의·의결 • 대표이사의 내부통제 총괄 관리의무 이행에 대한 감독 • 금융사지배구조법상 임원후보추천위원회, 감사위원회, 위험관리위원회, 보수위원회가 이사회내 위원회로 있다.
경영진	• 대표이사는 내부통제 총괄 책임자로서 전사적 내부통제체계를 구축, 각 임원의 통제활동을 감독하는 총괄 관리의무를 진다. • 임원에게는 내부통제 관리의무 부여 • 경영진의 내부통제와 관련된 책무구조도에 기재된 임원은 자신의 소관 업무에 대해 내부통제가 적절히 이루어질 수 있도록 내부통제기준의 적정성, 임직원의 기준 준수여부 및 기준의 작동여부 등을 상시점검하는 내부통제 관리의무를 이행

05 내부통제제도에 대한 설명으로 옳지 않은 것은? `20, 21`

① 내부통제의 구성요소는 통제환경, 리스크평가, 통제활동, 정보와 의사소통, 모니터링이다.

② 조직이 직면하고 있는 리스크를 종류·업무별로 인식하고 측정, 분석하는 것을 리스크평가라 한다.

③ 내부통제 통제활동의 구체적인 방법에는 적절한 직무분리, 각종 한도설정, 예외 적용 시 특별승인절차 등이 있다.

④ 준법서약서 제출, 내부통제 우수자에 대한 인센티브 제공과 내부고발제도의 운영 등을 통해 임직원이 내부통제를 준수하는 환경을 마련할 수 있다.

⑤ 감사위원회는 3인의 이사로 구성되고, 총 위원회의 3분의 1 이상을 사외이사로 구성하여야 한다.

해설

감사위원회는 3인의 이사로 구성되고, 총 위원회의 3분의 2 이상을 사외이사로 구성하여야 한다.

06 은행권 내부통제 발전방안 및 후속조치 내용으로 적절하지 않은 것은? `2021`

① 은행에 내부통제 문제 발생 시 경영진이 이사회에게 내부통제 개선계획 제출 요구

② 대표이사의 의무사항 및 개별 내부통제활동 주체의 역할분담 명확화

③ 준법감시 담당임직원의 내부통제교육 이수의무 도입

④ 은행 이사회 등의 내부통제 관련 주요활동내역 공시

⑤ 고객만족도 성과평가지표의 개선

해설

은행에 내부통제 문제 발생 시 이사회가 경영진에게 내부통제 개선계획 제출을 요구하고 '책임있는 임직원에 대한 징계조치'를 요구할 수 있다.

더 알아보기 금융권의 자율적 내부통제 발전방안

2019년 발생한 DLF 사태로 감독당국은 금융회사의 경영진 책임 명확화 및 내부통제 강화를 개선책으로 요구하게 되었는데 이에 6개 금융협회는 2021년 9월 **이사회 중심 운영**으로서 임직원 **징계조치 및 개선계획마련, 책임주체 명확화**로서 대표이사·준법감시인·금융소비자 담당임원 등 간의 내부통제 관련 역할 명확화, 고객만족도 성과평가지표(KPI) 등을 제시하였고, 이를 바탕으로 현재 은행권은 내부통제 발전방안 후속조치를 시행하고 있다.

07 감사위원회에 대한 내용으로 가장 거리가 먼 것은?

① 감사위원회를 설치하는 경우에는 감사를 둘 수 없다.

② 감사위원회 위원 중 1인 이상은 대통령령으로 정하는 회계 또는 재무전문가이어야 한다.

③ 감사위원회의 임기는 따로 정하지는 않지만 이사의 임기 3년을 초과할 수 없는 것으로 보고 있다.

④ 후보추천위원회는 재적 사외이사 3분의 2 이상의 찬성으로 의결한다.

⑤ 사외이사의 사임·사망 등의 사유로 인해 사외이사의 수가 감사위원회의 구성요건에 미달하게 되면 그 사유가 발생한 즉시 요건을 합치하도록 한다.

> **해설**
>
> 사유가 발생한 이후 최초로 소집되는 정기주주총회에서 감사위원회 구성 요건에 합치되도록 한다.

> **더 알아보기** 감사위원회의 구성 요건
>
> - 「상법」상 3인의 이사로 구성
> - 「은행법」상 감사위원회 총 위원의 3분의 2 이상을 사외이사로 구성
> - 위원 중 1인 이상은 대통령령으로 정하는 회계 또는 재무전문가로 구성
> - 감사위원회 대표는 사외이사로 구성

08 감사위원회의 권한과 의무에 해당하지 않는 것은?

① 우리나라 감사위원은 회계감사에 국한되어있는 것이 통례이다.

② 감사위원회는 이사의 직무에 대해 적법성과 타당성에 대하여 감사를 할 수 있는 것으로 보아야 한다.

③ 상법은 감사의 이사회 출석·의견진술권은 준용되지 않는다.

④ 상법은 감사의 임기와 감사의 타직무의 겸임금지 규정도 적용되지 않는다.

⑤ 감사위원회는 주주총회에 대한 조사 및 보고의무가 있다.

> **해설**
>
> 미국에서의 감사위원회 권한이 회계감사에 국한되는 것이 통례인데 반해, 우리나라의 감사위원회는 회계감사는 물론이고 업무감사도 가능하다.

더 알아보기 감사위원회의 구체적 권한 및 의무

구체적 권한	• 이사의 직무집행에 대한 감사권 • 금융회사 및 자회사에 대한 영업보고요구권 • 업무와 재산상태의 조사권 • 이사의 법령 또는 정관의 위반행위에 대한 유지청구권 • 이사로부터 보고를 받을 권리 • 총회소집청구권 • 이사와 금융회사 간의 소에 관한 대표권
구체적 의무	• 이사회에 대한 보고의무 • 주주총회에 대한 조사 및 보고의무 • 감사록의 작성의무 • 이사에 대한 감사보고서의 제출의무 • 감사위원의 선관주의의무 및 충실의무

09 다음 중 준법감시인의 주된 업무에 해당하지 않는 것은? `20, 21, 25`

① 내부통제기준 준수여부 점검 및 조사
② 내부통제기준 준수매뉴얼 작성 · 배포
③ 법규준수 관련 임직원 교육
④ 감사결과 지적사항에 대한 조치
⑤ 주요 일상업무에 대한 법규준수 측면에서의 사전검토

해설
감사결과 지적사항에 대한 조치는 내부감사기능의 주된 업무에 해당한다.

10 준법감시인의 권한과 의무에 대한 설명으로 가장 옳지 않은 것은? `2025`

① 준법감시인은 금융회사의 모든 업무와 관련하여 정보와 자료를 열람하고 제출을 요구할 수 있다.
② 준법감시인은 내부통제기준 준수와 관련하여 문제점이나 미비사항이 있으면 해당 경영진 또는 유관부서에 시정을 건의할 수 있다.
③ 준법감시인은 이사회, 감사위원회 회의 등에 중요사항을 직접 보고할 수 있다.
④ 준법감시인은 선량한 관리자로서의 의무와 내부통제기준의 위반사실 발견 시 감사위원회나 이사회에 보고할 의무가 있다.
⑤ 준법감시인은 내부통제기준 위반자에 대하여 자체적으로 조사하지 못한다.

해설
준법감시인은 내부통제기준 위반자에 대한 조사할 수 있는 권한이 있다.

11 다음 중 내부감사기능의 주된 업무에 해당하지 않는 것은? `2021`

① 임직원윤리강령의 제정·운영
② 재무·업무·준법·경영·IT 감사
③ 외부감사인의 선임에 대한 승인
④ 외부감사인의 감사활동에 대한 평가
⑤ 준법감시인의 보고사항에 대한 조치

해설

임직원윤리강령의 제정·운영은 준법감시기능의 주된 업무에 해당한다.

12 내부통제기준에 포함되어야 하는 사항으로 적절하지 않은 것은? `2023`

① 업무의 조직구조에 관한 사항
② 대표이사의 임면절차에 관한 사항
③ 내부통제기준의 변경절차에 관한 사항
④ 불공정거래행위를 방지하기 위한 절차에 관한 사항
⑤ 자산의 운용 과정에서 발생하는 위험의 관리에 관한 사항

해설

준법감시인의 임면절차에 관한 사항이 포함된다.

더 알아보기 감사위원회 제도와 준법감시인 제도

구 분	감사위원회 제도	준법감시인 제도
도입 배경	경영의 투명성을 확보하고, 기업의 국제경쟁력을 제고하기 위한 기업지배구조를 개선하기 위해 도입	금융권에 대한 규제완화 및 개방화가 진전되면서 효율적인 감독체계로 금융회사 내부통제를 강화하기 위해 도입
역 할	• 감사위원회는 경영진이 내부통제제도를 적절하게 운영하는지 평가 • 평가결과 및 미비점과 개선방안을 이사회에 보고	• 준법감시인은 내부통제기준의 준수여부를 점검 • 내부통제를 위반하는 경우 이를 조사하여 감사위원회에 보고
제도의 운영	• 감사위원회는 3인의 이사로 구성되고, 그 결의로 위원회를 대표할 자를 선정해야 하며(수 인의 위원이 공동으로 위원회를 대표할 수 있음), 아래의 요건을 모두 충족시켜야 함 　- 총 감사위원의 3분의 2 이상이 사외이사로 구성 　- 감사위원 중 1인 이상은 대통령령으로 정하는 회계 또는 재무 전문가로 구성 　- 감사위원회의 대표는 사외이사로 하여야 함 • 감사위원회 수가 구성요건에 합치하지 않는 경우에는 그 사유가 발생한 후 최초로 소집되는 주주총회에서 위 요건을 충족하도록 조치하여야 함	• 준법감시인은 자산운용에 관한 업무, 당해금융기관이 영위하는 은행업무와 그 부수업무, 당해금융기관이 겸영하는 금융업무를 수행하는 직무를 담당하여서는 아니 됨 • 금융회사는 회사규모 및 업무특성 등을 감안하여 준법감시인이 효율적인 내부통제기준의 준수를 점검할 수 있는 효과적인 준법감시시스템을 구축, 운영하여야 함

13 금융소비자보호법의 제정에 대한 설명으로 적절하지 않은 것은? `2022`

① 개별법에 산재되어 있는 금융소비자보호 관련 제도를 모두 포괄하여 규정하였다.
② 금융상품 및 판매행위 속성을 재분류·체계화하여 동일기능에 대해서는 동일한 규제가 적용되도록 하여 규제공백·규제차익 발생을 방지하고 있다.
③ 금융소비자를 일반금융소비자와 전문금융소비자로 구분하여 전문금융소비자에 대해서는 금융소비자보호 규제를 적용하여 금융소비자보호와 영업활동 자유 간의 균형을 도모한다.
④ 소송중지제도와 소액분쟁사건에 대한 특례를 규정하여 금융소비자 피해에 대한 사후적 구제제도로서 분쟁조정제도의 실효성을 강화하였다.
⑤ 판매행위 규제 위반에 대한 과징금 제도를 도입하여 판매행위 규제 위반을 통해 형성한 부당이득을 환수함으로써 법 위반행위에 대한 규제의 실효성을 제고하도록 하고 있다.

해설

금융소비자를 일반금융소비자와 전문금융소비자로 구분하여 일반금융소비자에 대해서는 설명의무·적합성 원칙 등 강화된 금융소비자보호 장치를 적용하고, 전문금융소비자에 대해서는 금융소비자보호 규제를 적용하지 않음으로써 금융소비자보호와 영업활동 자유 간의 균형을 도모한다.

더 알아보기 금융소비자보호법 중점사항

판매정보 제공	• 상품비교, 자문, 교육강화 등을 통해 소비자에게 충분한 금융정보 제공 • 소비자의 역량 및 선택권 제고
판매규제	• 판매행위 규제의 강화 및 체계화 • 금융회사 스스로의 불완전판매 및 과잉 대출 방지 노력 추구
사후구제 강화	• 불완전판매 등으로 손해 발생 시 소비자 권익을 보호할 수 있도록 소송, 분쟁조정 절차 등을 합리적으로 개선

14 다음 중 금융소비자보호법에서 금융상품 속성에 따른 분류에 해당하지 않는 것은?

① 파생성 상품
② 보장성 상품
③ 투자성 상품
④ 예금성 상품
⑤ 대출성 상품

해설

금융소비자보호법은 금융상품 속성에 따라 보장성 상품, 투자성 상품, 예금성 상품, 대출성 상품으로 분류한다.

15 금융소비자보호법의 주요내용에 해당하지 않는 것은?

① 규제공백이나 규제차익을 방지하기 위한 기관별 규제체계의 도입
② 금융상품판매업자 등의 영업행위 일반원칙
③ 소비자보호 공백을 해소하기 위한 6대 판매원칙을 모든 상품에 확대하여 적용
④ 판매원칙 위반 시의 징벌적 과징금
⑤ 금융소비자 피해방지 및 사후구제 관련 주요 제도

해설

금융소비자보호법은 기능별 규제체계를 도입하여 동일기능·동일규제 체계를 도입함으로써 규제공백이나 규제차익을 방지하고 있다.

16 금융회사의 영업행위 일반원칙에 대한 설명으로 틀린 것은?

① 금융상품판매업자 등의 영업행위 준수사항에 관한 해석 기준
② 신의성실의무와 자기거래 및 쌍방대리 금지의 원칙
③ 금융상품판매업자 등의 임직원 및 업무를 위탁한 금융상품판매대리·중개업자에 대한 관리책임
④ 금융상품판매대리·중개업자가 금융소비자에게 손해를 끼친 경우 금융상품판매대리·중개업자의 손해배상책임
⑤ 투자성 상품에 대한 설명의무 위반에 따른 손해배상액의 추정 등에 관한 사항 규정

해설

금융상품판매대리·중개업자가 금융소비자에게 손해를 끼친 경우 위탁자인 금융상품직접판매업자에게도 손해배상책임이 있음을 명확히 하고, 손해배상청구소송에서 주의의무 이행여부에 대한 입증책임을 금융상품직접판매업자가 부담하도록 하고 있다.

17 금융회사가 준수해야 할 판매규제의 주요내용에 대한 설명으로 적절하지 않은 것은? `23, 25`

① 상품 판매 시 우월적 지위를 이용한 소비자 권익 침해 금지는 불공정행위 금지를 말한다.
② 적합성의 원칙에 따라 소비자가 자발적으로 구매하려는 상품이 소비자의 재산상황 등에 비추어 부적정할 경우 그 사실을 소비자에게 고지 및 확인한다.
③ 상품 판매나 소비자 요청 시 상품의 중요사항을 설명하는 것은 설명의무에 의한다.
④ 상품 판매 시 소비자가 상품에 대해 오인할 수 있는 행위를 금지하는 것은 부당권유 금지를 따른다.
⑤ 광고 시 필수적으로 포함해야 하는 사항 및 금지행위는 허위·과장광고 금지에 의한다.

해설

적정성의 원칙이다.
• 적합성 원칙 : 권유에 의한 상품판매 시 소비자 재산상황, 투자 경험 등을 고려한다.

18 다음 괄호 안에 들어갈 적절한 용어를 순서대로 나열한 것은?

> ※ 징벌적 과징금 부과 : 관련 수입 등의 (　　)% 까지 부과
> • 설명의무, 불공정영업행위금지, 부당권유행위 금지, 허위·과장광고 금지 위반 시 적용
> ※ (　　) 이하의 과태료 부과
> • 설명의무, 불공정영업행위금지, 부당권유행위 금지, 광고규제 위반 등 위반 시 적용
> ※ (　　) 이하의 과태료 부과
> • 적합성·적정성 원칙 미준수 등 위반 시 적용

① 50, 1억원, 3천만원

② 50, 5천만원, 5천만원

③ 70, 3천만원, 1억원

④ 70, 1억원, 3천만원

⑤ 90, 5천만원, 3천만원

해설
순서대로 50%, 1억원, 3천만원이다.

19 약관규제법상 해석통제의 내용으로 옳지 않은 것은?

① 개별약정우선의 원칙　　　　② 객관적 해석의 원칙

③ 작성자불이익의 원칙　　　　④ 엄격해석의 원칙

⑤ 비례의 원칙

해설
비례의 원칙은 불공정성통제의 내용이다.

더 알아보기

약관규제법상 약관에 대한 내용통제의 형태로는 편입통제, 해석통제, 불공정통제가 있다.

편입통제	명시의무, 교부의무, 설명의무
해석통제	객관적(통일적) 해석의 원칙, 작성자불이익의 원칙, 엄격해석의 원칙, 개별약정우선의 원칙
불공정성통제	신의성실의 원칙, 비례의 원칙

20 다음 중 은행법상 은행약관에 대한 규제의 내용으로 틀린 것은?

① 금융위원회는 은행거래 약관의 보고·접수·심사 및 변경 조치 권한을 금융감독원장에게 위임하고 있다.

② 감독원장에게 보고된 약관의 내용과 동일하거나 유사한 약관의 제정 또는 변경의 경우에는 관련된 서류를 시행예정일부터 7영업일 전까지 감독원장에게 제출하여야 한다.

③ 감독원장은 건전한 금융거래질서의 유지를 위해 필요하다고 인정하는 경우 해당 은행에 대하여 해당 약관의 변경을 권고할 수 있다.

④ 은행은 은행이용자가 약관 또는 약관의 변경 내용을 인터넷 홈페이지 등에 공시하여야 한다.

⑤ 금융회사들은 일반적으로 약관을 표준약관, 보통약관, 특별약관으로 분류하여 운용하고 있다.

> **해설**
> 감독원장에게 보고된 약관의 내용과 동일하거나 유사한 약관의 제정 또는 변경의 경우에는 약관의 제정 또는 변경 후 10일 이내에 감독원장에게 제출할 수 있도록 하고 있다.

21 다음 중 약관제도 규제에 대한 내용으로 가장 옳지 않은 것은?

① 금융회사는 고객이 요구할 때 약관의 사본을 고객에게 교부하여야 한다.

② 계약의 성질상 설명하는 것이 현저하게 곤란한 경우 약관의 설명의무의 적용에서 배제될 수 있다.

③ 안내문 또는 중요한 내용을 요약·해설한 설명서를 교부한 것으로 금융회사의 설명의무를 이행한 것으로 본다.

④ 계약 당사자 사이에 약관의 내용과 다르게 합의한 사항이 있으면 그 합의사항은 약관에 우선한다.

⑤ 명시·설명의무의 이행에 대해 고객이 위반사실을 주장하는 경우, 금융회사에서 의무이행을 입증하여야 한다.

> **해설**
> 상대방에 안내문 또는 중요한 내용을 요약 해설한 설명서를 교부한 것만으로는 부족하고 반드시 구두로 설명해 주어야 한다. 하지만 상대방이 이해를 마칠 때까지 설명해 주어야 한다는 것은 아니다.

22 불공정약관조항의 무효에 관한 설명으로 옳지 않은 것은?

① 신의성실의 원칙을 위반한 약관은 무효이다.

② 법률의 규정에 의한 고객의 항변권, 상계권 등의 권리를 상당한 이유 없이 배제 또는 제한하는 조항은 무효이다.

③ 금융회사 또는 금융회사 임직원의 고의 또는 중대한 과실로 인한 법률상의 책임을 배제하는 조항은 무효이다.

④ 은행여신거래기본약관은 통지 효력의 법률효과를 주장하기 위해서는 통지도달을 입증하여야 한다.

⑤ 고객의 이익에 중대한 영향을 미치는 은행의 의사표시 기한을 부당하게 길게 정하는 조항은 무효이다.

민법에서는 통지 효력의 법률효과를 주장하기 위해서는 통지도달을 입증하여야 하지만 은행여신거래기본약관은 우편발송의 도달추정, 간주도달 및 발송의 추정에 관한 특약 규정을 두고 있다.

더 알아보기 무효가 되는 조항

불공정한 면책조항	• 금융회사 또는 금융회사 임직원의 고의 또는 중대한 과실로 인한 법률상의 책임을 배제하는 조항 • 상당한 이유 없이 금융회사의 손해배상 범위를 제한하거나 금융회사가 부담하여야 할 위험을 고객에게 떠넘기는 조항 • 상당한 이유 없이 금융회사의 담보책임을 배제 또는 제한하거나 그 담보책임에 따르는 고객의 권리행사의 요건을 가중하는 조항 • 상당한 이유 없이 상품에 표시된 보장내용에 대해 보장된 내용에 대한 책임을 배제 또는 제한하는 조항
고객의 권한 제한·배제 조항	• 법률의 규정에 의한 고객의 항변권, 상계권 등의 권리를 상당한 이유 없이 배제 또는 제한하는 조항 • 고객에게 부여된 기한의 이익을 상당한 이유 없이 박탈하는 조항 • 고객이 제3자와 계약을 체결하는 것을 부당하게 제한하는 조항 • 고객의 비밀을 정당한 이유 없이 누설하는 것을 허용하는 조항
불공정한 의사표시 의제조항	• 일정한 작위 또는 부작위가 있을 경우 고객의 의사표시가 표명되거나 표명되지 아니한 것으로 보는 조항 • 고객의 의사표시의 형식이나 요건에 대하여 부당하게 엄격한 제한을 두는 조항 • 고객의 이익에 중대한 영향을 미치는 은행의 의사표시가 상당한 이유 없이 고객에게 도달된 것으로 보는 조항 • 고객의 이익에 중대한 영향을 미치는 은행의 의사표시 기한을 부당하게 길게 정하거나 불확정하게 정하는 조항

23 다음 설명에 해당하는 전자금융사기는?

○△✕
○△✕

> 고객이 정상적인 포털사이트에 접속하더라도 해커가 만든 가짜 포털사이트로 이동되도록 하여 보안카드 번호 등 고객정보를 탈취하는 전자금융사기 방식

① 피싱(Phishing)　　　　　　　　　② 파밍(Pharming)
③ 메모리 해킹　　　　　　　　　　④ 스미싱(Smishing)
⑤ 보이스 피싱

파밍(Pharming)에 대한 내용이다.

전자금융사기 방식의 종류

피 싱 (Phishing)	• 개인정보(Private data)와 낚는다(Fishing)의 합성어 • 고객을 위조사이트에 접속하도록 유도한 후 개인정보를 탈취하는 수법
파 밍 (Pharming)	고객이 정상적인 홈페이지 주소로 접속하더라도 해커가 만든 가짜 포털사이트로 이동되도록 하여 고객정보를 탈취하는 수법
메모리 해킹	인터넷뱅킹 과정에서 악성코드를 이용하여 입금계좌정보와 이체금액을 변조하여 사기범계좌로 직접 이체하는 수법
스미싱 (Smishing)	• SMS와 낚는다(Fishing)의 합성어 • 악성앱을 설치하여 개인정보를 탈취하는 수법

24 전자금융거래법상 전자금융사고가 발생한 경우에는 원칙적으로 금융회사가 손해배상책임이 있지만 금융회사가 이용자에게 고의 또는 중과실이 있다는 사실을 입증하게 되면 면책될 수 있다. 이러한 이용자의 고의나 중과실에 해당하지 않는 내용은? `21, 25`

① 이용자가 접근매체를 제3자에게 대여한 경우
② 이용자가 접근매체를 제3자에게 위임한 경우
③ 이용자가 접근매체를 고의로 제3자에게 누설하는 경우
④ 이용자가 접근매체를 담보의 목적으로 제공한 경우
⑤ 이용자가 접근매체를 분실하거나 도난당한 것을 통지한 경우

해설
이용자로부터 접근매체의 분실이나 도난의 통지를 받은 경우에는 은행은 그때부터 제3자가 그 접근매체를 사용함으로써 발생한 손해를 이용자에게 보상해야 한다.

25 은행법감독규정상 금융사고예방을 위해 은행 직원에 대한 금지사항으로 가장 거리가 먼 것은?

① 부당한 방법을 통한 과당경쟁 행위
② 사고발생소지가 있는 타점권 교환결제전 지급
③ 자기앞수표 및 양도성예금증서 등의 선발행
④ 거래처의 인감·통장 등의 보관을 하는 경우
⑤ 외환 및 파생상품거래 등에서 고객의 불법 거래행위를 지원하는 행위

해설
거래처의 인감·통장 등의 보관은 감사통할책임자의 확인 및 영업점장의 승인이 있는 경우에 한하여 할 수 있다.

26 전자금융사기에 대한 대책으로 바르지 못한 것은? ₂₀₂₀

① 대표적 보이스피싱 사기 예방 제도 및 서비스로는 지연인출·이체제도, 지연이체서비스, 입금 계좌지정 등이 있다.

② 지연인출·이체제도란 100만원 이상 현금송금(송금·이체 등)된 통장에서 자동화기기에서 출금·이체 시 30분간 출금·이체를 지연시킴으로써 보이스피싱 사기범이 피해금을 인출하기 전에 사기범 통장에 대한 지급정지를 용이하게 하기 위한 제도이다.

③ 지연인출·이체제도에서 출금·이체 지연 시 금융회사 창구에서의 인출·이체 역시 불가능하다.

④ 지연이체서비스란 보이스피싱·송금착오 등 피해방지를 위해 이체 시 고객 본인이 지정한 일정 시간 후 자금이 입금되도록 하는 서비스이며 금융회사 창구 거래는 적용되지 않는다.

⑤ 입금계좌지정 서비스란 본인의 지정계좌로 전자금융 이체한도 내에서 자유롭게 송금이 가능하고 지정하지 않은 계좌로는 소액송금만 허락하는 서비스이다.

> **해설**
> 금융회사 창구거래는 적용되지 않는다.

27 다음 금융회사의 책임이 발생하는 전자금융사고의 유형을 모두 고른 것은? _{20, 25}

> ㉠ 접근매체의 위조나 변조로 발생한 사고
> ㉡ 계약체결 또는 거래지시의 전자적 전송이나 처리 과정에서 발생한 사고
> ㉢ 전자금융거래를 위한 전자적 장치 또는 정보통신망에 침입하여 거짓이나 그 밖의 부정한 방법으로 획득한 접근매체의 이용으로 발생한 사고
> ㉣ 이용자가 접근매체를 제3자에게 대여하거나 그 사용을 위임하거나 담보·양도의 목적으로 제공한 경우
> ㉤ 제3자가 권한 없이 이용자의 접근매체를 이용하여 전자금융거래를 할 수 있음을 알았거나 쉽게 알 수 있었음에도 불고하고 접근매체를 누설하거나 노출·방치한 경우

① ㉠, ㉡
② ㉠, ㉡, ㉢
③ ㉠, ㉢, ㉣
④ ㉢, ㉣, ㉤
⑤ ㉣, ㉤

> **해설**
> ㉣, ㉤은 금융회사가 손해배상책임으로부터 면책되기 위한 이용자의 고의·중과실 범위이다. 또한 면책되기 위해서는 사고발생에 있어서 이용자의 고의나 중대한 과실을 입증하여야 하는데 입증책임은 금융회사에 있다. 다만 법인 이용자의 경우 금융회사가 사고를 방지하기 위해 보안절차를 수립하는 등 합리적으로 요구되는 충분한 주의의무를 다한 경우 면책이 되며, 증명책임이 전환되어 법인이 고의·과실이 없음을 증명해야 한다.

28 다음 중 금융투자상품에 해당하지 않는 것은?

○△☒
○△☒

① 스 왑
② 수익증권
③ 지수선물
④ 옵 션
⑤ 양도성예금증서

해설

양도성예금증서는 비금융투자상품에 해당한다.

더 알아보기 금융상품의 분류

금융투자상품	원본손실 가능성이 있다.
	• 증권(주식, 수익증권 등) : 원본초과손실 가능성이 없다.
	• 파생상품 : 원본초과손실 가능성이 있다.
	  – 장내파생상품(지수선물, 옵션 등) : 거래소 시장이 있다.
	  – 장외파생상품(선도, 스왑 등) : 거래소 시장이 없다.

비금융투자상품	원본손실 가능성이 없다. 예 양도성예금증서

29 자본시장법상 규정된 투자권유에 대한 규제 중 아래 내용과 관련된 것은? 2020

○△☒
○△☒

> 금융투자업자는 이 원칙에 따라 공정하게 금융투자업을 영위하여야 하고, 금융투자업을 영위함
> 에 있어서 정당한 사유 없이 투자자의 이익을 해하면서 자기의 이익을 얻거나 제3자가 이익을
> 얻도록 하여서는 아니 된다.

① 적합성의 원칙
② 신의성실의무
③ 설명의무
④ 부당투자권유의 금지
⑤ 이해상충 관리의무

해설

신의성실의 원칙에 해당하는 내용이며, 신의성실의 원칙을 모든 금융투자업자에 대한 영업규칙으로 규정하고 있다
(법 제37조).

28 ⑤ 29 ② **정답**

30 자본시장법상 투자권유 관련 절차에 대한 설명으로 옳지 않은 것은? 2020

① 투자권유를 하기 전에 면담 등을 통해 고객의 투자목적, 재산상황 등의 정보를 파악하여야 한다.
② 표준투자권유준칙은 고객정보를 점수화하여 고객의 투자성향을 안정형, 안정추구형, 위험중립형, 적극투자형, 공격투자형의 5단계로 분류한다.
③ 표준투자권유준칙은 금융투자상품의 투자위험도를 초저위험, 저위험, 중위험, 고위험, 초고위험의 5단계로 분류한다.
④ 금융투자업자는 고객의 투자성향과 투자위험도를 고려하여 고객에게 적합한 상품을 투자권유해야 한다.
⑤ 파생상품등의 경우에는 투자권유가 있을 시에 한해 면담, 질문 등을 통하여 고객정보를 반드시 파악해야 한다.

해설
파생상품등의 경우 투자권유가 없더라도 면담, 질문 등을 통하여 고객정보를 반드시 파악해야 하며, 해당 파생상품등이 고객에게 적정하지 않다고 판단되는 경우에는 그 사실을 고객에게 알려야 한다.
자본시장법상 투자권유 관련절차는 고객정보파악(Know Your Customer−Rule)(①) → 고객의 투자성향 파악(②) → 금융투자상품의 투자위험도 분류(③) → 고객에게 적합한 금융투자상품 권유(적합성 원칙)(④) → 파생상품등에 대한 투자자보호 강화(적정성 원칙)의 단계로 진행된다.

31 투자권유에 대한 설명으로 내용으로 적절하지 않은 것은?

① 금융투자업자는 파생상품 등에 대하여는 전문투자자의 투자목적·재산상황 및 투자경험 등을 고려하여 투자자 등급별로 균일화된 투자권유준칙을 마련하고 인터넷홈페이지 등에 공시한다.
② 금융투자업자의 임직원 등이 관계법령 등을 준수하고 신의성실의 원칙에 따라 공정하게 업무를 수행해야 한다.
③ 투자에 따르는 위험 및 거래의 특성과 주요내용을 명확히 설명해야 한다.
④ 투자자 자신의 판단과 책임에 따라 스스로 투자에 관한 의사결정을 해야 하고, 그에 대한 투자결과는 투자자 본인에게 귀속됨을 투자자에게 알려야 한다.
⑤ 정당한 사유 없이 투자자의 이익을 해하면서 자신이나 회사 또는 제3자가 이익을 얻도록 하여서는 아니 된다.

해설
금융투자업자는 파생상품 등에 대하여는 일반투자자의 투자목적·재산상황 및 투자경험 등을 고려하여 투자자 등급별로 차등화된 투자권유준칙을 마련하고 인터넷홈페이지 등에 공시한다.

32

은행법상 불완전판매의 규제에 관한 내용으로 틀린 것은? `2021`

① 금융거래상 중요정보의 제공·설명 및 공시의무가 있다.

② 구체적인 근거와 내용을 제시하지 아니하면서 다른 금융상품보다 비교우위가 있음을 나타내는 행위는 금지된다.

③ 확정금리부 저축상품의 경우 연수익률을 공시하여야 한다.

④ 약정이율, 대출부대비용은 다른 대출공시사항보다 작게 표시한다.

⑤ 금융상품에 대한 부당광고규제를 구체적으로 명시하고 있다.

해설

약정이율, 대출부대비용은 다른 대출공시사항보다 크게 표시하는 등 거래 상대방이 용이하게 식별할 수 있도록 표시한다.

더 알아보기   공시할 내용을 표시하는 방법

- 약정이율, 대출부대비용은 다른 대출공시사항보다 크게 표시하는 등 거래 상대방이 용이하게 식별할 수 있도록 표시한다.
- 이용자가 부담하는 부대비용의 금액 또는 요율을 표시한다.
- 대출조건에 따라 이율 또는 부대비용에 변동이 있는 경우에는 그 내용을 명확히 표시한다.
- 공시내용의 유효기간은 개시시기와 종료시기로 표시한다.

33

금융소비자보호법상 불완전판매의 규제에 대한 설명으로 적절하지 못한 것은? `23, 25`

① 예금성 상품의 경우 수익률 등 변동가능성이 있는 상품에 한정하여 부적합한 금융상품 계약체결의 권유를 금지하는 것을 적합성 원칙이라 한다.

② 적정성 원칙이란 소비자가 자발적으로 구매하려는 금융상품이 투자경험, 재산상황, 등에 비추어 부적정할 경우 이를 고지·확인하는 것을 말하는데 예금성 상품에도 예외없이 적용한다.

③ 금융상품 계약 체결을 권유하거나 소비자가 설명을 요청하는 경우 상품의 중요사항을 설명하는 것을 설명의무라 한다.

④ 대출 후 3년 경과 시 중도상환수수료 부과 금지 등 소비자의 권익을 침해하는 행위를 금지하는 것은 불공정영업행위금지이다.

⑤ 허위·과장광고 금지란 금융상품 또는 판매업자 등의 업무에 관한 광고 시 필수 포함사항 및 금지행위 등을 말한다.

해설

적정성 원칙이란 소비자가 자발적으로 구매하려는 금융상품이 투자경험(투자성 상품), 신용 및 변제계획(대출성 상품), 재산상황 등에 비추어 부적정할 경우 이를 고지·확인하는 것을 말하는데 예금성 상품에는 미적용한다.

34 다음 중 금융상품판매대리·중개업자가 금융상품판매 대리·중개 업무를 수행할 때 금융소비자에게 미리 알려야하는 의무사항으로 적절하지 않은 것은?

① 금융상품직접판매업자의 명칭 및 업무 내용

② 하나의 금융상품직접판매업자만을 대리하거나 중개하는 금융상품판매대리·중개업자인지 여부

③ 금융상품직접판매업자로부터 금융상품 계약체결을 부여받지 아니한 금융상품판매대리·중개 업자의 경우 자신이 금융상품계약을 체결할 권한이 없다는 사실

④ 금융상품판매대리·중개업자가 대리·중개업무 시 금융소비자에게 손해를 발생시킨 경우에는 금융상품직접판매업자에게 그 손해를 배상할 책임이 있다는 사실

⑤ 금융소비자 보호 또는 건전한 거래질서를 위한 사항

> **해설**
> 금융상품판매대리·중개업자가 대리·중개업무 시 금융소비자에게 손해를 발생시킨 경우 그 손해를 배상할 책임은 금융상품직접판매업자에게 있다. 그러나 금융소비자에게 사전에 고지해야 할 의무사항에는 해당하지 않는다.

04 　구속성영업행위

35 다음 중 금융감독원장이 정하는 구속성영업행위의 대상자는? `2020`

① 중소기업 또는 신용등급 3등급 이하인 개인

② 중소기업 또는 신용등급 4등급 이하인 개인

③ 중소기업 또는 신용등급 5등급 이하인 개인

④ 중소기업 또는 신용등급 6등급 이하인 개인

⑤ 중소기업 또는 신용등급 7등급 이하인 개인

> **해설**
> 구속행위금지의 대상자는 중소기업 또는 신용등급 7등급 이하의 개인이다.

36 구속성영업행위 금지에 관한 현행 법령의 규정에 관한 설명으로 적절하지 않은 것은?

① 금융소비자에게 다른 금융상품직접판매업자를 통해 다른 금융상품에 관한 계약을 체결할 것을 강요하는 것은 금지된다.

② 위반행위와 관련된 계약으로 얻은 수입의 5천만원 이하의 과태료를 부과할 수 있고 은행 해당 임직원에게는 1천만원 이하의 과태료를 부과할 수 있다.

③ 금융소비자에게 다른 금융상품직접판매업자를 통해 다른 금융상품에 관한 계약을 체결할 것을 강요하는 것은 금지된다.

④ 금전제공계약이 지급보증, 보험약관에 따른 대출에 관한 계약, 신용카드회원에 대한 자금의 융통, 자본시장법상 신용공여 등에 관한 계약일 경우 구속성이 인정되지 않는다.

⑤ 금전제공계약이 최초로 이행된 날 전·후 1개월 이내에 해지한 예금성 상품에 대하여 해지 전의 금액 범위 내에서 다시 계약을 체결한 경우 구속성이 인정되지 않는다.

해설

위반행위와 관련된 계약으로 얻은 수입의 100분의 50 이내에서 과징금을 부과할 수 있고 은행 해당 임직원에게는 1억원 이하의 과태료를 부과할 수 있다.

37 다음 중 금융상품 강요행위 관행근절을 위한 대책을 모두 고른 것은?

> ⊙ 보험·펀드는 대출실행일 전후 1월 이내 중소기업 또는 저신용자에게 판매하는 경우 월단위 환산금액의 대출금액 비율이 1% 미만이더라도 꺾기로 간주한다.
> ⓒ 대출고객의 관계인에게 그 의사에 반하여 금융상품의 가입을 강요하는 행위를 금지한다.
> ⓒ 꺾기를 금융회사의 우월적 지위 남용행위의 대표적인 것으로 취급하고 이를 민생침해 5대 금융악으로 규정하여 강력한 근절대책을 추진한다.

① ⊙

② ⊙, ⓒ

③ ⊙, ⓒ, ⓒ

④ ⓒ, ⓒ

⑤ ⓒ

해설

⊙, ⓒ, ⓒ 모두 해당하는 대책이다.

38 다음 중 실명확인자에 해당하지 않는 자는?

① 후선부서 직원

② 본부의 영업부서 직원

③ 본부의 계약직 근무자

④ 본부의 시간제 근무자

⑤ 영업점 직원

해설

후선부서 직원, 본부직원, 서무원, 청원경찰 등은 실명확인을 할 수 없다. 그 외 금융회사의 임원 및 직원이 아닌 업무수탁자(대출모집인, 카드모집인, 보험모집인, 공제모집인 등)의 경우에도 실명확인을 할 수 없다.

39 금융실명제상 개인에 대한 실명확인증표에 해당하지 않는 것은?

① 운전면허증 ② 고유번호증

③ 청소년증 ④ 경로우대증

⑤ 노인복지카드

해설

고유번호증과 납세번호증은 임의단체에 대한 실명확인증표에 해당한다.

40 금융실명법상 금융거래 중 실명확인의 생략이 가능한 거래가 아닌 것은?

① 할인어음 거래

② 각종 공과금의 수납

③ 100만원 이하의 무통장송금

④ 실명이 확인된 계좌에 의한 계속거래

⑤ 100만원 이하에 상당하는 외국통화 매입·매각 거래

해설

보험공제거래 및 여신거래는 실명거래대상에서 제외되고, 할인어음의 경우에는 실명확인 대상임에 유의한다.

41 ◯△✕ ◯△✕ 최근 개정된 금융실명법은 불법행위나 범죄의 수단으로 악용될 수 있는 차명거래를 금지하고 있다. 다음 중 차명거래이지만 금융실명법 위반에 해당하지 않는 경우는?

① 불법도박자금을 은닉하기 위하여 타인 명의 계좌에 예금하는 행위
② 미성년 자녀의 금융자산을 관리하기 위해 부모명의 계좌에 예금하는 행위
③ 채권자들의 강제집행을 회피하기 위해 타인 명의 계좌에 본인 소유 자금을 예금하는 행위
④ 금융소득종합과세 회피를 위해 타인 명의 계좌에 본인 소유 자금을 예금하는 행위
⑤ 비과세 금융상품의 가입한도 제한 회피를 위하여 타인 명의 계좌에 본인 소유 자금을 분산 예금하는 행위

> **해설**
>
> 미성년 자녀의 금융자산을 관리하기 위해 부모명의 계좌에 예금하는 행위, 친목모임 회비 관리를 위해 대표자 명의의 계좌를 개설하는 행위, 교회 등 임의단체 금융자산을 관리하기 위해 대표자 명의 계좌를 개설하는 행위는 차명거래이지만 금융실명법 위반에 해당되지 않는 대표적인 사례에 해당한다.

42 ◯△✕ ◯△✕ 「금융실명거래 및 비밀보장에 관한 법률」에 의거 비밀보장의 대상거래에서 제외되는 경우가 아닌 것은?

① CCTV화면 관련 정보
② 금융거래에 관한 단순통계자료
③ 종합통장대출에 관한 정보
④ 대여금고 이용에 관한 정보
⑤ 신용카드 발급 등에 관한 정보

> **해설**
>
> 순수한 대출거래·보증·담보내역 등에 관한 정보 및 자료는 비밀보장의 제외 대상이나 예금거래와 대출거래가 함께 발생하는 당좌대출, 종합통장대출 등은 비밀보장의 대상이 된다.
>
> **더 알아보기** 비밀보장의 제외 대상
>
> - 금융거래에 관한 단순통계자료
> - 성명, 주민등록번호, 계좌번호, 증서번호 등이 삭제된 다수 거래자의 금융거래자료로서 특정인에 대한 금융거래정보를 식별할 수 없는 자료
> - 순수한 대출거래·보증·담보내역 등에 관한 정보 및 자료(단, 예금거래와 대출거래가 함께 발생하는 당좌대출, 종합통장대출 등은 비밀보장의 대상이 되며, 신용정보법상 제한여부 확인 필요)
> - 신용카드 발급, 가맹점 가입, 카드를 이용한 매출, 현금서비스, 기타 회원, 가맹점 및 채무관리 등에 관한 정보 및 자료(신용정보법상 제한여부 확인 필요)
> - 대여금고 이용에 관한 정보
> - CCTV화면 관련 정보(개인정보보호법상 제한여부 확인 필요)

43 금융종사자가 금융거래정보를 제3자에게 제공할 수 있는 경우가 아닌 것은?

① 검사나 경찰서장의 명의서면에 의한 요구인 경우
② 법관이 발부한 영장에 의한 경우
③ 명의인의 서면상 요구나 동의를 받은 경우
④ 금융회사 상호간에 업무상 필요한 정보를 제공하는 경우
⑤ 조세에 관한 법률의 규정에 의하여 소관관서장의 요구에 의한 거래정보를 제공하는 경우

> **해설**
> 금융회사는 검사나 경찰서장 등 수사기관의 명의서면으로 특정인의 금융거래정보 등을 제공할 수 없으며, 법관의 발부한 영장 또는 법원의 제출명령에 의한 경우에야 정보제공이 가능하다.

44 명의인의 서면상 동의에 의한 정보제공 시 동의서 기재사항이 아닌 것은?

① 정보제공의 목적
② 정보 등을 제공할 금융회사 등
③ 제공할 정보 등의 내용
④ 동의서의 작성연월일
⑤ 금융회사 등에 등록된 인감

> **해설**
> 정보제공의 목적은 동의서의 기재사항이 아니다. 동의서에는 정보 등을 제공받는 자, 정보 등을 제공할 금융회사 등, 제공할 정보 등의 내용, 동의서의 작성연월일, 동의서의 유효기간, 금융회사 등에 등록된 인감 또는 읍·면·동사무소·등기소에 등록한 인감의 날인을 기재하여야 한다.

45 금융회사는 수표 및 어음 관리인에게 해당 수표 및 어음에 관한 정보를 제공하는데 많은 제한을 받게 된다. 다음 중 틀린 내용은?

① 자기앞수표의 경우 발행의뢰인에게 해당수표의 발행사실과 수표앞면에 관한 내용의 정보제공을 하는 것이 가능하다.
② 자기앞수표의 경우 타인에게 교부한 이후의 지급제시인 또는 입금계좌 명의인의 인적사항 등의 정보를 제공할 수 없다.
③ 자기앞수표의 사고신고인에게 직접 관련 수표번호, 수표지급제시인 또는 입금계좌 명의인의 인적사항 등 금융거래정보를 제공할 수 없다.
④ 자기앞수표의 최종소지인에게는 수표 지급제시와 관련된 정보와 발행의뢰인의 인적사항 등에 관한 정보를 제공할 수 있다.
⑤ 약속어음의 경우 발행인과 최종소지인에게 어음 앞·뒷면에 나타난 정보를 제공할 수 있다.

> **해설**
> 자기앞수표의 최종소지인에게는 수표 지급제시와 관련된 정보만 제공할 수 있을 뿐 발행의뢰인의 인적사항 등에 관한 정보는 제공할 수 없다.

46 금융실명거래 위반에 대한 처벌 및 제재에 관한 내용으로 옳지 않은 것은?

① 금융회사의 종업원이 금융거래 비밀보장의무 위반행위를 한 경우에는 5년 이하의 징역 또는 5천만원 이하의 벌금에 처한다.

② 실명거래의무 위반행위나 금융거래정보의 제공사실 통보의무 위반행위를 한 경우에는 3천만원 이하의 과태료를 부과할 수 있다.

③ 금융회사의 대표자가 금융회사의 업무에 관하여 위반행위를 하여 대표자를 처벌한 경우 금융회사는 면책된다.

④ 금융회사가 그 위반행위를 방지하기 위하여 해당 업무에 관하여 상당한 주의를 게을리하지 아니한 경우에는 면책된다.

⑤ 위반한 금융회사 임직원에 대하여 행위자, 감독자, 보조자로 구분하고 행위정도에 따라 신분상의 조치를 취한다.

> **해설**
>
> 양벌규정을 두어 행위자를 벌하는 외에 금융회사에게도 벌금 또는 과태료를 부과할 수 있다.

---

06 개인정보보호

47 개인정보처리자의 행동지침에 관한 내용으로 옳지 않은 것은?

① 개인정보의 처리 목적을 명확하게 하여야 한다.

② 개인정보의 처리 목적에 필요한 범위에서 최소한의 개인정보만을 적법하게 수집하여야 한다.

③ 개인정보의 처리에 관한 사항은 비공개로 하고, 열람청구권 등 정보주체의 권리를 보장하여야 한다.

④ 개인정보의 익명처리가 가능한 경우에는 익명에 의하여 처리될 수 있도록 한다.

⑤ 개인정보의 처리 방법 및 종류에 따라 정보주체의 권리가 침해받을 가능성과 그 위험 정도를 고려하여 개인정보를 안전하게 관리하여야 한다.

> **해설**
>
> 개인정보의 처리에 관한 사항은 공개하여야 한다.

48 개인정보보호법에 따른 개인정보의 제공이 가능한 경우가 아닌 것은? `2022`

① 정보주체의 동의를 받은 경우
② 법률에 특별한 규정이 있거나 법령상 의무를 준수하기 위하여 불가피한 경우
③ 공공기관이 법령 등에서 정하는 소관 업무의 수행을 위하여 불가피한 경우
④ 정보주체와의 계약체결 및 이행을 위하여 불가피하게 필요한 경우
⑤ 정보주체 또는 그 법정대리인이 의사표시를 할 수 없는 상태에 있거나 주소불명 등으로 사전 동의를 받을 수 없는 경우로서 명백히 정보주체 또는 제3자의 급박한 생명, 신체, 재산의 이익을 위하여 필요하다고 인정되는 경우

해설
보기 ④는 개인정보의 수집과 이용이 가능한 경우이다.

더 알아보기   개인정보의 수집·이용이 가능한 경우

- 정보주체의 동의를 받은 경우
- 법률에 특별한 규정이 있거나 법령상 의무를 준수하기 위하여 불가피한 경우
- 공공기관이 법령 등에서 정하는 소관 업무의 수행을 위하여 불가피한 경우
- 정보주체와의 계약의 체결 및 이행을 위하여 불가피하게 필요한 경우
- 정보주체 또는 그 법정대리인이 의사표시를 할 수 없는 상태에 있거나 주소불명 등으로 사전 동의를 받을 수 없는 경우로서 명백히 정보주체 또는 제3자의 급박한 생명, 신체, 재산의 이익을 위하여 필요하다고 인정되는 경우
- 개인정보처리자의 정당한 이익을 달성하기 위하여 필요한 경우로서 명백하게 정보주체의 권리보다 우선하는 경우

49 개인정보 중 수집 및 이용이 금지되는 민감정보에 해당하지 않는 것은?

① 사상과 신념
② 노동조합의 가입 여부
③ 정치적 견해
④ 건강에 관한 정보
⑤ 신용카드번호

해설
민감정보란 사상과 신념, 노동조합·정당의 가입과 탈퇴 여부, 정치적 견해, 건강·성생활 등에 관한 정보, 그 밖의 정보주체의 사생활을 현저하게 침해할 우려가 있는 개인정보로서 대통령령이 정하는 정보를 말한다.

50 신용정보의 분류에 해당하지 않는 것은?

① 식별정보

② 사생활정보

③ 신용거래정보

④ 신용도판단정보

⑤ 신용능력정보

해설

사생활정보는 수집자체가 금지된 정보이다. 신용정보 분류란 금융거래 등에 있어서 거래 상대방의 신용을 판단하기 위해 수집한 정보를 구분하기 위한 것으로 식별정보, 신용거래정보, 신용도판단정보, 신용능력정보, 공공정보로 분류된다.

더 알아보기 신용정보의 분류

식별정보	• 생존하는 개인의 성명, 주소, 주민등록번호, 외국인등록번호, 국내거소신고번호, 여권번호, 성별 등에 관한 사항 • 식별정보는 금융거래정보, 신용도판단정보, 신용능력정보, 공공정보 등과 결합되는 경우에만 신용정보에 해당됨
신용거래정보	대출, 보증, 담보제공, 당좌거래, 신용카드, 할부금융 등에 관한 사항
신용도판단정보	상거래와 관련하여 발생한 연체, 부도, 대위변제 등에 관한 사항
신용능력정보	개인의 재산·채무·소득의 총액 및 납세실적, 기업의 연혁·주식 또는 지분보유 현황, 재무제표 등 재무에 관한 사항
공공정보 등	법원의 성년후견개시 심판·한정후견개시 심판, 파산선고 등의 재판, 개인회생과 관련된 결정, 국세·지방세 체납 관련 정보, 벌금·과태료 등의 체납 관련 정보 등

51 다음 중 신용정보 주체의 동의를 받아야 하는 경우는?

① 개인의 신용정보를 확인하는 경우

② 신용정보의 처리를 위탁하기 위하여 제공하는 경우

③ 채권추심을 목적으로 사용하는 자에게 제공하는 경우

④ 법원의 제출명령 또는 법관이 발부한 영장에 따라 제공하는 경우

⑤ 조세에 관한 법률에 따른 질문·검사 또는 조사를 위하여 관할관서의 장이 서면으로 요구함에 따라 제공하는 경우

해설

개인의 신용정보를 확인하는 경우에는 신용정보 주체의 동의를 받아야 한다.

CHAPTER 1

수신실무

01 수신일반

02 예금상품

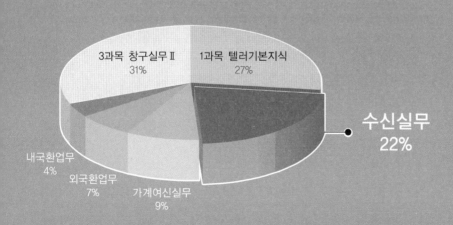

3과목 창구실무 Ⅱ
31%

1과목 텔러기본지식
27%

수신실무
22%

내국환업무
4%

외국환업무
7%

가계여신실무
9%

출제포인트 및 중요도				
수신일반	수신 총칙	11문항	50%	★★☆
	예금 신규 · 입금 · 지급 · 해지			★★☆
	예금의 관리			★★★
예금상품	입출금이 자유로운 예금	11문항	50%	★★☆
	목돈운영에 적합한 예금			★★★
	목돈마련에 적합한 예금			★☆☆
	주택청약종합저축			★★☆
합 계		22문항	100%	

⊕ 워밍업! 핵심문제

예금약관에 대한 설명 중 올바르지 않은 것은?

① 약관이 계약으로 편입되기 위해서는 명시의무와 설명의무가 있다.
② 거래내용, 거래조건 등 계약내용을 정형화 · 획일화하기 위해 은행이 제정한 정형적 계약 조항을 말한다.
③ 거래유형별 예금약관에는 입출금이 자유로운 예금약관, 거치식 예금약관 및 적립식 예금약관이 있다.
④ 예금주와 은행이 서로 믿음을 바탕으로 예금거래를 빠르고 틀림없이 처리하기 위해 필요한 것이다.
⑤ 기본약관 또는 예금별 약관을 바꾼 때에는 15일 전에 이를 영업점과 인터넷 홈페이지에 거래처가 볼 수 있도록 게시해야 한다.

해설 기본약관 또는 예금별 약관을 바꾼 때에는 1개월 전에 한 달간 이를 영업점과 인터넷 홈페이지에 거래처가 볼 수 있도록 게시해야 한다. 답 ⑤

공부시작일	공부종료일
1회독	월 일	월 일
2회독	월 일	월 일

CHAPTER 01
CHAPTER 02
CHAPTER 03
CHAPTER 04

CHAPTER 01 수신실무

※ 맞힌 문제는 ◉, 헷갈린 문제는 △, 틀린 문제는 ☒에 체크하세요!

01 수신일반

01 다음 중 예금의 법적 성질은?

① 금전소비임치계약   ② 금전소비대차계약

③ 위임계약   ④ 도급계약

⑤ 낙성계약

해설

금전소비임치계약이란 은행과 고객과의 계약에 의하여 은행은 고객이 예금한 금액을 사용한 후 고객이 지급 요청을 할 경우 동액으로 반환하는 계약을 의미한다.

02 다음 예금약관의 적용순서 중 가장 우선적용해야 하는 것은? `23, 25`

① 개별약정   ② 예금상품별 약관

③ 예금의 거래유형별 약관   ④ 예금거래 기본약관

⑤ 어음교환업무규약

해설

예금약관은 「개별약정 → 예금상품별 약관 → 예금의 거래유형별 약관 → 예금거래 기본약관」 순으로 적용한다. 단, 약관에 정한 사항이 없을 경우에는 관계법령이나 어음교환업무규약에 따른다.

더 알아보기   약관해석의 원칙

- 객관적 · 통일적 해석의 원칙 : 약관은 객관적 · 통일적으로 해석하여야 하며 때와 장소 및 사람에 따라 다르게 해석하여서는 안 된다.
- 작성자 불이익의 원칙 : 약관의 의미가 불투명한 경우 작성자에게 불리하게 해석한다.
- 제한해석의 원칙 : 면책약관의 경우 은행이 선량한 관리자로서의 주의 의무를 다하는 것을 전제로 하며, 고의 또는 과실이 있을 경우에는 면책되지 않도록 제한적으로 해석한다.
- 개별약정 우선의 원칙 : 계약 당사자 간에 명시적으로나 묵시적으로 개별약정이 있었다고 인정되는 경우에는 그 개별 약정을 우선적으로 계약의 내용으로 한다.
- 신의성실의 원칙 : 약관은 신의성실의 원칙에 따라 공정하게 해석한다.

03 예금약관에 대한 설명으로 옳은 것은? `21, 25`

① 거래유형별 약관이 예금상품별 약관보다 우선 적용된다.
② 약관이 변경되었을 때는 변경 후 1개월 동안 영업점에 게시하여야 한다.
③ 약관변경의 내용이 거래처에 불리한 경우에는 변경약관 시행일 1개월 전에 1개 이상의 일간신문에 공고하여야 한다.
④ 고객이 약관을 요청할 때 복사하여 교부해야 할 의무 및 중요한 내용을 고객에게 설명해야 하는 설명의무가 있다.
⑤ 예금거래유형별 약관은 입출금이 자유로운 예금의 경우에만 허용된다.

해설
① 예금상품별 약관이 거래유형별 약관보다 우선 적용된다.
② 기본약관 또는 예금별 약관을 변경한 때에는 변경 내용을 1개월 전에 한 달간 영업점과 인터넷 홈페이지에 거래처가 볼 수 있도록 게시하여야 한다.
③ 2개 이상의 일간신문에 공고하여야 한다.
⑤ 거래유형별 약관에는 입출금이 자유로운 예금, 거치식 예금, 적립식 예금의 경우 허용된다.

04 약관변경의 내용이 거래처에 불리한 경우 변경약관 시행일 1개월 전에 거래처에 알리는 방법으로 거리가 먼 것은?

① 거래처가 신고한 E-mail에 의한 통지
② 현금자동입출금기 설치장소에 게시
③ 거래통장에 표기
④ 인터넷뱅킹 초기화면에 게시
⑤ 3개 이상의 일간신문에 공고

해설
2개 이상의 일간신문에 공고하여야 한다.

더 알아보기 약관의 변경

> • 약관이나 입출금이 자유로운 예금약관 또는 거치식 · 적립식 예금약관을 변경하고자 할 때는 변경약관 시행일 1개월 전에 한 달간 영업점과 인터넷홈페이지에 게시하여야 한다.
> • 단, 법령의 개정이나 제도의 개선 등으로 인하여 긴급히 약관을 변경할 때는 즉시 이를 게시 또는 공고하여야 한다.
> • 약관 변경 내용이 거래처에 불리한 경우에는 변경약관 시행일 1개월 전에 다음의 방법으로 거래처에 알려야 한다.
>   − 1개월 전 한달간 영업점과 인터넷홈페이지에 게시
>   − 2개 이상의 일간신문에 공고
>   − 거래처가 신고한 전자우편에 의한 통지
>   − 현금자동지급기, 현금자동입출금기 설치장소에 게시
>   − 거래통장에 표기
>   − 인터넷뱅킹 가입고객의 경우에는 인터넷뱅킹 초기화면에 게시

05 다음은 예금거래 상대방에 대한 설명이다. 옳지 않은 것은?

① 법률에서 정한 자연인은 행위무능력자이어도 예금계약의 당사자가 될 수 있다.

② 미성년자는 원칙적으로 후견인 또는 법정대리인에 의한 대리행위가 필요하다.

③ 조합의 경우 개인명의로 거래가 불가능하다.

④ 중소기업협동조합, 수산업협동조합 등은 설립근거법령에 따라 합법적인 대표자와 거래하여야한다.

⑤ 출납공무원과 거래 시 거래개시·명의변경·인감변경 등의 신고서에 당해 기관장이 금전출납의 자격이 있음을 증명하는 인증인을 직인으로 받는다.

해설

조합의 경우 조합원이 선출한 업무집행사원이 개인명의로 거래하여야 한다.

더 알아보기 예금거래 상대방

자연인		• 자연인은 누구든지 예금거래 당사자가 될 수 있음 • 미성년자·피성년후견인·피한정후견인 등 제한능력자에 대한 예금수납은 특별한 절차 없이 가능
법 인	공법인	• 국가 및 지방자치 등의 공법인은 회계 전담자로 임명된 출납공무원이나 기관장 명의로 거래 • 출납공무원과 거래 시 거래개시·명의변경·인감변경 등의 신고서에 당해 기관장이 금전출납의 자격이 있음을 증명하는 인증인을 직인으로 받아야 함
	사법인	• 민사법인, 상사법인 • 정관, 법인등기부등본, 사업자등록증에 의한 합법적인 대표자와 거래
기 타		• 기타 공공단체 : 중소기업협동조합, 수산업협동조합 등은 설립근거법령에 따라 합법적인 대표자와 거래 • 권리능력 없는 사단·재단(임의단체 포함) : 그 단체의 대표자나 개인명의로 거래 • 조합 : 조합원이 선출한 업무집행사원이 개인명의로 거래

06 다음 중 비거주자에 대한 설명으로 옳은 것은? `23, 25`

① 국민인 비거주자는 외국환거래규정에 의한 양도성예금증서에 가입할 수 있다.

② 외국인 거주자는 원칙적으로 예금거래에 제한이 없다.

③ 외국인 비거주자는 표지어음에 가입할 수 없다.

④ 외국인 비거주자는 저축예금에 가입할 수 없다.

⑤ 국내에 있는 외국정부의 공관은 양도성예금증서 가입이 가능하다.

`해설`
① 국민인 비거주자는 외국환거래규정에 의한 양도성예금증서와 세법상 거래 제한 예금을 제외한 모든 예금을 가입할 수 있다.
③, ④ 외국인 비거주자는 보통예금, 저축예금, 기업자유예금, 정기예금, 표지어음, 환매조건부채권(RP)에 한하여 가입할 수 있다.
⑤ 국내에 있는 외국정부의 공관, 국제기구 및 종사자, 미합중국 군대와 국제연합국은 양도성예금증서와 세법상 거래가 제한되는 예금을 제외한 모든 예금을 가입할 수 있다.

07 다음은 거주자 · 비거주자의 구분에 대한 내용이다. 틀린 것은? `20, 21, 25`

① 금융상품 가입요청 시, 가입 후 매 3년 주기, 만기 및 해지 시에는 비거주자용 국내원천소득 제한세율 적용신청서, 출입국에 관한 사실증명서를 통해 비거주자를 판정해야 한다.

② 비거주자 해당자에 대하여는 증빙서류를 제출받아야 하며, 미제출 시 제한세율 적용을 배제한다.

③ 출입국기록상 국내 체재일이 2과세기간에 걸쳐 183일 이상인 경우에는 특별한 사유가 없는 한 거주자로 판정한다.

④ 주한외교관 및 미합중국 군대의 구성원, 군무원 및 그들의 가족은 판정표의 기재 내용에 불문하고 거주자로 판정한다.

⑤ 국내에 거소를 두고 있던 개인이 출국목적이 명백하게 일시적인 것으로 인정된 때에는 그 출국한 기간도 국내에 거소를 둔 기간으로 본다.

`해설`
판정표의 기재 내용에 불문하고 비거주자로 판정한다.

06 ② 07 ④ `정답`

08 다음 중 외국인 비거주자가 가입할 수 없는 예금은? `2025`

① 보통예금
② 정기예금
③ 표지어음
④ 양도성예금증서(CD)
⑤ 환매조건부채권(RP)

해설

외국인 비거주자는 보통예금, 저축예금, 기업자유예금, 정기예금, 표지어음, 환매조건부채권(RP)에 한하여 가입할 수 있다. 단, 국내에 있는 외국정부의 공관과 국제기구 종사자는 양도성예금증서(CD)와 세법상 거래가 제한되는 예금을 제외한 모든 예금을 가입할 수 있다.

09 다음 중 외국환거래법령의 거주성 구분상 비거주자는? `21, 25`

① 국내에서 영업활동에 종사하고 있는 외국인
② 6개월 이상 국내에서 체재하고 있는 외국인
③ 2년 이상 외국에 체재하고 있는 대한민국 국민
④ 비거주자이었던 자로서 입국하여 국내에 3개월 이상 체재하고 있는 대한민국 국민
⑤ 대한민국 재외공관에 근무할 목적으로 외국에 파견되어 체재하고 있는 대한민국 국민

해설

2년 이상 외국에 체재하고 있는 대한민국 국민은 비거주자에 해당한다.

더 알아보기 거주자와 비거주자의 구분

대 상	거주자	비거주자
대한민국 국민	• 대한민국 재외공관에 근무할 목적으로 외국에 파견되어 체재하고 있는 자 • 비거주자이었던 자로서 국내에서 3개월 이상 체재하고 있는 자	• 외국에서 영업활동에 종사하고 있는 자 • 외국에 있는 국제기구에서 근무하고 있는 자 • 2년 이상 외국에 체재하고 있는 자(일시 귀국의 목적으로 귀국하여 3개월 이내의 기간 동안 체재한 경우 그 체재기간은 2년에 포함되는 것으로 봄)
외국인	• 국내에서 영업활동에 종사하고 있는 자 • 국내에서 6개월 이상 체재하고 있는 자	• 국내에 있는 외국정부의 공관 또는 국제기구에서 근무하는 외교관·영사 또는 그 수행원이나 사용인 • 외국정부 또는 국제기구의 공무로 입국하는 자 • 거주자였던 외국인으로서 출국하여 외국에서 3개월 이상 체재 중인 자

10 거주자와 비거주자의 판정기준에 대한 설명으로 옳지 않은 것은? 2025

① 예금을 가입하는 고객이 주민등록증을 제시하는 경우 거주자로 판단하고 취급하지만 본인이 비거주자임을 주장하면 예외로 취급한다.

② 비거주자로 판정되어 제한세율을 적용받기 위해서는 금융상품 가입요청 시 국내원천소득 제한세율 적용신청서(비거주자용)와 출입국에 관한 사실증명서를 모두 제출하여야 한다.

③ 예금상품의 종류에 따라 비거주자 여부 판정을 달리하지 않는다.

④ 고객이 대한민국 세법과 해당국의 세법에 의하여 양국 거주자에 해당되는 경우 현재 거주지를 근거로 거주지국을 판정한다.

⑤ 국내에 있는 국제기구에서 근무하는 외국인은 비거주자이다.

해설
고객이 대한민국 세법과 해당국의 세법에 의하여 양국 거주자에 해당되는 경우에는 조세 조약상 판정기준을 「항구적인 주거지 → 인적·경제적 이해관계의 중심지 → 일상적인 거소 → 국적, 시민권, 영주권 등이 속한 국가」 순으로 순차적으로 적용하여 거주지국을 판정한다.

11 예금거래신청서 접수 시 유의사항이 아닌 것은?

① 비밀번호는 타인이 쉽게 알 수 있는 동일한 숫자 연속 사용을 제한한다.

② 대리인에 의한 통장의 신규 개설 시 본인과 대리인의 실증확인증표 사본, 본인의 인감증명서 및 위임장을 함께 보관한다.

③ 현금카드 발급 및 이체등록, 서비스 이용 등 신청여부를 확인한다.

④ 표지어음이나 양도성예금증서는 서명 또는 인감을 받는다.

⑤ 거래인감·서명을 동시에 등록하는 경우 선택적으로 사용 가능하다.

해설
표지어음이나 양도성예금증서 등의 무기명식 예금은 서명이나 인감을 받지 않는다.

12 예금거래 시 실명확인에 대한 설명으로 옳지 않은 것은?

① 최초 계좌개설 시에만 실명확인증표 원본에 의하여 실명확인한다.

② ARS 및 인터넷 등 실명확인증표 진위확인 서비스를 이용하여 위·변조 여부를 확인한다.

③ 실명확인증표 사본을 예금거래신청서와 함께 보관하여야 한다.

④ 예금거래신청서에 실명 확인필을 표시하고 기명날인한다.

⑤ 은행의 행정정보공유시스템에서 열람한 행정민원서류는 서류 원본에 준하여 처리한다.

해설
계좌개설을 할 때마다 실명확인증표 원본에 의하여 실명확인하도록 한다.

10 ④ 11 ④ 12 ① 정답

13 계좌개설 시 예금주별 실명확인증표에 관한 연결이 틀린 것은? **2025**

① 일반인 – 주민등록증
② 외국인 – 외국인등록증
③ 재외동포 – 여권
④ 법인 – 사업자등록증
⑤ 주민등록 미발급자 – 주민등록등본

해설
주민등록 미발급자의 경우 주민등록초본과 법정대리인의 실명확인 증표, 법정대리인 확인서류를 동시에 필요로 한다.

14 신규 및 등록 거래에 대한 내용으로 틀린 것은?

① 신규의 경우 최초 거래를 요청하는 순신규와 기존 거래고객의 신규로 구분한다.
② 기존고객에 대한 정보가 변경되었을 경우에는 수정하여 명확히 등록해야 한다.
③ 공동명의예금은 공동명의예금거래신청서와 예금거래신청서에 예금주 전원을 기재하여야 한다.
④ 공동명의예금의 경우 전산원장에는 대표 1인으로 등록하고, 부속성명란에 공동명의예금임을 알 수 있게 표시해야 한다.
⑤ 공동명의예금주 각자 또는 그 승계인은 예금의 분할청구나 단독 지급청구를 요구할 수 있다.

해설
공동명의예금은 어떠한 경우에도 공동명의예금주 각자 또는 그 승계인은 예금의 분할청구나 단독 지급청구를 하지 아니한다.

15 공동명의예금에 대한 설명으로 틀린 것은?

① 전원의 인적사항 기재
② 전산원장에는 1인만 등록
③ 공동명의예금주 각자의 분할청구 금지
④ 공동명의예금주 각자의 단독청구 금지
⑤ 지급청구를 할 경우 공동명의인 중 대표자의 기명날인

해설
지급청구 시에는 공동명의예금주 전원이 기명날인하여야 한다.

16 예금상품 판매에 대한 설명으로 가장 옳지 않은 것은? 2025

① 보장성 상품, 투자성 상품 및 대출성 상품 등 소비자가 구매하려는 금융상품이 소비자의 재산상황 등에 비추어 부적절할 경우 그 사실을 소비자에게 고지 및 확인한다.

② 소비자에게 계약체결 권유 및 소비자의 설명 요청이 있는 경우 금융상품에 대한 중요한 사항을 소비자에게 설명한 후 설명한 내용에 대해 이해하였음을 확인 받아야한다.

③ 입출금식예금의 경우 금융거래목적 확인 및 금융거래목적 증빙자료를 징구하여야 한다.

④ 예금거래자별 실지명의 확인을 위해 실명확인증표 원본을 징구 후 사본을 보관하여야 한다.

⑤ 금융상품 판매 시 개인정보 수집이용 동의서, 상품서비스 안내 동의서를 필수적으로 징구하여야 한다.

해설

상품서비스 안내 동의서는 필수 징구 사항이 아니다.

17 어음(수표) 수납 시 유의사항에 해당하지 않는 것은? 2025

① 백지어음 또는 백지수표는 입금인으로부터 백지사항을 보충하도록 한 뒤 수납 받는다.

② 여러 개의 횡선이 그어진 수표 및 선일자로 발행된 수표는 수납할 수 없다.

③ 장당 발행한도를 초과하는 가계수표는 발행인 본인이 창구에서 직접 거래로 발행하는 경우에만 수납할 수 있다.

④ 일반횡선수표는 은행 또는 거래처에 한하여 수납할 수 있으며, 특정횡선수표는 피지정은행이 당행으로 지정되었을 때만 수납할 수 있다.

⑤ 어음 앞면에 지시금지 문언이 있는 어음이 뒷면에 배서 양도되었을 경우에 수납할 수 없다.

해설

선일자로 발행된 수표는 수납 가능하다.

18 예금의 입금업무에 대한 설명으로 옳은 것은? `2025`

① 어음 수납 시 법적 기재요건의 완비여부를 확인하고 공란인 백지어음은 은행원이 백지 사항을 보충한 뒤 수납처리 한다.

② 어음은 배서가 연속되어 있는지를 확인해야 하는데 배서가 연속되지 않으면 부도처리 된다.

③ 발행인 본인이 직접입금 시 장당 발행한도를 초과하는 가계수표는 수납할 수 없다.

④ 수표에 나란히 두 줄을 그은 것을 횡선 수표라 하며 일반횡선수표는 특별한 제한 없이 거래할 수 있다.

⑤ 우편환증서는 발행일로부터 1년 이내에 수납이 가능하다.

해설

① 백지어음은 입금인으로 하여금 백지사항을 보충하도록 한 뒤 수납받는다.

③ 장당 발행한도를 초과하는 가계수표는 발행인 본인이 직접 입금하는 경우에만 수납할 수 있다.

④ 일반횡선 표시는 은행이나 거래처에 한하여 수납할 수 있다.

⑤ 우편환증서는 발행일로부터 6개월 이내에 수납이 가능하다.

19 자기앞수표의 대리인 거래 시 실명확인 방법에 대한 설명으로 가장 옳은 것은? `2025`

① 자기앞수표를 무통장 입금하는 경우 대리인 거래 시 본인의 실명확인증표로 실명을 확인하고 무통장입금의뢰서상에 대리인의 실명을 확인 후 날인한다.

② 자기앞수표를 무통장 입금하는 경우 대리인 거래 시 대리인의 실명확인증표로 실명을 확인하고 무통장입금의뢰서상에 본인의 실명을 확인 후 날인한다.

③ 자기앞수표를 무통장 입금하는 경우 대리인 거래 시 본인과 대리인의 실명확인증표로 실명을 확인하고 무통장입금의뢰서상에 본인의 실명을 확인 후 날인한다.

④ 자기앞수표를 현금으로 지급하는 경우 대리인 거래 시 대리인의 실명확인증표로 실명을 확인하고 뒷면에 본인 및 대리인의 성명과 주민등록번호 및 연락처와 본인과의 관계를 기재하고 대리인의 실명을 확인 후 날인한다.

⑤ 자기앞수표를 현금으로 지급하는 경우 대리인 거래 시 본인의 실명확인증표로 실명을 확인하고 뒷면에 본인 및 대리인의 성명과 주민등록번호 및 연락처와 본인과의 관계를 기재하고 대리인의 실명을 확인 후 날인한다.

해설

무통장 입금하는 경우	• 대리인의 실명확인증표로 실명확인 • 무통장입금의뢰서상 대리인의 실명확인 후 날인(본인 및 대리인의 실명, 본인과의 관계, 본인의 연락처 기재) • 수표 · 어음 뒷면에 입금계좌번호 기재
현금으로 지급하는 경우	• 대리인의 실명확인증표로 실명확인 • 수표 · 어음 뒷면에 본인 및 대리인의 성명과 주민등록번호 및 연락처, 본인과의 관계 기재 • 대리인의 실명을 확인 후 날인

20 다음 중 해지업무에 대한 설명으로 옳지 않은 것은?

① 통장, 증서 등과 찾을 때 전표를 받고 거래인감(서명)의 일치여부를 확인한 후 해지처리한다.

② 예금거래를 해지 시에는 미정리사항, 사고등록, 미결제타점권 유무를 확인하여야 한다.

③ 당좌, 가계당좌는 전 영업점에서 해지 가능하다.

④ 양도성예금증서(CD), 무기명정기예금은 실명을 확인한 후 해지처리한다.

⑤ 해지된 통장은 해지필 표시 또는 M/S를 제거한 후 예금주에게 교부한다.

> **해설**
>
> 예금거래의 해지는 원칙적으로 모든 영업점에서 가능하지만 사고신고, 질권설정, 기타 지급제한이 있는 계좌와 당좌, 가계당좌의 경우에는 계좌 개설점에서만 해지처리할 수 있다.

21 입금타점권의 부도처리에 대한 내용으로 가장 거리가 먼 것은?

① 은행은 부도사실을 전화 또는 부도사실통지서를 이용하여 입금인의 연락처로 통지한다.

② 부도금액을 당해 입금계좌에서 출금하여 가지급채무계정 부도대금으로 입금한다.

③ 부도반환된 타점권이 있다면 부도어음 기입장에 기입한 후 결제를 받는다.

④ 부도실물은 권리 보전절차 없이 입금한 영업점에서 예금주가 반환청구할 때 본인확인 후 돌려준다.

⑤ 부도실물 발행인이 지급거절한 날의 다음 영업일까지 당초 입금계좌에 해당자금을 입금했을 경우에는 발행인에게 돌려준다.

> **해설**
>
> 부도금액을 당해 입금계좌에서 출금하여 미지급내국환채무계정 부도대금에 입금한다.

22 예금잔액증명서 발급절차에 대한 설명으로 틀린 것은?

① 잔액증명발급의뢰서를 받고 예금주 본인임을 확인하여야 한다.
② 거래인감 또는 서명을 대조 확인하며, 본인확인 시에는 거래인감을 생략할 수 있다.
③ 예금에 질권설정이나 법적지급제한 등 예금관련 주요사항이 있는 경우 그 내용을 표시하여야 한다.
④ 양도 가능한 무기명식 예금은 예금잔액증명서를 발급할 수 없다.
⑤ 잔액증명서를 발급한 당일에는 발행당일의 잔액 및 예금관련 표시내용의 변경을 가져오는 추가 거래를 할 수 있다.

> **해설**
> 당일자로 잔액증명서를 발행한 경우에는 발행당일의 잔액 및 예금관련 표시내용의 변경을 가져오는 추가거래를 할 수 없다. 단, 잔액증명서를 발급한 당일에도 가압류·압류 등 법적 지급제한 거래를 할 수 있다.

23 다음은 예금잔액증명서 발급과 관련된 내용이다. 옳지 않은 것은?

① 표지어음은 잔액증명서를 발급할 수 없다.
② 외화표시 예금잔액증명서는 발급기준일의 매매기준율에 의한다.
③ 단말기에 의한 발급이 원칙이며, 이 경우 타영업점에서도 발급할 수 있다.
④ 해지계좌는 전산상 삭제되었으므로 발급할 수 없다.
⑤ 예금거래실적증명, 거래상황확인원, 은행조회서, 예금거래명세표 등은 예금잔액증명서 발급절차와 동일하게 처리한다.

> **해설**
> 해지된 계좌도 해지 전의 날짜를 기준으로 해지일자 및 해지내용을 기입하여 잔액증명서를 발급 가능하다.

> **더 알아보기** 예금잔액증명서의 발급방법과 처리
>
> - 단말기 발급이 원칙
> - 수기에 의한 발급의 경우
>   - 불가피한 경우에 계좌 개설점에 한해 허용
>   - 전결권자의 결재를 받은 후 통장, 예금잔액장, 입출거래명세 등을 기초로 발급하며, 타영업점에서도 발급 가능
>   - 위·변조 방지를 위해 문자 병기 및 투명테이프 부착
> - 해지계좌는 동 증명서에 해지일자 및 해지내용을 기입하여 발급 가능
> - 예금거래실적증명, 거래상황확인원, 은행조회서, 예금거래명세표 등도 동일하게 처리
> - 증명서 발급 시에는 동일한 사본을 보관하여야 함
> - 책임자는 금액 앞에 검인, 감사통할책임자(부재 시에는 타책임자)는 확인인을 날인하고 책임자 명의의 명판과 직인을 날인함

24 예금의 질권설정에 관한 내용으로 틀린 것은? `2020`

① 법령에서 금지하는 경우 외에는 은행이 승낙하면 질권설정이 가능하다.
② 질권자는 설정된 예금의 청구권을 가진다.
③ 질권설정 후 이행기가 도래하는 이자채권에는 질권의 효력이 미치지 않는다.
④ 질권 승낙 시 질권설정승낙의뢰서 2부와 예금통장·증서를 받고 본인 여부를 확인한다.
⑤ 은행이 보관하는 승낙의뢰서는 확정일자를 받아야 한다.

해설
설정된 예금의 원금과 질권설정 후 이행기가 도래하는 모든 이자채권에도 질권의 효력이 미친다.

더 알아보기 예금의 질권설정

개 요	• 예금주가 자기의 채권자를 위하여 예금을 채권의 담보로 제공하고 기일 내에 변제되지 않을 경우에는 동 예금의 원리금에서 채권액을 우선변제 받을 수 있는 권리를 설정하는 것 　- 법령 금지 경우 외에는 은행이 승낙하면 질권설정 가능 　- 설정된 예금의 원금과 질권설정 후 이행기가 도래하는 모든 이자채권에도 질권의 효력이 미침 　- 질권자는 설정된 예금의 인도에 대한 청구권을 가짐
질권설정 승낙	• 질권자는 질권설정 시 은행의 승낙을 받아야 하며, 은행이 질권 승낙 시 질권자에 대하여 제3채무자로서의 의무를 가짐 • 질권 승낙 시 확인 및 유의하여 할 사항 　- 질권설정승낙의뢰서 2부와 예금통장, 증서를 받고 본인 여부를 확인 　- 질권설정승낙의뢰서에 기재한 사항 및 거래인감과의 일치 여부를 대조 확인 　- 질권설정승낙의뢰서 1부는 지점장 결재 후 보관, 다른 1부는 승낙서에 직인을 찍어 질권자에게 교부 　- 당행 보관 질권설정승낙의뢰서는 확정일자를 받음
질권설정된 예금의 지급	• 질권으로 설정된 예금의 원리금은 질권자로부터 질권해지통지서를 받은 후가 아니면 예금주에게 지급이 불가 • 질권자로부터 질권실행의 신청이 있을 때에는 내용증명우편으로 통지에 대해 예금주로부터 이의신청이 없는 경우에만 질권자에게 지급 가능

25 유증을 포함한 상속에 의한 명의변경 절차에 대한 설명으로 옳지 않은 것은?

① 지급정지 등록을 하여 상속을 마칠 때까지 지급 또는 명의변경을 금지한다.

② 상속인 또는 상속지분이 불명확한 경우 해당 예금 전액을 공탁할 수 있다.

③ 상속포기, 한정승인, 유류분 청구가 있는지 확인하며, 상속인 전원의 서명 또는 날인을 받는다.

④ 생계형저축과 연금저축신탁은 상속 후에도 계속 거래할 수 있으므로 상속신고 후 해지하지 않아도 된다.

⑤ 대표상속인이 계속 거래를 원하는 경우에는 새로운 예금거래신청서를 받으며, 상속인들이 공동명의로 계속 거래를 원하는 경우에는 공동명의예금 처리절차에 의한다.

> **해설**
> 법적성격에 의한 제한인 당좌예금과 가계당좌예금, 가입자격에 의한 제한인 비과세종합저축, 세금우대종합저축, 생계형저축, 재형저축, 연금저축신탁의 경우에는 상속 후 계속 거래가 불가능하므로 상속신고와 동시에 해지하여야 한다.

26 양도가 제한되는 예금이 아닌 것은?

① 보통예금　　　　　　　　　　② 당좌예금

③ 비과세종합저축　　　　　　　④ 주택청약관련상품

⑤ 세금우대종합저축

> **해설**
> 당좌예금, 가계당좌예금, 주택청약관련상품 등은 법적성격에 의해서 제한되며, 비과세종합저축, 세금우대종합저축, 생계형저축, 재형저축, 연금저축신탁 등은 가입자격에 의해서 제한된다. 기타 분리과세신청계좌와 만기경과계좌 등도 양도가 제한되는 예금이다.

27 예금의 명의변경에 대한 설명으로 틀린 것은?

① 관공서의 대표자 명의가 변경된 경우에는 감독기관 또는 소속관서장의 임명증명서를 받아두어야 한다.

② 법인 합병 시 각종 신고 및 재발급의뢰서, 법인등기부등본이나 초본, 신대표자의 법인인감증명서를 받아두어야 한다.

③ 피상속인이 거치식 예금을 보유하고 있는 경우 상속인이 자신의 지분을 요청하면 지급하여야 한다.

④ 이자지급 시기는 당해 예금의 상속에 의한 명의변경일 또는 지급기일에 지급한다.

⑤ 예금주의 사망사실 인지 전 통장·증서 및 거래인감·서명이 있는 지급청구서에 의한 지급은 면책약관과 채권의 준점유자에 대한 선의의 변제로 면책사유가 된다.

> **해설**
> 피상속인이 입출금이 자유로운 예금만 보유하고 있는 경우에만 지급 가능하다.

28 양도·양수에 의한 명의변경 시에 해소해야 할 요건이 아닌 것은?

① 양도예금에 질권설정이 없어야 한다.
② 당일자 거래가 없어야 한다.
③ 자동이체등록이 없어야 한다.
④ 미비사항이 있는 경우 동 미비사항을 정리한 후 처리한다.
⑤ 당일 잔액증명서 발행 사실이 없어야 한다.

해설
당일자 거래와는 상관이 없다.

29 다음 중 사고신고의 처리에 대한 설명으로 옳은 것은? `2025`

① 사고신고 시 반드시 본인임을 확인하여야 한다.
② 서면신고로 사고신고를 접수한 때에 한해 지체없이 전산등록을 하여야 한다.
③ 사고신고의 철회는 계좌개설점 또는 사고신고한 타 영업점에서 본인 확인 후 처리하여야 한다.
④ 사고신고와 동시에 해지요청이 있을 경우에는 반드시 예금주 본인임과 비밀번호 일치여부를 확인한 후 통장을 재발행해야 한다.
⑤ 통장 재발행 시 수수료를 받으며 계좌번호와 비밀번호는 변경되어야 한다.

해설
① 사고신고 시 정당한 자임을 확인하여야 하나 타인도 신고자체는 가능하다.
② 서면신고 뿐만 아니라 전화신고 후에도 지체없이 전산등록을 하여야 한다.
④ 사고신고와 동시에 해지요청이 있는 경우에는 통장(증서) 재발행의 생략이 가능하다.
⑤ 통장 재발행 시 계좌번호는 변경되지 않으며, 비밀번호는 변경 가능하다.

30 다음 압류효력의 범위에 대한 설명 중 옳지 않은 것은? `2025`

① 예금압류의 효력은 압류채권자가 제한하지 않으면 압류시점의 예금잔액 전부에 대하여 압류효력이 미친다.
② 압류금액의 기재가 있으면 그 예금잔액 범위 내에서 압류금액까지 효력이 미친다.
③ 압류금액의 기재가 있으면 압류금액의 초과금액에 대해서 압류의 효력이 미친다.
④ 예금에 대한 압류 시 압류 후의 예금이자에 대해서도 그 효력이 미친다.
⑤ 「금 ○○○원에 달할 때까지 계속 입금될 금액」 등으로 압류금액의 기재가 있으면 송달 후의 입금액에 대해서도 압류금액에 달할 때까지 효력이 미친다.

해설
압류금액의 기재가 있으면 압류금액을 초과하는 금액 또는 압류명령 송달 후 입금한 금액에 대해서는 압류의 효력이 미치지 아니한다.

28 ② 29 ③ 30 ③ 정답

31 압류·추심 및 전부명령의 처리과정 중 옳지 않은 것은?

① 결정문에 기재된 예금이 있고 명령에 응할 의무가 있을 경우에는 전산원장에 등록하고 명령서 접수의 뜻을 예금주 및 질권자에게 통지한다.

② 법원으로부터 진술최고서를 받은 경우 압류명령이 송달된 날로부터 7일 이내에 법원에 진술한다.

③ 당해 예금에 대하여 질권설정이 없고 당행 채권만 있을 경우 상계할 수 없다.

④ 압류대상예금에 대한 권리 관계가 확정될 때까지 지급을 정지한다.

⑤ 결정문에 기재된 대상예금의 예금주, 처리의무에 대한 유무를 조사하여야 한다.

> **해설**
> 당해 예금에 대하여 질권설정이 없더라도 당행 채권이 있을 경우 채권보전상 필요한 경우에는 즉시 상계처리하고 잔존예금에 대해서만 압류예금으로 처리한다.

32 국세체납처분에 의한 압류에 대한 설명으로 옳지 않은 것은?

① 국세체납처분에 의한 압류의 경우 판결은 채무명의로 하지 않고 행정처분을 집행명의로 하여 세무공무원이 직접 집행할 수 있다.

② 국세징수법에 의한 압류는 제3자인 은행에 대하여 예금압류통지서를 송달하는 방법에 의한다.

③ 지방세법, 국민연금법, 의료보험법, 국민의료보험법, 산업재해보상법 등에서 정한 체납처분도 국세체납처분에 준하여 처리한다.

④ 절차는 압류·추심 및 전부명령시의 처리에 준한다.

⑤ 국세·가산금 또는 체납처분비 등은 압류등기일 이전에 설정된 질권에 우선한다.

> **해설**
> 국세·가산금 또는 체납처분비 등은 다른 채권에 우선하나, 압류등기일 또는 등록일 전에 설정 등기 또는 등록한 경우에는 질권이 국세에 우선한다.

33 다음 예금이자에 대한 원천징수방법에 대한 설명으로 틀린 것은? 2025

① 개인이 일반으로 가입한 경우 소득세와 지방소득세를 합한 총 세율은 15.4%이다.

② 원천징수의 납세의무자는 예금주이며, 원천징수의무자는 금융기관인 은행이다.

③ 원천징수하는 시기는 원칙적으로 실제로 이자를 지급하는 때이다.

④ 예금주가 법인인 경우 법인세율 14%를 적용한다.

⑤ 비거주자일 경우 우리나라와 조세협약을 체결한 당해 국가의 거주자에 대한 원천징수세율은 지급이자액의 22%를 적용한다.

해설

비거주자일 경우 우리나라와 조세협약을 체결하지 않았으면 22%(소득세 20%, 지방소득세 2%)를 적용하지만, 우리나라와 조세협약을 체결한 국가의 거주자에 대해서는 제한세율을 적용한다.

더 알아보기 이자소득의 원천징수 업무

의무자	• 납세의무자 : 예금주 • 원천징수의무자 : 금융기관(은행)
원천징수 시기	• 원칙적으로 이자를 실제로 지급하는 때 • 원본에 전입하는 뜻의 특약이 있는 이자가 원본에 전입된 날 • 정기예금의 이자를 납입할 부금에 입금하는 정기예금 연결 정기적금에 가입한 경우에는 정기예금 또는 정기적금이 해지되는 날
원천징수 방법	• 개인의 원천징수 방법(10원 미만 절사) ❶ 소득세 : 이자소득액 × 소득세율(14.0%) ❷ 지방소득세 : 소득세액 × 10% • 법인의 원천징수 방법(10원 미만 절사) ❶ 법인세 : 이자소득 × 법인세율(14.0%) ❷ 법인지방소득세 : 법인세액(14.0%) × 10% = 1.4% *소액부징수 : 법인에게 징수할 법인세액이 1,000원 미만인 때에는 법인세를 징수하지 않는다. • 비거주자에 대한 원천징수 : 지급이자액의 22.0%(소득세 20%, 지방소득세 2.0%)

34 다음 중 예금의 지급과 관련하여 원천징수 면제 대상에 해당하지 않는 것은? 20, 21, 25

① 국가 또는 지방자치단체

② 사립학교

③ 국립학교

④ 신탁회사

⑤ 금융보험업 영위법인의 이자

해설

민간기금, 사립학교는 원천징수 대상이고, 금융보험업을 영위하는 법인의 CD, 표지어음, RP 등의 채권에서 발생하는 소득은 과세한다.

35 다음 비과세종합저축에 대한 내용 중 옳은 것은? 20, 25

☐△✕
☐△✕

① 만 65세 이상인 거주자가 가입할 수 있다.

② 만기 후 발생한 이자에도 완전 비과세를 적용한다.

③ 신규 개설 후 1년 이상 경과한 후에 해지를 하여야 비과세 혜택이 주어진다.

④ 비과세종합저축에서 발생하여 원금에 전입되는 이자 등은 1인당 한도에 포함하여 계산한다.

⑤ 명의변경 및 양수도가 가능하다.

해설

②, ③ 만기해지 시와 중도해지 시에는 완전 비과세를 적용하지만 만기 후 발생한 이자에 대하여는 일반 과세한다.

④ 비과세종합저축에서 발생하여 원금에 전입되는 이자 등은 1인당 한도에 포함하여 계산하지 아니한다.

⑤ 비과세종합저축은 명의변경 및 양수도가 허용되지 아니한다.

더 알아보기 비과세종합저축

의 의	비과세종합저축은 노인, 장애인, 국가유공자 중 상이자, 국민기초생활보장법에 의한 수급자 및 독립유공자의 그 유족 또는 가족 등의 생계비 지원을 목적으로 시행
가입대상자	• 만 65세 이상인 거주자(2025년은 1960년 이전에 출생하여 생일이 지난 고객) • 장애인복지법에 따라 등록한 장애인 • 독립유공자법에 따라 등록한 독립유공자와 그 유족 또는 가족 • 국가유공자법에 따라 등록한 상이자(배우자, 유족 및 가족은 해당되지 않음) • 국민기초생활보장법에 따른 수급자 • 고엽제법에 따른 고엽제후유의증 환자 • 5 · 18 보상법에 따른 5 · 18 민주화운동 부상자
대상예금	• 은행이 취급하는 모든 예금 등 • CD, 표지어음, 무기명정기예금, 당좌예금, 가계당좌예금, 연금저축신탁, 외화예금 등은 제외대상
예치한도	• 원금을 합하여 5천만원(기존 세금우대종합저축, 생계형저축한도를 포함하여 통합한도로 운용) • 이 저축에서 발생하여 원금에 전입되는 이자 등은 1인당 한도에 포함하여 계산하지 아니하며, '입출금이 자유로운 예금'은 최종원가로 인하여 한도가 초과되는 경우를 제외하고는 저축한도에 포함한다. • 약정한도 금액을 초과하여 입금할 수 없다. • 동일한 계좌에서 일부 금액만을 이 저축의 한도로 정할 수 없다.
기 타	• 만기 후 발생한 이자에 대해서는 일반과세함 • 비과세를 적용한 이자 소득은 금융소득종합과세 대상소득에 포함하지 않음 • 명의변경 및 양수도는 허용하지 않음
가입 가능 기한	2025년 12월 31일까지 가입한 경우에 적용한다(연말에 세법이 변경되면 계속해서 연장 될 수 있음).

36 고액현금거래보고(CTR)의 기준금액은? 22, 23

① 1천만원
② 2천만원
③ 3천만원
④ 4천만원
⑤ 5천만원

해설

은행은 특정금융거래보고법 시행령에 따라 2019년 7월 1일부터 1천만원 이상의 현금을 금융거래자에게 지급하거나 영수한 경우 그 거래사실을 30일 이내에 금융정보분석원장에게 보고하여야 한다.

37 의심거래보고제도(STR)와 고액현금거래보고제도(CTR)에 대한 내용으로 틀린 것은? 2021

① 의심거래와 고액현금거래의 보고는 모두 금융정보분석원장에게 한다.
② 의심거래보고 사안이 긴급을 요하는 경우 전화, FAX 등을 통해 먼저 보고한 후 추후 보완하여 보고사항이 비밀 유지될 수 있도록 한다.
③ 의심거래보고제도(STR)의 대상 금액은 제한이 없다.
④ 고액현금거래보고제도(CTR)는 다른 금융기관 등과의 현금의 지급 또는 영수 시 보고에서 제외된다.
⑤ 고액현금거래보고제도(CTR)의 대상 금액은 1일 거래 3천만원 이상의 현금이다.

해설

고액현금거래보고제도(CTR)의 대상 금액은 1일 거래 1천만원 이상의 현금이다.

38 다음 중 고객확인의무(CDD)를 실행할 대상 금융거래에 해당하는 것은?

① 각종공과금의 수납
② 특정채권의 거래
③ 법원공탁금
④ 송달료를 지출한 금액
⑤ 2천만원 이상의 일회성 금융거래

해설

무통장입금, 외화송금·환전, 자기앞수표 발행·지급, 보호예수, 선불카드매매 등 1천만원 이상의 일회성 금융거래는 고객확인의무가 있다.

의무대상	• 계좌 신규개설
	 예 여신, 보험, CD발행, 대여금고, 보관어음수탁 등
	• 당행에 고객확인 원장이 없는 고객의 일회성 거래(계좌에 의하지 않은 거래)로서 기준금액 이상의 단일금융거래 및 동일인 명의의 일회성 금융거래로서 7일 동안 합산한 금액
	   – 전신송금 : 1백만원 또는 그에 상당하는 다른 통화로 표시된 금액
	   – 외국통화로 표시된 외국환거래 : 미화 1만불 또는 그에 상당하는 다른 통화로 표시된 금액
	   – 무통장송금, 외국송금/환전, 자기앞수표발행/지급, 보호예수, 선불카드 매매 등 : 1천만원
	 ※ 위의 거래가 혼합된 경우 각각의 금융거래로 구분하여 적용
	 ※ 액면금액과 실지금액이 다른 경우에는 실지거래금액 기준으로 산정

면제대상	• 각종 공과금의 수납 • 특정채권의 거래 • 법원공탁금, 정보·법원보관금, 송달료를 지출한 금액 • 보험기간의 만료 시 보험계약자, 피보험자 또는 보험수익자에 대하여 만기환급금이 발생하지 아니하는 보험계약 • 발행권면 최고한도 5만원인 전자화폐 • 발행권면 최고한도 50만원인 선불 전자지급수단의 발행

39 다음 금융소득종합과세에 대한 설명으로 틀린 것은? 2025

① 부부합산 금융소득이 2천만원을 초과하는 경우 타종합소득과 합산하여 과세하는 제도이다.

② 과세표준액별 6%~45%로 적용되는 누진세 제도이다.

③ 비과세 금융소득과 분리과세되는 금융소득은 종합과세에서 제외된다.

④ 이자소득의 귀속시기는 실제로 이자를 지급받는 날이다.

⑤ 소득세법상 퇴직소득은 종합과세되지 않는 분류과세 대상에 속한다.

해설

부부별산 방식이다.

과세표준액	소득세율(지방소득세 별도)
1,400만원 이하	6%
1,400만원~5,000만원	84만원+1,400만원을 초과하는 금액의 15%
5,000만원~8,800만원	642만원+5,000만원을 초과하는 금액의 24%
8,800만원~1.5억원	1,536만원+8,800만원을 초과하는 금액의 35%
1.5억원~3억원	3,706만원+1.5억원을 초과하는 금액의 38%
3억원~5억원	9,406만원+3억원을 초과하는 금액의 40%
5억원~10억원	1억 7,406만원+5억원을 초과하는 금액의 42%
10억원 초과	3억 8,406만원+10억원을 초과하는 금액의 45%

40

사업소득 과세표준액이 9천만원이고, 금융소득이 7천만원인 경우 산출세액은 얼마인가?

① 1,158만원   ② 1,260만원

③ 1,370만원   ④ 2,640만원

⑤ 3,636만원

> **해설**
> 산출세액은 Max(㉠, ㉡)으로 구한다.
> ㉠ (7천만원 × 14%) + (1,536만원 + 200만원 × 35%) = 25,860,000원
> ㉡ (2천만원 × 14%) + (5천만원 + 9천만원)의 소득에 대한 세율을 곱한 금액
>   = (2천만원 × 14%) + (1,536만원 + 5,200만원 × 35%) = 36,360,000원
> ∴ Max(㉠, ㉡) = 3,636만원이다.

> **더 알아보기**   산출세액 계산방법
>
> 산출세액 = Max(㉠, ㉡)
>   ㉠ (금융소득 × 14%) + (타종합소득과세표준액 × 종합소득세율)
>   ㉡ (2천만원 × 14%) + (2천만원 초과 금융소득 + 타종합소득 과세표준액) × 종합소득세율

41

다음 중 분리과세되는 금융소득에 해당하는 것은?   `20, 21`

① 세금우대저축이자

② 비과세종합저축의 이자

③ 개인연금신탁의 이자

④ 계약기간이 10년 이상인 저축성 보험차익

⑤ 주식 양도 시 발생하는 매매차익

> **해설**
> 세금우대저축이자는 분리과세되는 금융소득에 해당하고, 나머지 보기 내용은 비과세 금융소득에 해당한다.

42

다음 중 비과세 금융소득에 해당하는 것은?   `20, 21`

① 세금우대저축이자

② 비실명예금의 이자

③ 비거주자금융소득

④ 채권 양도 시 발생하는 매매차익

⑤ 상환기간이 10년 이상인 장기채권 매입 후 분리과세 신청 시 매입 후 3년 경과한 후부터 발생되
   는 이자

> **해설**
> 채권 양도 시 발생하는 매매차익은 비과세 금융소득에 해당하며, 나머지 보기 내용은 분리과세되는 금융소득에 해당
> 한다.

더 알아보기	종합과세에서 제외되는 금융소득

비과세 금융소득	• 개인연금신탁의 이자 • 비과세종합저축, 생계형저축, 재형저축 상품의 이자 • 주식과 채권 양도 시 발생하는 매매차익 • 계약기간에 10년 이상인 저축성 보험차익
분리과세되는 금융소득	• 세금우대저축이자 • 비실명예금의 이자 • 비거주자금융소득 • 분리과세 신청된 상환기간이 10년 이상인 장기채권 매입 후 분리과세 신청 시 매입 후 3년 경과 후부터 발생된 이자는 30% 분리과세

43 다음 중 금융소득에 해당하지 않는 것은?

① 영업대금의 이익
② 국내에서 지급받는 예금의 이자와 할인액
③ 10년 미만 저축성보험의 보험차익
④ 국외에서 받는 예금의 이자
⑤ 채권 또는 증권의 환매조건부매매차익

해설
비영업대금의 이익이 금융소득에 해당한다.

44 금융소득종합과세에 대한 설명으로 틀린 것은?

① 금융소득은 이자소득과 배당소득으로 구성되어 있다.
② 비실명예금의 이자, 비거주자의 금융소득 등은 분리과세가 되는 금융소득이다.
③ 현재 과세표준액별 최고 세율은 35%(지방소득세 포함 38.5%)이다.
④ 종합과세에 해당되는 금융소득은 금융소득 중 비과세예금의 금융소득과 분리과세되는 금융소득을 제외한 금융소득이다.
⑤ 분리과세 신청된 상환기간이 10년 이상인 장기채권의 이자는 분리과세되는 금융소득이다.

해설
현재 과세표준액별 최고 세율은 45%(지방소득세 포함 49.5%)이다.

45 다음 중 종합소득에 해당하지 않는 것은?

① 이자소득
② 양도소득
③ 배당소득
④ 사업소득
⑤ 부동산임대소득

해설

소득세법상 소득의 종류는 종합소득(이자소득, 배당소득, 부동산임대소득, 사업소득, 근로소득, 일시재산소득 및 기타소득), 퇴직소득, 양도소득, 산림소득이 있다(퇴직, 양도, 산림소득은 분류과세에 해당한다).

02 예금상품

46 다음 중 입출금이 자유로운 예금에 해당하지 않는 것은?

① 보통예금
② 저축예금
③ 별단예금
④ 당좌예금
⑤ 주택청약저축

해설

보통예금, 저축예금, 기업자유예금, 시장금리부 수시입출식 예금(MMDA), 별단예금, 당좌예금, 가계당좌예금 등이 입출금이 자유로운 예금에 해당한다.

47 입출금이 자유로운 예금에 대한 설명으로 틀린 것은?

① 보통예금은 거래상의 제한, 예치한도의 제한 등이 없이 입출금이 자유로운 예금이다.
② 기업자유예금은 선입선출방식으로 지급한다.
③ 제2금융권의 단기시장상품에 대항하여 나온 상품이 MMDA(시장금리부 수시입출식 예금)이다.
④ 자기앞수표의 지급 제시기간은 발행일로부터 7일간(발행일 포함 8일)이다.
⑤ 당좌예금 개설 시에는 거래처에 대해 사전에 신용조사를 실시하여야 한다.

해설

자기앞수표의 지급 제시기간은 발행일로부터 10일간(발행일 포함 11일)이며, 기간의 말일이 법정휴일 또는 금융휴무일이면 이에 이은 제1거래일까지 연장한다.

48 다음 중 전 금융기관을 통한 1인 1계좌만 거래할 수 있는 예금은?

① 보통예금   ② 기업자유예금
③ 당좌예금   ④ 가계당좌예금
⑤ 저축예금

해설

가계당좌예금은 가계수표를 발행하여 현금 대신 지급수단으로 사용하는 예금으로 개인에 한하여 전 금융기관을 통하여 1인 1계좌만 거래할 수 있다.

더 알아보기 입출금이 자유로운 예금

구 분	보통예금	저축예금	MMDA	당좌예금	가계당좌예금
가입대상	제한 없음	개 인	개인 · 기업	법인 · 사업자등록증 소지한 개인	개인 · 개인사업자
저축기간	제한 없음	제한 없음	제한 없음	제한 없음	제한 없음
저축한도	제한 없음	제한 없음	금융기관 상이	제한 없음	제한 없음
예금자보호	보호 대상	보호 대상	보호 대상	보호 대상	보호 대상

49 별단예금으로 수납해야 하는 것이 아닌 것은?

① 가수금
② 자기앞수표 발행자금
③ 당좌예금거래 보증금
④ 위 · 변조 신고예수금
⑤ 전화요금 수납금

해설

가수금이란 장래 은행의 수입으로 처리될 것이나 계정과목 또는 금액이 미확정 상태인 일시 수입금 처리 계정이다.

50 다음 중 이자를 지급하지 않는 예금은?

① 보통예금   ② 저축예금
③ 당좌예금   ④ 가계당좌예금
⑤ 기업자유예금

해설

당좌예금은 이자가 없는 전형적인 요구불예금이다. 당좌예금의 거래대상자는 일정자격을 갖춘 법인 또는 사업자등록증을 소지한 개인으로 신용상태가 양호한 자로서 일정한 예금 거래실적이 있어야 한다. 또한 개설 시에는 거래보증금을 받아야 한다.

51

다음 내용에 해당하는 입출금이 자유로운 예금은? `2020`

• 제2금융권의 단기시장상품에 대항하기 위하여 도입된 상품
• 금액이 많으면 저축예금보다 더 높은 이자율을 적용하는 상품

① 보통예금　　　　　　　　　　　　② 저축예금
③ 기업자유예금　　　　　　　　　　④ 별단예금
⑤ 시장금리부 수시입출식 예금

해설
시장금리부 수시입출식 예금(MMDA)에 대한 설명이다.

52

다음 별단예금에 대한 내용으로 가장 거리가 먼 것은?

① 자기앞수표 발행자금, 당좌예금거래 보증금 등 일시적인 예금 또는 보관금을 처리하기 위해 설정된 예금을 말한다.
② 원칙적으로 예금이자를 지급하지 않는다.
③ 사전수도 시에는 자기앞수표 수도부에 의해 수도 상황을 확인해야 하나 반환 시에는 확인의무를 가지지 않는다.
④ 자기앞수표의 사고신고 사유가 분실, 도난, 멸실의 경우에는 사고신고서 하단의 미지급증명서를 발급한다.
⑤ 사고수표가 지급제시 기간 내에 제시되고 사고신고서 제출 후 5영업일 이내에 법적절차가 진행 중임을 확인할 수 있는 서류를 제출하지 않으면 최종소지인에게 지급가능하다.

해설
사전수도 및 반환은 자기앞수표 수도부에 의해 수도상황을 명확히 하여야 한다.

53

자기앞수표에 관한 내용으로 틀린 것은?

① 원칙적으로 500만원 미만의 소액 일반 자기앞수표는 발행하지 않는다.
② 예금금리 및 수수료지침에서 정한 수표발행수수료를 받는다.
③ 사전수도하는 정액자기앞수표 용지에는 발행일자를 기입하여야 한다.
④ 정액자기앞수표란 수표면에 수표금액이 인쇄되어 있는 수표를 말한다.
⑤ 일반자기앞수표는 수표발행 시 고객의 요청에 따라 수표금액을 표시할 수 있도록 수표금액이 인쇄되어 있지 않은 수표이다.

해설
사전수도하는 정액자기앞수표 용지에는 서명란과 직인을 날인하고 발행일자는 기입하지 아니한다.

54 자기앞수표의 사고 신고인이 해야 할 내용과 거리가 먼 것은?

① 은행에 사고신고서 제출 후 미지급증명서 발급을 요청한다.

② 신문에 분실공고 또는 경찰관서에 도난·분실신고를 접수한 후 접수증을 받는다.

③ 법원에 공시최고 및 제권판결을 신청한다.

④ 사고신고 접수일 제3영업일 이내에 공시최고신청 접수서류를 은행에 제출한다.

⑤ 은행에 제권판결문 정본 제출과 수표금 지급을 청구한다.

> **해설**
>
> 자기앞수표의 사고 신고인은 사고신고 접수일 제5영업일 이내에 공시최고신청 접수서류를 은행에 제출한다.

55 다음 괄호 안에 알맞은 기간은? `2021`

> 수표사고로 인하여 제권판결에 의한 수표대금 지급 시 제권판결을 선언한 날로부터 (   )이
> 경과한 경우에 한하여 수표대금을 지급하도록 되어 있다.

① 1개월 　　　　　　　　　　② 2개월

③ 3개월 　　　　　　　　　　④ 6개월

⑤ 1년

> **해설**
>
> 제권판결에 의한 수표대금 지급 시 제권판결을 선언한 날로부터 1개월이 경과한 경우에 수표대금을 지급하도록 되어 있다.

> **더 알아보기**　제권판결이란
>
> 법원이 최고한 일정기간 내에 수표의 권리를 주장하는 자가 없는 경우 당해 수표를 무효화하는 소극적 효력과
> 수표상 채무자에 대하여 수표상의 권리를 행사할 형식적 자격을 부여하는 적극적 효력을 판결하는 것을 말한다.

56 자기앞수표의 사고신고에 대한 설명으로 틀린 것은?

① 사고신고인에게 받은 사고신고서는 전결권자의 결재를 받는다.
② 사고신고인에게 사고신고서를 받은 후 사고신고인에게 법적인 절차(공시최고 및 제권판결)를 밟을 수 있도록 안내한다.
③ 공시최고기일은 공고 종료일로부터 1개월간이다.
④ 전화 또는 구두로 사고신고를 접수한 경우 다음 영업일까지 서면으로 신고하여야 한다.
⑤ 당사자간 합의가 이루어지지 않은 경우 소지인이 선의 취득자로 인정될 때에는 각서를 받은 후 수표대금을 소지인에게 지급할 수 있다.

해설
공시최고기일은 공고종료일로부터 3개월간이다.

더 알아보기 공시최고제도

개 념	• 법원이 일정한 권리 또는 청구의 신고를 시키되 그 신고가 없는 경우에는 수표상의 권리를 상실하게 하는 효과를 발생하게 하는 독촉절차 • 법원 내의 게시판에 게시하고 관보 또는 공보에 게재한 날로부터 3개월간 최고기일을 둠
신청 절차	• 사고수표의 최종소지인이 다음 서류를 갖추어 서면으로 관할법원에 신청 - 사교수표사본(자기앞수표의 경우 생략가능) - 발행 및 미지급 · 미제시 증명원(당좌수표, 약속어음의 경우 미제시증명원) - 신문 분실공고 또는 경찰관서의 도난 · 분실신고 접수증

57 사고수표의 지급 요청 시 지급할 수 없는 경우는? `20, 25`

① 사고신고인과 수표제시인의 합의가 이루어지지 않았을 경우
② 신고인 요청으로 지급거절 시 소지인이 제소하고 신고인이 소송비용 예치에 불응한 경우
③ 수표 소지인의 제소로 소지인의 승소판결이 확정된 경우
④ 사고수표가 지급제시기간 내에 제시되고 사고신고인이 법적절차 진행 확인 서류를 사고신고일로부터 5영업일 이내에 제출하지 아니한 경우
⑤ 제권판결에 의하여 지급할 경우 판결을 선언한 날로부터 1개월이 경과한 경우

해설
사고신고인과 수표제시인(소지인)의 합의가 이루어진 때 지급할 수 있다.

58 다음 중 시장금리부 수시입출금식예금(MMDA)에 대한 내용으로 틀린 것은? `2021`

① 시장실세 금리가 적용되는 입출금이 자유로운 예금이다.

② 가입금액은 반드시 500만원 이상이어야 한다.

③ 예금자보호법상의 보호 대상이다.

④ 환매조건부채권(RP)나 양도성예금증서 등 다른 시장성 상품에 비해서는 수익률이 낮은 편이다.

⑤ 증권사, 종합금융회사의 어음관리계좌(CMA) 등과 경쟁상품이다.

> **해설**
> MMDA의 가입금액은 일정금액 이상인 경우만 신규 가능하도록 제한을 둔 은행도 있고, 저축예금과 같이 제한이 없는 곳도 있다.

> **더 알아보기** 시장금리부 수시입출금식예금(MMDA)
>
> • 시장 실세 금리가 적용되는 입출금이 자유로운 상품
> • 금액이 많으면 저축예금보다 더 높은 이자율 적용(금리네고 가능)

59 다음 중 기업자유예금에 대한 설명으로 옳지 않은 것은?

① 가입대상은 사업자등록번호를 받은 자나 고유번호를 부여받은 단체이다.

② 일반적으로 1년에 4회 정도 결산이 이루어진다.

③ 국가, 지방자치단체는 가입이 제한된다.

④ 금리는 금융기관 자율이다.

⑤ 지급 시 선입선출방식을 사용한다.

> **해설**
> 사업자등록증을 부여받은 자(국가, 지방자치단체, 법인, 개인사업자) 및 고유번호를 부여 받은 단체가 가입대상이다.

60 목돈운영에 적합한 거치식 예금이 아닌 것은?

① 정기예금

② 자유적금

③ 양도성예금증서(CD)

④ 표지어음

⑤ 환매조건부채권매도(RP)

> **해설**
> 자유적금은 적립식 예금으로 목돈마련을 위한 상품이다.

정답 58 ② 59 ③ 60 ②

61 다음 중 정기예금에 대한 설명으로 옳지 않은 것은? 2020

① 일반정기예금은 통장식과 증서식으로 구분된다.

② 무기명식 정기예금은 만기와 이자가 있는 자기앞수표와 동일한 것이므로 반드시 실명확인을 해야 한다.

③ 가입대상과 저축한도에는 제한이 없다.

④ 예치기간은 최소 1년 이상이다.

⑤ 중도해지이율은 만기이율보다 낮은 이율을 적용한다.

해설

일반 정기예금은 최단 1개월 이상으로 정하고 예치기간에 따라 각각 다른 이율을 적용한다(일부 금융기관에서는 최장 예치기간을 수십 년까지 가입할 수도 있다).

62 시중의 유휴자금을 흡수할 목적으로 발행되며, 양도·양수가 자유롭고 무기명으로 할인하여 발행하는 것은? 2021

① 양도성예금증서(CD)

② 별단예금

③ 표지어음

④ 환매조건부채권매도(RP)

⑤ 시장금리부 수시입출식예금(MMDA)

해설

양도성예금증서(CD)에 대한 설명으로 일시적 거액의 여유자금을 보유하고 있는 개인, 기업, 공공단체 등에 대해 다양한 투자기회를 제공하여 시중의 유휴자금을 흡수함과 건전한 금융시장의 육성발전을 도모한다.

63 양도성예금증서(CD)에 대한 설명으로 옳지 않은 것은? 20, 22

① 예치금액 단위는 일반적으로 액면금액 기준 1천만원 이상으로 한다.

② 만기 상환기간은 폐지되었으나 일반적으로 30일 이상 3년 이내로 정한다.

③ 중도해지는 불가능하며, 만기 후에는 이자를 추가지급하지 않는다.

④ 양도성예금증서는 증서의 교부만으로 예금의 양도가 가능하다.

⑤ 양도성예금증서 발행 시 의뢰인에게 인감날인이 생략된 예금거래신청서를 받고 실명 확인한다.

해설

양도성예금증서의 만기일은 일반적으로 30일 이상 2년 이내이다.

64 통장식 양도성예금증서에 대한 설명으로 가장 거리가 먼 것은?

① 통장식 양도성예금의 경우 잔액증명서를 발급할 수 없다.
② 신규 발행 시 기명식으로 발행한다.
③ 은행의 승낙을 받으면 양도·양수 및 질권설정이 가능하다.
④ 유통시장에서 자유롭게 매매하거나 양도할 수 없다.
⑤ 예금보험료를 부담하지 않기 때문에 정기예금보다 높은 이자율 적용이 가능하다.

해설
통장식 양도성예금의 경우 잔액증명서를 발급할 수 있다.

65 표지어음에 대한 다음 설명 중 옳은 것은? 20, 21

① 개인만 가입이 가능하다.
② 발행 최저금액은 일반적으로 5백만원 이상으로 한다.
③ 예치기간은 일반적으로 최단 30일 최장 270일로 한다.
④ 중도환매가 가능하다.
⑤ 예금자보호 대상이 아니다.

해설
① 표지어음의 가입대상은 제한이 없다.
② 발행 최저금액은 일반적으로 1천만원 이상으로 한다.
④ 중도환매가 불가능하다.
⑤ 예금자보호 대상이다.

더 알아보기 표지어음

가입대상	제한 없음
발행형식	기명 할인식 약속어음(발행인 : 은행, 수취인 : 매출의뢰인)
발행금액	액면가 기준 1천만원 이상(은행별로 상이) ※ 은행별 총 매일의 발행한도는 매출대상 어음(총할인잔액 − 일반매출액 − 한국은행 재할인 및 담보 제공 어음 금액 − 30일 미만 할인어음 잔액 − 표지어음 발행 잔액)의 범위 내에서 운용
발행기간	30일 이상 270일 이내로 하며, 만기일은 공휴일이 아니어야 함
기 타	• 중도환매 불가능 • 만기 후 이자 지급하지 않음 • 예금자보호 상품 • 지급준비금 예치하지 않음

66 다음 중 예금자보호법의 보호대상이 아닌 것은?

① 양도성예금증서(CD) ② 정기예금

③ 표지어음 ④ 정기적금

⑤ 원본보전신탁

해설

양도성예금증서(CD)와 환매조건부채권매도(RP)는 예금자보호법의 보호대상이 아니다.

67 환매조건부채권(RP)에 대한 설명으로 틀린 것은? `2021`

① 매도금액은 제한이 없으며 일반적으로 최저 매도금액은 1,000만원 이상이다.

② 이자지급방식은 만기이자 방식이다.

③ 예금자보호 대상에 해당되지 않는다.

④ 지급준비금을 예치하지 않는다.

⑤ 전환사채권, 교환사채권, 신주인수권부사채권은 매도대상채권에 해당한다.

해설

매도대상 유가증권에는 국채증권, 지방채증권, 특별한 법률에 의하여 설립된 법인이 발행한 채권, 상장법인 및 등록법인이 발행한 사채권, 보증사채권이 해당된다.

더 알아보기 환매조건부채권(RP)

거래대상	제한 없음
매도금액	• 제한이 없으나 일반적으로 건당 1천만원 • 매도금액단위 : 1만원
예금자보호	비보호
지급준비금	예치하지 않음
환매수	• 환매수기간 : 약정기간은 없으나 일반적으로 15일 이상 1년까지 • 중도환매수 : 매도상대방이 약정기일 전에 환매수 요청 시 중도 환매수 가능 • 일부환매수 : 일부환매수 가능하나 대부분 약간의 제한 있음
매 도	• 매도이율 : 만기일시지급식 정기예금의 지급방식과 같은 후취를 적용 • 매도대상 유가증권 : 은행이 보유한 국채증권, 지방채증권, 특별한 법률에 의해 설립된 법인이 발행한 채권, 상장법인 및 등록법인이 발행한 사채권과 보증채권(단, 전환청구권, 교환청구권 및 신주인수권을 행사할 수 있는 기간 중에 있는 전환사채권, 교환사채권 및 신주인수권부사채권은 제외) • 매도채권의 보관 : 은행이 보관 및 관리하고 매도 상대방에게는 환매수 가격과 이율을 기재한 통장 교부

68 다음 중 할인방식으로 이자를 지급하는 예금으로만 구성된 것은? 2020

① 표지어음, 당좌예금

② 표지어음, 양도성예금증서(CD)

③ 정기예금, 양도성예금증서(CD)

④ 환매조건부채권매도(RP), 양도성예금증서(CD)

⑤ 시장금리부 수시입출식예금(MMDA), 별단예금

해설

정기예금과 환매조건부채권매도는 후취로 이자를 계산하고, 양도성예금증서와 표지어음은 선취(할인) 방식으로 이자를 계산한다.

69 다음 중 성격이 다른 상품은?

① 정기예금

② 양도성예금증서

③ 표지어음

④ 환매조건부채권매도

⑤ 정기적금

해설

정기적금은 목돈마련에 적합한 예금에 해당하고 나머지 보기들은 목돈운영에 적합한 예금에 해당한다.

70 다음 정기적금에 관한 내용 중 옳지 않은 것은?

① 계약액은 월저축금별로 만기까지 복리로 계산한다.

② 계약을 분할할 경우 계약자의 명의 및 계약기간이 같아야 한다.

③ 만기해지시 월저축금의 납입연체가 있다면 지연일수에 따라 계산한 일수만큼 지급기일을 연장하여 연장된 지급기일에 적금을 해지해야 한다.

④ 만기앞당김 해지를 할 경우에는 계약금액에 대해 만기를 앞당긴 일수만큼의 이자를 빼고 지급해야 한다.

⑤ 중도해지의 경우에는 연체료를 계산하지 않는다.

해설

계약액은 월저축금별로 만기까지 단리로 이자를 계산하기 때문에 계약기간이 길수록 고객에게 불리하다.

적립식 상품의 연수익률과 표면금리에 대한 설명으로 옳은 것은? 2021

① 표면금리가 동일하다면 계약기간이 길수록 표면금리에 비해서 연수익률이 낮아진다.
② 표면금리가 동일하다면 계약기간이 길수록 표면금리에 비해서 연수익률이 높아진다.
③ 일정기간이 경과하면 연수익률은 낮아졌다가 높아진다.
④ 일정기간이 경과하면 연수익률은 높아졌다가 낮아진다.
⑤ 연수익률과 표면금리는 기간에 따른 상관관계가 없다.

> **해설**
> 대부분의 적립식 상품은 월저축금별로 만기까지 단리로 이자를 계산하기 때문에 계약기간이 길면 길수록 고객에게
> 불리하다. 따라서 표면금리가 동일하다면 1년마다 금리로 이자를 계산하는 연수익률은 계약기간이 길수록 낮게 나타
> 난다.

정기적금과 자유적금에 대한 비교 내용으로 틀린 것은? 2020

① 정기적금의 경우 입금일자는 신규일에 입금해야 하지만 자유적금의 경우 자유롭게 입금할 수
   있다.
② 정기적금의 경우 입금액은 매월 일정금액을 입금해야 하지만 자유적금의 경우 자유롭게 입금할
   수 있다.
③ 정기적금의 경우 지연일수를 산정해야 하지만 자유적금의 경우 지연일수가 없다.
④ 정기적금의 경우 만기이연제도가 있지만 자유적금의 경우에는 없다.
⑤ 정기적금의 경우 건별 분할지급이 일부은행에서는 가능하지만 자유적금의 경우 불가능하다.

> **해설**
> 정기적금의 경우 건별 분할지급이 불가능하지만 자유적금의 경우 일부은행에서는 가능하다.
>
> **더 알아보기** 정기적금과 자유적금의 차이점
> ```
> • 정기적금의 경우 만기앞당김 지급제도가 있으나 자유적금의 경우에는 없다.
> • 정기적금의 경우 미납 시 만기경과 후 제한적으로 입금가능하지만 자유적금의 경우에는 만기경과 후에는 입
>   금이 불가능하다.
> • 정기적금의 경우 계좌분할이 가능하지만 자유적금의 경우에는 계좌분할이 불가능하다.
> ```

73 다음 중 주택청약종합저축에 대한 설명으로 옳지 않은 것은? `20, 21, 25`

① 외국인 거주자도 가입이 가능하다.

② 우리은행, 농협은행, 신한은행, 하나은행, 기업은행, 국민은행, 대구은행, 부산은행에서 가입이 가능하다.

③ 소득공제 대상자는 1주택 이하 보유자이다.

④ 본인담보대출은 가능하지만 양도·양수는 불가하다.

⑤ 예금자보호법 대상은 아니지만 국가에서 지급을 보증한다.

> **해설**

총급여액 7천만원 이하 근로자인 무주택 세대주로서 무주택확인서(소득공제신청서)를 제출한 고객이며, 무주택 여부는 당해연도 1월 1일부터 12월 말까지 계속해서 무주택, 세대주 여부는 당해연도 12월 31일 현재 세대주를 말한다.

> **더 알아보기** 주택청약종합저축

청약대상	주택 및 면적 제한 없이 청약 가능함 ※ 전 금융기관을 통하여 주택청약종합저축, 청약예금, 청약부금, 청약저축 중 1계좌만 가입이 가능함
가입대상	국민인 개인(국내 거주자가 있는 재외동포와 외국인 거주자도 가입 가능함)
계약기간	가입한 날로부터 입주자로 선정된 날까지
예금자보호	비보호대상(단, 국가가 지급보증)
월저축금	매월 약정납입일에 2만원 이상 50만원 이하의 금액을 5천원 단위로 납입한다. 다만 잔액이 민영 주택 청약 예치 기준금액의 최대한도인 1,500만원에 이를 때까지는 월납입액 50만원을 초과하여 납입 가능하며 국민주택 청약 시 10만원 초과 납입한 금액은 예치금으로만 인정한다. 또한 고객이 분할 납부를 원하는 경우 정상 납입회차에 추가하여 최고 24회까지 선납할 수 있다. • 잔액이 1,500만원 미만인 경우 1,500만원까지 일시예치 가능 • 잔액이 1,500만원 이상인 경우 월 2만원 이상 50만원 이내에서 자유적립
취급금융기관	우리은행, 농협은행, 신한은행, 하나은행, 기업은행, 대구은행, 부산은행, 국민은행 등 8개 기관

74 민영주택을 청약하는 경우에 대한 설명으로 적절하지 않은 것은?

① 본인 담보대출은 가능하다.
② 가입자 명의는 가입자가 사망한 경우에 한하여 그 상속인 명의로 변경이 가능하다.
③ 면적변경에 따른 해당면적 선택 후 납입금 차액에 대하여는 부분인출이 불가하다.
④ 85㎡를 초과하는 주택에 청약하여 당첨된 경우는 기간제한 없이 소득세가 추징된다.
⑤ 과세기간 중 총 소득액이 7천만원 이하이면 소득공제대상이다.

해설

과세기간 중 총급여액이 7천만원 이하 근로자인 무주택 세대주로서 무주택확인서(소득공제신청서)를 제출한 고객이
소득공제 대상이다.

더 알아보기 ┃ 주택청약종합저축

청약대상자	최초 입주자모집공고일 현재 해당 주택건설지역 또는 인근지역에 거주하는 자로서,
	• 민법에 따른 (만 19세 이상) 성년자
	• 자녀를 양육하는 세대주인 미성년자
	• 직계존속의 사망, 실종선고 및 행방불명 등으로 형제자매를 부양하는 미성년자
	  ※ 단 위의 자녀 및 형제자매는 세대주인 미성년자와 같은 세대별 주민등록표에 등재되어
	    있어야 한다.

조 건	※ 1순위 조건
	• 청약통장가입기간
	  – 투기과열지구 및 청약과열지역 : 가입 후 2년이 경과한 자
	  – 위축지역 : 가입 후 1개월이 경과한 자
	  – 투기과열지구 및 청약과열지역, 위축지역 외(필요한 경우 시ㆍ도지사가 12개월까지
	    연장 가능)
	    ㉠ 수도권 지역 : 가입 후 1년이 경과한 자
	    ㉡ 수도권 외 지역 : 가입 후 6개월이 경과한 자
	• 납입금
	  – 납입인정금액이 지역별 예치금액 이상인 자
	※ 2순위 조건
	  1순위 제한자^{주1}를 포함한 1순위에 해당하지 않는 자(청약통장 가입자만 청약가능)

소득공제
대상 및 한도
	• 대상 : 해당 과세기간 중 총 급여액이 7천만원 이하 근로자인 무주택 세대주로서 무주택확
	  인서(소득공제신청서)를 제출한 고객
	• 무주택여부 : 당해연도 1월 1일부터 12월말까지 계속해서 무주택
	• 한도 : 무주택확인서를 제출한 과세연도 이후에 납입한 금액을 기준으로 하여 연간 불입
	  금액의 40%(한도 96만원)

소득공제
추징
	• 대상 : 저축가입일로부터 5년 미만에 저축계약을 해지하는 경우(단, 저축자의 사망, 해외이
	  주의 경우 6개월 이내, 천재ㆍ지변, 저축자의 퇴직, 사업장의 폐업, 저축자의 3개월 이상의
	  입원치료를 요양하는 상해ㆍ질병의 발생 시는 특별중도해지신고서 징구 후 추징하지 않음),
	  저축가입일과 무관하게 저축계약을 해지하는 경우
	• 금액 : 무주택확인서를 제출한 과세연도 이후에 납입한 금액 월 20만원, 연간 240만원 한도
	  의 누계액에 100분의 6을 곱하여 계산한 금액(지방소득세 별도)

* 주1 : 투기과열지구 또는 청약과열지역 내 민영주택에 청약하는 경우 : 세대주가 아닌 자, 과거 5년 이내에
  다른 주택의 당첨된 세대에 속한 자, 2주택 이상 소유한 세대에 속한 자. 주거전용 85㎡를 초과 공공건설 임대
  주택 또는 수도권에 지정된 공공주택지구의 주택을 청약하는 경우 : 2주택 이상 소유한 세대에 속한 자

CHAPTER 2

가계여신실무

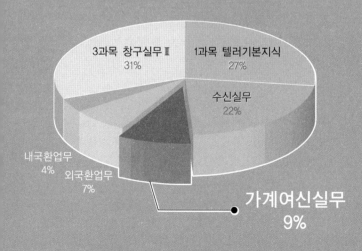

3과목 창구실무Ⅱ
31%

1과목 텔러기본지식
27%

수신실무
22%

내국환업무
4%

외국환업무
7%

가계여신실무
9%

출제포인트 및 중요도

여신업무 개요	여신의 개요	1문항	11.1%	★★☆
	여신의 운용·제한			★★★
가계여신 거래 상대방	채무관계인	1문항	11.1%	★☆☆
	대리인·자연인			★★☆
여신업무 취급절차	여신업무흐름도	1문항	11.1%	★☆☆
	여신취급절차			★★★
	여신의 운용			★☆☆
보증 및 신용	보증여신	1문항	11.1%	★★★
	신용여신			★★☆
담 보	담보관련 일반사항	2문항	22.2%	★★☆
	부동산 담보			★★★
여신약정 실무	여신거래계약의 성질	2문항	22.2%	★★☆
	여신관련 약관·약정서 운용요령			★★☆
여신금리	금리의 개념	1문항	11.1%	★☆☆
	금리의 운용			★★☆
합 계		9문항	100%	

⊕ 워밍업! 핵심문제

여신을 회수하는 일반적인 절차에 대한 설명 중 바르지 않는 것은?

① 기한이익 상실 시에는 최소한 기한이익 상실일 3영업일 전까지 채무자에게 서면으로 통보하여야 한다.

② 여신은 약정기일 도래 전에 채무자에게 정해진 양식의 기일통지서를 발송하여 기일 내 회수 되도록 한다.

③ 주채무자가 기한의 이익을 상실하거나 부활한 때에는 정해진 기한 내에 서면으로 통보하여야 한다.

④ 여신 회수 시에는 원금, 이자, 지연배상금, 비용 순으로 회수하여야 한다.

⑤ 여신의 회수대전이 타점권(자기앞수표, 가계수표는 제외)인 경우는 가수금으로 받아 교환결제 후 여신변제 또는 이자를 수입한다.

> 해 설 여신 회수 시에는 비용, 지연배상금, 이자, 원금 순으로 회수하여야 한다.   답 ④

02 가계여신실무

	공부시작일	공부종료일
1회독	월 일	월 일
2회독	월 일	월 일

※ 맞힌 문제는 ◎, 헷갈린 문제는 △, 틀린 문제는 ☒에 체크하세요!

01 여신업무 개요

01 다음 중 좁은 의미의 여신에 해당하지 않는 것은?

① 지급보증
② 카드론
③ 어음대출
④ 할인어음
⑤ 증서대출

해설

지급보증은 넓은 의미의 여신에 해당한다.

더 알아보기 여신의 의의

- **좁은 의미의 여신**
  은행이 직접 자금을 부담하는 금전에 의한 신용공여 : 어음대출, 증서대출, 할인어음, 당좌대출, 신탁대출, 카드론 등
- **넓은 의미의 여신**
  은행이 직접 자금을 부담하는 대출뿐만 아니라 직접적인 자금부담이 없는 신용공여를 포함하는 개념 : 지급보증, 사모사채인수, 대여유가증권 등

02 대출 시 차주로부터 금전소비대차약정서를 징수하는 방식의 대출을 무엇이라고 하는가?

① 어음대출
② 증서대출
③ 할인어음
④ 당좌대출
⑤ 신탁대출

해설

증서대출에 대한 설명이다.

어음대출	은행이 차주에게 차용증서 대신에 은행을 수취인으로 하는 약속어음을 발행하게 하고 그 어음을 담보로 대출을 해주는 것을 말한다.
증서대출	대출 시 차주로부터 금전소비대차약정서를 징수하는 대출이다. 예 가계자금대출, 예금·수익권담보대출, 적립신탁대출 등
할인어음	상품매매에 수반하여 생기는 상업어음을 어음의 수취인에게서 만기가 도달하기 전에 그 기일까지의 이자를 공제한 금액으로 할인 매입하는 대출이다.
당좌대출	은행과 당좌거래를 하고 있는 업체가 예금잔액을 초과해 일정 한도까지 어음이나 수표를 발행하는 방식의 대출이다.
신탁대출	신탁자금으로 운용되는 대출이다.
카드론	신용카드회사 또는 신용카드회사와 업무제휴를 맺은 은행에서 카드회원을 대상으로 본인의 신용도와 카드 이용실적에 따라 대출을 해주는 상품이다.

03 다음 중 대출금의 분류가 바르게 연결된 것은? 2025

① 대출재원에 따른 분류 – 어음대출
② 차주에 따른 분류 – 운전자금대출
③ 자금용도에 따른 분류 – 가계자금대출
④ 자금용도에 따른 분류 – 시설자금대출
⑤ 취급형식에 따른 분류 – 신탁계정대출

해설

대출금은 자금용도에 따라 운전자금대출과 시설자금대출로 분류된다.

더 알아보기 대출금의 분류

대출재원에 따른 분류	은행계정대출, 신탁계정대출
차주에 따른 분류	기업자금대출, 가계자금대출, 공공 및 기타자금대출
자금용도에 따른 분류	• 운전자금대출 : 기업의 생산·판매활동 등에 소요되는 자금을 지원하는 대출 • 시설자금대출 : 기업설비의 취득·신설 등으로 소요되는 자금 및 사업목적에 부합된 부동산의 신축 및 매입자금 등을 지원하는 대출
취급형식에 따른 분류	어음대출, 증서대출, 할인어음, 당좌대출

04 다음 중 여신운용의 기본원칙에 해당하지 않는 것은?

① 안정성의 원칙
② 제한성의 원칙
③ 수익성의 원칙
④ 성장성의 원칙
⑤ 공공성의 원칙

> **해설**
> 여신운용의 기본원칙에는 안정성의 원칙, 수익성의 원칙, 성장성의 원칙, 공공성의 원칙이 있다.

> **더 알아보기** 여신운용의 기본원칙
>
> • 안정성의 원칙 : 여신을 채권보전에 대한 문제의 소지가 없고 안전하게 회수되도록 운용하는 원칙
> • 수익성의 원칙 : 수익의 효율성이 증대되도록 운용해야 한다는 원칙
> • 성장성의 원칙 : 여신공여자와 수여자 모두 동반 성장해 나아가야 한다는 원칙
> • 공공성의 원칙 : 국민경제에 이바지하도록 건전한 운용을 해야 한다는 원칙

05 다음 중 여신운용의 안정성을 추구하기 위해 검토해야 할 사항이 아닌 것은?

① 채무자의 상환능력과 상환의사
② 담보와 보증의 필요 여부와 그 내용
③ 대출금 및 담보의 관리비용
④ 여신의 회전성
⑤ 차주별·업종별·지역별로 분산 취급되고 있는지 여부

> **해설**
> 대출금 및 담보의 관리비용은 수익성을 추구하기 위한 검토사항이다.

06 다음 중 은행법상 금지되고 있는 여신에 해당하지 않는 것은?

① 금융위원회가 정하는 소액대출
② 동일한 개인이나 법인 각각에 대하여 그 은행의 자기자본의 20%를 초과하는 신용공여
③ 동일한 개인이나 법인 또는 동일차주 각각에 대한 은행의 신용공여가 그 은행의 자기자본의 10%를 초과하는 거액 신용공여에서 그 총합계액이 그 은행의 자기자본의 5배를 초과하는 경우
④ 직접·간접을 불문하고 해당 은행의 주식을 담보로 하거나 사게 하기 위한 대출
⑤ 해당 은행의 임직원에 대한 대출

> **해설**
> 금융위원회가 정하는 소액대출은 허용한다.

07 기한의 이익에 대한 설명 중 옳지 않은 것은?

① 기한이 있는 법률행위에서 기한이 있음으로 해서 당사자가 얻는 이익을 말한다.

② 일반적으로 채무자의 기한의 이익이 더 크다.

③ 기한의 이익이 상실되면 원금에 대해 연체이율을 적용한다.

④ 기한의 이익은 법률의 규정 또는 당사자 간의 특약에 의해 일정한 사유가 발생함으로써 상실된다.

⑤ 기한의 이익이 상실되면 채무자와 보증인에게 즉시 청구는 가능해지나, 바로 상계나 강제집행 등의 채권회수조치는 할 수 없다.

해설

기한의 이익이 상실되면 채무자와 보증인에게 즉시 청구가 가능해지며, 바로 상계나 강제집행 등의 채권회수조치가 가능하게 된다.

---

02 **가계여신 거래 상대방**

08 다음 중 채무관계인에 해당하지 않는 것은?

① 차 주   ② 보증인
③ 담보제공자   ④ 은 행
⑤ 채무인수자

해설

은행은 채권자에 해당한다.

---

09 자연인과의 거래에 대한 설명으로 옳지 않은 것은? `22, 23`

① 피한정후견인 또는 피성년후견인과는 여신거래를 할 수 없다.

② 거래하던 채무자가 한정후견 개시 또는 성년후견 개시 심판 확정을 받은 사실을 알았을 경우에는 즉시 거래를 중단해야 한다.

③ 친권을 행사할 수 있는 친권자가 있는 경우에도 후견인이 대리하거나 동의할 수 있다.

④ 이해상반행위에 해당되는 경우에는 특별대리인선임심판서 등본에 의해 확인된 특별대리인을 통하여 거래하여야 한다.

⑤ 영업을 허락받은 미성년자는 허락된 영업의 범위 내에서 대리 또는 동의절차가 필요 없다.

해설

후견인을 통한 미성년자와의 거래는 친권자가 없거나 친권을 행사할 수 없을 경우에 인정된다.

10 다음은 미성년자와 거래 시 유의사항이다. 옳지 않은 것은?

① 미성년자와의 여신거래는 전결권자가 자금용도 등의 확인을 통하여 그 타당성을 인정하는 경우에 취급한다.
② 미성년자와의 여신거래는 법정대리인의 동의가 필요하므로 친권을 행사하는 부모 동의하에 거래를 하여야 한다.
③ 미성년자와의 여신거래는 법정대리인의 동의가 필요하므로 친권을 행사하는 부모 공동명의로 미성년자를 대리하게 한다.
④ 친권자가 없을 경우에는 후견인 임의로 대리하거나 동의하여 거래를 하여야 한다.
⑤ 혼인한 미성년자는 성년자로 간주된다.

해설
후견인은 친족회의의 동의를 받아야 한다.

11 다음 중 미성년자와 거래 시 은행이 받는 서류가 아닌 것은? `2025`

① 특별대리인이 대리하는 경우 친족회의결의서
② 부모가 대리할 경우 본인 및 부모의 주민등록증
③ 부모 동의하에 거래할 경우 부모의 동의서
④ 부모 동의하에 거래할 경우 가족관계증명서와 주민등록등본
⑤ 후견인의 행위에 대한 친족회의 동의 시 친족회의 소집결정서

해설
미성년자와 거래 시 특별대리인이 대리하는 경우 특별대리인 선임 심판서 등을 받아야 한다.

12 해외교포나 외국인과의 여신거래에 대한 설명으로 틀린 것은? `22, 25`

① 한국국적을 가지고 있는 해외교포에 대한 여신거래는 국내에 거주하는 자연인과 동일하게 업무처리한다.
② 한국국적을 가지고 있더라도 국내부동산을 담보로 취득하는 데는 법률상 제한이 있다.
③ 외국인과의 여신거래 시 거주성 여부 확인은 필수적이다.
④ 외국인등록신고를 한 외국인은 인감신고를 하고 인감증명서를 발급받아야 한다.
⑤ 해외체재 중인 해외교포는 필요시 대리인을 지정하여 거래할 수 있다.

해설
법률상 제한이 없으므로 국내에 거주하는 자연인과 동일하게 업무처리한다.

13 여신상담 시 모든 여신거래처에 대하여 징구해야 하는 '부채현황표'를 예외적으로 생략할 수 있는 경우가 아닌 것은?

① 유효담보가액 범위 내 예금·적금·부금·신탁수익권을 담보로 하는 여신

② 정부, 정부투자기관, 지방자치단체, 금융기관에 대한 여신

③ 건당 100만원 이하의 가계여신의 경우

④ 자동기간연장 대상 가계대출 연장의 경우

⑤ 최근 월말 현재 작성된 부채현황표가 있는 경우

해설

건당 1천만원 이하의 가계여신의 경우 예외적으로 생략할 수 있다.

14 다음 여신승인신청의 구분 항목 중 '이미 받은 여신의 잔액이나 한도에 더하여 여신을 받는 것'을 의미하는 것은?

① 신 규 ② 증 대

③ 재약정 ④ 기간연장

⑤ 조건변경

해설

증대에 대한 설명이다.

더 알아보기 승인신청의 구분

신 규	새로운 약정에 의해 대출금 및 지급보증을 처음으로 취급하는 것
증 대	기 취급 여신의 잔액이나 한도에 더하여 취급하는 것
재약정	기 취급된 여신의 상환을 위하여 동일한 과목, 동일한 금액, 동일인 명의로 재취급하는 것
기간연장	기 취급여신의 상환기간이나 거래기간을 연장하는 것
조건변경	기 취급한 여신의 증액, 기간, 과목을 제외한 거래조건을 변경하는 것

13 ③ 14 ② **정답**

15 여신회수절차에 대한 설명 중 옳지 않은 것은? 2021

① 여신은 약정기일 도래 전에 채무자에게 정해진 양식의 기일통지서를 발송하여 기일 내 회수되도록 한다.

② 주채무자가 은행여신거래기본약관에 의하여 기한의 이익이 상실되거나 부활할 때 정해진기간 내에 서면으로 그 내용을 통지하여야 한다.

③ 여신의 회수대전이 자기앞수표와 가계수표를 제외한 타점권인 경우에는 가수금으로 받아 교환결제한 후 여신변제 또는 이자를 수입하도록 한다.

④ 신용보증서 등을 담보로 하는 여신은 은행의 내부규정에 따라 회수하여야 한다.

⑤ 채무자가 이자 등의 납입을 지체하여 원금에 대하여 기한의 이익을 상실시키고자 하는 경우 최소한 기한의 이익 상실일 3영업일 전까지 채무자에게 이자 등의 지체사실 및 기한의 이익상실 사실을 서면으로 통보해야 한다.

> **해설**
> 신용보증서 등을 담보로 하는 여신은 보증기관의 보증채무이행 내용에 따라 회수하여야 한다.

16 다음 중 여신의 회수순서가 순서대로 나열된 것은?

① 비용 → 지연배상금 → 이자 → 원금

② 비용 → 지연배상금 → 원금 → 이자

③ 원금 → 지연배상금 → 비용 → 이자

④ 원금 → 지연배상금 → 이자 → 비용

⑤ 이자 → 비용 → 원금 → 지연배상금

> **해설**
> 여신의 회수순서는 '비용 → 지연배상금 → 이자 → 원금' 순으로 진행되며, 정해진 전결권자의 승인을 받은 경우에 한해 순서를 달리할 수도 있다.

17

상계에 의한 회수 관련 내용으로 틀린 것은? 23, 25

① 상계실행은 상계통지일로부터 3영업일 이내에 하여야 한다.

② 당행이 여신채권을 가지고 있고 채무자 또는 보증인이 당행에 예금 등 반대채권이 있어야 상계할 수 있다.

③ 상계통지는 상계통지서로 하며 본인에게 수령증을 받고 직접 전달하거나 배달증명부 내용증명에 의해 통지하여야 한다.

④ 상계될 채무가 여러 개인 경우로서 예금 등으로 채무자의 채무 전액을 없애기에 부족한 때에는 은행이 지정하는 순서에 따라 충당하는 것을 원칙으로 한다.

⑤ 여신채권이 기한의 도래 또는 기한이익상실로 기한이 도래한 것과 같은 상태에 있어야 한다.

해설

상계될 채무가 여러 개인 경우로서 예금 등으로 채무자의 채무 전액을 없애기에 부족한 때에는 채무자가 지정한 순서에 따라 충당하는 것을 원칙으로 한다. 단, 채무자의 지정이 없거나 채무자의 지정이 채권보전상 지장이 있는 것일 때에는 은행이 충당할 채무를 지정할 수 있다.

18

여신관리에 대한 설명으로 옳지 않은 것은?

① 대위변제의 요청이 있는 경우에는 대위변제자의 권한 유무를 철저히 확인한 후 처리하여야 한다.

② 보증이나 담보를 변경 또는 해지하고자 하는 경우에는 다른 보증인 및 담보제공자 등 이해관계인의 동의를 받아야 한다.

③ 여신의 전부가 상환되고 차주로부터 여신관련 서류 등의 반환 요청이 있을 때에는 여신관련 서류를 반환한다.

④ 대출금은 원칙적으로 약정기일에 회수하여야 하며, 부득이한 경우에는 재약정 또는 기간연장을 할 수 있다.

⑤ 근저당권설정계약서의 피담보채무의 범위 및 결산기 등을 점검하여 필요한 경우 근저당권설정계약서를 재작성하여야 한다.

해설

근저당권설정계약서의 피담보채무의 범위 및 결산기 등을 점검하여 필요한 경우 근저당권설정계약변경계약서를 사용하여 변경하여야 한다.

17 ④ 18 ⑤ 정답

19 여신운용에 대한 설명으로 옳지 않은 것은?

① 한도거래의 기간은 대부분 1년 이내로 한다.
② 지급보증의 기간은 당초 약정기간을 포함하여 3년 범위 내에서 연장가능하다.
③ 여신기간을 일단위로 정하는 때에는 여신취급일로부터 기산하여 그 일수가 만료되는 일자를 여신의 기일로 산정한다.
④ 여신기간을 연 또는 월단위로 정한 경우의 만료일은 여신기간 만료되는 월의 여신취급해당일이 기일이 된다.
⑤ 여신기일이 토요일 또는 공휴일인 경우에는 그 다음 영업일로 한다.

> **해설**
> 여신취급일의 익일로부터 기산한다.

20 매출금액 및 일정금액은 약정기간 동안 균등분할상환하고 잔액은 만기일에 일시상환하는 방법은 무엇인가?

① 일시상환   ② 원금균등 분할상환
③ 원리금균등 분할상환   ④ 불균등분할상환
⑤ 혼합방식상환

> **해설**
> 혼합방식상환에 대한 설명이다.

> **더 알아보기** 상환방법

일시상환	약정기일에 일시에 대출금을 모두 상환하는 방법
원금균등 분할상환	• 대출금을 약정기간으로 균등하게 나누어서 매달 원금이 균등하게 상환되도록 하는 방법 • 상환된 원금이 늘어남에 따라 대출 잔액에 대한 이자가 줄어들어 부채상환액이 매월 줄어드는 특징이 있음
원리금균등 분할상환	• 원리금균등분할상환은 원리금(원금+이자)을 매 기간 균등하게 갚아나가는 방법 • 초기에는 원금 상환 비중보다는 이자지출액의 비중이 높지만 점차 원금의 상환비율이 높아져 가는 특징이 있음
불균등 분할상환	대출기간 중 상환금액 또는 상환기간이 불균등하게 상환되는 방법

21 연대보증에 대한 내용으로 가장 거리가 먼 것은?

① 보증한도는 보통 대출금액의 120% 이상을 설정한다.

② 연대보증 운용원칙은 한정 또는 특정근보증으로 운용한다.

③ 보증인 교체 시에는 다른 보증인 및 담보제공자의 동의가 필요하지 않다.

④ 연대보증은 부종성이 있어 주채무가 무효, 취소로 부존재가 되면 연대보증인은 책임을 면한다.

⑤ 연대보증은 보충성이 없어 연대보증인이 최고의 항변권 및 검색의 항변권을 가지지 못한다.

> **해설**
> 보증인을 교체하거나 보증계약을 해지할 경우 다른 보증인이 있다면 동의를 받아야 한다.

22 다음 설명에 해당하는 연대보증의 종류는?

> 특정한 종류의 거래에 대하여 이미 맺어져 있거나 앞으로 맺게 될 거래계약으로부터 현재 발생
> 되어 있거나 앞으로 발생하게 될 채무를 모두 보증하며, 그 채무의 연기나 재취급은 물론 같은
> 종류로 대환된 때에도 보증 가능하지만 다른 종류의 여신으로 대환된 때에는 보증이 불가능함

① 한시근보증　　　　　　　　　　② 특정근보증

③ 한정근보증　　　　　　　　　　④ 특정채무보증

⑤ 포괄근보증

> **해설**
> 한정근보증에 대한 설명이다.

23 특정한 일자의 여신거래로부터 계속적으로 발생하는 채무를 보증하며, 그 채무가 기한 연기된 때에도 가능하지만, 재취급 또는 다른 여신으로 대환된 때에는 보증이 불가능한 보증의 종류는?

① 한시근보증　　　　　　　　　　② 특정근보증

③ 한정근보증　　　　　　　　　　④ 특정채무보증

⑤ 포괄근보증

> **해설**
> 특정근보증에 대한 설명이다.

24 개인신용평가제도(CSS ; Credit Scoring System)에 대한 설명으로 옳지 않은 것은? `2025`

① 개인의 신상, 직장, 자산, 신용, 금융기관거래정보 등을 종합평가하여 대출 여부를 결정해주는 자동 전산시스템으로 '개인대출평가시스템'이라고도 한다.

② 재약정 시 적용하는 신청평점시스템을 ASS(Application Scoring System)라고 한다.

③ 기한연장 시 적용하는 행동평점시스템을 BSS(Behavior Scoring System)라고 한다.

④ 여신신청인 및 보증인에 대한 신상정보, 거래정보 및 신용정보 등을 이용하여 ASS에서 자동산출된 신용평점을 신청평점(AS ; Application Score)이라고 한다.

⑤ 여신신청자의 신청평점 결과에 따라 가계여신의 우량도를 일정한 등급으로 표시하는 ASS 등급은 일반적으로 자동승인대상, 본부심사대상, 자동거절대상 등 10개 등급으로 구분하여 운용한다.

해설

ASS(Application Scoring System)는 신규 시 적용하는 신청평점시스템이고, 기한연장 및 재약정 시 적용하는 행동평점시스템은 BSS(Behavior Scoring System)이다.

25 여신에 대한 설명으로 옳지 않은 것은?

① 가계여신에 대한 개인의 연대보증은 원칙적으로 금지한다.

② 보증 해지 시에는 다른 보증인 및 담보제공자의 동의를 받아야 한다.

③ 대출상품별 취급방법에서 별도로 정한 경우에는 신용여신이 불가능하다.

④ 여신을 증대, 재약정, 기간연장하는 경우에는 신용한도를 다시 정해야 한다.

⑤ 여신부적격자에 해당하는 자는 신용취급대상에서 제외된다.

해설

대출상품별 취급방법에서 별도로 정한 경우, CSS에 의한 신용취급 대상 여신에서 정한 가계여신, 본부로부터 별도로 승인받은 경우는 신용여신 취급대상에 해당한다.

26 담보에 관한 용어의 의미 연결이 틀린 것은?

① 감정가액 : 물건의 실질적인 담보가치를 평가한 가액
② 담보인정가액 : 사정가액에 담보종류별 담보인정비율을 곱하여 산출한 가액
③ 총부채상환비율(DTI) : 차주의 연간소득에 대한 연간원리금 상환액의 비율
④ 주택담보대출비율(LTV) : 사정가액에 대한 여신규모를 나타내는 비율
⑤ 가용가액 : 사정가액에서 선순위저당권 및 선순위임대보증금(소액보증금 포함) 등을 차감한 금액과 근저당된 설정 극도액 중 작은 금액

> **해설**
>
> 사정가액에 대한 설명이다. 감정가액은 감정평가한 물건의 가액을 의미한다.

27 부동산 담보취득 원칙에 대한 설명으로 틀린 것은?

① 대지는 해당 건물과 공동담보로 취득함을 원칙으로 하며, 나대지인 경우에는 대지만을 담보취득하면 된다.
② 담보취득한 대지 위에 건물을 신·증축하였을 경우에는 '추가근저당권설정계약서(공동담보물건 추가용)'에 의거 공동담보로 취득한다.
③ 담보물에 부속된 정착물·창고·전용수도 기타 담보물의 사용수익에 필요한 물건 및 권리일체를 첨담보로 취득하여야 한다.
④ 공유부동산은 공유자 전원의 지분에 저당권을 설정하거나 또는 저당목적물을 분할한 후의 독립물건에 대하여 저당권을 설정함을 원칙으로 한다.
⑤ 동일인에 대한 여신의 담보로서 담보물이 여러 개인 경우에는 여신 전액에 대하여 담보물 전부를 공동담보로 설정함을 원칙으로 한다.

> **해설**
>
> 대지는 해당 건물과 공동담보로 취득함을 원칙으로 하고 나대지인 경우에는 지상권을 함께 취득해야 한다.

28 주택담보취득에 대한 설명으로 옳지 않은 것은?

① 주택담보취득 시 LTV, DTI 등과 관련한 담보취득 제한 내용을 확인하여야 한다.

② 공부상 용도가 주택일 경우에만 주택담보가 가능하다.

③ 건물은 소유권이전등기가 되어 있으나 지적정리 미필 등의 사유로 미등기 상태인 아파트의 경우에는 건물만을 담보로 취득할 수 있다.

④ 미등기 아파트의 경우 토지소유권이전 즉시 추가근저당권설정계약서에 의거하여 건물 소유자의 각서를 받아 추가공동 담보로 취득하여야 한다.

⑤ 유효담보가액 산출 시 주택 임대차금액을 공제하여야 한다.

해설

공부상의 용도가 주택이 아니더라도 현장조사에 의하여 사실상 주거용으로 사용되는 경우에는 가능하다.

29 주택임대차보호법에 관한 설명으로 옳은 것은? `20, 21, 25`

① 주택임대차 보호법은 미등기 전세의 경우에는 적용되지 않는다.

② 소액보증금 최우선변제는 최고 주택가격의 3분의 1 범위 내에서 이루어진다.

③ 소액보증금 최우선변제권의 성립요건은 주택의 인도와 확정일자이다.

④ 주택임차권의 대항력을 취득하기 위해서는 주택의 인도만 하면 가능하다.

⑤ 대항력의 취득시기는 주택의 인도와 주민등록 전입신고를 한 때에 그 익일로부터 생긴다.

해설

① 미등기 전세도 주택임대차보호법의 적용을 받는다.
② 소액보증금 최우선변제는 최고 주택가격의 2분의 1 범위 내에서 이루어진다.
③ 소액보증금 최우선변제권의 성립요건은 주택의 인도와 주민등록이다.
④ 주택임차권의 대항력을 취득하기 위해서는 주택의 인도와 주민등록을 해야 한다.

30 등기부에 대한 다음 설명 중 옳지 않은 것은?

① 등기부는 등기번호란, 표제부, 갑구, 을구의 4부분으로 되어 있다.

② 등기번호란에는 접수번호(접수일자)가 기재되어 있다.

③ 표제부에는 소재지, 면적, 용도, 구조 등 토지와 건물의 내용을 변경된 순서대로 적혀있다.

④ 갑구 사항란에는 소유권에 관한 사항을 접수된 일자순으로 적는다.

⑤ 을구 사항란에는 저당권, 지상권 같은 제한물권에 관한 소유권 이외의 권리를 적는다.

해설

등기번호란에는 토지나 건물대지의 지번이 기재되어 있다.

31 다음 중 등기부등본 갑구에 기재되어 있는 것은?

① 제한물권　　　　　　　　　　② 근저당권

③ 지상권　　　　　　　　　　　④ 건물의 면적

⑤ 소유권보존등기

해설

건물의 면적은 표제부에 기재되어 있으며, 소유권을 제외한 저당권이나 지상권과 같은 제한물권은 을구에 기재되어 있다.

32 다음 중 갑구와 을구 간에 등기된 권리의 우선순위를 결정짓는 것은?

① 등기일자

② 등기번호

③ 접수번호

④ 순위번호

⑤ 갑구와 을구 간에 등기된 권리의 우선순위를 결정해야 할 경우는 없다.

해설

등기된 권리의 우선순위는 같은 갑구나 을구에서는 순위번호에 의하여, 갑구와 을구 간에서는 접수번호에 의하여 결정된다.

33 주택임차권의 대항력과 최우선변제권에 대한 내용으로 틀린 것은? `20, 25`

① 주택임차인이 주택을 인도받고 주소지로 주민등록을 마쳐야 취득 가능하다.

② 임차인이 주택의 인도와 주민등록을 마친 때에는 그 익일부터 제3자에 대하여 효력이 발생한다.

③ 수도권 중 과밀억제권역에서는 3천 5백만원을 초과하지 않는 보증금 중 1천 4백만원까지 우선 적으로 받을 수 있다.

④ 임차인이 보증금 중 일정액이 주택의 가액의 2분의 1을 초과하는 경우에는 주택의 가액(대지 포함)의 2분의 1에 해당하는 금액에 한하여 우선 변제권이 있다.

⑤ 하나의 주택에 임차인이 2인 이상이고, 그 각 보증금 중 일정액의 합산액이 주택의 가액의 2분의 1을 초과하는 경우에는 그 각 보증금 중 일정액의 합산액에 대한 각 임차인의 보증금 중 일정액의 비율로 그 주택의 가액의 2분의 1에 해당하는 금액을 분할한 금액을 각 임차인의 보증금 중 일정액으로 본다.

해설

수도권 중 과밀억제권역에서는 4천만원을 초과하지 않는 보증금 중 1천 6백만원까지, 광역시에서는 3천 5백만원이 초과되지 않는 보증금 중 1천 4백만원까지, 기타 지역에서는 3천만원이 초과되지 않는 보증금 중 1천 2백만원까지 우선적으로 받을 수 있다.

34 다음 중 약관의 해석원칙에 포함되지 않는 것은? `2024`

① 개별약정 우선의 원칙
② 객관적 해석의 원칙
③ 작성자 불리의 원칙
④ 확대해석의 원칙
⑤ 신의성실의 원칙

해설
축소해석의 원칙(제한해석의 원칙)이 포함된다.

더 알아보기   약관의 해석원칙

- 개별약정 우선의 원칙 : '특별법 우선의 원칙'처럼 일반거래약관과 같이 개별약관에 대해 합의한 경우 일반거래약관보다 개별거래약관이 우선 적용된다는 원칙
- 객관적 해석의 원칙 : 문언에 따라 공정하게 해석되어야 한다는 원칙
- 작성자 불리의 원칙 : 약관의 내용이 불명확할 경우 약관의 작성자인 기업측에는 불리하고, 고객측에 유리하게 해석한다는 원칙
- 신의성실의 원칙 : 신의성실의 원칙에 따라 공정하게 해석해야 한다는 원칙
- 축소해석의 원칙 : 사업자에게 이익이 되는 면책조항에 대해서는 가능한 한 좁게 해석해야 한다는 원칙

35 다음 중 약관에 대한 내용으로 옳지 않은 것은?

① 약관의 규제에 관한 법률상 '약관'이란 그 명칭이나 형태 또는 범위에 상관없이 계약의 한 쪽 당사자가 여러 명의 상대방과 계약을 체결하기 위하여 일정한 형식으로 미리 마련한 계약의 내용을 말한다.
② 약관의 규범설에 의하면 계약자가 그 내용에 관하여 협의하지 않았거나 계약자가 그 내용을 알지 못한 경우에도 당사자를 구속하는 것으로 본다.
③ 약관은 부합계약의 성격을 가지므로 계약설에 의해 약관에 의한 계약도 보통의 계약과 같이 당사자가 약관을 계약내용에 포함시키기로 합의하였기 때문에 당사자를 구속한다.
④ 약관에 대한 입법적 규제로서 약관의 규제에 관한 법률을 제정하여 약관에 대한 분쟁을 방지하고 구체적 소송의 법적기준으로 삼고 있다.
⑤ 약관에 대한 행정적 규제로서 은행의 여신거래약관은 제정·변경이 있을 때 은행연합회의 승인을 받도록 하고 있다.

해설
은행의 여신거래관련 약관은 제정·변경이 있을 때 금융감독원의 승인을 받도록 하고 있다.

36 은행여신거래 기본약관에 대한 설명 중 옳지 않은 것은?

① 은행여신거래 기본약관은 여신에 관한 모든 거래에 공통적으로 적용되는 일반적인 사항을 불특정 다수의 상대방과 계약체결시 사용하기 위하여 미리 마련해 놓은 계약의 내용이다.

② 기본약관은 '기업용'과 '가계용'으로 나뉜다.

③ 약관을 교부 시에는 채무자, 보증인, 담보제공자 전원에게 주요 내용에 대한 설명과 함께 기본약관의 수령인 또는 서명을 받아야 한다.

④ 연대보증인은 당해 거래별 약정서의 해당란에 수령인을 찍거나 서명한다.

⑤ 담보제공자는 담보관계 약정서의 해당란에 수령인을 찍거나 서명한다.

> **해설**
> 연대보증인은 개별(근)보증서의 해당란에 수령인을 찍거나 서명하고, 채무자는 당해 거래별 약정서의 해당란에 수령인을 찍거나 서명한다.

37 약정 시 준수사항으로 틀린 것은?

① 실명확인증표(주민등록증 등)와 대조하여 본인 또는 대표자나 대리인임을 확인하고, 대표자 또는 대리인의 경우에는 자격과 권한 여부를 확인한다.

② 채무관계자 본인이 미리 설명을 듣고 주요 내용을 이해하고 있을 경우 서명과 날인은 누구에게 받아도 문제가 되지 않는다.

③ 여신금리에 대한 약정 시 금리적용방식에 대하여 명확히 약정한다.

④ 약정이자 이외에 담보대출에 소요되는 부대비용의 항목과 금액에 대하여 명확히 고지한다.

⑤ 담보로 취득한 물건은 담보물감정평가서와 일치하는가를 확인한다.

> **해설**
> 서명 및 날인은 반드시 본인으로부터 받아야 추후에 법적인 효력의 문제가 발생하지 않는다. 민사소송법에도 사문서는 본인 또는 대리인의 서명이나 날인 또는 무인이 있는 때에 진정한 것으로 추정하기 때문에 반드시 받아두도록 한다.

38 근저당권설정계약 시 피담보채무의 범위를 '가계일반자금대출거래'로 정하였다면 다음 중 어느 것에 해당하는가?

① 특정채무보증
② 특정근보증
③ 한정근보증
④ 포괄근보증
⑤ 공동담보

> **해설**
> 한정근보증에 대한 설명이다.

39 결산기 관리에 관한 내용으로 틀린 것은? 2021

① 담보관계 약정서를 근보증이나 근담보로 약정할 경우에는 결산기를 설정하여야 한다.
② 결산기의 유형으로는 장래지정형, 지정형, 자동확정형으로 분류된다.
③ 장래지정형의 경우 근저당권설정 계약일로부터 1년이 경과하면 서면에 의한 피담보채무 확정 청구를 인정하고 해당 청구가 도달된 날로부터 14일이 경과되면 피담보채무가 확정된다.
④ 지정형의 경우 확정된 일자에 피담보채무가 확정된다.
⑤ 자동확정형은 피담보채무 확정청구가 도달한 날로부터 14일이 경과되면 피담보채무가 확정되며, 5년이 경과할 때까지 별도의 의사표시가 없는 경우 계약일로부터 5년이 되는 날에 피담보채무가 확정된다.

해설
장래지정형의 경우 계약일로부터 3년이 경과하여야 한다.

---

07   여신금리

40 여신금리 운용에 대한 설명으로 옳지 않은 것은?

① 각 행은 대출종류 및 차주의 신용도에 따라 적정 금리를 산출·적용하기 위한 PRICING SYSTEM을 갖추고 있다.
② 영업점에서는 대출금리 내용에 대한 안내문을 게시하고 고객에게 교부할 수 있는 안내전단을 비치하여야 한다.
③ 대출금리는 기준금리에 신용가산금리를 더하여 적용한다.
④ 신용가산금리는 신규(증대포함), 기간연장, 재약정 시 산출한다.
⑤ 금리 변경 시에는 변경일을 기준으로 하여 변경일까지는 종전이율을 변경일 다음날부터는 변경이율을 각각 적용하는 것이 일반적이다.

해설
금리 변경 시에는 변경일을 기준으로 하여 변경일 전일까지는 종전이율을 변경일 이후부터는 변경이율을 각각 적용하는 것이 일반적이다.

41 대출 이자수입방법 및 이자계산방법에 대한 설명으로 틀린 것은?

① 가계대출은 매월 이자를 후취한다.

② 은행 예·적금, 신탁수익권을 담보로 하는 소정융자비율 범위 내의 대출은 이자를 매월 후취 또는 상환기일에 일괄하여 징수할 수 있다.

③ 대출원금 및 보증액에 실행이율과 일수를 곱한 후 365일로 나누어 산출하되, 원단위 미만은 절사한다.

④ 원리금 균등분할상환대출의 월별이자 계산은 대출원금에 연이율을 곱한 다음 12로 나누어 계산 한다.

⑤ 외화대출이자는 360일로 나누어 산출하되, 원화로 수입하는 경우에는 대고객 전신환매입율을 곱한 금액으로 한다.

해설

외화대출이자는 360일로 나누어 산출하되, 원화로 수입하는 경우에는 대고객 전신환매도율을 곱한 금액으로 한다.

42 근저당권설정계약 시 결산기를 정함에 있어 근저당권설정 계약일로부터 3년이 경과하면 서면에 의한 피담보채무 확정청구를 인정하고, 이 청구가 도달된 날로부터 14일이 경과되면 피담보채무가 확정된다고 정하였다. 다만, 5년이 경과할 때까지 별도의 의사표시가 없는 경우에는 계약일로부터 5년이 되는 날에 피담보채무가 확정된다고 한다면 이는 결산기 유형 중 어느 것에 해당되는가?

① 지정형   ② 장래지정형

③ 자동지정형   ④ 자동확정형

⑤ 장래확정형

해설

자동확정형에 대한 설명이다.

CHAPTER 3

외국환업무

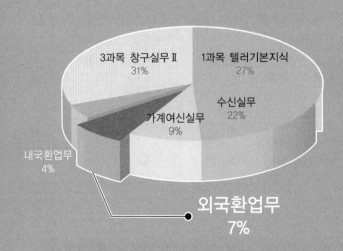

3과목 창구실무 II
31%

1과목 텔러기본지식
27%

수신실무
22%

가계여신실무
9%

내국환업무
4%

외국환업무
7%

출제포인트 및 중요도

외국환업무의 개요	외국환업무의 개요	1문항	14.3%	★★☆
	외국환업무의 특징			★★☆
환 율	외환시장	1문항	14.3%	★☆☆
	환 율			★★★
외국환거래법	외국환관리제도	2문항	28.6%	★★☆
	거주자와 비거주자의 구분			★★★
	외국환의 매매			★★☆
	지급과 영수			★★☆
외국환업무(환전)	당발송금	3문항	42.8%	★★★
	타발송금			★☆☆
	외국통화의 매매			★☆☆
	여행자수표(T/C) 판매			★☆☆
	외화수표매입(추심)			★★☆
	외화예금			★★☆
합 계		7문항	100%	

➕ **워밍업!** 핵심문제

다음 중 외국환거래법상의 거주자로 분류되는 자로 올바른 것은?

① 캐나다 이민(Immigration) 자격을 취득할 목적으로 출국한지 3년이 경과하였으나, 아직 영주권이나 시민권을 취득하지 못한 김시대 고객

② 주한 미8군 소속의 군무원(군인이 아님) 자격으로 입국하여 2년째 우리나라에서 근무 중인 네이슨 고객

③ 네덜란드 주재의 대한민국 영사관에서 근무할 목적으로 파견되어 6개월째 현지 체재 중인 김소월 고객

④ 영국에 소재하는 회사에 채용(고용계약기간 5년)되어, 그 근무를 목적으로 출국한지 6개월이 경과한 윤동주 고객

⑤ 프랑스 유학(유학기간 5년) 중에 방학을 이용하여 일시 귀국한지 2개월이 경과한 조지훈 고객

> 해 설 ① 2년 이상 외국에 체재 중인 국민은 '비거주자'로 분류한다.
> ② 주한미군(군무원 포함) 및 그 동거가족은 국내 체재기간에 관계없이 '비거주자'로 분류한다.
> ③ 재외공관 근무자는 해외 체재기간에 관계없이 '거주자'로 분류한다.
> ④ 2년 이상 외국에 체재할 목적으로 출국하여 외국에 체재하고 있는 국민은 '비거주자'로 분류한다.
> ⑤ 국민인 비거주자가 일시 귀국의 목적으로 입국하여 3개월 이상 체재한 경우에는 '거주자'로 분류하지만, 체재기간이 3개월 미만인 경우에는 '비거주자'로 분류한다.
> 답 ③

	공부시작일	공부종료일
1회독	월 일	월 일
2회독	월 일	월 일

※ 맞힌 문제는 ◎, 헷갈린 문제는 △, 틀린 문제는 ☒에 체크하세요!

01 외국환업무의 개요

01 다음 중 외국환의 종류로 볼 수 없는 것은?

① 외국통화
② 외화증권
③ 선하증권
④ 외화채권
⑤ 외화수표

해설

선하증권은 외국환에 해당하지 않는다.

더 알아보기 외국환의 종류

- 대외지급 수단 : 외국통화, 외국통화로 표시되었거나 외국에서 사용할 수 있는 정부지폐, 은행권, 주화, 우편환, 신용장, 환어음, 약속어음
- 외화증권 : 외국통화로 표시된 증권 또는 외국에서 지급받을 수 있는 증권
- 외화채권 : 외국통화로 표시된 채권 또는 외국에서 지급받을 수 있는 채권

02 외국환업무의 특징에 해당하지 않는 것은? `2025`

① 국제간의 거래
② 외화(환율)의 개입
③ 외환매매익의 발생
④ 외국환의 관리
⑤ 단순한 결제구조

해설

외국환업무는 복잡한 결제구조를 가진다.

03 다음 설명에 해당하는 외국환업무의 특징은? 2025

> 국가 간 거래의 문제로 외국환을 매입한 후 현금화할 때까지 우편기간 동안 발생하는 이자 성격의 환가료가 개입되며, 각 당사국의 법규와 상관습이 다르기 때문에 분쟁의 소지가 많고, 일단 분쟁이 발생되면 해결하는데 많은 시간과 비용이 소요된다.

① 국제 간의 거래　　　　　　　　　② 환율의 개입
③ 외환매매익의 발생　　　　　　　　④ 외국환의 관리
⑤ 복잡한 결제구조

해설
외국환업무의 특징 중 국제 간의 거래에 대한 설명이다.

04 외국환업무에 대한 내용으로 옳지 않은 것은? 2023

① 환이란 현금의 직접 수송이 아닌 제3자를 통한 지급위탁 방법에 의해 결제되는 방식이다.
② 외국환이란 개인과 기업 상호 간의 거래에서 발생한 채권과 채무를 외국환은행을 통해서 외국통화로 결제되는 제도이다.
③ 외국환업무는 개인고객을 대상으로 하는 환전업무와 기업고객을 대상으로 하는 수출입 업무로 구분된다.
④ 은행텔러가 주로 취급하는 업무는 기업고객을 대상으로 하는 수출입 업무이다.
⑤ 외환거래의 수익은 이자·수수료·외환매매익으로 나누어져 여수신거래에 비해 복잡한 회계처리를 거친다.

해설
은행텔러가 주로 취급하는 업무는 개인고객을 대상으로 하는 환전업무이다.

05 다음 중 외환시장의 참가자가 아닌 것은? 2025

① 외국환은행　　　　　　　　　　　② 고 객
③ 외환중개인　　　　　　　　　　　④ 중앙은행
⑤ 금융감독원

해설
외환시장참가자에는 외국환은행, 고객, 외환중개인, 중앙은행 등이 있다.

03 ① 04 ④ 05 ⑤ 정답

02 환 율

06 외환시장에 대한 내용으로 옳지 않은 것은? `2025`

① 외환시장이란 다수의 외환 수요자와 공급자들 사이에서 이종통화 간의 매매가 이루어지는 유형의 시장을 말한다.

② 외환시장은 외국환은행 간 거래하는 은행 간 시장과 일반고객 간 거래하는 대고객 시장으로 분류된다.

③ 외환시장의 참가자로는 외국환은행, 고객, 외환중개인, 중앙은행 등이 있다.

④ 외환중개인은 은행 간 거래나 외국환은행과 고객 간의 거래를 중개하는 자이며, 중앙은행은 정부를 대신하여 외환시장을 안정하도록 참여하는 주체이다.

⑤ 외환시장은 외환매매계약 체결 후 2영업일 이내에 외국환 현물이 결제되는 현물환거래와 2영업일 이후에 이행될 통화 간 환율을 미리 약정하고 약정한 이행일자에 약정한 환율로 양 통화를 결제하는 선물환거래로 분류된다.

해설

외환시장은 통신매체를 통한 거래가 이루어지는 무형의 시장을 포함하는 포괄적인 개념이다.

07 다음 환율에 관한 설명 중 옳지 않은 것은? `20, 21`

① 우리나라는 외국통화를 기준으로 외국통화 1단위와 교환될 자국통화의 단위량을 표시하는 자국화표시환율을 사용한다.

② USD/WON = 1,139.50/1,160.50에서 가격제시자는 기준통화(USD)를 표시통화(WON) 1,160.50원으로 매입하고자 한다.

③ 매입환율은 항상 매도환율보다 낮게 정해진다.

④ 외환시장에서 환율고시 시점에 은행 간에 거래되고 있는 매매기준율은 한국은행기준율을 제외한 모든 환율 사정의 기준이 된다.

⑤ 전신환매매율은 외화현찰 거래를 수반하지 않는 대고객 외환거래에 사용되는 환율이다.

해설

USD/WON = 1,139.50(매입환율)/1,160.50(매도환율)에서 가격제시자는 기준통화(USD)를 표시통화(WON) 1,139.50원으로 매입하고자 한다.

08 다음 중 포지션 발생 거래 시 전신환매도율이 적용되는 거래는? `2021`

① 수출환어음 매입

② 타발송금대전 지급

③ 외화수표 매입

④ 타발추심

⑤ 외화예금 지급

해설

타발추심은 전신환매도율이 적용된다.

더 알아보기 전신환매입율과 전신환매도율

전신환 매입율	• 전신을 통해 외환을 매입할 때 적용되는 환율 • 수출환어음 매입, 타발송금대전 지급, 외화수표 매입, 외화예금 지급 시 적용 참고 타발송금대전이란 타발송금된 금액을 지급하는 것을 말한다.
전신환 매도율	• 은행이 고객과의 거래에서 자국화를 대가로 외환을 매도할 때 적용되는 환율 • 수입어음 결제, 당발송금 취결, 타발추심, 외화예금 입금 시 적용 참고 타발추심이란 외국은행의 요청으로 국내은행이 (외화수표나 어음의 발행자인) 국내 고객으 로부터 돈을 받아 외국은행에 보내주는 것을 말한다.

09 현찰매매율에 대한 설명으로 옳지 않은 것은? `20, 21`

① 외국환은행이 고객과 외화현찰거래를 할 때 적용되는 환율이다.

② 현찰매입율은 전신환매입율보다 낮다.

③ 현찰매도율은 매매기준율보다 낮다.

④ 주화의 매입율은 외화지폐의 매입율보다 매우 낮다.

⑤ 현찰매입율은 외국통화 매입에 적용된다.

해설

현찰매도율은 매매기준율보다 높다.

더 알아보기 외국환은행의 대고객 환율의 크기 비교

• 현찰매도율 > T/C매도율 > 전신환매도율 > 매매기준율 > 전신환매입율 > 수표매입율 > 현찰매입율
• 현찰매도율의 환율이 가장 높고 현찰매입율이 가장 낮다.

08 ④ 09 ③ 정답

10 다음 외국환은행의 대고객 환율 중 가장 낮은 환율은?

① 현찰매입률 ② 전신환매입률
③ 전신환매도율 ④ T/C 매도율
⑤ 현찰매도율

해설

현찰매도율의 환율이 가장 높고 현찰매입률이 가장 낮다.

11 환율에 관한 설명으로 틀린 것은?

① 우리나라에서 현재 시행되고 있는 환율제도는 자유변동 환율제도이다.
② 한국은행기준율은 영업시간 내내 변동된다.
③ 외화수표 매입(B/P) 시 적용하는 수표매입율은 전신환매입율로 계산한 금액에 환가료를 차감하여 계산한다.
④ 환가료율은 당해 통화 기간별 LIBOR 금리에 각 외국환은행의 매입기간별 가산금리를 더하여 결정한다.
⑤ 주화의 매입률은 외화지폐의 매입율보다 훨씬 낮게 책정된다.

해설

한국은행기준율은 전영업일의 은행간 환율을 기준으로 결정되기 때문에 영업시간 내내 환율변동이 없다.

12 다음 중 옳지 않은 것은? 2025

① 외화수표 × 수표매입율 = (외화수표 원금 × 전신환매입율) − 환가료
② 환가료 = 대상금액 × 연환가료율 × (표준우편일수 ÷ 360) × 기준환율
③ 환가료율 = 당해 통화 기간별 LIBOR 금리 + 매입기간별 가산금리
④ 여행자수표매도율(T/C) : 외화수표 매입(B/P) 시 적용되는 환율
⑤ 전신환매매율 : 외국환을 전신으로 결제하는 경우에 적용되는 환율로 자금의 결제가 1일 이내에 완료되므로 외국환의 우송기간에 대한 금리가 고려되지 않은 순수한 의미의 환율

해설

여행자수표매도율(T/C)은 여행자수표 판매 시 적용되는 환율이며 외화수표 매입(B/P) 시 적용되는 환율은 수표매입율이라 한다.

13 현재 우리나라 외환제도의 특징이 아닌 것은?

① 은행주의

② 속인주의

③ 국제주의

④ 부분적인 원칙주의·예외규제 방식

⑤ 포지티브(Positive System) 방식

해설

모든 외국환거래를 원칙적으로 자유화하고 예외적으로 규제하는 네거티브(Negative System) 방식을 채택하고 있다.

14 거주성 구분에 대한 내용 중 괄호 안에 들어갈 내용을 순서대로 나열한 것은? `21, 25`

- 비거주자였던 자로서 국내에 입국하여 (   ) 이상 체재하고 있는 자는 국민인 거주자에 해당한다.
- (   ) 이상 국내에 체재하고 있는 외국인은 외국인 거주자에 해당한다.
- (   ) 이상 외국에 체재하고 있는 국민은 국민인 비거주자에 해당한다.
- 거주자였던 외국인으로서 출국하여 외국에서 (   ) 이상 체재 중인 자는 외국인 비거주자에 해당한다.

① 3개월 – 3개월 – 6개월 – 2년

② 3개월 – 6개월 – 3개월 – 2년

③ 3개월 – 3개월 – 2년 – 6개월

④ 3개월 – 6개월 – 2년 – 3개월

⑤ 3개월 – 2년 – 6개월 – 3개월

해설

3개월 – 6개월 – 2년 – 3개월

15 다음 중 국민인 비거주자로 볼 수 있는 경우는? `20, 25`

① 재외공관에 근무할 목적으로 외국에 체재하고 있는 국민
② 국내에 있는 영업소에서 영업활동에 종사하고 있는 외국인
③ 2년 이상 외국에 체재하고 있다가 국내에 2달 동안 일시 귀국했었던 국민
④ 국내에 있는 외국정부의 국제기구에 근무할 목적으로 파견되어 국내에 체재하고 있는 외교관
⑤ 비거주자였던 자로서 국내에 입국하여 3개월 이상 체재하고 있는 자

해설

① 국민인 거주자에 해당한다.
② 외국인 거주자에 해당한다.
④ 외국인 비거주자에 해당한다.
⑤ 국민인 거주자에 해당한다.

16 다음 외국환 매입에 대한 설명으로 틀린 것은? `20, 25`

① 매입금액이 동일영업점, 동일자, 동일인으로부터 미화 2만불을 초과하는 경우 취득경위 입증서류를 징구한다.
② 외국환은행은 매입금액이 1만불을 초과하는 경우 국세청 및 관세청에 통보하여야 한다.
③ 정부, 지방자치단체, 환전영업자로부터 매입하는 경우에는 미화 2만불을 초과해도 취득경위입증서류 확인절차를 생략할 수 있다.
④ 당해 거주자의 거주자계정으로부터 미화 2만불을 초과하여 매입하는 경우에는 취득경위입증서류를 징구해야 한다.
⑤ 미화 2만불 이하를 매입하는 경우나 외교관, 국제기구, 미합중국 군대에 근무하는 자로부터 매입하는 경우에는 취득경위입증서류 확인절차를 생략할 수 있다.

해설

당해 거주자의 거주자계정으로부터 매입하는 경우에는 취득경위입증서류를 생략하는 것이 가능하다.

17 국민인 거주자에 대한 외국환 매각 사유에 해당하는 것은? 2025

① 거주자에게 소지목적으로 매각하는 경우

② 외국환은행 등에 외국환을 매각한 실적이 없는 경우 미화 1만불 범위 내에서 해외여행경비 명목 매각

③ 국내에서 고용, 근무, 자영업 등으로 취득한 급여 또는 소득 범위내

④ 외국에서 발행된 신용카드 등으로 국내에서 원화현금서비스 등을 받은 범위내 매각

⑤ 외국환은행 해외지점 등에 원화를 대가로 외국환을 매각한 실적 범위내 매각

해설

외국환은행은 거주자에게 소지목적으로 매각하는 경우에 국민인 거주자에게 내국지급수단을 대가로 외국환을 매각할 수 있다.

더 알아보기 국민인 거주자에 대한 외국환 매각 사유

- 당해 외국환을 수입대금, 해외체재비 등 인정된 거래 또는 지급에 사용하기 위한 경우
- 거주자에게 소지목적으로 매각하는 경우
- 거주자의 외화예금계정에 예치할 목적으로 매각하는 경우
- 타 외국환은행으로 이체하기 위하여 외국환을 매각하는 경우(단, 대외계정 및 비거주자 외화신탁계정으로 이체하고자 하는 경우에는 인정된 거래에 따른 지급에 한함)

18 국민인 거주자에 대한 외국환 매각 대상 거래가 아닌 것은? 2025

① 최근 입국일 이후 당해 체류기간 중 외국환은행 등에 원화를 대가로 외국환을 매각한 실적 범위 내

② 당해 외국환을 수입대금, 해외체재비 등 인정된 거래 또는 지급에 사용하기 위한 경우

③ 거주자에게 소지목적으로 매각하는 경우

④ 거주자의 외화예금계정에 예치할 목적으로 매각하는 경우

⑤ 타 외국환은행으로 이체하기 위하여 외국환을 매각하는 경우

해설

비거주자에 대한 외국환 매각 대상이다.

19 외국환거래에서의 지급증빙서류 제출 면제거래가 아닌 것은? `2021`

① 거주자의 연간 5만불 이내의 증여성 지급
② 정부기관의 지급
③ 지방자치단체의 지급
④ 거래 또는 행위가 발생하기 전에 하는 사전지급
⑤ 무역거래로 인한 송금

해설

무역거래로 인한 송금 시에는 외국환은행의 장에게 지급증빙서류를 제출하여야 한다.

20 다음 중 지급인이 1개의 외국환은행을 지정하여 지정거래은행을 통해서만 송금하여야 하는 거래가 아닌 것은?

① 거주자의 증여성 지급
② 유학생 경비 지급
③ 해외이주비 지급
④ 무역거래로 인한 지급
⑤ 해외체재자의 체재비 지급

해설

무역거래로 인한 지급은 지정거래은행을 통하여 송금하여야 하는 거래에 해당하지 않는다.

더 알아보기 지정거래은행을 통하여 송금하여야 하는 거래

- 대표적으로 거주자의 증여성 지급, 해외체재자의 체재비 지급, 해외 이주비 지급, 유학생경비 지급, 해외직접투자 등이 있다.
- 상기 외에도 외국인근로자 등의 국내소득의 지급 및 연간 미화 5만불 이하의 지급, 거주자의 대북투자, 현지금융, 해외지사설치, 유지활동비 지급, 환전영업자, 외국기업의 국내지사 설치, 상호계산 실시업체, 거주자의 외국에서의 외화증권 발행 등이 있다.

21 당발송금에 대한 다음 설명 중 옳지 않은 것은?

① 당발송금이란 국내의 송금인으로부터 원화 또는 외화를 송금대금으로 받고 외국의 수취인에게 외화자금을 송금하는 것을 말한다.

② 송금수표는 거액송금이 가능하고 송금처리에 소요되는 기간이 짧아 현재 가장 보편적으로 사용하는 방법이다.

③ 당발송금의 중계역할을 하는 기관은 해외 환거래은행(Depositary Bank)이다.

④ 송금대전 시 전신환매도율을 적용한다.

⑤ USD통화 해외송금이 불가능한 국가로는 쿠바, 시리아, 이란, 북한 등이 있다.

> **해설**
> 전신송금환(T/T)에 대한 설명이다. 송금수표(D/D)는 긴급을 요하지 않는 송금이나 소액 송금 시 주로 이용한다.

더 알아보기 당발송금의 종류

전신송금환 (T/T ; Telegraphic Transfer)	• 지급지시서(P/O ; Payment Order)를 전신(SWIFT or TELEX)으로 발송하는 방법 • 거액송금이나 신속지급을 요하는 송금 시 이용
송금수표 (D/D ; Demand Draft)	• 송금의뢰인이 송금은행으로부터 수취한 송금수표를 직접 수취인에게 발송하는 방법 • 소액송금이나 긴급을 요하지 않는 송금 시 이용

22 해외유학경비로 얼마까지 송금이 가능한가?

① 연간 미화 1만불
② 연간 미화 5만불
③ 연간 미화 10만불
④ 등록금 범위 내
⑤ 제한 없음

> **해설**
> 해외유학경비는 원칙적으로 금액 제한이 없으며, 연간 10만불 초과 시 국세청에 통보한다.

23 다음은 외국환 당발송금 사유별 한도와 관련된 내용이다. 괄호 안에 들어갈 내용을 순서대로 나열한 것은? `2021`

> • 증빙서류를 제출하지 않은 증여성 송금 한도 – (   )
> • 증여성 송금의 국세청 통보기준 – 연간 (   )
> • 수입대금, 유학생경비, 해외체재비, 해외이주비, 재외동포 국내재산반출 한도 – (   )

① 1만불, 1만불, 1만불
② 5만불, 1만불, 1만불
③ 5만불, 1만불, 5만불
④ 1만불, 1만불, 제한 없음
⑤ 10만불, 1만불, 제한 없음

해설

지급증빙서류를 제출하지 아니하는 송금(증여성 송금)은 연간지급누계금액이 미화 10만불 이하인지 초과인지에 따라 제출서류가 다르며 연간 1만불 초과 시에는 국세청에, 건당 5천불을 초과 시에는 관세청 및 금감원에 통보한다.

더 알아보기 송금종류별 금액제한 및 통보기준

송금종류	금액제한	국세청 통보 등(미화기준)
지급증빙서류를 제출하지 아니하는 송금 (증여성 송금)	연간지급누계금액 미화 10만불 이하	연간 1만불 초과 시 국세청 통보(건당 5천불 초과 시 관세청 및 금감원 통보)
	연간지급누계금액 미화 10만불 초과	
수입대금	없 음	건당 5천불 초과 시 관세청 통보
유학생경비	없 음	연간 10만불 초과 시 국세청 통보
해외체재자 경비	없 음	연간 10만불 초과 시 국세청 통보
해외이주비	없 음	동일자 1만불 초과 시 국세청, 관세청, 금감원 통보
외국인 국내급여 · 국내소득송금	소득금액(세금 제외)	동일자 1만불 초과 시 국세청, 관세청, 금감원 통보
용역경비	실수증빙이내	• 동일자 1만불 초과 시 국세청, 금감원 통보 • 건당 5천불 초과 시 관세청 통보
재외동포 국내재산반출	없 음	동일자 1만불 초과 시 국세청, 관세청 통보

24 다음 지급 사유 중에서 휴대반출이 가능한 경우가 아닌 것은?

① 증여성 송금   ② 유학생 경비
③ 해외체재자 경비   ④ 외국인 국내 급여
⑤ 재외동포 국내 재산 반출

> **해설**
> 증여성 송금은 휴대반출이 불가하다.

25 다음 중 소지목적으로 외국환은행을 통하여 환전할 수 있는 자는?

① 국민인 거주자   ② 국민인 비거주자
③ 외국인 거주자   ④ 외국인 비거주자
⑤ 국내 체재 중인 외교관

> **해설**
> 국민인 거주자가 소지를 목적으로 하는 경우 금액 제한이 없다.

26 타발송금에 관한 설명으로 옳지 않은 것은?

① 해외의 송금은행이 환거래은행을 거쳐 국내 외국환은행을 지급은행으로 지정하여 보내오는 외화송금을 말한다.
② 예금주와 계좌번호가 상이한 경우에는 반드시 송금은행에 조회를 한 후 정당한 수취인에게 지급될 수 있도록 해야 한다.
③ 원화로 지급하는 경우에는 전신환매입율을 적용한 원금에서 타발송금수수료를 차감하여 지급한다.
④ 타발송금 시 거주자 간 또는 비거주자 간 국내자금이체는 영수확인서 징구대상이다.
⑤ 미화 5만불 이하 영수 시 고객으로부터 영수 사유를 구두로 청취하고 취득경위입증서류 없이 지급한다.

> **해설**
> 거주자 간 또는 비거주자 간 국내자금이체는 영수확인서 징구대상이 아니다. 또한 외국인(거주자) 또는 비거주자는 영수확인서 징구대상이 아니다.

27 외국통화 매매에 대한 설명이다. 옳지 않은 것은?

① 미화 2만불 이하의 매입은 취득경위 입증서류 없이 자유롭게 매입이 가능하다.

② 외국환업무취급기관·환전영업자로부터 매입하는 경우에는 취득경위 입증서류 징구를 면제할 수 있다.

③ 미화 1만불을 초과하여 매입한 경우에는 국세청장, 관세청장, 금융감독원장에게 매입에 관한 사항이 자동적으로 통보된다.

④ 국민인 거주자에 대한 일반여행경비 및 소지목적 환전은 금액제한이 없으며, 동일일·동일인 기준 1만불 초과 시 국세청에 통보한다.

⑤ 외국인 거주자 및 비거주자에 대한 일반여행 경비환전 한도는 제한이 없으며 여권에 환전사실을 표기해야 한다.

> **해설**
> 외국인 거주자 및 비거주자에 대한 일반여행 경비환전 한도는 최근 입국일로부터 체재기간 중 미화 1만불이며, 여권에 환전사실을 표기해야 한다.

28 다음은 여행자수표(T/C)에 대한 설명이다. 옳지 않은 것은?

① 여행지에서 현금과 동일하게 현지통화와 교환하여 사용할 수 있다.

② 분실·도난 시에는 재발급이 불가능하다.

③ 외화현찰보다 환율이 저렴하다.

④ T/C 발행회사 및 판매 외국환은행은 자금운용수익을 얻을 수 있다.

⑤ 고객은 여행자수표를 교부받으면 여행자수표 Holder's Sign란에 직접 서명하여야 한다.

> **해설**
> 여행자수표(T/C)는 사용 중 분실이나 도난 시 재교부 받을 수 있는 정액외화수표이다. 단, Holder Sign 및 Counter Sign이 안된 해지상태로 분실한 경우 재발급이 사실상 불가능하므로 T/C 매도 시 반드시 고객에게 Holder Sign을 하도록 안내한다.

29 외화수표에 대한 설명으로 틀린 것은? 2023

① 여행자수표는 전신환매도율보다 환율이 저렴하다.

② 개인수표는 부도가 빈번하게 발생하기 때문에 주의하여야 한다.

③ 은행수표는 결제자금이 예치되어 있는 은행발행 수표이다.

④ 여행자수표의 유효기일은 없다.

⑤ 머니 오더는 여행자수표처럼 미리 돈을 주고 사기 때문에 준현금과 같으나, 발행사의 신용도가 낮은 경우가 많고 위·변조에 주의하여야 한다.

해설

여행자수표는 현찰매도율보다는 저렴하고 전신환매도율보다는 비싸다.

더 알아보기 외화수표의 종류

개인수표 (Personal Check)	• 개인이나 기업이 발행한 수표로서 지급은행에 발행인의 결제계좌를 보유함 • 수표의 액면 금액이 일정하지 않으며, 부도가 빈번하게 발생함 • 당좌수표와 유사함 • 수표 제시기간 : 3개월
은행수표 (Banker's Check)	• 환거래은행이 발행한 수표로서 서명권자가 은행인 수표 • 우리나라의 자기앞수표와 유사함 • 수표의 액면금액이 일정하지 않으며 부도 발생사례가 적음 • 수표 제시기간 : 6개월
여행자수표 (Traveller's Check)	• 해외여행자가 현금 휴대 시의 불편함과 위험을 방지하기 위해 발행된 정액권 외화수표 • 은행에서 미리 수표대금을 지급하고 매입한 수표로 금액이 정액화되어 있음 • 수표 제시기간 : 무기한
머니 오더 (Money Order)	• 수표발행 신청인이 수표금액에 해당하는 금액과 수수료를 은행 또는 발행회사에 지불하면 발행해 주는 수표 • 여행자수표처럼 미리 돈을 주고 사기 때문에 준현금과 같으나, 발행사의 신용도가 낮은 경우가 많고 위·변조에 주의하여야 함
미재무성수표 (US Treasury Check)	• 미국 정부가 지급인이며 금액은 일정하지 않음 • 수표 제시기간 : 1년

30 다음 설명에 해당하는 외화수표는?

> • 환거래은행이 발행한 수표로서 서명권자가 은행인 수표
> • 우리나라의 자기앞수표와 유사한 수표
> • 수표의 액면금액이 일정하지 않으며 부도 발생사례가 많지 않음

① 개인수표(Personal Check)
② 은행수표(Banker's Check)
③ 여행자수표(Traveller's Check)
④ Money Order
⑤ 미재무성수표(US Treasury Check)

해설
은행수표(Banker's Check)에 대한 설명이다.

31 외화수표의 제시기간이 잘못 연결된 것은?

① 개인수표 – 3개월
② 은행수표 – 6개월
③ 여행자수표 – 무기한
④ 국고수표 – 무기한
⑤ 미재무성수표 – 1년

해설
국고수표의 유효기간은 1년이다.

32 외화수표의 추심방법에 대한 설명으로 가장 거리가 먼 것은?

① 외화수표의 추심은 추심절차에 따라 추심전매입과 추심후지급으로 구분한다.
② 추심후지급 방식은 추심전매입 방식보다 안전하다.
③ 미국 재무성 국고수표는 추심전매입만 가능하고 추심후지급은 불가능하다.
④ 수표상에 유효기일이 명시된 경우에는 동 유효기일 내에 지급은행에 제시되어야 한다.
⑤ 미국 상법상 수표발행인은 뒷면 배서 위조의 경우 지급일로부터 1년 이내에는 언제든지 지급은행에 이의를 제기하여 부도처리할 수 있다.

해설
미국 상법상 수표발행인은 뒷면 배서 위조의 경우 지급일로부터 3년 이내에는 언제든지 지급은행에 이의를 제기하여 부도처리할 수 있다.

더 알아보기 외화수표 매입(추심) 시 유의사항

- 캐나다 및 미국 재무성 국고수표, Postal Money Order는 추심전매입만 가능
- 일본 국내에서만 통용되는 수표인 일본 소절수는 매입이나 추심이 불가능
- 수표발행인은 미국 상법상 다음의 경우 지급은행에 이의를 제기하여 부도처리할 수 있음

앞면 위조·변조의 경우	지급일로부터 1년 이내
뒷면 배서 위조의 경우	지급일로부터 3년 이내

- 채권은 매입이나 추심이 불가능
- 수표상 통화가 $로만 표시되어 있는 수표는 지급은행 소재지 국가 통화로 생각함

33 추심전매입(BP ; Bills Purchased)이 가능한 외화수표가 아닌 것은? 2020

① 은행창구에서 본인이 직접 서명하여 제시하는 여행자수표

② 외국정부기관이 발행한 국고수표

③ 환거래은행이 발행한 은행수표

④ 환거래은행이 발행한 송금수표

⑤ 기업이 발행한 수표

해설

①~④ 외에도 부도 시 대금회수가 확실하다고 인정되어 적절한 채권회수대책을 취한 기타 대외지급수단은 추심전매입이 가능하다.

더 알아보기 외화수표의 추심방법

추심전매입 (BP ; Bills Purchased)	• 먼저 매입의뢰인에게 외화수표 대금을 지급하는 여신행위 • 고객의 신용도와 외화수표의 종류 등을 검토한 후 취급 예 미국 재무성 국고수표, 캐나다 국고수표, Postal Money Order

추심후지급
(BC ; Bills
Collected)
	• 해외의 지급은행에 외화수표 대금을 청구하여 회수한 후 추심의뢰인에게 지급하는
	  방식
	• 추심전매입 방식보다 안전
	  예 개인수표(Personal Check)

34 외화예금에 대한 설명으로 옳지 않은 것은?

① 개설인의 거주성에 따라 거주자계정, 대외계정, 해외이주자계정으로 구분된다.
② 외화예금의 종류에는 외화당좌예금, 외화보통예금, 외화별단예금, 외화통지예금, 외화정기예금 등이 있다.
③ 외화통지예금의 거치기간은 7일 이상이다.
④ 외화예금에 원화를 대가로 입금 시는 전신환매입율을 지급 시는 전신환매도율을 적용한다.
⑤ 거주자계정의 외화현찰 입금 시 2만불 이하는 취득경위입증서류가 필요 없다.

> **해설**
> 외화예금에 원화를 대가로 입금 시는 전신환매도율을, 지급 시는 전신환매입율을 적용한다.

35 다음 외화예금에 관한 내용으로 가장 거리가 먼 것은?

① 외화예금이란 외국환거래법령 등에서 정한 바에 따라 거주자 또는 비거주자가 영수한 외국환을 원화대가로 매각하지 않고 외화계정에 예치하는 것을 말한다.
② 거주자계정의 가입자격은 국민인 거주자와 개인인 외국인 거주자이다.
③ 대외계정의 가입자격은 비거주자, 개인인 외국인 거주자, 대한민국정부의 재외공관 근무자 및 그 동거가족이다.
④ 해외이주자계정의 가입자격은 해외이주자, 해외이주예정자, 재외동포이다.
⑤ 외화로 입금·지급 시에는 수수료 규정에서 정한 현찰수수료 또는 대체료를 징수하여야 한다.

> **해설**
> 거주자계정의 가입자격은 국민인 거주자이며, 개인인 외국인 거주자와 대한민국 정부의 재외공관 근무자 및 그 동거가족은 제외된다.

36 다음은 외화예금의 계정별 특성에 대한 설명이다. 옳지 않은 것은?

① 거주자계정에서 외화현찰, 여행자수표, 외화수표 등 입금 시 2만불 이하는 취득경위입증서류가 필요 없다.

② 거주자계정에서 원화를 대가로 예치하거나 원화로 인출하는 경우에는 금액에 제한이 없으며 국세청 통보도 불필요하다.

③ 대외계정에서 취득 또는 보유가 인정된 대외지급수단 입금 시 동일자·동일인 기준 2만불이 초과하면 지급수단 등의 수출입허가서 및 외국환신고확인필증의 서류가 제출되어야 한다.

④ 대외계정에서 대외지급수단(외화현찰·여행자수표)으로 인출하는 경우 2만불 초과 시 동일자·동일인 기준 외국환신고확인필증을 발행 교부하여야 한다.

⑤ 대외계정에서 내국지급수단(원화현찰)으로 인출하는 경우 1만불 초과 시 국세청에 통보하여야 한다.

> **해설**
> 1만불 초과 시 외국환신고확인필증을 발행 교부하여야 한다.

37 외화예금 종류별 일반적인 사항에 대해 적절하지 않은 것은?

① 외화보통예금의 이자는 평균잔액에 연리와 해당일수를 곱하고 예금통화의 종류에 따라 360 또는 365로 나누어 산출한다.

② 외화당좌예금은 수표 및 어음을 교부하지 않고, 예금 지급 시 외화예금 청구서를 이용하여 지급한다.

③ 외화통지예금은 거치기간은 7일 이상으로 하고 예금을 인출할 때는 2일 이전에 미리 은행에 통지하여야 하는 거치식 예금이다.

④ 외화별단예금은 이자는 지급하지 않으며 예금주가 특별히 요청하는 경우 이외에는 영수증을 발행하지 않는다.

⑤ 외화정기예금의 계약기간은 원칙적으로 일 또는 주단위로 하되 예외적으로 월단위로 할 수 있다.

> **해설**
> 외화정기예금의 계약기간은 원칙적으로 월단위로 하되 예외적으로 일 또는 주단위로 할 수 있다.

CHAPTER 4

내국환업무

01 내국환업무

02 어음교환 업무

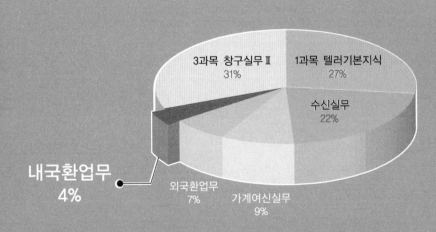

3과목 창구실무 II
31%

1과목 텔러기본지식
27%

수신실무
22%

내국환업무
4%

외국환업무
7%

가계여신실무
9%

⊕ 워밍업! 핵심문제

타행환공동망 업무에 대한 설명으로 올바른 것은?

① 현금송금 업무 중 자기앞수표 조회업무는 할 수 없다.

② 통화나 자점권을 제외한 타행발행 자기앞수표 및 약속어음 등은 수납할 수 없다.

③ 동일 영업점을 기준으로 1회 한도는 5천만원이다.

④ 평일의 타행환업무 이용가능 시간은 은행의 업무시간인 오전 9시부터 오후 4시까지이다.

⑤ 당좌예금, 가계당좌예금, 기업자유예금은 타행환으로 거래가 가능한 예금이다.

해설 ① 자기앞수표 조회업무도 가능하다.
② 타행발행 자기앞수표는 수납 가능하다.
③ 1일 한도는 없으며 1회 송금 한도는 5억원으로 제한되어 있다.
④ 이용가능시간은 영업일 오전 7시부터 오후 6시까지이다.

답 ⑤

※ 맞힌 문제는 ◉, 헷갈린 문제는 ▲, 틀린 문제는 ✕에 체크하세요!

01 내국환업무

01 다음은 환업무 특징에 관한 설명이다. 옳지 않은 것은?

◉▲✕
◉▲✕

① 환거래가 일어난 거래를 당발환이라 하고, 당발환을 수신하는 거래를 타발환이라 한다.

② 타발환 거래는 당발환이 발생한 후 환을 정리함으로써 일어나는 능동적인 거래이다.

③ 환거래를 취소하기 위해서는 타발환 거래를 먼저 취소해야 당발환 취소가 가능하다.

④ 본지점계정은 은행 전체적으로 대차가 항상 일치하게 된다.

⑤ 환거래 당사자는 의뢰인, 당발은행, 타발은행, 수취인의 4자 관계이다.

해설

타발환 거래는 당발환이 발생한 후 환을 정리함으로써 일어나는 수동적인 거래이다.

더 알아보기 환거래의 특징

본지점계정	당행 본 지점 간의 이체가 가능한 모든 환거래를 처리하는 과목 • 모든 환거래는 본지점계정을 이용하여 거래한다. • 당발환의 취소는 타발점 책임자의 사전 승인을 얻어 환취소 선행조작 후에 가능하며, 환결제 당일에만 취소할 수 있다. • 본지점계정은 당발점과 타발점에서 항상 동일 금액의 대차관계가 발생하므로 전체적으로 잔액이 발생하지 않고 항상 일치해야 한다.
미결제환 과목 · 미지급환 과목	• 타발점에서 수신당일 정리가 불가능한 본지점 계정 과목은 미결제화(자산) · 미지급환(부채) 과목으로 일시 대체처리하고 조속한 시일 내에 정리해야 하며, 타발환을 미지급환과목으로 대체정리 후 2개월이 경과하여 처리가 불가능한 경우 당발점으로 전금처리한다. • 당발점은 타발점에서 전금된 자금을 별단예금으로 대체 입금처리하고 취결의뢰인에게 연락하여 지급한다.
환거래의 법률관계	• 환거래의 당사자 : 의뢰인, 당발은행(취결은행), 타발은행(지급은행), 수취인(지급인) 의 4자관계 • 법률관계 : 환거래가 발생하면 당사자 간에는 민법상의 위임 및 준위임의 법률관계가 발생하며, 의뢰인과 취결은행 간에는 소비임치계약관계가 발생하여 예금계약과 동일한 성격을 가진다.

02 다음 중 환업무에 대한 내용으로 틀린 것은?

① 환거래가 발생하면 당사자 간에는 소비임치계약관계가 발생한다.

② 환의 일련번호는 취결번호, 수신번호, 발신번호, 미정리번호로 구분하며 환거래 처리 시 전산으로 자동 번호가 부여된다.

③ 부득이한 사유로 타발점에서 수신당일 정리가 불가능한 미지급환은 부채 과목으로 일시 대체처리하고 2개월이 경과한 후 처리가 불가능한 경우 이를 당발점으로 전금처리한다.

④ 환대금은 원칙적으로 통화로 수납하며, 타행 발행 자기앞수표는 담당 책임자의 책임하에 수납할 수 있다.

⑤ 환거래는 환거래 발생을 기준으로 당발환과 타발환으로 구별되며, 타발점에서 수신되는 타발환은 당일 중에 환대전 지급 또는 결제를 통해 정리를 해야 한다.

> **해설**
> 환거래가 발생하면 당사자 간에는 민법상의 위임 및 준위임의 법률관계가 발생하며, 의뢰인과 취결은행 간에는 소비임치계약관계가 발생한다.

03 환거래 당사자 중에서 소비임치계약관계가 발생하는 관계는?

① 의뢰인과 취결은행   ② 의뢰인과 지급은행

③ 수취인과 당발은행   ④ 수취인과 타발은행

⑤ 당발은행과 타발은행

> **해설**
> 환거래 당사자는 의뢰인, 당발은행(취결은행), 타발은행(지급은행), 수취인(지급인)으로 구성되어 있고, 의뢰인과 당발은행(취결은행)은 소비임치계약관계가 발생한다.

04 전금에 관한 내용으로 옳지 않은 것은?

① 전금이란 은행 내 본·지점간 자금의 이전을 위한 내부 환을 의미한다.

② 전금의 주요업무는 업무상의 자금이체, 직원 상호 간의 송금, 기타 업무와 관련하여 고객이 요청한 자금이체 등이 있다.

③ 전금은 지급 부점장을 의뢰인으로 하고 취결 영업점장을 수취인으로 한다.

④ 전금을 지급할 경우 수신받은 지급표를 대용전표로 하여 상대예금 또는 정리계좌에 대체처리한다.

⑤ 수신 당일 정리가 불가능한 경우에는 미지급환 등록을 하여 미지급환 과목에 대체입금 처리한다.

> **해설**
> 전금은 취결 영업점장이 의뢰인이 되고 지급 부점장을 수취인으로 한다.

05 주로 은행 본지점 간 자금의 이전을 위한 내부환으로서 자금의 역청구를 의미하는 것은?

① 전 금
② 역 환
③ 타발환
④ 자행환
⑤ 당발환

해설

역환에 대한 설명이다.

06 다음 중 역환처리가 가능한 업무가 아닌 것은?

① 자금현송금 중 부족금
② 부도제재금
③ 타행 주식에 대한 배당금
④ 국고지출금
⑤ 본부에서 인정한 용도품대

해설

당행 주식에 대한 배당금이 발생한 경우 역환거래를 한다.

더 알아보기 │ 역환처리가 가능한 업무

- 자금현송금과 자금현송금 중 부족금
- 교환자금과 부도제재금
- 본부에서 인정한 경비와 용도품대
- 대금추심에 관한 전화료 등 기타 업무상 발생한 제비용
- 당행 주식에 대한 배당금
- 국고지출금(국고 대리점에 한함)
- 기타 업무상 필요에 의하여 본부의 지시나 승인을 받은 사항
- 특별한 사정으로 국고수표, 당좌수표, 통장예금증서, 예금증서 등을 역환처리하고자 할 때에는 은행장의 승인을 받아야 한다.

07 **전금과 역환에 대한 설명으로 틀린 것은?** `2021`

① 역환은 업무상 부득이한 경우에 한하여 취급 허용하므로 업무 처리 시 항상 결제 여부에 주의하여야 한다.

② 전금으로 수취인에게 현금을 지급하게 될 때에는 지급표 뒷면에 영수의 기명날인을 받은 후 지급한다.

③ 전금의 지급 시 정당계정으로 정리할 때까지 입금표(미지급환 과목)와 지급표(본지점 과목)를 대체거래로 처리한다.

④ 업무상의 전금은 입금표 적요란에 반드시 전금사유 또는 내역을 기입하여야 한다.

⑤ 역환의 주요 가능 업무는 업무상의 자금이체, 직원상호간의 송금, 기타 업무와 관련하여 고객이 요청한 자금이체 등이 있다.

해설

전금의 주요 가능 업무에 해당한다.

08 **타행환공동망 업무에 대한 내용으로 옳지 않은 것은?**

① 타행환공동망 업무의 종류에는 송금업무 및 자기앞수표조회 업무가 있다.

② 송금자금은 통화, 당행 발행 자기앞수표 및 타행 발행 자기앞수표가 수납 가능하다.

③ 1회 송금 최고한도는 5억원이다.

④ 타행환공동망 업무 이용시간은 영업일 07:00~18:00이다.

⑤ 입금불능 시 그 사실을 고객에게 통보하고 입금의뢰 확인증을 회수한 후 수수료를 차감한 입금금액을 고객에게 환급한다.

해설

입금불능 시 송금의뢰인에게 입금불능 사실을 통보하고 고객으로부터 입금의뢰 확인증을 회수한 후 입금금액 및 수수료를 모두 환급한다.

09 타행환 입금불능 시 처리 및 입금취소거래에 대한 설명으로 옳은 것은?

① 입금불능 시 송금의뢰인에게 통보하고 입금의뢰 확인증을 회수한 후 입금금액만 환급하고 수수료는 환급하지 않는다.
② 고객의 취소요청이 부득이 하다고 인정되는 경우 예금주의 취소동의 없이 취소거래할 수 있다.
③ 자금청구반환이란 송금은행 직원이나 송금인의 착오로 은행간 결제금액에 오류가 발생된 경우 해당 거래의 자금을 실시간으로 반환하는 절차를 말하며 청구한 즉시 자금이 바로 반환된다.
④ 자기앞수표의 부도가 발생된 경우 발행은행은 송금의뢰은행에 유선으로 부도통보 후 '타행환 타점권 부도내역 통보/접수·확인서'를 작성하여 FAX 송부하고 영수증을 교환 회부한다.
⑤ 의뢰은행 내부오류에 의해 발생한 거래의 경우 당일 취소가 가능하다.

> **해설**
> ① 입금금액과 수수료를 모두 환급한다.
> ② 취소거래는 오조작 등 의뢰은행 내부오류에 한함이 원칙이며, 단, 고객의 취소요청이 부득이 하다고 인정되는 경우에는 예금주의 취소동의를 받아서 취소처리 해야하고 입금의뢰 확인증도 회수하여야 한다.
> ③ 시스템을 통하여 정보교환이 실시간으로 이루어지는 것이며 자금을 청구한 즉시 바로 반환되는 것을 의미하는 것이 아니다.
> ⑤ 취소거래는 당일 타행환 업무 운용시간내에 처리하며 동 시간 이후에는 취소 처리할 수 없다.

10 다음 중 어음교환의 경제적 장점에 해당하지 않는 것은?

① 참가은행 간 교환된 어음의 지급할 금액과 받을 금액과의 총액을 결제함으로써 소량거액결제에 유리하다.

② 어음 교환소를 통해 교환함으로써 지급·제시에 따른 시간과 경비를 절약할 수 있다.

③ 어음 소지인은 은행을 통하여 추심할 수 있기 때문에 개별 추심에 따른 시간과 노력을 절약할 수 있다.

④ 수납한 어음은 전부 교환에 회부토록 하여 어음의 유통을 원활하게 한다.

⑤ 참가은행은 다른 참가은행 앞으로 발행된 어음을 정당한 이유 없이 고객으로부터 수납을 거절할 수 없게 하여 자금 유통을 원활하게 한다.

해설

참가은행 간 교환된 어음의 지급할 금액과 받을 금액과의 차액만 결제함으로써 은행의 지급자금을 대폭적으로 줄일 수 있다.

11 어음교환에 대한 설명으로 틀린 것은?

① 각 은행에서 수납한 어음·수표·제증서를 개별적으로 추심해야 하므로 시간과 노력이 다소 필요하다.

② 실물의 이동 없이 정보교환으로 결제가 이루어지므로 하루만에 결제가 가능하다.

③ 어음의 교환지역에 따른 분류도 없어지게 되어 금융기관의 업무효율성이 증가하였다.

④ 어음교환은 제시은행과 지급은행 간에 자금조정을 실시해야 하는 자기앞수표 및 자기앞영수증과 제시은행과 지급은행 간에 자금조정을 하지 않는 어음·당좌수표·가계수표 및 기타 영수증으로 분류된다.

⑤ 어음교환은 참가방법에 따라 직접참가방법과 대리교환방법으로 분류된다.

해설

개별적으로 추심하는 대신 어음교환소의 이미지 정보교환을 통해 당행지급분과 타행지급분을 상호교환하고 그 차액만을 결제함으로써 시간과 노력을 절약할 수 있다.

12 타점권 인도 및 인수업무에 대한 설명으로 옳지 않은 것은?

① 타점권의 인도·인수는 텔러와 어음교환담당자 상호간 실물을 확인한 후 인수도 처리를 한다.
② 자동화기기 타점권 인도는 모출납이 자동화기기 인도·인수등록 후 일괄 인·수도 등록하고 출력한다.
③ 텔러의 금일현금보유액란에 타점권 잔액이 발생한 경우 당일 마감이 불가능하다.
④ 액면금액과 교환금액이 상이한 어음 및 증서의 교환 지출 시에는 액면금액을 표기하여 지출해야 한다.
⑤ 혼입이 발생하면 지급은행으로부터 지급지 상위로 반환처리될 수 있으므로 주의하여 업무처리해야 한다.

해설
액면금액과 교환금액이 상이한 어음 및 증서의 교환 지출 시에는 교환금액을 표기하여 지출해야 한다.

13 다음 중 어음교환 업무처리 방법으로 옳지 않은 것은?

① 어음교환제시은행은 어음·수표·제증서류 어음표면 우측 상단부에 일정한 규격의 특정횡선을 찍어야 한다.
② 타점권 촬영 시에는 어음·수표면에 특정횡선 표시 여부, 어음·수표의 당점권 여부, 기타 형식상 불비사항 여부 등을 확인하여야 한다.
③ 선일자 수표의 수납은 불가능하다.
④ 제시기간이 만기일 포함 3영업일 이내인 어음의 수납은 가능하다.
⑤ 어음교환 지출 시에는 '교환지출총액 = 제시어음명세표 = 타점권인수 / 인도표 = 현금시재명세표상 타점합계'가 일치해야 한다.

해설
선일자 수표의 수납은 가능하다. 단, 당좌수표 및 가계수표 수납 시에는 입금인의 의사를 정확히 파악한 후 처리한다.

14 다음 중 타점권 수납 시 유의사항이 아닌 것은?

① 특정횡선수표는 피지정은행이 타행일 경우에만 수납이 가능하다.
② 선일자 수표의 수납은 가능하다.
③ 지시금지문언이 있는 어음은 양도배서된 경우 수납이 불가능하다.
④ 제시기간이 발행일로부터 10일 이내인 수표의 수납은 가능하다.
⑤ 우편환증서의 제시기간은 발행일로부터 6개월 이내이다.

> **해설**
> 특정횡선수표는 피지정은행이 당행일 경우에만 수납이 가능하다.

15 어음교환과 관련하여 어음의 지출 분류가 다른 하나는?

① 자기앞수표   ② 당좌수표
③ 가계수표   ④ 현송금영수증
⑤ 사고환대금역청구서

> **해설**
> 어음의 지출은 자기앞수표 정보교환과 어음정보교환으로 분류된다.

더 알아보기 어음의 지출 분류

자기앞수표 정보교환	• 일반 자기앞수표 • 정액 자기앞수표 • 우편환증서
어음정보교환	• 약속어음 • 당좌수표 • 가계수표 • 환대금청구서 • 지방자치단체 공금수납금영수증 • 결제원, 은행연합회, 한국금융연수원, 한국금융연구원 및 예금보험공사 발행 영수증 • 감정수수료영수증 • 은행신용카드차액결제대금영수증 • 국민연금징수금영수증 • 유가증권원리금영수증 • 콜자금결제통지서 • 현송금영수증 • 사고환대금역청구서 • 증권투자신탁업무 관련 영수증 • 부도어음대금 영수증 및 오류어음대금 영수증 • 기타 당사은행이 사전 합의한 정보교환 가능 증서

16 어음교환 지출 시 유의사항에 대한 설명으로 옳지 않은 것은?

① 어음교환 지출 전까지 타점권을 마이크로필름에 촬영하고 해당필름을 보관해야 한다.

② 어음교환 지출 시에는 출납정산표(합계)를 출력하여 텔러와 어음교환 담당자간 인수·인도의 정확여부를 확인하여야 한다.

③ 모출납 및 텔러의 당일 수납 타점권총액은 어음교환 담당자에게 인도한 타점권 총액과 반드시 일치하여야 한다.

④ 어음교환 지출 시 출납담당 책임자는 교환실물과 제시어음명세표의 내용을 확인하고 동 실물과 명세표를 교환가방에 투입한 후 시건한다.

⑤ 파출모점 지출 해당 영업점에서는 오후 8시까지 물류 아웃소싱업체에 수도하여야 한다.

> **해설**
>
> 파출모점 지출 해당 영업점에서는 오후 7시까지 물류 아웃소싱업체에 수도하여야 한다. 단, 매월 마지막 영업일 및 마지막 영업일의 전영업일, 추석 전·후 영업일, 설 전·후 영업일, 기타 심사위원회가 정하는 날 등 집중일에는 1시간 연장한다.

17 다음의 정보교환 대상 중 그 성격이 다른 하나는?

① 약속어음   ② 우편환증서

③ 환대금청구서   ④ 감정수수료영수증

⑤ 콜자금결제통지서

> **해설**
>
> 우편환증서는 텍스트에 의해 전송되는 자기앞수표의 정보교환 대상이며, 나머지는 어음의 정보교환 대상이다.

18 실시간 정보교환에 대한 설명으로 옳지 않은 것은?

① 타행발행 정액 자기앞수표에 대해 수납 즉시 현금지급을 요청하는 고객에 한하여 지급은행에 On-Line(타행환공동망)을 통해 수표의 지급가능 여부를 조회한 후 수표대금을 즉시 지급할 수 있는 제도이다.

② 타행 발행 수표 중 수납 즉시 현금지급을 희망하는 고객이 소지한 정액 및 일반 자기앞수표가 대상수표이다.

③ 적용수수료는 자기앞수표 교환 전 자금화수수료를 징수기준으로 적용한다.

④ 고객 요청 시 지급거래 후 지급 승낙 전문 확인 시 고객에게 정상 지급처리한다.

⑤ 금융결제원 에러 발생 시 수표발행 영업점 앞 유선으로 확인하여 지급을 확정한다.

> **해설**
>
> 일반자기앞수표는 실시간 정보교환 대상수표에서 제외된다.

많이 보고 많이 겪고 많이 공부하는 것은 배움의 세 기둥이다.

- 벤자민 디즈라엘리 -

CHAPTER1

출납 및 계산업무

01 출납업무

02 계산업무

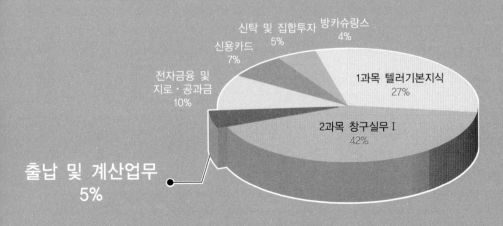

신탁 및 집합투자 방카슈랑스
5%   4%
신용카드
7%
전자금융 및
지로·공과금
10%

1과목 텔러기본지식
27%

2과목 창구실무 I
42%

출납 및 계산업무
5%

출제포인트 및 중요도

출납업무	출납업무 개요	3문항	60%	★★★
	수납업무			★★★
	지급업무			★☆☆
	현금정사업무			★★☆
	자금의 현수송			★★☆
계산업무	계산업무 일반	2문항	40%	★★☆
	무전표제도 · 연동거래			★☆☆
합 계		5문항	100%	

❂ 뭐밍업! 핵심문제

다음 현금정사업무에 대한 설명으로 옳지 않은 것은?

① 훼손정도가 경미하여 유통에 적합하다고 인정되는 화폐를 사용권이라 한다.

② 손상권 정리 시 작은 묶음 100개가 한쪽을 향하도록 정리하여 가로 세로 십자형으로 결속하는 것을 큰 묶음(대속)이라 한다.

③ 손상화폐 교환 시 원래크기의 5분의 2 이상이 남은 경우 반액으로 교환한다.

④ 고의로 훼손 및 변조한 것으로 인정된 주화는 교환이 불가능하다.

⑤ 화재로 거액이 불에 탄 경우에는 관할 소방관서, 경찰관서, 기타 행정관서의 화재발생 증명서 등을 제출하면 교환금액을 판정하는 데 도움이 될 수 있다는 사실을 주지시켜야 한다.

[해 설] 작은 묶음 10개가 한쪽을 향하도록 정리한다.   답 ②

CHAPTER 01 출납 및 계산업무

※ 맞힌 문제는 ◎, 헷갈린 문제는 △, 틀린 문제는 ☒에 체크하세요!

01 출납업무

01 다음 중 출납업무에 포함되지 않는 것은?

① 현금수납　　　　　　　　　② 현금정리
③ 전표정리　　　　　　　　　④ 어음교환
⑤ 시재금관리

해설

전표정리는 계산업무에 해당한다. 출납업무에는 현금·수표·어음의 수납 및 지급업무, 현금의 정리 및 보관, 시재금관리, 어음교환 등의 업무가 포함된다.

02 다음 중 현금의 범위에 해당하지 않는 것은?

① 한국은행권
② 주 화
③ 채 권
④ 당행 발행 자기앞수표
⑤ 타행 발행 자기앞수표

해설

현금의 범위에는 통화(한국은행권, 주화), 어음, 수표 및 기타증표로서 그 지급지가 발행한 그 점포인 자점권(당점권), 자점권 이외의 어음, 수표 및 기타증표로서 어음교환에 회부할 수 있는 타점권이 속한다.

다음은 출납업무에 대한 설명이다. 옳지 않은 것은?

① 출납관련 사고에 주의를 기울여야 하고 정확한 업무처리에 신중을 기울여야 한다.

② 출납업무는 수납과 지급, 현금의 정리·보관, 시재금관리 등을 행하는 은행 내부업무로 타행과는 관련이 없다.

③ 창구 텔러는 다량의 현금보유를 지양하고, 수시로 현금을 모출납에 인도하여 현금을 효율적으로 운용하여야 한다.

④ 출납업무는 고객과의 접촉이 가장 빈번하게 발생하는 업무이다.

⑤ 출납업무 담당자의 응대 태도, 업무의 신속·정확성 등은 은행 신뢰도 판단의 잣대가 된다.

> **해설**
> 어음교환업무 등 은행 간 채권·채무 관계에 변동을 일으키게 하는 법률행위이기 때문에 다른 은행업무와 밀접하게 연결되어 있다.

현금보관 및 검사에 대한 내용으로 틀린 것은?

① 통화는 권종별로 정리하여 금고에 보관하여야 한다.

② 다음 영업일에는 최대 필요한 자금을 출고하여 통화가 부족하지 않도록 해야 한다.

③ 출납담당자는 영업시간 중에도 수시로 통화를 인도받아 금고에 보관하여야 한다.

④ 영업시간 종료 후에는 보유현금을 권종별로 구분 정리하여 지폐는 100장 단위로 주화는 50개 단위로 모출납 담당자에게 인도하여야 한다.

⑤ 현금검사는 업무 종료 후 담당책임자별·각 텔러별로 출납정산표에 의거하여 확인한다.

> **해설**
> 다음 영업일에는 꼭 필요한 최소의 자금만을 출고하여 불필요한 통화를 출납장소에 쌓아 놓지 않아야 한다.

05 업무 종료 후 현금이 남았을 때의 업무처리 방법으로 옳지 않은 것은? 2020

① 출납과잉금이 발생하였을 경우에는 즉시 그 원인을 파악하여 당일 내에 정당한 고객을 찾아서 입금하여야 한다.

② 만일 당일 그 원인을 찾지 못할 경우 손실금 항목으로 입금 처리한다.

③ 3개월이 경과할 때까지 원인을 찾지 못하면 3개월 경과 후 해당 월 말일에 전산으로 자동이익금 처리한다.

④ 자동화기기 관련 과잉금은 발생 당일 고객 앞으로 환급하도록 하되 정당한 고객의 확인이 불가능한 경우에는 관련 장부에 그 내역을 기재하고 출납담당 책임자가 결재 확인한다.

⑤ 이익금처리 후 정당한 주인을 찾을 경우에는 손실금으로 처리하여 고객에게 지급한다.

> **해설**
> 당일 그 원인을 찾지 못할 경우 가수금 출납과잉금 항목으로 입금 처리한다.

06 현금이 남았을 때의 업무처리에서 자동화기기 관련한 과잉금은 고객의 확인이 불가능한 경우 언제 이익금을 처리하는가? 20, 21

① 3개월 경과 후 ② 6개월 경과 후
③ 1년 경과 후 ④ 3년 경과 후
⑤ 5년 경과 후

> **해설**
> 정당한 고객 확인이 불가능한 자동화기기 관련 과잉금은 가수금 계정에서 5년간 별도로 구분하여 입금하고 5년이 경과하여도 원인을 규명하지 못한 경우 해당 월 말일에 이익금 처리한다. 이익금 처리 후 원인이 규명되어 고객에게 돌려 주어야 할 경우에는 손실금으로 출금하여 고객에게 지급한다.

07 금고 및 열쇠 등의 관리에 대한 설명으로 옳지 않은 것은?

① 각 은행마다 중요금고 열쇠 및 관리지침을 정하여 열쇠의 보관을 철저히 한다.

② 원칙적으로 2인 이상이 각 열쇠를 나눠 보관하도록 규정하고 있다.

③ 출납담당 책임자 및 모출납담당자 상호 간에는 열쇠보관의 상호 위임을 금지한다.

④ 자동화 입출금기 금고열쇠의 경우 외부열쇠는 출납담당 책임자가 내부열쇠는 모출납담당자가 관리한다.

⑤ 직원의 인감과 서명감은 소속 영업점장에게 미리 신고한 후 사용하여야 하며, 변경사유 발생 시에는 즉시 신고하여야 한다.

> **해설**
> 원칙적으로 3인 이상이 각 열쇠를 나눠 보관하도록 규정하고 있으며, 출납담당 책임자 및 모출납담당자 상호 간에는 열쇠 보관을 상호 위임하지 못하도록 한다.

08 수납업무에 대한 설명으로 옳지 않은 것은? 2020

① 수납업무는 대차대조표상으로 채권(자산)의 발생, 채무(부채)의 소멸이 일어나는 업무이다.
② 수납액 확인은 고객 입회하에 면전에서 대조 확인 후 수납한다.
③ 통화 이외의 수표·어음류를 수납할 경우에는 배서를 받아야 한다.
④ 타점권을 수납한 때에는 즉시 특정횡선을 찍어야 한다.
⑤ 현저하게 훼손되었거나 변조의 의심이 있는 것은 수납할 수 없다.

해설

수납업무는 대차대조표상으로 채권(자산)의 소멸, 채무(부채)의 발생이 일어나는 업무이다.

09 수납자금의 접수 및 확인 절차에 관한 내용으로 옳지 않은 것은?

① 입금전표의 형식 불비사항 여부를 확인한다.
② 텔러는 반드시 고객의 면전에서 수납금의 금액과 종류 등을 확인한 후 권종별로 분류하여 보관하여야 한다.
③ 타점권은 왼쪽 상단에 특정횡선을 날인한다.
④ 당점권이나 타점권의 이면에는 입금계좌번호를 기록한다.
⑤ 수납현금은 수시로 모출납담당자에게 인도하여 과다한 현금을 보관하지 않는다.

해설

타점권은 오른쪽 상단에 특정횡선을 날인한다.

10 다음 중 어음수납 시 유의사항으로 적당하지 않은 것은?

① 어음의 제시기간 경과여부
② 배서의 연속 유무
③ 위·변조 여부
④ 어음의 내용적 요건의 구비여부
⑤ 지시금지 어음 여부

해설

어음의 형식적 요건의 구비여부가 중요하다. 어음수납 시 유의사항으로는 어음요건의 구비여부, 어음의 제시기간 경과여부, 배서의 연속 유무, 위·변조 여부, 지시금지 어음 여부, 은행에서 교부받은 약속어음 용지인지 여부 등이 있다.

11 수표수납 시 유의사항에 대한 설명으로 옳은 것은?

① 외국인이 발행한 수표 및 여행자수표는 발행인의 기명날인이 있어야 한다.

② 수표의 금액이 문자와 숫자로 기재되고 그 금액에 차이가 있을 때에는 숫자로 기재된 금액을 기준으로 한다.

③ 수표의 금액을 문자 또는 숫자로 중복하여 기재한 경우 그 금액에 차이가 있을 때에는 큰 금액을 수표의 금액으로 본다.

④ 기명식으로 발행된 수표는 지시인의 기명날인이 있어야 한다.

⑤ 수표의 지급제시기간은 발행일을 포함하여 10일이며, 지급제시기간이 경과한 후 3개월이 지난 수표는 소멸시효가 완성된다.

> **해설**
> ① 외국인이 발행한 수표 및 여행자수표는 서명만으로 가능하다.
> ② 문자로 기재된 금액을 수표의 금액으로 본다.
> ③ 적은 금액을 수표의 금액으로 본다.
> ⑤ 수표의 지급제시기간은 발행일을 포함하여 11일이며, 지급제시기간이 경과한 후 6개월이 지난 수표는 소멸시효가 완성된다.

12 위 · 변조 화폐 발견 시의 처리절차로 옳지 않은 것은?

① 손으로 만지지 않도록 주의한다.

② 복사열 등에 의해 지문채취가 불가능할 수 있으므로 신고 후 감식이 끝나면 복사하도록 한다.

③ 위 · 변조 화폐를 수납 시 입금을 취소하고 입금 의뢰인에게 반환하여야 한다.

④ 즉시 관할 경찰서에 신고 및 위조지폐를 송부하고 관련 내용을 한국은행 앞으로 통보하여야 한다.

⑤ 소지자의 인상착의나 신분을 확인하도록 노력해야 한다.

> **해설**
> 위 · 변조 화폐를 수납 시 강제로 회수할 권한은 없으나 수사기관에 신고하지 않고 사용 시 처벌을 받을 수 있음을 설명하고 반드시 회수하여야 한다.

13 위조지폐를 취득한 후 그 사실을 알고 사용하는 경우 형법에 의거하는 처벌 내용은?

① 2년 이하의 징역 또는 500만원 이하의 벌금
② 2년 이하의 징역 또는 300만원 이하의 벌금
③ 2년 이하의 징역 또는 1천만원 이하의 벌금
④ 1년 이하의 징역 또는 500만원 이하의 벌금
⑤ 1년 이하의 징역 또는 1천만원 이하의 벌금

> **해설**
> 2년 이하의 징역 또는 500만원 이하의 벌금에 처한다. 또한 화폐를 위·변조하는 행위는 형법과 특정범죄 가중처벌 등에 관한 법률의 규정에 따라 사형, 무기 또는 5년 이상의 징역에 처한다.

14 다음 중 위조지폐를 식별하기 위한 위조방지장치가 아닌 것은?

① 홀로그램   ② 일련번호
③ 요판잠상   ④ 숨은 그림
⑤ 부분노출 은선

> **해설**
> 일련번호는 위조지폐를 식별하는 위조방지장치에 해당하지 않는다. 위조방지장치에는 입체형 부분노출 은선, 홀로그램, 색변환 잉크, 요판잠상, 숨은 그림, 볼록인쇄, 부분노출 은선 등이 있다.

15 지급업무에 대한 설명으로 옳지 않은 것은? `2025`

① 대차대조표상으로 채무의 발생, 채권의 소멸이 발생하는 업무이다.
② 현금의 지급은 지급전표에 의하여 지급하여야 한다.
③ 텔러는 영업개시 전 모출납으로부터 영업에 필요한 자금을 인수받아 영업준비를 갖추어야 한다.
④ 지급금액이 창구전결인 경우에는 창구직원 책임하에 지급하고, 창구직원 전결 범위를 초과하는 경우에는 책임자의 검인을 받아 지급한다.
⑤ 현금자동지급기(CD기), 현금자동입출금기(ATM기), 출납회계기 및 창구용 단말기(OTM)에 의하여 출납필 인자가 있을 경우에는 출납인의 날인을 생략한다.

> **해설**
> 지급업무는 대차대조표상 채권(자산)의 발생, 채무(부채)의 소멸이 발생하는 업무이다.

16 다음은 현금정사업무에 대한 내용이다. 옳지 않은 것은? 2025

① 정사 시 앞·뒷면 구분은 생략하고 첫장은 앞면, 끝장은 뒷면이 위치하도록 정리한다.
② 소속 결속 후 세로 결속띠지의 아랫면에는 정사자 도장, 윗면에는 정사일자 및 점명을 날인한다.
③ 사용권은 그 훼손 정도가 경미하여 계속 유통이 적합한 화폐로 권면의 왼쪽 끝으로부터 권면길이의 3분의 1이 되는 선에 띠지의 중앙이 위치하도록 세로로 묶도록 한다.
④ 훼손권이란 오염·파손·훼손의 정도가 심하여 계속 유통에 부적합하다고 판단되는 화폐를 말한다.
⑤ 손상화폐의 남아 있는 면적이 원래 크기의 5분의 2 이상인 경우에는 반액으로 교환이 가능하다.

해설
오염·파손·훼손의 정도가 심하여 계속 유통에 부적합하다고 판단되는 화폐는 손상권이라 한다.

17 다음 중 현금정사업무에 해당하지 않는 것은?

① 장수와 금액의 확인 및 결속
② 사용권과 손상권의 구분 정리
③ 위조화폐 및 변조화폐의 색출
④ 전액권·반액권·무효화폐의 판정
⑤ 현금의 지급

해설
현금의 지급은 지급업무에 해당한다.

18 현금정사업무에 관한 내용으로 옳지 않은 것은?

① 부분적으로 파손된 손상권은 뒷면을 백색 용지로 덧붙이고, 권면 면적이 부족하거나 또는 파손이 심한 손상권은 권면크기의 구멍 뚫린 백색 용지를 덧붙인다.
② 500원 주화의 경우 최소 40개씩 주화포장지로 포장 후 그 표면에 액수를 표시하여 정리한다.
③ 화재로 거액이 불에 탄 경우에는 관할 경찰관서, 소방관서, 기타 행정관서의 화재발생 증명서 등을 함께 제출하면 교환금액을 판정하는 데 도움이 된다.
④ 오염·파손·훼손의 정도가 심하여 계속 유통에 부적합한 손상권은 남아 있는 면적이 원래 크기의 2분의 1 미만인 경우 무효권으로 처리한다.
⑤ 불에 탄 돈의 재가 원래 상태로 원형을 유지하고 있으면 재부분도 남아 있는 면적으로 인정해서 교환할 수 있다.

해설
손상권은 남아 있는 면적이 원래 크기의 5분의 2 미만인 경우 무효권으로 처리한다.

19 자금의 현수송업무에 대한 설명으로 옳지 않은 것은?

① 현송금의 수도는 쌍방 직원 입회하에 은행 또는 은행이 지정하는 장소에서 실시한다.

② 현송금의 수도 완료 시기는 현송점에서 위탁사가 은행으로부터 현송금을 수령하여 확인한 때이다.

③ 현송위탁사의 현송원은 책임자명부나 위탁사의 인터넷을 통하여 확인한다.

④ 현수점의 직원이 현수할 경우 현수점의 현송책임자에게 인계하여야 하고 현수점의 모출납담당자에게 인수하여야 한다.

⑤ 타행 간 현수송 시에는 문서형식에 의한 '사용인감신고서'를 교환해야 하며 사고방지를 위해 인·수도 시 상대 직원의 신원을 철저히 확인해야 한다.

해설

현송금의 수도 완료 시기는 현송점에서 위탁사가 은행으로부터 현송금을 수령하여 확인한 후 소정의 수도서류에 상호 날인하여 교부한 때이다.

더 알아보기 직원에 의한 현수송 방법

	현 송		현 수	
	현송점 직원이 현송 시	상대점 직원이 현송 시 (위탁현송 포함)	현수점 직원이 현수 시	상대점 직원이 현수 시 (위탁현수 포함)
인계자	현송점의 모출납담당자 또는 출납담당책임자	현송점의 모출납담당자	현수점의 현송책임자	현수점의 출납담당책임자
인수자	현송점의 현송책임자	현송점의 출납담당책임자	현수점의 모출납담당자	현수점의 모출납담당자

20 다음 중 대용전표의 종류가 아닌 것은?

① 당좌수표
② 우편환증서
③ 배당금영수증
④ 양도성예금증서
⑤ 외국환매입신청서

> **해설**
> 우편환증서는 대용전표에 해당하지 않는다.

> **더 알아보기**　대용전표의 종류
>
> | | |
> | --- | --- |
> | • 당좌수표 | • 약속어음 |
> | • 환어음 | • 가계수표 |
> | • 자기앞수표 | • 송금수표 |
> | • 표지어음 | • 양도성예금증서 |
> | • 외국환매입신청서 | • 배당금영수증 |
> | • 현금서비스신청서 | • 대환현금서비스신청서 |
> | • 입금표(채권) | • 지급표(채권) |

21 전표의 작성원칙으로 옳지 않은 것은?

① 전표는 계정과목별로 작성하여야 하나 전표금액이 2개 이상의 계정과목으로 나누어지는 경우는 예외로 한다.
② 입금 및 지급 건수가 과다하거나 기타 전산 처리상 필요한 경우에는 총괄전표를 작성할 수 있다.
③ 전표의 금액은 한글 또는 한문으로 기재하여야 한다.
④ 지급금액과 입금금액이 발생하는 대체거래에서도 현금이 발생한다.
⑤ 적요란에는 간단명료하게 전표 발생 계정을 기록하며, 손익계정의 작성 전표에는 손익항목을 기재하여야 한다.

> **해설**
> 현금거래와 대비되는 대체거래에서는 현금이 발생하지 않는다.

22 다음은 전표의 취소 및 정정 처리업무에 관한 내용이다. 옳지 않은 것은?

① 연동거래 전표의 취소 및 정정은 당초 거래순서 그대로 취소 정정하여야 한다.

② 잘못된 금액은 전액을 정정하여야 한다.

③ 정정전표 적요란에는 정정사유, 원인전표의 거래일자, 전표번호를 붉은 글씨로 기재하고 책임자가 확인인을 날인하거나 서명하여야 한다.

④ 전기이전분의 정정 시에는 정정전표 및 정당전표는 검은 글씨로 작성하고 적요란에 '전기이전분정정'이라고 붉은 글씨로 기재해야 한다.

⑤ 전년도 결산을 마감한 후 이익금 또는 손실금의 정정시에는 차액에 대해서만 전기오류수정이익·전기오류수정손실과목으로 처리하며, 중대한 오류일 경우에는 전기이월 이익잉여금과목으로 처리한다.

해설

연동거래 전표의 취소 및 정정은 당초 거래순서의 역순에 의하여 입금업무부터 취소 정정하여야 한다.

23 전표의 보관 및 관리방법에 대한 설명으로 옳지 않은 것은?

① 자기앞수표·당좌수표·표지어음 등의 전표는 '무효' 또는 'PAID' 천공을 생략할 수 있다.

② 전표의 총매수는 전표집계표의 총매수와 일치하여야 한다.

③ 전표매수가 적은 회계단위에서는 정리된 수일분(최장 6영업일 이내)의 전표를 일자순으로 합하여 제본할 수 있다.

④ 최근 은행은 순서대로 정리한 전표를 2~3영업일 이내에 센터로 송부하여 이미지 처리한 후 센터에서 일괄 보관한다.

⑤ 전표철의 대여 및 열람 시에는 전표의 분실이 발생하지 않도록 전표관리대장에 의하여 수수를 명확히 해야 한다.

해설

자기앞수표·당좌수표·약속어음·가계당좌수표·정기예금증서·양도성예금증서·지급보증서·표지어음 등을 제외한 전표는 '무효' 또는 'PAID' 천공을 생략할 수 있다.

24 장부의 마감 및 정정 처리절차에 대한 설명으로 틀린 것은?

① 장부는 매월 말에 그 기간 중의 취급 금액의 월계, 누계액을 산출하여 마감한다.

② 기말 마감의 경우 누계액 다음 칸 적요란에 '차기 이월'이라고 붉은 글씨로 기재하고 차변 잔액은 대변에 대변잔액은 차변에 붉은 글씨로 기재한다.

③ 차기이월과 전기이월의 일자는 당해연도 12월 31일 및 다음연도 1월 1일로 한다.

④ 당일계산 마감 후 당초 잘못 적은 금액은 대차 반대로 붉은 색으로 기재하고 정당금액은 검은색으로 기재한다.

⑤ 당일계산 마감 후 금액의 기입이 누락되었을 경우 소급하여 기재한 후 적요란에 누락일자 및 누락사유를 붉은 글씨로 기재한다.

> **해설**
> 당일계산 마감 후 금액의 기입이 누락되었을 경우 소급하여 기재하지 아니하고 적요란에 누락일자와 누락사유를 붉은 글씨로 기재하고 취급자 및 책임자의 확인도장이나 서명을 받아야 한다.

25 가수금 및 가지급금의 처리 방법으로 옳지 않은 것은? `2021`

① 가지급금 계정은 단시일 내에 임시계정으로 처리한다.

② 가수금은 원칙적으로 3개월 이상 보유할 수 없다.

③ 가지급금은 그 취급 부점장에게 결제책임이 있다.

④ 자동화기기 발생 출납과잉금은 5년 이상, 출납과잉금 및 기타 가수금으로서 수입일로부터 3개월 이상 경과하여도 그 내용이 판명되지 않을 때는 이익금 항목으로 대체처리 입금한다.

⑤ 사고관련 가지급금 중 정리가 불가능한 경우 영업점은 해당 사업본부 소관팀 경유 검사(준법감시) 팀장의 합의를 받은 후 손실금 처리한다.

> **해설**
> 가지급금 계정은 단시일 내에 정당계정으로 처리하여야 하며 원칙적으로 3개월 이상 보유할 수 없다. 다만 화재보험료 및 법적절차비는 예외로 한다.

26 다음 중 보정처리 항목에 해당하지 않는 것은?

① 미수수익
② 선수수익
③ 선급비용
④ 가지급금
⑤ 미지급비용

해설

가수금 및 가지급금은 결산 시 보정 처리가 아니라 거래 발생 시 해당 계정과목으로 계리 처리된다.

27 다음 중 가수금계정에 해당하지 않는 것은?

① 창구출납과잉금
② 손익계정 수입금
③ 부동산 처분내입금
④ 대출금 원리금내입금
⑤ 담보물건에 대한 화재보험료

해설

담보물건에 대한 화재보험료는 가지급금계정에 해당한다.

28 다음 중 무전표처리 대상인 것은?

① 취소 및 정정거래
② 무통장 입금거래
③ CENTER-CUT 전산 일괄처리 업무
④ 창구직원 전결금액 초과거래
⑤ 고객의 의뢰에 의한 연동거래

해설

CENTER-CUT 전산 일괄처리 업무는 무전표처리 대상이다. 창구직원 전결금액 초과거래, 고객의 의뢰에 의한 연동거래, 송금수수료 발생거래, 취소 및 정정거래, 무통장 입금거래, 마감 후 입금거래 등은 무전표가 발생되지 않는 거래에 해당한다.

26 ④ 27 ⑤ 28 ③ 정답

29 무전표거래에 대한 설명으로 옳지 않은 것은?

① 창구직원의 입금 전결한도 이내의 창구 입금거래는 무전표 처리한다.

② 무전표가 발생되지 않는 거래는 취소 및 정정거래, 무통장 입금거래, 마감 후 입금거래, 송금수수료 발생거래 등이다.

③ 무전표 출납관련 조회는 거래일 당일에만 조회가 가능하다.

④ 무전표거래 내역은 전산센터에서 작성하여 보관한다.

⑤ 제3영업일 이전의 무전표거래 내역은 일일거래명세를 요청하여 등록하고 전산자료를 수령하여 확인한다.

> **해설**
> 무전표거래 출납관련조회는 거래일 당일과 직전 영업일만 조회가 가능하다.

30 다음은 연동거래에 대한 설명이다. 옳지 않은 것은?

① 예금·대출 및 신탁의 입금과 지급 등의 복수거래를 1회의 단말기 조작으로 일괄처리하는 거래를 말한다.

② 연동거래는 전액 대체거래로 처리한다.

③ 모든 연동거래는 입금처리한 후 지급처리한다.

④ 연동거래를 취소·정정 시에는 개별거래로 매건별로 입금업무부터 취소·정정하여야 한다.

⑤ 입금 합계금액이 지급금액을 초과할 경우, 예금 청구자와 무통장 입금 의뢰인이 다를 경우, 신규 거래 경우에는 연동거래 업무에서 제외된다.

> **해설**
> 모든 연동거래는 지급처리한 후 입금처리한다.

우리가 해야할 일은 끊임없이 호기심을 갖고
새로운 생각을 시험해보고 새로운 인상을 받는 것이다.

– 월터 페이터 –

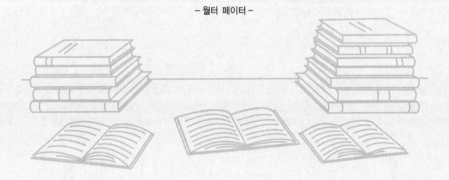

CHAPTER 2

전자금융 및
지로 · 공과금

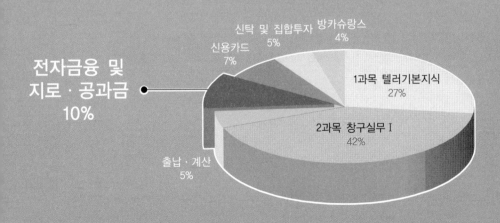

전자금융 및
지로 · 공과금
10%

신탁 및 집합투자
5%

방카슈랑스
4%

신용카드
7%

1과목 텔러기본지식
27%

2과목 창구실무 I
42%

출납 · 계산
5%

출제포인트 및 중요도				
전자금융	전자금융의 개요	5문항	50%	★★☆
	텔레뱅킹			★★★
	인터넷뱅킹			★★☆
	펌뱅킹			★★★
	모바일뱅킹			★★☆
지로 및 공과금	지로업무 개요	5문항	50%	★★☆
	장표지로업무			★★★
	인터넷지로업무			★☆☆
	자동이체업무			★★☆
	대량지급업무			★☆☆
	납부자 자동이체업무			★☆☆
합 계		10문항	100%	

● 워밍업! 핵심문제

지로업무에 대한 다음 설명 중 올바르지 않은 것은?

① 지로제도는 결제기구를 통하여 수취인이나 지급인의 예금계좌로 자금을 이체하여 결제하는 종합적인 지급결제 제도라 할 수 있다.
② 지로제도의 특성은 안전성, 편리성, 저렴성, 신속성이라고 할 수 있다.
③ 장표지로업무에는 일반계좌이체업무와 지방세수납이체업무가 있다.
④ 지방세수납이체 업무는 수납기간 단위로 이체하는 업무이다.
⑤ 지로제도는 어음·수표제도와 다르게 제도자체에 가해진 법적·제도적 제약과 부도의 가능성이 거의 없어 어느 누구나 사회적 신용도에 무관하게 이용할 수 있다.

[해 설] 효율적인 지급결제제도가 갖추어야 할 특성 중 신속성은 결여되어 있다고도 할 수 있다. 지로제도는 일반서민의 제도라는 점에서 신속성보다는 안전성이 중시된다.　　　답 ②

※ 맞힌 문제는 ◎, 헷갈린 문제는 △, 틀린 문제는 ✕에 체크하세요!

01   전자금융

01 전자금융에 대한 설명으로 옳지 않은 것은?

① 컴퓨터와 전자통신 등 전자적인 방식을 통하여 조회·입금·출금·계좌이체 등을 거래처가 직접 이용하는 거래를 말한다.

② 협의로는 금융기관의 기계화 및 컴퓨터화를 의미하고, 광의로는 금융기관이 새로운 금융상품과 금융경로를 제공하는 것을 의미한다.

③ 전자금융거래 수단으로는 현금자동지급기, 컴퓨터, 전화기, 직불카드단말기, 스마트폰 등이 있다.

④ 전자금융은 24시간 거래 등으로 시간적·공간적 제약 없이 금융 서비스를 제공함으로써 인적·물적 비용을 증가시킨다.

⑤ 고객은 전자금융을 통해 은행과 직접 거래를 할 수 있으며 고객의 의사를 최대한 존중하는 쌍방향 거래가 가능하다.

> **해설**
>
> 전자금융은 24시간 거래 등으로 시간적·공간적 제약 없이 금융 서비스를 제공함으로써 인적·물적 비용이 절감된다.

02 전자금융의 특징으로 가장 거리가 먼 것은? 23, 24, 25

① 거리상의 근접성 등 지리적 요소가 소멸됨으로써 이용상의 편의가 새로운 선택기준이 되었다.

② 전자금융은 고객정보의 유출위험을 감소시키는 등 보안 리스크를 감소시킨다.

③ 전자금융이 활성화되면 현금과 수표의 수요가 감소하여 화폐제조비용과 수표발행 비용은 감소하고 화폐유통 속도는 증가하게 된다.

④ 전자금융이 활성화되면 은행입장에서 인건비나 경비 등 제반비용을 줄일 수 있다.

⑤ 전자금융은 멀티미디어 기술의 발달, 점포개념의 변화와 전달채널의 다양화, 신종 금융상품과 서비스의 출현, 금융산업의 비용절감 등 경제적 효과를 가져온다.

해설

해커로 인한 정보유출 등은 보안리스크를 증대시켜 금융안정을 위해하는 요소가 될 수 있다.

03 전자금융의 발전단계를 순서대로 바르게 나열한 것은?

> ⊙ 금융기관 내 본지점 간 온라인 시스템 구축
> ⓒ 금융권역별로 금융공동망 형성
> ⓒ 인터넷기반 전자금융서비스 도입
> ② 모바일기반 디지털 금융혁신으로 금융앱 이용 확산
> ⑩ 핀테크 산업 활성화

① ⊙ → ⓒ → ⓒ → ② → ⑩

② ⊙ → ⓒ → ⓒ → ② → ⑩

③ ⊙ → ② → ⓒ → ⓒ → ⑩

④ ⓒ → ⊙ → ② → ⑩ → ⓒ

⑤ ⓒ → ⊙ → ⓒ → ② → ⑩

해설

- 1단계 : 1980년대 이전, 은행을 중심으로 금융기관 내 본지점 간 온라인 시스템 구축
- 2단계 : 1980년대 후반, 금융권역별로 개별 금융회사들이 구축한 금융공동망 형성
- 3단계 : 1990년대 중반 이후, 인터넷기반 전자금융서비스를 도입하게 되며 전자상거래 출현
- 4단계 : 2000년대 후반, 스마트 금융시대가 열리며 모바일 신용카드 등 금융앱의 이용이 확산
- 5단계 : 금융업종 간의 장벽이 허물어지고 비금융기업들의 금융서비스 진출로 핀테크 산업 활성화

04 다음 전자금융에 대한 용어 설명 중 옳지 않은 것은?

① 전자금융거래에 의하여 자금이 출금되는 계좌의 명의인을 '수취인'이라고 한다.

② 이용자가 전자금융거래계약에 의하여 은행에 개별적인 전자금융거래의 처리를 지시하는 것을 '거래지시'라고 한다.

③ 수취인의 전자적 장치를 통한 지급지시에 따라 은행이 지급인의 출금계좌에서 자금을 출금하여 같은 은행 또는 다른 은행의 계좌에 입금하는 것을 '추심이체'라고 한다.

④ 전자금융거래정보를 전송하거나 처리하는 데 이용하기 위한 현금자동지급기, 자동입출금기, 지급용단말기, 컴퓨터, 전화기 등을 '전자적 장치'라고 한다.

⑤ 이용자의 고의 또는 과실 없이 전자금융거래가 약관, 전자금융거래계약 또는 이용자가 거래지시한 대로 이행되지 아니한 경우를 '오류'라고 한다.

해설

지급인에 대한 설명이다. 수취인은 전자금융거래에 의하여 자금이 입금되는 계좌의 명의인을 말한다.

05 다음 중 전자금융 거래에 있어서 거래지시를 하거나 이용자 및 거래내용의 진정성을 확보하기 위하여 사용되는 수단이나 정보가 아닌 것은?

① 비밀번호   ② 공동인증서
③ 지급용단말기   ④ 은행에 등록된 이용자번호
⑤ 은행이 제공한 전자식 카드

해설

전자금융 거래에 있어서 거래지시를 하거나 이용자 및 거래내용의 진정성을 확보하기 위하여 사용되는 접근매체에는 은행이 제공한 전자식 카드, 전자서명생성 정보 또는 공동인증서, 은행에 등록된 이용자번호, 등록되어 있는 이용자의 생체정보, 비밀번호 등이 있다.

06 법인의 대리인에 의한 전자금융 가입 신청 시 확인사항이 아닌 것은?

① 위임장   ② 사업자등록증
③ 법인인감증명서   ④ 대표자 실명확인증표
⑤ 거래통장 또는 현금카드

해설

대표자 실명확인증표는 법인 본인이 신청 시 청구하는 서류이다.

07 다음 텔레뱅킹에 관한 설명 중 옳지 않은 것은?

① 개인기업의 본인 신청 시 공동대표의 경우 대표자 전원의 본인확인 및 연서에 의한 신청서를 받아야 한다.

② 법인고객의 대리인 신청 시 법인인감증명서와 신청직원의 인적사항과 위임문구가 기재된 위임장을 받는다.

③ 가입신청 후 3영업일 이내에 인터넷뱅킹 및 창구 Pinpad를 통해 고객이 직접 6자리 이체비밀번호를 등록하여야 한다.

④ 가입신청서는 담당 책임자의 결재를 받아 날짜별로 분류하여 금고에 편철 보관한다.

⑤ 계좌비밀번호, 이체비밀번호 등이 5회 연속하여 틀렸을 경우에는 자동 정지된다.

> **해설**
> 계좌비밀번호, 이용자비밀번호, 접근번호, 씨크리트카드 비밀번호가 3회 연속하여 틀렸을 경우에는 자동 정지된다. 단, PIN, 스마트보안카드 인증번호, 바이오 공인인증 시는 연속 5회, OTP발생기는 전금융기관을 통합하여 연속 10회 틀렸을 경우 자동 정지된다.

08 씨크리트 카드 교부에 관한 내용으로 틀린 것은?

① 교부대상으로는 전자금융서비스 가입자 모두가 해당된다.

② 씨크리트 카드는 이용매체별로 사용되며, NET 지점에서는 교부가 불가능하다.

③ 기존의 비밀번호 외에 보안용 비밀번호를 추가로 사용하기 위한 카드이다.

④ 30개 또는 50개의 코드번호와 해당 비밀번호가 수록되어 있어 이체 시마다 무작위로 임의의 코드번호에 해당하는 비밀번호를 요구함으로써 사고를 예방한다.

⑤ 분실신고는 이용매체에서 가능하나 재발급 시에는 영업점에 내점하여야 하며, 제신고 절차에 따라 본인확인하고 수령날인 후 전산등록하고 교부한다.

> **해설**
> 씨크리트 카드는 이용매체와 상관없이 사용되며, NET 지점에서도 교부 가능하다.

09 텔레뱅킹의 이용신청 및 업무처리절차에 대한 설명으로 옳지 않은 것은?

① 전자금융거래 1회 또는 1일 이체한도를 초과하여 운용하고자 할 경우에는 신청서에 영업점장의 결재를 받아 전산등록 및 보관해야 한다.

② 비밀번호 오류 해제는 고객이 가까운 영업점을 방문하여 신청해야 하며, 실명확인증표에 의한 본인 확인 후 재신고 절차에 의해 해제한다.

③ 가입신청 후 3영업일 이내에 고객은 숫자로만 이루어진 6자리 이체비밀번호를 인터넷뱅킹을 통해 직접 등록하여야 한다.

④ 계좌번호의 단순착오 입력으로 인해 입금된 경우에는 자금반환 청구나 계좌이체 취소가 가능하다.

⑤ 예약이체의 경우 필요한 자금은 이체지정일의 은행에서 정한 이체처리 시간 전에 지급계좌에 입금되어야 한다.

해설

인터넷뱅킹으로 고객이 이체비밀번호를 직접등록하는 경우에는 숫자, 영문자, 숫자/영문자를 혼용한 6자리 이체비밀번호 설정이 가능하다. 반면, 창구 Pinpad로 고객이 직접등록하는 경우에는 숫자로만 이루어진 6자리 이체비밀번호를 설정하여야 한다.

10 OTP발생기에 대한 설명으로 옳지 않은 것은? `20, 23`

① 전자금융거래의 인증을 위하여 이용고객에게 제공되는 일회용 비밀번호 생성 보안매체를 말한다.

② 비밀번호는 6자리 숫자가 1분 단위로 자동 변경되며, 한번 사용한 비밀번호는 다시 반복하지 않는다.

③ 고객이 보유하고 있는 OTP발생기 1개로 OTP통합인증센터에 참가하고 있는 금융기관의 전자금융서비스 이용이 가능하다.

④ 다른 금융기관에서 사용하기 위해서는 고객이 신분증을 지참하고 해당 금융기관을 방문하여 OTP 사용신청을 해야 한다.

⑤ 보안 1등급의 이체한도를 원하는 고객은 보안카드와 공동인증서를 필수적으로 사용하여야 한다.

대부분 은행들은 보안 1등급의 이체한도를 원하는 고객에게 OTP발생기를 필수적으로 사용토록 하고 있다.

더 알아보기   거래이용수단별 보안등급

보안등급	거래이용수단
1등급	OTP발생기 + 은행이 정한 인증방법
	HSM방식 은행이 정한 인증서 + 보안카드
	보안카드 + 은행이 정한 인증방법 + 2채널인증
2등급	보안카드 + 은행이 정한 인증방법

11 텔레뱅킹 업무처리 시 유의사항으로 옳은 것은?

① 자기앞수표를 포함한 타점권은 추심이 완료된 때에 이체가능하다.
② 통장분실로 사고신고 등록된 계좌는 전자금융을 통한 계좌이체가 가능하다.
③ 전자금융서비스를 이용하여 고객이 직접 처리한 계좌이체는 원칙적으로 이를 취소할 수 있다.
④ 동일계좌에 동일금액이 중복 입금된 경우에는 영업점에 계좌이체를 취소하거나 자금반환을 청구할 수 없다.
⑤ 이체불능 건에 대한 재처리는 일정 간격을 두고 지속적으로 재처리함을 원칙으로 한다.

해설
② 통장분실 또는 인감분실로 사고신고 등록된 계좌는 전자금융을 통한 계좌이체가 제한될 수 있다.
③ 전자금융서비스를 이용하여 고객이 직접 처리한 계좌이체는 원칙적으로 이를 취소할 수 없다.
④ 고객이 자금반환을 요청할 때에는 계좌번호의 단순착오 입력과 동일계좌에 동일금액이 중복 입금된 경우에 한하여 영업점에 계좌이체를 취소하거나 자금반환을 청구할 수 있다.
⑤ 이체실행은 1회의 실행으로 하고 이체불능 건에 대한 재처리를 하지 않는다.

12 다음은 인터넷뱅킹에 대한 설명이다. 옳지 않은 것은?

① 이용채널에 따라 PC통신망이나 VAN망을 이용하는 PC뱅킹과 Internet망을 이용하는 인터넷뱅킹으로 분류된다.
② 인터넷뱅킹은 지역적·시간적 제약을 받지 않고 금융거래가 가능하므로 금융시장이 금융기관 중심에서 고객중심으로 재편되게 한다.
③ 인터넷뱅킹을 통해 금융상품 및 서비스에 대한 금융기관 간 및 시장 간 비교가 가능해짐으로써 금융상품의 표준화를 촉진시킨다.
④ 뱅크타운을 이용하는 경우 서비스를 타행과 차별화할 수 있다.
⑤ 가계당좌, 당좌예금은 당일 교환회부되어 해당 계좌 잔액조회결과 결제자금이 있으면 우선 결제하도록 한다.

해설

뱅크타운 이용 시 서비스를 타행과 차별화하기 곤란하다는 단점이 발생한다.

13 인터넷뱅킹 서비스의 특징으로 거리가 먼 것은? 2025

① 인터넷을 통하여 쉽고 빠르게 금융상품 및 서비스에 대한 시장비교를 할 수 있게 됨에 따라 경쟁시장 구축 및 금융상품의 표준화를 촉진시킨다.
② 호스트 컴퓨터 및 주변기기와 운용요원이 필요하므로 업무처리 비용이 크게 증가한다.
③ 시간·공간의 제약 없이 전 세계를 대상으로 24시간 서비스 제공이 가능하므로 고객의 편의성은 크게 증대된다.
④ 저렴한 수수료, 우대금리 적용 등에 있어 고객 중심의 보다 신속하고 편리한 서비스를 제공하며 그 폭은 더욱 커질 것으로 전망된다.
⑤ 해킹 및 시스템 장애 방지를 위한 암호화 등 보안장치 구축이 필요하다.

해설

호스트 컴퓨터 및 주변기기와 약간의 운용요원만 필요하므로 업무처리비용이 크게 감소한다. 미국의 경우 인터넷을 통한 거래비용은 점포를 통한 거래의 1% 수준에 불과하다.

14 인증서 이용 시 주의사항으로 옳지 않은 것은? 2025

① 인증서는 인터넷뱅킹 신규 후 고객이 직접 인증센터에 접속하여 등록한다.
② 공동인증서 발급 후 최종 이체일로부터 12개월 이내 이체실적이 없는 경우 거래가 정지된다.
③ 한 PC에 부부가 공동으로 개인금융정보를 저장하여 이용하도록 권유한다.
④ 디지털인증서는 1개의 모바일기기에만 저장이 가능하며 생체인증 5회 초과오류 시 자동폐기되므로 재발급이 필요하다.
⑤ 핀테크 인증서 이용기간은 발급일로부터 2년이며 별도의 발급 수수료는 없다.

> **해설**
> 개인금융정보는 개인 PC에서 사용하고, 공용PC 등 타인이 함께 쓰는 PC에서는 개인정보에 유의하도록 안내한다.

15 인터넷 공과금 납부로 납부 가능한 공과금의 종류를 모두 고른 것은? 2025

> ㉠ 금융결제원에서 승인한 지로요금
> ㉡ 서울시를 포함한 지방세
> ㉢ 전화요금, 아파트 관리비, 대학등록금
> ㉣ 경찰청 교통범칙금, 검찰청 범칙금
> ㉤ 국민연금, 고용보험료, 산재보험료 등의 각종 보험료

① ㉠, ㉡, ㉣   ② ㉡, ㉣, ㉤
③ ㉢, ㉣   ④ ㉢, ㉤
⑤ ㉠, ㉡, ㉢, ㉣, ㉤

> **해설**
> 모두 해당하며, 인터넷뱅킹에 가입한 고객은 누구든지 이용할 수 있으며, 별도의 가입절차는 필요치 않는다.

16 텔레뱅킹 신규 시 징구하는 서류로 옳지 않은 것은? 2025

① 만 19세 이상 성인일 경우 대리인 신청은 불가능하며 실명확인증표, 통장, 통장도장(또는 서명)이 필요하다.
② 법인의 경우 대리인 신청 시 필요한 서류는 대표자실명확인증표, 사업자등록증 법인인감증명서 등이 있다.
③ 개인기업의 경우 본인 신청만 가능하며 대표자실명확인증표, 사업자등록증, 통장, 통장도장(또는 서명)이 필요하다.
④ 만 14세 이상~만 19세 미만의 미성년자의 경우 기본이체한도(100만원) 초과신청 시 본인과 법정대리인 동반이 필수이다.
⑤ 만 14세 미만의 미성년자 신청 시 미성년자의 내점은 불요하나 법정대리인의 내점은 필수이다.

법인고객의 본인이 신청할 때에 필요한 서류이다.

법인의 텔레뱅킹 신규 시 징구서류

구 분	본인신청	대리인신청
법 인	대표자실명확인증표, 사업자등록증, 법인인감증명서(원본), 법인인감, 통장, 통장인감	대리인 실명확인증표, 위임장(법인인감 날인), 사업자등록증, 법인인감증명서(원본), 법인인감, 통장, 통장인감

17 다음 중 기업고객의 은행용 공동인증서에 대한 수수료는?

① 무 료
② 4,400원/년
③ 10,000원/년
④ 100,000원/년
⑤ 110,000원/년

기업고객의 은행 · 신용카드 · 보험용 공동인증서에 대한 수수료는 4,400원/년이다.

공동인증서(구 공인인증서) 종류별 수수료

구 분		수수료
개인인증서	은행 · 신용카드 · 보험용	무 료
	전자거래범용	4,400원/년
기업인증서	은행 · 신용카드 · 보험용	4,400원/년
	전자거래범용	110,000원/년

18 공동인증서 발급에 대한 다음 설명 중 옳지 않은 것은?

① 공동인증서는 전자금융거래를 위한 업무 및 인터넷 상거래 지급결제업무를 위해 발급 받아야 한다.
② 비밀번호는 철저히 관리하며, 수시로 변경 사용토록 안내한다.
③ 최종 이체일로부터 12개월 이내 이체실적이 없는 경우에는 거래가 정지된다.
④ 통장분실 또는 인감분실로 사고신고 등록된 계좌는 전자금융을 통한 계좌이체가 제한될 수 있다.
⑤ 이용기간은 발급일로부터 3년이며 별도의 발급수수료는 없다.

뱅크사인(은행공동인증)에 대한 내용이다.

| 더 알아보기 | 인증서 |

뱅크사인 (은행공동인증)	• 개인고객이 대상인 사설인증서비스 • 발급일로부터 3년간 이용, 발급수수료는 없음 • 모바일기기에서만 이용신청 및 관리, 해지 가능 • 1인 1단말만 신청 및 이용 가능(스마트폰 분실 시 새로운 기기에서 뱅크사인 이용 재신청)

**디지털인증서
(생체인증용
공동인증서)**
	• 스마트폰에 등록된 생체정보(간편번호, 지문, 홍채, FACE ID 등)를 통해서 발급된 생체
	  인증용 공동인증서를 통해 기존의 공동인증서 비밀번호와 보안매체의 번호 입력없이
	  모바일뱅킹 거래가 가능한 인증서
	• 은행의 모바일뱅킹 이용고객이면서 디지털인증서 서비스 지원 단말 소지 개인고객만
	  발급 가능
	• 본인명의 휴대전화 및 본인의 생체정보여야 함
	• 생체인증은 5회 초과 오류 시 자동폐기되므로 재발급이 필요

금융인증서	• 금융결제원 클라우드에서 인증서 발급·보관이 가능 • 개인용 인증서이며 유효기간은 3년 • 간편번호(6자리)를 통한 로그인 및 생체인증정보 추가 등록 가능하며 간편번호 10회 오류 입력 시 자동 폐기
핀테크 인증서	• 은행에 모바일뱅킹을 가입하여 뱅킹서비스 이용이 가능 • 별도의 발급수수료 없이 발급일로부터 2년간 이용 가능 • 1인 1단말 신청 및 이용 가능(분실 또는 변경 시 해당 핀테크 앱 삭제 후 재설치 및 재발급)

19 인터넷 공과금 납부에 대한 설명으로 옳지 않은 것은?

① 고객이 영업점 창구를 방문할 필요 없이 인터넷뱅킹을 통하여 공과금의 공과금내역을 조회하고
   납부할 수 있도록 한 서비스이다.

② 인터넷뱅킹에 가입한 고객은 누구나 이용할 수 있으며, 별도의 가입절차는 필요 없다.

③ 별도의 신청 없이 우편물로 받아보던 각종 공과금 청구서를 e-mail(보안메일)과 SMS로 받아볼
   수 있다.

④ 인터넷 청구서 신청이 가능한 서비스는 교통범칙금, 아파트관리비 등이며 지속적으로 확대될
   전망이다.

⑤ 납부 가능한 공과금의 종류는 지방세, 국고금, 전화요금, 국민연금, 대학등록금 등이다.

해설

인터넷 청구서는 종이우편물로 받아보던 각종 공과금 청구서를 e-mail(보안메일)과 SMS로 받아볼 수 있는 서비스로
이 서비스를 받기 위해서는 인터넷 청구서 신청을 먼저 해야 한다.

19 ③ 정답

20 다음 중 은행입장에서의 펌뱅킹업무의 이점이 아닌 것은? 2025

① 창구업무량을 경감시킬 수 있다.
② 수수료 수입을 증대시킨다.
③ 자금관리를 위한 시간·인력·비용을 절감할 수 있다.
④ 자금수납 및 지급업무를 위한 저원가성 계좌를 유치할 수 있다.
⑤ 자금관리시스템 연계로 거래이전의 제약효과 및 기여도를 제고할 수 있다.

해설
자금관리를 위한 시간·인력·비용의 절감은 이용업체 입장에서의 펌뱅킹업무의 이점에 해당한다.

21 펌뱅킹에 관한 설명으로 가장 거리가 먼 것은?

① 펌뱅킹 VAN(Value Added Network)망이란 이용기관과 은행간의 데이터 통신을 위한 전용선을 말한다.
② 펌뱅킹은 보험회사, 학습지판매회사, 경비회사, 제2금융기관, 다단계판매회사, 대기업에서 이용한다.
③ 이용기관의 여러 계좌로 입금되는 각종 대금을 한 계좌로 집금하고 입금내역 전체를 파일 형태로 전송하여 수납자금을 한 곳으로 모으는 서비스를 자금집금관리업무라고 한다.
④ 다수의 고객으로부터 수납할 자금이 있는 회사와 사전 약정을 통해 고객의 지정계좌에서 출금하여 수납기관의 모계좌로 이체 집금하는 서비스를 자동계좌이체업무라고 한다.
⑤ 이용기관이 지급할 자금을 지정된 출금계좌에서 당·타행의 수취인계좌로 송금하는 서비스를 자금지급이체업무라고 한다.

해설
펌뱅킹 VAN(Value Added Network)망이란 이용기관이 은행과 데이터 통신을 위해 설치한 부가가치통신망을 말한다.

22 스쿨뱅킹에 대한 내용으로 옳지 않은 것은?

① 학교의 수업료, 급식비, 신문대금, 특별활동비 등의 각종 수납금을 학교에서 수납하지 않고 학생 또는 학부모 계좌에서 학교계좌로 자동이체하는 서비스이다.
② 금품 갈취 등 교내 폭력으로부터 학생 보호에 기여할 수 있는 장점이 있다.
③ 스쿨뱅킹 이용계좌는 서비스 계약 시의 해당 은행계좌로 한정된다.
④ 별도로 VAN망 이용신청을 하여야 한다.
⑤ 학교코드는 계약체결통보서 접수 시 담당부서에서 부여한다.

해설
학교번호는 계약체결통보서 접수 시 담당부서에서 부여하고, 학교코드는 VAN망 이용신청서 KS-NET 또는 데이콤이 부여한다.

23
다음 중 은행입장에서의 스쿨뱅킹업무의 이점이 아닌 것은?

① 창구업무량 절감

② 저원가성자금 증대

③ 신규고객 확대

④ 미납자관리 용이

⑤ 기타 부수거래 유치

> **해설**
>
> 스쿨뱅킹의 이점
>
> | 은 행 | • 창구업무량 절감
• 저원가성자금 증대
• 신규고객 확대
• 기타 부수거래 유치 |
> | --- | --- |
> | 학 교 | • 어린이의 현금소지 부담 해소
• 교사들의 수납업무 부담 해소
• 미납자관리 용이 |

24
300명 이상의 일반 기업의 급여 지급 시 제공할 수 있는 전자금융시스템은? 2025

① 텔레뱅킹

② 인터넷뱅킹

③ 펌뱅킹

④ CMS공동망

⑤ 모바일뱅킹

> **해설**
>
> 1(회사) : 다(많은 고객) 간의 경제거래에서 필연적으로 발생하는 자금의 수납 또는 지급을 당·타행의 계좌 간 자금이체방식으로 일괄 처리할 수 있도록 금융권이 공동 주관하고 금융결제원이 운영하는 일괄 자금이체시스템을 말한다.

25 금융결제원 CMS공동망 업무에 대한 설명으로 옳지 않은 것은?

① 기업이 금융결제원을 통해서 당행뿐만 아니라 타행계좌에도 출금 및 입금을 할 수 있는 서비스를 말한다.

② 출금이체(수납업무)란 납부일이 지정된 각종 수납대금을 다수의 납부자 예금계좌에서 출금하여 이용기관의 수납계좌에 입금시키는 업무를 말한다.

③ 입금이체(지급업무)란 정기적으로 발생하는 자금을 이용기관의 지급계좌에서 인출하여 다수의 수취인에게 지급하는 업무를 말한다.

④ 실시간 계좌실명조회 및 계좌등록이 불가능하다.

⑤ 이용기관은 CMS공동망을 통해 국내 모든 은행과의 금융거래에 따른 금융편의가 제고되며, 수납자금의 종합적인 관리 및 운용이 가능해진다.

> **해설**
> CMS공동망은 동 계좌 실명조회 및 등록을 실시간으로 처리할 수 있는 부가서비스이다.

26 스마트뱅킹 서비스 내용에 관한 설명으로 옳지 않은 것은?

① 기존 모바일뱅킹 중 3G모바일 뱅킹을 제외한 서비스들은 모두 종료되었다.

② 스마트뱅킹이란 언제 어디서나 무선인터넷을 이용하여 뱅킹서비스, 상품가입, 자산관리까지 한 번에 이용할 수 있는 서비스이다.

③ 이용대상은 개인 및 개인사업자이다.

④ 인터넷뱅킹 기존 가입고객은 영업점 방문 및 별도 가입 신청이 없다.

⑤ 스마트폰이용 시 의심스러운 애플리케이션은 다운로드 하지 않는다.

> **해설**
> 스마트뱅킹을 제외한 기존 모바일뱅킹(IC칩기반 모바일뱅킹, VM모바일뱅킹, 3G모바일뱅킹 WAP뱅킹)은 모두 서비스가 종료되었다.

27

모바일뱅킹에 대한 설명으로 틀린 것은?

① 휴대폰, PDA 등을 통해 바로 무선인터넷에 접속하여 조회·이체 등의 뱅킹 거래를 할 수 있는 서비스를 말한다.

② 모바일뱅킹서비스는 은행업무의 자동화를 주었지만 비용이 많이 부담된다.

③ 1999년 11월 농협이 SMS방식의 모바일뱅킹서비스를 제공한 이후, 현재 수출입은행을 제외한 18개 은행과 우체국 등이 서비스를 제공하고 있다.

④ 모바일뱅킹서비스는 비대면의 방식으로 은행업무를 처리할 수 있도록 진화하고 있다.

⑤ 마이데이터서비스를 이용하면 본인 동의 하에 여러 금융회사에 흩어진 본인 개인신용정보를 하나의 금융회사에서 제공받을 수 있다.

> **해설**
> 모바일뱅킹서비스를 통해 은행업무는 자동화, 비용절감이라는 경제적 효과를 누릴 수 있다.

28
스마트폰 안전수칙으로 적절하지 않은 것은?

① 블루투스 등 무선인터페이스는 항시 켜놓는다.

② 다운로드 한 파일은 바이러스 유무를 검사 한 후 사용한다.

③ 스마트폰 플랫폼의 구조를 임의로 변경하지 않는다.

④ 신뢰할 수 없는 사이트는 방문하지 않는다.

⑤ 발신인이 불명확한 메시지나 메일은 삭제한다.

> **해설**
> 블루투스 등 무선인터페이스는 사용 시에만 켜놓는다.

29
오픈뱅킹에 대한 설명으로 옳지 않은 것은?

① 핀테크사업자와 은행들이 개별은행과 제휴하여 핀테크 서비스를 소비자에게 제공할 수 있도록 조회·이체 등 금융서비스를 오픈 API 형태로 제공하는 개방형 인프라이다.

② 본인명의의 휴대전화를 소지하고 있는 고객은 모바일뱅킹을 통해 본인확인을 받은 후 가입 및 이용할 수 있다.

③ 소액해외송금업자의 실명확인 의무이행을 위해 송금인정보를 조회할 수 있는 송금인정보조회 서비스를 이용할 수 있다.

④ 이용기관이 입금이체업무 등을 하기 전에 이용기관으로부터 수취인(자금을 수취할 고객)계좌의 입금가능 여부를 조회하는 수취조회 업무서비스를 이용할 수 있다.

⑤ 이용기관이 고객 계좌의 정상여부 및 성명을 조회할 수 있는 계좌실명조회 서비스를 이용할 수 있다.

> **해설**
> 오픈뱅킹이란 핀테크사업자와 은행들이 개별은행과 별도 제휴없이 핀테크 서비스를 소비자에게 제공할 수 있도록 조회·이체 등 금융서비스를 오픈 API 형태로 제공하는 은행권 공동의 개방형 인프라이다.

02 지로 및 공과금

30 다음 설명이 나타내는 지로제도의 특성은? `2023`

> • 현금 또는 수표의 소지에 따른 분실, 도난, 위·변조 등의 위험성이 없다.
> • 사고발생 시에도 그 원인 및 과정을 쉽게 추적, 규명할 수 있다.

① 안전성 ② 편리성
③ 저렴성 ④ 신속성
⑤ 신속성의 결여

해설
지로제도의 특성 중 안전성에 관한 설명이다.

31 지로제도에 대한 설명으로 옳지 않은 것은? `23, 24`

① 지로제도는 저렴성보다 신속성이 더 중요하다.
② 경제적 가치가 순환되면서 경제사회의 대금을 결제한다는 개념을 내포하고 있다.
③ 지로는 원(Ring, Circle) 또는 회전(Circulation)을 의미하는 그리스어 'GUROS'에서 유래된 단어이다.
④ 현대적 의미의 지로제도는 오스트리아에서 실시한 Credit Transfer System에서 유래하였다.
⑤ 거래 당사자가 직접 만날 필요가 없고 거래은행과 지역에 제한이 없어 누구나 이용 가능하며, 반드시 수취인에게 지급사유와 지급인의 내역이 통보되므로 편리하다.

해설
지로제도는 일반서민의 제도이기 때문에 신속성보다는 저렴성과 안정성이 중시된다. 지로제도의 일반적인 특성은 안전성, 편리성, 저렴성으로 설명한다.

32 다음 중 각 지로업무에 대한 자금이체기일 연결이 옳지 않은 것은? `2025`

① 장표지로 - 수납일로부터 2영업일
② 인터넷지로 - 수납일로부터 2영업일
③ 자동이체 - 출금일로부터 3영업일 또는 7영업일
④ 납부자자동이체 - 출금일로부터 2영업일
⑤ 대량지급 - 출금일 다음 영업일

해설
납부자자동이체의 자금이체기일은 출금일 다음 영업일이다.

33 우리나라 지로제도의 발전단계를 순서대로 나열한 것은? `2021`

> 가. 서울지역의 전기요금 수납이체업무
> 나. 자동계좌이체업무 및 대량지급업무
> 다. 타행자동이체업무
> 라. 인터넷지로업무
> 마. CD/ATM 수납업무

① 가 – 나 – 다 – 라 – 마　　② 가 – 나 – 라 – 마 – 다
③ 나 – 가 – 다 – 라 – 마　　④ 나 – 다 – 가 – 마 – 라
⑤ 가 – 라 – 나 – 다 – 마

해설

우리나라 지로제도는 「1977년 2월 서울지역의 전기요금 수납이체업무 → 1981년 일반계좌이체업무, 자동계좌이체업무 및 대량지급업무 → 1986년 지방세수납이체업무 → 1994년 납부자 자동이체업무 → 2000년 인터넷지로업무 → 2003년 CD/ATM 수납업무 → 2011년 지로 수납장표 금융기관 정보화 완료 → 2015년 타행자동이체업무」 순으로 계속적으로 발전해나가고 있다.

34 지로번호에 관한 설명으로 옳지 않은 것은?

① 지로번호는 이용기관에 부여하는 7자리의 숫자로 결제원이 수납처리 시 필요한 이용기관의 정보를 쉽게 인식할 수 있도록 한다.
② 지로번호는 업종분류 2자리, 업종별 일련번호 4자리, 검증번호 1자리로 구성되어 있다.
③ 부여된 지로번호는 거래 금융기관이나 계좌번호 등이 변경되면 다시 부여된다.
④ 지로번호는 인터넷지로업무, 장표지로업무, 자동이체업무를 이용하는 기관에만 부여한다.
⑤ 지로번호는 원칙적으로 1개 기관에 1개의 번호가 부여되지만 필요한 경우 복수로도 부여할 수 있다.

해설

부여된 지로번호는 거래 금융기관이나 계좌번호 등을 변경하더라도 변경되지 않는다.

33 ② 34 ③ **정답**

35 다음은 장표지로업무에 대한 설명이다. 옳지 않은 것은?

① 장표지로업무는 결제원으로부터 지로번호를 승인받은 이용기관이 지로장표를 이용하여 고객으로부터 대금을 수납할 수 있는 지로업무의 가장 보편적인 형태이다.

② 지로장표에는 OCR, 정액OCR, MICR, 표준OCR 및 전자납부전용장표 등 5가지 종류가 있다.

③ OCR장표는 수납할 금액이 일정하지 않고, 수납건수가 대량인 이용기관에서 사용하는 장표로서 모든 처리과정이 전산으로 이루어져 있어 대량수납에 효율적이다.

④ 정액OCR장표는 수납금액이 정액인 이용기관에서 사용하는 장표로서 납부자내역을 납부자 또는 이용기관이 수기로 기재할 수 있다.

⑤ MICR장표는 지로번호, 고객조회번호, 금액, 장표코드가 문자로 인자되어 있다.

해설
MICR장표는 납부자가 납부할 금액 및 납부자내역을 직접 수기로 기재하여 납부할 수 있는 장표로 지로번호와 장표코드만 MICR문자로 인자되어 있다.

더 알아보기 ㅣ 지로장표의 종류 및 특징

종 류	특 징
OCR장표	• 수납금액이 일정하지 않음 • 수납건수가 대량 • 지로번호, 고객조회번호, 금액, 장표코드가 문자로 인자 • 수납정보의 텍스트형태 제공으로 자동화기능, 대량수납에 효율적
정액OCR장표	• 수납금액이 정액인 이용기관이 사용 • 납부자내역은 수기로 기재 • 수납정보는 스캔이미지 형태로 제공 • 이용기관 수납처리 번거로움
MICR장표	• 납부자가 납부할 금액 및 납부자내역 수기 기재 • 기부금, 후원금 등 납부금액 변경 수납 시 이용 • 수납정보는 이미지 형태로 제공
전자납부전용장표	• 임의규격 용지에 지로번호, 전자납부번호 등 인쇄하여 수납 • 1매 1조로 구성 • '전자납부전용'이라는 문구를 빨간색으로 인쇄 • 수납정보는 텍스트 형태로 제공
표준OCR장표	• 대형이용기관(KT, 한국전력공사, 국민건강보험공단, 국민연금공단)이 이용 • 전화요금, 전기요금, 국민건강보험료, 국민연금보험료 등을 수납 • 발행기관코드, 납부자번호, 납기일, 납기 내ㆍ후금액 등을 OCR문자로 인자 • 지로번호가 없고 분류코드로 기관을 식별 • 수납정보의 텍스트형태 제공으로 자동화기능, 대량수납에 효율적

36 장표지로업무에 대한 설명으로 틀린 것은?

① 정액OCR장표는 대형이용기관인 KT, 한국전력공사, 국민건강보험공단, 국민연금공단이 사용하는 전산처리용 장표이다.

② MICR장표는 기부금, 후원금 등과 같이 납부자가 납부금액을 변경할 수 있는 대금의 수납에 주로 사용된다.

③ 승인내역을 준수하지 않거나 약관을 위반한 경우 결제원은 이용승인을 취소할 수 있으며 취소기관에 대해서는 1년간 지로 이용을 제한할 수 있다.

④ 이용기관의 입금계좌가 불명시된 경우나 수납 및 지급집계명세를 정정하여야 하는 경우에는 즉시 결제원에 우선통보하여야 한다.

⑤ 지로차액결제자금의 납입을 지연한 경우에는 50만원의 과태료가 부과되며, 장표지로 수납정보 전송시한을 준수하지 않은 경우에는 10만원의 과태료가 부과된다.

> **해설**
> 표준OCR장표에 대한 설명이다. 정액OCR장표는 신문대금과 같은 수납할 금액이 일정한 경우에 사용하는 장표이다.

37 다음 중 지로영수증 · 지로통지서의 2매 1조로 구성되어 있는 지로장표가 아닌 것은?

① OCR장표   ② 정액OCR장표

③ MICR장표   ④ 전자납부전용장표

⑤ 표준OCR장표

> **해설**
> 전자납부전용장표를 제외한 지로장표(OCR장표, 정액OCR장표, MICR장표, 표준OCR장표)는 지로영수증 · 지로통지서의 2매 1조로 구성되어 있다.

38 다음 중 표준OCR장표로 수납하고 있는 요금이 아닌 것은?

① 수도요금   ② 전화요금

③ 전기요금   ④ 국민건강보험료

⑤ 국민연금보험료

> **해설**
> 표준OCR장표는 대형 이용기관인 KT, 한국전력공사, 국민건강보험공단, 국민연금공단이 사용하는 전산 처리용 장표로서 전화요금, 전기요금, 국민건강보험료, 국민연금보험료 등을 수납한다.

39 지로 이용승인 취소사유가 아닌 것은? 2020

① 최초 승인일로부터 3개월간 이용실적이 없는 경우
② 신청서에 허위사항을 기재하거나 허위서류를 첨부하는 경우
③ 사회적 물의를 야기하여 지로 처리에 지장을 초래한 경우
④ 다른 목적이나 다른 기관을 위하여 지로를 이용한 경우
⑤ 결제원의 지로관련 개선요청이나 사정요청에 정당한 사유 없이 응하지 않은 경우

해설
최초 승인일로부터 6개월간 또는 최근 1년간 이용실적이 없는 경우 결제원은 이용승인을 취소할 수 있으며 취소기관에 대해서는 1년간 지로 이용을 제한할 수 있다.

40 지로장표의 수납 시 유의사항이 아닌 것은?

① 지로장표의 통지서와 영수증 기재내용의 일치여부를 확인하여야 한다.
② 표준OCR장표는 납기일 경과여부를 보고 해당 금액을 수납하여야 한다.
③ 수납대금이 수표인 경우 다음 영업일에 자금화되는 수표로 한정하여 수납한다.
④ 타점권 수표의 경우 뒷면에 지로번호·수납금액·납부자명 등을 기재한다.
⑤ 온라인 창구수납분은 영업시간 이후 일괄처리한다.

해설
온라인 창구수납분은 영업시간 이후 일괄처리하지 않고, 고객이 납부 즉시 전자납부번호를 단말에서 입력하여 고지내역을 조회하고 장표상의 기재내용과 일치여부를 확인하여 수납처리한다.

41 장표지로업무 처리절차에 대한 설명으로 틀린 것은? 23, 24

① 금융기관이 지로장표를 수납한 후 수납정보를 작성 및 처리하여 자금을 정산하고 이용기관에 수납내역을 통지해 주는 과정이 주된 업무처리절차이다.
② 수납점은 수납한 지로장표를 실물로 결제원에 제출하여야 한다.
③ 일반적으로 수납정보를 취합하여 수납일 다음 영업일 17:30까지 결제원에 전송하여야 한다.
④ 결제원은 금융기관 간 결제할 금액의 차액결제자료를 한국은행 및 각 금융기관으로 통지한다.
⑤ 수납기관은 결제원에 전송하는 수납정보에서 부도분을 제외하고 전송하여야 하며, 수납정보 전송 이후에 부도를 확인한 경우에는 '부도 및 수납자금 취소명세'를 수록하여 수납일 다음 영업일 19:30까지 결제원에 전송하여야 한다.

해설
수납점은 실물 지로통지서 및 지로일계표를 결제원에 제출할 필요 없이 자체적으로 수납정보를 작성하여 결제원에 전산파일(이미지, 텍스트) 형태로 전송할 수 있다.

42 다음 중 별도 계약에 따라 처리되는 업무가 아닌 것은?

① 전기요금 표준OCR장표 수납대행계약

② 수도요금 표준OCR장표 수납대행계약

③ 국민연금보험료 표준OCR장표 수납대행계약

④ 건강보험료 예금계좌자동이체계약

⑤ KT전화요금 예금계좌자동이체계약

해설

표준OCR을 사용하는 기관인 KT, 한국전력공사, 국민건강보험공단, 국민연금공단의 경우 해당기관, 결제원 및 금융기관간 3자계약을 체결하고 동 계약에 따라 업무를 수행한다.

43 다음 중 인터넷지로업무에 대한 내용으로 옳지 않은 것은? `2025`

① 고객이 각종 지로·공과금, 국고금 및 지방세 입금 등을 인터넷지로 사이트 및 인터넷뱅킹에서 납부할 수 있도록 결제원과 금융기관이 공동으로 제공하고 있는 업무이다.

② 국세는 신용카드로도 납부 가능하다.

③ 고객은 연중무휴 24시간 인터넷으로 대금을 납부할 수 있다.

④ 고객은 인터넷지로 사이트에서 조회납부, 입력납부, 인터넷청구서 납부를 통해 대금을 납부할 수 있다.

⑤ 인터넷지로를 통해 납부 시 공인인증서를 이용한 전자서명 과정을 거쳐야 한다.

해설

고객은 연중무휴 00:30부터 22:00까지(매월 두 번째 토요일은 07:00~22:00) 인터넷으로 대금을 납부할 수 있으며, 각종 조회서비스는 연중무휴 24시간 이용이 가능하다.

더 알아보기 인터넷지로업무의 이용효과

납부자	금융기관을 방문하지 않고, 휴일에도 편리하게 대금 납부업무를 볼 수 있으며 영수증을 별도로 보관할 필요가 없다.
금융기관	효율적인 대금 수납업무가 가능하다.
이용기관	• 고객의 납부 편의로 인해 징수율 증가 • 저렴한 수수료로 수납관련 비용 절감

44 자동이체업무에 대한 설명으로 옳지 않은 것은?

① 금융기관이 전화요금, 전기요금, 세금, 보험료 등 지속적으로 납부자가 납부해야 하는 각종 대금을 납부자의 계좌에서 출금하여 이용기관의 계좌로 이체하여 주는 서비스이다.

② 결제원은 이용기관과 고객 간 채권·채무 관계가 불명확한 경우에는 자동이체 이용승인을 거절할 수 있다.

③ 결제원은 자동이체 이용승인과는 별도로 거래실적 및 이용기관의 성격 등을 심사하여 이용기관이 금융기관을 대신하여 고객으로부터 직접 자동이체 신청을 접수받는 것을 승인한다.

④ 고객은 금융기관이나 이용기관을 통해서만 자동이체를 신청할 수 있다.

⑤ 자동이체 신청 후 실제 자동이체로 납부되기까지는 일정기일이 소요될 수 있으므로 이용기관에서 자동이체 개시일자를 통보받기 전까지는 기존 고지서로 납부하여야 함을 안내해야 한다.

> **해설**
> 고객은 금융기관, 이용기관, 인터넷지로 사이트 등을 통해서 자동이체를 신청할 수 있다.

45 자동이체 신청 접수 시 유의사항이 아닌 것은?

① 고객이 신청 전 자동계좌이체약관을 확인하도록 한다.

② 고객이 자동이체를 신청하고자 하는 기관이 자동이체 승인정보에 등록되어 있는지 확인한다.

③ 신청 접수 시 계좌주 본인 여부 및 통장인감 또는 서명 일치 여부 등을 확인한다.

④ 고객이 자동이체 신청서 작성 시 기재하여야 하는 지로번호 및 납부자번호의 명칭·자릿수 등은 필요 시 안내한다.

⑤ 고객수수료는 고객의 과실이 있을 경우 반환되지 아니함을 주지시킨다.

> **해설**
> 납부자자동이체 신청 접수 시 유의사항에 해당한다.

46 대량지급업무에 대한 설명으로 옳지 않은 것은? `2020`

① 지급인이 다수의 수취인에게 지급하고자 할 때 금융기관이 지급인의 계좌에서 출금하여 해당 금융기관의 수취인의 계좌로 이체해 주는 업무이다.

② 대량지급을 이용하고자 하는 기관은 지로이용신청서를 작성하여 거래 금융기관의 확인을 받아 결제원에 제출하면 된다.

③ 지급인은 수취인이 제공한 계좌정보를 토대로 입금의뢰내역을 작성하여 입금희망일 2영업일 전까지 결제원으로 전송한다.

④ 지급인의 거래 금융기관은 수납지시명세에 따라 입금희망일 1영업일 전에 해당자금을 지급인의 계좌에서 출금한 후 결과를 결제원으로 전송한다.

⑤ 결제원은 각 금융기관에서 전송한 수납결과를 확인하여 정상 출금이 된 지급인의 입금의뢰내역만 분류하여 금융기관으로 입금 요청한다.

해설

지급인이 다수의 수취인에게 지급하고자 할 때 금융기관이 지급인의 계좌에서 출금하여 해당 금융기관뿐만 아니라 여러 금융기관에 등록되어 있는 수취인의 계좌로 이체해 주는 업무이다.

47 다음 설명 중 옳지 않은 것은? `2023`

① 결제원은 대량지급을 이용하고자 하는 기관이 거래 금융기관의 확인을 받아 제출한 서류의 기재 사항을 확인하여 이상이 없을 경우 승인번호를 부여하고 승인내역을 신청기관에 통지한다.

② 납부자동이체는 고객의 계좌에서 출금하여 고객이 지정한 타금융기관 계좌로 이체하는 데 1영업일이 소요된다.

③ 납부자자동이체와 타행자동이체 신청 접수 시 고객계좌에서 이체금액과 고객수수료가 합산된 금액이 출금됨을 안내하여야 한다.

④ 장표지로업무, 대량지급업무 및 자동이체업무 이용기관에는 지로번호가 부여된다.

⑤ 납부자자동이체의 경우 결제원은 각 금융기관에서 전송한 출금자료를 금융기관별로 분류·취합하여 이체일에 금융기관에 입금지시하고, 금융기관 간 결제하여야 할 금액을 산출한 후 차액결제 자료를 한국은행 및 각 금융기관으로 전송한다.

해설

대량지급업무 이용기관에는 승인번호를 부여한다.

CHAPTER 3

신용카드

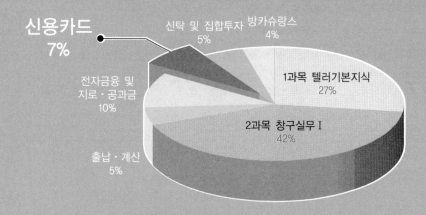

신용카드
7%

신탁 및 집합투자
5%

방카슈랑스
4%

전자금융 및
지로 · 공과금
10%

1과목 텔러기본지식
27%

2과목 창구실무 I
42%

출납 · 계산
5%

출제포인트 및 중요도				
신용카드의 개요 및 발급	신용카드의 의의	3문항	42.8%	★★☆
	신용카드의 거래구조			★★☆
	회원의 모집			★★☆
	신용카드의 발급			★★☆
신용카드의 이용	카드의 교부	2문항	28.6%	★☆☆
	카드이용 관련 주요개념			★★★
	카드의 이용			★☆☆
	거래승인			★★☆
이용대금의 청구 및 가맹점	이용대금의 청구 및 결제	2문항	28.6%	★☆☆
	가맹점의 가입			★★☆
	가맹점의 신용카드 취급			★★☆
	매출전표의 매입			★★☆
합 계		7문항	100%	

⊕ 워밍업! 핵심문제

신용카드의 결제조건 변경에 대한 설명으로 옳지 않은 것은?

① 결제조건 변경이란 일시불 매출 등을 분납 결제로 전환하거나 할부 개월 수를 변경하는 등 결제조건을 변경하는 것을 의미한다.

② 국내일시불 할부결제 제도란 일정금액 이상의 국내일시불거래를 할부거래로 전환하는 제도이다.

③ 해외에서 이용한 일시불거래는 전환할 수 없다.

④ 할부개월수 변경제도로 변경 후 할부개월수에 따라 잔여 원금 및 변경시점의 회원별 수수료율을 재적용하여 청구한다.

⑤ 단기카드대출 할부결제제도로 할부결제 시 현재의 단기카드대출 수수료율을 적용한다.

> 해설 일정금액 이상의 해외일시불거래 또한 할부거래로 전환할 수 있으며(해외일시불 할부결제 제도) 수수료율은 할부전환거래 시점의 해당 회원의 할부개월수별 할부수수료율을 적용하고 원금은 원화로 환산된 이용금액이 되며 환가료는 별도로 부과된다.   **답 ③**

CHAPTER 03 신용카드

	공부시작일	공부종료일
1회독	월 일	월 일
2회독	월 일	월 일

※ 맞힌 문제는 ◎, 헷갈린 문제는 △, 틀린 문제는 ✕에 체크하세요!

01 신용카드의 개요 및 발급

01 다음 중 신용카드 결제가 가능한 대상은?

① 금전채무의 상환
② 예금·적금·부금·금융투자상품 등의 월 적립금
③ 외국인이 허가받은 카지노영업소에서 신용카드 결제 금액
④ 개인이 월 1백만원의 이용한도를 초과한 선불카드 구입에 따른 금전의 지급
⑤ 거래계약을 체결하지 않은 발행자가 발행한 상품권의 구입에 따른 금전의 지급

해설

사행성게임물의 이용 대가 및 이용에 따른 금전의 지급은 신용카드 결제 금지 대상이나 외국인(해외이주자 포함)이 허가받은 카지노영업소에서 신용카드로 결제하는 것은 가능하다.

02 다음 신용카드의 기능과 역할에 대한 설명 중 옳지 않은 것은? `2025`

① 신용카드는 현금과 수표 사용의 단점인 원거리 지불, 가치분할과 통합, 보관, 이체, 이전의 어려움 등을 보완한다.
② 신용카드는 현금 없이 물품을 구입하고 서비스를 제공 받을 수 있는 소비자 신용기능을 가진다.
③ 일반기업, 공공기관 등의 다른 단체와의 제휴 등을 통하여 신분증으로 활용할 수 있다.
④ 신용카드 사용은 신용카드업자 측면에서 외상 매출로 인한 위험을 최소화할 수 있게 해준다.
⑤ 신용카드 회원은 신용카드의 할부 및 일부결제금액이월약정(리볼빙) 서비스를 사용함으로써 합리적이고 계획적인 소비지출을 할 수 있다.

외상 매출로 인한 위험 최소화는 가맹점 측면에서의 신용카드 역할에 해당한다.

더 알아보기 신용카드의 역할 I

대 상	신용카드의 역할
회 원 (Card Holder)	• 대금 지급수단의 간편화 • 신용구매 및 소액자금 대출을 통한 가계 안정화 • 근로소득자 소득공제 혜택 • 법인회원 및 개인사업자의 접대비 손비 인정 세제 혜택 • 현금성 자산 소지로 인한 불편 및 위험부담 최소화 • 할부 및 일부결제금액이월약정(리볼빙)을 통한 합리적, 계획적 소비지출 • 다양한 정보습득 및 부가서비스 혜택
가맹점 (Merchant)	• 외상 매출로 인한 위험 최소화 • 부가가치세 및 소득세 세액공제 혜택 • 현금거래에 따른 위험성과 불편함의 최소화 • 경기변동에 따른 회원과 가맹점의 구매력 변화 최소화로 효율적인 판매, 재고관리 가능 • 포인트제도, 할인가맹점 등을 통해 충성도 높은 우량고객 확보 • 전략가맹점 등 카드사와의 공동마케팅을 통한 고객 확대

03 신용카드 회원측면에서 신용카드의 역할로 옳지 않은 것은? `21, 25`

① 부가가치세 및 소득세 세액공제 혜택

② 대금 지급수단의 간편화

③ 신용구매 및 소액자금 대출을 통한 가계 안정화

④ 법인회원 및 개인사업자의 접대비 손비 인정 세제 혜택

⑤ 현금성 자산 소지로 인한 불편 및 위험부담 최소화

가맹점측면에서의 신용카드 역할에 해당한다.

더 알아보기 신용카드의 역할 II

대 상	신용카드의 역할
신용카드업자 (Issuer)	• 할부, 현금서비스, 리볼빙, 연회비, 카드론 등을 통한 각종 수수료 및 이자 수입 확보 • 회원 대상 마케팅을 통한 부가가치 창출 • 교차판매를 통한 예금 및 대출상품 활성화의 기반 마련 • 회원 확보를 통한 경쟁력 강화 • 금융지주회사 내 정보공유를 통한 시너지 극대화
국민경제	• 신용사회 조기정착 및 내수경기 진작 • 투명한 과세 기조 확립 • 공정한 거래질서의 확립 • 소비자금융 활성화로 국민경제의 균형적 발전 가능 • 현금통화의 감소 및 예금통화의 증대

04 다음 중 국민경제 측면에서 신용카드의 역할이 아닌 것은?

① 현금통화 및 예금통화의 감소
② 투명한 과세 기조 확립
③ 신용사회 조기정착 및 내수경기 진작
④ 공정한 거래질서의 확립
⑤ 소비자금융 활성화로 국민경제의 균형적 발전 도모

해설
신용카드의 사용은 국민경제 측면에서 현금통화 감소 및 예금통화 증대의 효과를 가져 온다.

05 직불카드와 체크카드에 대한 설명으로 옳지 않은 것은?

① 은행에 예금계좌를 가지고 있는 사람이 카드로 물품대금을 결제하면 즉시 본인의 예금계좌에서 가맹점 계좌로 대금이 지급되는 카드이다.
② 직불카드는 신용카드와 체크카드의 장점을 모아서 만든 카드로 모든 신용카드 가맹점에서 사용이 가능하다.
③ 하이브리드 체크카드를 제외한 체크카드는 기본적으로 발급과정에서 별도의 결제능력심사를 하지 않는다.
④ 체크카드의 월간한도는 신용카드와 달리 결제일에 관계없이 매월 1일부터 말일까지로 관리된다.
⑤ 직불카드는 직불카드 가맹점을 별도로 모집해야 하고 일정 시간에는 사용이 불가능하다는 제약 등으로 인해 활성화되지 못하였다.

해설
체크카드는 신용카드와 직불카드의 장점을 모아서 만든 카드로 모든 신용카드 가맹점에서 사용이 가능하다.

06 다음 체크카드에 대한 설명 중 틀린 것은?

① 은행 또는 카드사가 제휴한 은행에 입출금이 자유로운 통장을 소지한 개인 및 기업회원을 대상으로 발급된다.

② 예금잔액 및 이용한도 범위 내에서 물품 및 용역을 구매할 수 있다.

③ 일시불 및 할부 서비스가 모두 가능하다.

④ 연체리스크가 없는 직불카드의 장점과 전국의 신용카드 가맹점망을 이용할 수 있고 신용카드 프로세스를 그대로 적용할 수 있는 신용카드의 장점을 결합하였다.

⑤ VISA, Master 등 해외사용 브랜드로 발급된 체크카드는 해외에서 물품구매나 현지통화로 예금 인출 시 사용가능하다.

> **해설**
> 체크카드는 일시불 이용만 가능하고 할부 및 단기카드대출(현금서비스)의 이용은 불가하다.

07 체크카드와 선불카드에 대한 설명으로 옳지 않은 것은? `2020`

① 체크카드는 여전법상 직불카드의 성질을 가지고 있다.

② 체크·신용결제 방식이 혼합된 하이브리드 카드는 체크카드 기반 상품과 신용카드 기반 상품으로 구분된다.

③ 하이브리드 체크카드의 부여 가능 최대 신용한도는 30만원이다.

④ 선불카드는 이용대금을 선불로 구매하기 때문에 회원가입계약이 필요하다.

⑤ 무기명 선불카드가 양도되는 특성상 뇌물 등의 수단으로 악용되는 것을 방지하기 위해 발행권면 금액의 최고한도를 50만원으로 제한하고 있다.

> **해설**
> 신용카드는 이용대금을 후불로 입금하나 선불카드는 선불로 구매한다. 따라서 선불카드는 이용에 있어서 회원가입계약 등이 필요하지 않는다.
> ⑤ 단, 개인 신용카드로 구매 및 충전할 수 있는 이용한도는 1인당 월 최대 100만원(선불카드 금액과 상품권 금액을 합하여 산정)이다.

08 다음 중 IC카드의 장점에 해당하지 않는 것은?

① 카드의 위·변조를 방지할 수 있는 높은 안정성을 가진다.

② 통신상의 해킹을 방지할 수 있는 높은 보안성을 가진다.

③ 고온, 자석 등 주변환경에 대한 높은 저항력을 가진다.

④ 마그네틱 카드 대비 100배 이상의 메모리용량을 가진다.

⑤ 신속한 On-Line 처리를 통해 통신망 부담을 경감시킨다.

> **해설**
> IC카드는 Off-Line 처리를 통해 통신망 부담을 경감시킨다.

09 다음 중 신용카드를 모집할 수 없는 자는? `2025`

① 신용카드업자의 대표이사

② 신용카드업자의 직원

③ 여신금융협회에 등록된 모집인

④ 신용카드 모집을 목적으로 사전동의 후 방문을 통한 방문모집

⑤ 제휴카드 유치 시 제휴처 건물 입구에서의 카드모집

> **해설**
> 길거리에서의 모집은 금지되며(공공시설 또는 장소 내 다수인이 통행하는 통로), 이동가능한 부스, 제휴카드 유치 시 제휴처 건물입구 등에서도 카드모집은 금지된다.

더 알아보기 신용카드 회원의 모집

신용카드를 모집 할 수 있는 자	① 신용카드업자(신용카드사, 은행 등)의 임직원 ② 신용카드업자를 위해 신용카드발급계약의 체결을 중개하는 자(모집인) ③ 신용카드업자와 신용카드 회원의 모집에 관하여 업무제휴계약을 체결한 자 및 그 임직원 ※ 신용카드 모집인 등록업무는 여신금융협회장에게 위탁하고 있다.
신용카드 발급 모집 시 규제사항	① 경품 등 경제적 이익 제공 금지 ② 길거리모집 금지 ③ 방문모집 금지 • 원칙적으로 금지이나 사전동의를 받은 후 방문하거나 사업장을 방문하는 경우는 가능 ④ 다단계판매 방식, 친인척 지인 등을 통해 모집 금지 ⑤ 모바일 신청 시 전자서명법이 인정한 인증서로 전자서명하는 방법을 통해 본인확인 하지 않은 모집 금지

10 다음 중 신용카드업자의 전체 업무영역에 포함되지 않는 것은?

① 신용보증업무

② 어음할인을 포함한 대출 업무

③ 직불카드의 발행 및 대금의 결제 업무

④ 시설대여업의 등록을 한 경우 연불판매업무

⑤ 선불카드의 발행·판매 및 대금의 결제 업무

> **해설**
> 신용보증업무는 신용카드업자의 전체 업무영역에 포함되지 않는다.

신용카드업자의 업무

본질적 업무	신용카드업자는 다음의 업무 중 '신용카드 이용과 관련된 대금의 결제'를 포함한 둘 이상의 업무를 행하여야 한다. • 신용카드의 발행 및 관리 • 신용카드 이용과 관련된 대금의 결제 • 신용카드 가맹점의 모집 및 관리
부대업무	• 신용카드회원에 대한 자금의 융통 • 직불카드의 발행 및 대금의 결제 • 선불카드의 발행 · 판매 및 대금의 결제
기타업무	• 시설대여업의 등록을 한 경우 연불판매업무 • 기업이 물품과 용역을 제공함으로써 취득한 매출채권의 양수 · 관리 · 회수 업무 • 어음할인을 포함한 대출 업무 • 각 업무와 관련하여 다른 금융회사가 보유한 채권, 유가증권 매입 업무 • 기타 대통령령이 정한 업무 및 각 업무와 관련된 신용조사 및 부수업무 • 소유하고 있는 인력 · 자산 또는 설비를 활용하는 업무로서 금융위원회가 정하는 업무

11 신용카드 회원모집에 대한 설명으로 틀린 것은?

① 개인형기업카드의 경우 기업의 지정된 이용자만 사용가능하며, 이용대금 결제에 대한 1차적 책임은 기업에 있다.

② 해당 신용카드업자의 임직원은 신용카드 회원을 모집할 수 있다.

③ 모집인은 여신금융협회에서 제작한 표준교재를 활용하여 협회등록 전후 1개월 이내에 10시간 이상의 교육을 받아야 한다.

④ 신용카드 연회비의 10%를 초과하는 경제적 이익의 제공을 조건으로 하는 모집은 금지되어 있다.

⑤ 다단계판매 방식에 의해 카드모집을 하거나, 친인척 · 지인 등을 통해 모집하는 행위는 불가하다.

개인형기업카드는 기업 임직원 개인의 신용과 해당 기업이 연대보증하는 형태로 발급되는 기업카드로서 이용대금 결제에 대한 책임은 1차적으로 사용자에게 있고 2차적으로 기업에 있다.

12 다음 신용카드 회원모집에 대한 설명 중 옳지 않은 것은?

① 모집인은 일정한 자격을 갖추고 금융위원회에 등록을 하여야 한다.

② 기업공용카드는 카드발급 기업 또는 법인의 임직원이면 누구나 사용할 수 있다.

③ 방문을 통한 회원모집은 원칙적으로 금지되나 사전동의를 얻은 후 방문하거나 사업장을 방문하는 것은 가능하다.

④ 길거리모집은 금지되나, 이동 가능한 부스, 제휴카드 유치 시 제휴처 건물 입구 등에서 하는 모집은 가능하다.

⑤ 신용카드사의 영업점 또는 은행 영업점을 직접 방문하거나 여신금융협회에 등록된 모집인을 통하여 신용카드를 발급받을 수 있다.

해설

도로 및 차도 등 길거리, 백화점·영화관 등 공공시설 또는 장소 내 다수인이 통행하는 통로에서 카드모집을 할 수 없다. 또한 이동 가능한 부스, 제휴카드 유치 시 제휴처 건물 입구 등에서도 카드 모집은 할 수 없다.

13 신용카드의 발급기준과 가장 거리가 먼 것은?

① 발급심사 기준일 현재 민법상 성년 연령(만 19세) 이상일 것
② 발급심사 기준일 현재 월 가처분소득이 100만원 이상일 것
③ 개인신용평점의 상위누적구성비가 93% 이하이거나 장기연체가능성이 0.65% 이하일 것
④ 신용카드업자의 신용카드 신청평점기준(ASS)을 충족할 것
⑤ 본인이 신청한 것으로서 신용카드업자에 의해 본인임이 확인될 것

해설

발급심사 기준일 현재 월 가처분소득이 50만원 이상일 것

14 신용카드 발급에 대한 설명으로 옳지 않은 것은?

① 만 18세 이상이고 발급 신청일 현재 재직증명 시 개인신용카드 발급이 가능하다.
② 개인신용평점의 상위누적구성비 또는 장기연체가능성은 복수의 개인신용평가회사로부터 제공받을 수 있으며, 제공받은 수준이 상이할 경우 카드 신청고객에게 불리한 기준으로 신용카드 발급 가능여부를 결정한다.
③ 3개 이상의 신용카드업자(신용카드업자 회원별 기준)로부터 카드대출(현금서비스, 카드론, 리볼빙) 또는 가계신용대출을 이용하고 있는 경우 개인신용카드 발급이 불가능하다.
④ 하이브리드 체크카드를 발급하는 경우에는 기본 기준을 충족하지 못해도 카드회사 회원별 기준 2매까지 발급이 가능하다.
⑤ 아이행복카드 등 국가 또는 지방자치단체의 정책적 필요에 따라 불가피하게 신용카드를 발급해야하는 경우에는 기본 기준 불충족 시에도 발급이 가능하다.

해설

고객에게 유리한 등급을 사용한다.

15 카드발급신청서 접수 시 유의사항이 아닌 것은?

① 사전신용조회를 통해 카드발급이 가능한 고객이 직접 자필로 작성한 카드발급신청서 및 심사에
필요한 서류를 제출 받는다.

② 영문성명은 여권의 영문성명과 동일하게 기재하여야 한다.

③ 결제계좌는 본인 명의의 실명확인이 된 요구불예금 계좌를 사용할 수 있으며 최근에는 증권회사
나 종금사의 CMA계좌도 결제계좌로 활용이 가능하다.

④ 회원이 희망하는 한도는 선택적 기재항목으로 회원의 결제능력과 반드시 일치할 필요는 없으나
향후 한도 변경 시 희망한도를 초과할 수 있다.

⑤ 신청인의 본인신청을 확인한 카드사나 은행직원 또는 모집인은 본인확인란에 해당 항목을 기재
한 후 날인해야 한다.

해설

회원이 희망하는 한도는 회원의 결제능력과 반드시 일치할 필요는 없으나 최초 한도부여 및 향후 한도 변경 시 희망
한도를 초과하여 부여할 수 없으며 필수 기재항목으로 누락 시 카드발급신청을 접수할 수 없다.

16 다음 신용카드의 발급 및 심사에 관한 설명 중 틀린 것은?

① 카드발급신청서 접수 시 결제일은 신용카드사마다 차이가 있다.

② 회원이 희망하는 한도 및 월소득은 반드시 신청인 본인이 자필로 기재하여야 한다.

③ 고객은 직접 자필로 회원정보, 결제계좌, 비밀번호 등을 기재하여야 한다.

④ 결제능력 심사 시 월 가처분소득에 따른 결제능력을 평가한다.

⑤ 신용카드 신청고객의 개인신용평가회사(CB사) 등이 제공하는 추정소득을 연소득으로 사용할
수 있다.

해설

비밀번호는 유출 방지를 위해 카드발급신청서에 기재하지 않고 고객이 직접 입력하여야 한다.

17 신용카드 비밀번호 직접등록 제도에 대한 설명으로 적절하지 않은 것은?

① 비밀번호 유출 방지를 위해 카드발급신청서에 비밀번호를 기재하지 않고 고객이 직접 입력하는
제도를 말한다.

② 고객이 카드사나 은행 영업점에 직접 내점한 경우 신청서 접수시점에서 창구에 비치된 PINPAD
로 직접 비밀번호를 입력한다.

③ 모집인을 통한 모집의 경우 심사과정에서 본인통화를 하며 전화기의 ARS를 통해 고객이 직접
유선으로 Key-In 등록을 한다.

④ 카드발급 후 콜센터를 통해 ARS로 등록하거나 인터넷상에서 회원이 직접 등록할 수 있다.

⑤ 비밀번호가 등록되지 않은 카드는 일반적으로 일시불 및 할부거래가 불가능하다.

해설

비밀번호가 등록되지 않은 카드는 일반적으로 일시불 및 할부거래가 가능하다. 그러나 현금서비스, 예금인출, 인터넷 전자상거래, 철도 및 고속버스 승차권 구매 등 비밀번호가 필요한 모든 거래가 제한된다.

18 신용카드발급 심사에 대한 설명으로 옳지 않은 것은? `2021`

① 신용평점시스템은 크게 신청평점모형(ASS)과 행동평점모형(BSS)으로 구분된다.

② 신용평점시스템의 평점산정 항목은 카드사마다 상이하며, 해당 카드사의 기밀사항이다.

③ 재직 직장의 규모, 고용계약형태, 근무기간, 건강보험료, 자동차소유여부, 대출금액, 연체 및 지급보증의 채무과다 정도 등은 개인 신용등급에 영향을 미치는 주요 사항이다.

④ 연소득 산정 시 소득세법상 종합소득에 예·적금 등 보유재산과 관련한 의제소득을 합산하지 않으며 서로 다른 입증방법에 의한 소득은 중복 산정할 수 있다.

⑤ 카드 발급시점에 카드사 내·외부의 정보를 활용하여 최종적으로 신용평가를 실시한다.

해설

연소득 산정 시 소득세법상 종합소득에 예·적금 등 보유재산과 관련한 의제소득을 합산하여 산정하며 서로 다른 입증방법에 의한 소득은 중복 산정하지 않는다.

19 다음은 신용카드 발급에 대한 설명이다. 연결이 옳지 않은 것은? `2022`

① 재발급 : 기존카드(A카드) 분실 및 도난으로 인해 다시 기존카드(A카드)로 발급받는 형태

② 교체발급 : 기존의 카드와 별도로 새로운 카드를 추가로 발급받는 형태

③ 대체발급 : 기존카드(A카드) 상품 종료 등 불가피한 사유로 인해 유사한 종류의 카드(B카드)로 발급받는 형태

④ 갱신발급 : 기존카드(A카드)의 유효기한 만기 도래에 따라 만기가 연장된 같은 종류의 카드(A카드)로 발급받는 형태

⑤ 추가발급 : 회원이 기존카드와 더불어 다른 부가서비스를 이용하고자 할 때 발급받는 형태

해설

추가발급에 대한 설명이다. 교체발급이란 기존카드(A카드)를 다른 카드(B카드)로 발급받는 형태를 의미하며 회원에 대한 카드 발급매수가 증가하지 않는다.

20 다음 신용카드 자동갱신발급에 대한 설명으로 옳지 않은 것은? `20, 21`

① 자동갱신발급이란 유효기간 만료 이전 카드 이용상의 편의를 위해 유효기간이 갱신(변경)된 카드를 별도의 절차 없이 사전 일괄 발급하여 회원 앞 교부하는 것을 말한다.

② 자동갱신발급 대상자 선정 시 BBS 등을 고려하고, 최근 6개월 내의 유실적 여부를 확인하며, 발급기준이 통상적인 재발급기준보다 더 엄격하다.

③ 갱신발급예정일 전 6개월 이내에 카드를 사용하지 않은 회원의 경우 전자우편, 단문메세지서비스(휴대폰 문자메세지 서비스) 중 한 가지 방법으로 동의한 경우 갱신발급된다.

④ 발급시점에 연체정보 등 카드발급불가 정보가 있을 경우 자동갱신발급에서 제외된다.

⑤ 자동갱신 발급된 카드의 유효기간은 신규발급에 준해서 정해진다.

해설

갱신발급예정일 전 6개월 이내에 카드를 사용하지 않은 회원의 경우 회원이 서면으로(관련법에 의거 공인전자서명이 있는 전자문서 포함) 동의한 경우에만 갱신발급된다.

---

02 신용카드의 이용

21 다음 중 발급 카드의 교부방법이 아닌 것은?

① 영업점직원 방문 교부

② 인편교부

③ 우편교부

④ 특송업체를 통한 교부

⑤ VAN사교부

해설

발급 카드의 교부방법에는 영업점교부, 인편교부, 우편교부, 특송업체를 통한 교부, 영업점 직원 직접 방문 교부 등이 있다.

22 카드이용 관련 주요개념에 대한 설명으로 옳지 않은 것은?

① 개인신용카드의 유효기한은 일반적으로 카드 발급월을 기준으로 5년이 부여되며, 가족카드의 유효기한은 본인카드 유효기한에 따라 결정된다.

② 연체 등의 사유로 한도가 감액되어 신용카드 한도가 부여되지 않은 경우 연회비를 청구하지 않는다.

③ 연회비는 브랜드별로 상이하며, 카드등급이 높을수록 청구되는 연회비가 높다.

④ 재발급 시 유효기한은 재발급 전 카드의 유효기한 만료일로부터 5년 해당 월 말일로 산정한다.

⑤ 이용한도는 회원의 총한도 범위 내에서 일시불 및 할부, 단기카드대출(현금서비스), 해외한도로 구분하여 관리된다.

해설

재발급 시에는 기존카드의 유효기한을 그대로 적용한다. 갱신발급하는 경우에 갱신발급 전 카드의 유효기한 만료일로부터 5년 해당 월 말일로 산정한다.

23 다음은 신용카드 연회비에 대한 설명이다. 옳은 내용은? `2023`

① 연회비는 1년 단위로 청구되며 후불의 개념이다.

② 개인회원의 기본연회비는 일반적으로 카드별로 청구한다.

③ 카드사는 카드이용대금에 우선하여 연회비를 청구할 수 없다.

④ 최근 발급되는 대부분의 신용카드는 신규회원의 경우 최초년도 연회비는 면제되는 것이 일반적이다.

⑤ 가족카드의 경우 일반적으로 기본연회비는 청구하지 않으며 본인회원과 상이한 해당 제휴카드의 연회비는 청구할 수 있다.

해설

① 연회비는 1년 단위로 청구되며 선불의 개념이다.
② 개인회원의 기본연회비는 일반적으로 회원별로 청구하며 제휴연회비는 카드별로 청구한다.
③ 카드사는 카드이용대금에 우선하여 연회비를 청구할 수 있다.
④ 신규회원의 최초년도 연회비는 면제되지 않는다. 단, 최근에 발급되는 대부분의 신용카드는 이용금액에 따라 차기 년도 연회비가 면제된다.

24

2025년 5월 15일에 최초로 신규발급 받은 카드의 유효기한은?

① 2029년 8월

② 2030년 9월

③ 2029년 10월

④ 2030년 4월

⑤ 2030년 5월

해설

신규발급 받은 카드의 유효기한은 카드발급 년, 월 포함하여 5년의 해당 월 말일에 해당한다. 즉, 발급월 전월 말일 +5년으로 산정된다.

더 알아보기 카드발급 구분별 유효기한 산정방법

신규발급	• 카드발급 년, 월 포함하여 5년의 해당 월 말일로 산정 • 발급월 전월 말일 + 5년
갱신발급	• 갱신발급 前카드의 유효기한 만료일로부터 5년 해당 월 말일 • 구카드 만료일 + 5년
재발급	기존카드의 유효기한 적용

25

신용카드 이용한도에 대한 설명으로 옳지 않은 것은?

① 통상 해외 현금서비스한도는 해당 국가의 통화를 기준으로 운영된다.

② 단기카드대출(현금서비스) 한도는 총한도의 잔여한도 내에서 월간한도로 관리된다.

③ 초기한도는 회원이 기재한 희망한도를 초과하여 부여되지 않는다.

④ 특별승인한도는 개인신용카드 신규발급 제한요건에 해당되지 않는 경우에 한해 연 2회까지 허용된다.

⑤ 카드발급신청서 허위 기재 사유로 이용한도 감액 시에는 카드사가 회원에게 감액 사항을 사전 통지할 필요가 없다.

해설

해외한도는 통상 원화를 기준으로 운영된다.

26 다음 카드이용의 주요개념에 대한 설명 중 틀린 것은?

① 회원이 별도로 요청하는 경우에는 1년 단위의 유효기한 카드 발급도 가능하다.
② 갱신 전 카드의 유효기한이 2020년 12월이라면 갱신발급카드의 유효기한은 2025년 12월이다.
③ 회원이 과거 신청한 이용한도까지 증액하는 경우에는 서면, 전화, SMS, e-mail 등의 방법 중 2가지 이상의 방법으로 회원에게 사전통지를 해야 한다.
④ 국내에서 일시불 및 할부는 총한도까지 이용 가능하다.
⑤ 단기카드대출(현금서비스)한도는 ASS 등급을 적용하며 총한도의 40% 이내에서 카드사의 가격정책에 따라 상이하게 부여된다.

> **해설**
> 종전 이용한도 또는 회원이 과거 신청한 이용한도까지 증액하는 경우에는 서면, 전화, SMS, e-mail 등의 방법 중 1가지 이상의 방법으로 회원에게 사전통지를 해야 한다.

27 다음 상황에서 신용공여기간은 며칠인가?

- 신용카드 결제일 : 매달 25일
- 이용대금명세서 작성 기준일 : 매달 10일
- 일시불 및 할부 이용일 : 5월 15일

① 5일
② 10일
③ 15일
④ 30일
⑤ 41일

> **해설**
> 이용대금명세서 작성기준일 이후의 선결제 등은 이용대금명세서에 반영되지 않으므로 5월 15일 이용한 일시불 및 할부가 반영되는 이용대금명세서는 6월 10일 작성되고, 6월 25일에 결제를 하게 된다. 따라서 결제일(6월 25일)과 이용기간(5월 15일)의 차이를 나타내는 신용공여기간은 41일이다.

28 신용카드의 매출은 신용판매와 단기카드대출(현금서비스)로 구분된다. 이 중 신용판매에 대한 설명으로 옳지 않은 것은?

① Charge Card 방식인 경우 일시불 이용분은 전표 매입일의 해당 결제일에 이용금액 전액이 일시에 청구되고 회원에게 별도의 수수료 또는 이자가 청구되지 않는다.

② 할부가능 이용금액은 5만원 이상의 매출이며, 할부기간은 카드사별·업종별로 상이하다.

③ 할부수수료는 할부이용 개월수에 따른 기본수수료와 회원별 신용등급과 이용실적을 감안한 가산수수료로 구성된다.

④ 2개월 분할 납부 시에는 철회권 및 항변권이 적용되지 않는다.

⑤ 할부수수료율 변경 시 변경 예정일로부터 1개월 전에 홈페이지, 이용대금명세서, 서면, e-mail 중 2가지 이상의 방법으로 사전 안내되어야 한다.

해설
할부수수료는 할부이용 개월수에 따른 가산수수료와 회원별 신용등급과 이용실적을 감안한 기본수수료로 구성된다.

29 단기카드대출(현금서비스)과 장기카드대출(카드론)에 대한 설명으로 틀린 것은?

① 단기카드대출(현금서비스) 이체거래의 1일 한도는 누적금액 기준 200만원으로 제한된다.

② 단기카드대출(현금서비스)을 이용할 때는 카드사에 신고한 비밀번호와 단기카드대출을 신청할 때 입력한 비밀번호가 일치하여야 한다.

③ 장기카드대출(카드론)은 회원이 카드 회원 가입 시 서면, 공인전자서명이 있는 전자문서, 유무선 통신으로 개인비밀번호를 입력하거나 유무선 통신에 의한 방법 중 1가지 이상의 방법으로 동의한 경우에 한하여 이용 가능하다.

④ 장기카드대출(카드론)의 대출가능금액은 가처분 소득, 카드론 이용기간, 신용상태 등을 고려하여 카드사의 내부기준에 따라 산정된다.

⑤ 장기카드대출금은 영업점을 직접 방문하거나 결제계좌 또는 가상계좌에 해당 금액을 입금한 뒤 카드사에 상환의사를 표시하여 중도상환할 수 있다.

해설
자동화기기를 통한 단기카드대출(현금서비스)의 1일 인출 한도는 누적금액 기준 200만원으로 제한되지만 단기카드대출(현금서비스) 이체거래는 제한대상에서 제외된다.

30 다음 내용은 무엇을 설명한 것인가? 2025

> 회원이 신용카드를 이용하여 국내외 신용카드 가맹점에서 재화 및 용역을 구입하고자 할 때, 회원과 가맹점의 정당한 자격여부를 판단하고 회원신용과 이용 업종별로 설정된 각종 한도 등을 카드 이용시점에서 점검하여 회원과 가맹점의 해당거래에 대한 신용카드의 인정 여부를 표시하는 일련의 업무

① 거래승인   ② 이용승인
③ 오픈뱅킹   ④ 펌뱅킹
⑤ 자동이체업무

해설

거래승인에 대한 정의로 거래승인은 정상거래에 대하여 매출을 증대시키고 카드의 과다사용 및 부정사용으로 인한 악성 채권의 발생을 사전에 예방하는 기능을 수행한다.

31 신용카드 해외 거래승인에 대한 설명으로 틀린 것은?

① 국내에서 발행하는 국내외 겸용카드는 모두 국외의 신용카드 가맹점에서 사용할 수가 있으며, 국제카드 취급은행에 카드를 제시하고 현금서비스를 제공받을 수도 있다.
② 국내외 겸용카드를 발급받은 국내회원이 해외에서 단기카드대출을 받을 경우 해당 국제카드 취급은행 또는 해외 가맹점은 국내 발행카드사로부터 거래승인을 받아야 한다.
③ 국내외 기업공용카드는 해외가맹점에서의 일시불 구매 시 사용가능하나, 해외 은행 창구 및 ATM에서의 현금서비스 사용이 불가능하다.
④ 해외발행 카드를 국내에서 Floor Limit를 초과하여 이용할 경우 가맹점은 모든 거래에서 거래승인을 얻어야 한다.
⑤ 국제브랜드카드의 회원은 국내의 국제브랜드 가맹점에서 카드를 이용할 수 있고 은행이나 ATM기에서 현금서비스를 제공받을 수 있다.

해설

해외발행 카드를 국내에서 이용할 경우에는 Floor Limit제도가 인정되지 않기 때문에 금액과 상관없이 CAT를 이용하여 모든 거래에서 거래승인을 얻어야 이용할 수 있다.

32 다음 중 이용대금명세서 발송대상은?

① 가족회원

② 이용금액 없이 연체된 연회비만 청구되는 회원

③ 일정기간 이상 연체된 회원

④ 반송우편물 등록회원

⑤ 개인신용회복 중인 회원

해설

가족회원의 청구단위를 분리한 경우 본인회원에게는 본인카드, 가족카드 사용분을 발송하고, 가족회원에게는 가족카드 사용분을 발송한다.

33 신용카드 이용대금의 청구업무에 대한 설명으로 옳지 않은 것은?

① 회원이 이용한 카드대금은 이용기간별로 마감하여 해당 결제일별로 청구한다.

② 회원별로 청구단위는 통상 1개가 부여되며 가족회원의 경우 분리청구가 가능하다.

③ 카드종류에 관계없이 개인별로 합산하여 이용대금 명세서를 발송하는 경우도 있다.

④ 단기카드대출(현금서비스) 할부결제 시 단기카드대출(현금서비스) 수수료율은 변경가능하다.

⑤ 할부무이자 전표, 할부수수료 할인 전표 등은 국내일시불 할부결제 제도 적용이 불가능하다.

해설

단기카드대출(현금서비스) 할부결제 시 현재의 단기카드대출(현금서비스) 수수료율을 적용한다.

34 신용카드 이용대금의 결제업무에 대한 설명으로 옳지 않은 것은?

① 결제계좌 자동이체를 통한 결제대금 회수 시 통상 원금을 가장 우선적으로 회수한다.
② 이용대금 결제 방법으로는 영업점 창구회수, 카드사나 은행의 콜센터를 통한 회수, 가상계좌를 통한 회수, 인터넷뱅킹, 폰뱅킹, 모바일뱅킹을 통한 회수 방법 등이 있다.
③ 겸영은행 결제계좌가 아닌 회원이 결제일 전일 또는 당일 즉시출금 요청 시 이중출금의 문제가 발생할 수 있으므로 회원 앞 사전 고지가 필요하다.
④ 이중출금 문제가 발생하면 통상 익영업일까지 출금된 계좌로 환입 처리된다.
⑤ 단기카드대출(현금서비스) 소진율이 높은 회원은 통상 리볼빙결제 대상자에서 제외된다.

> **해설**
> 계좌 자동이체를 통한 결제대금 회수 시 통상 연회비, 연체대금, 각종 수수료(청구보류 수수료, 환가료, 취급수수료 등), 원금의 순으로 회수된다.

35 다음은 이용대금에 대한 설명이다. 옳지 않은 것은? `2023`

① 일부결제금액이월약정(리볼빙)은 회원이 신청하고 카드사가 승낙함으로써 성립된다.
② 즉시출금제도는 통상 콜센터, 카드사 홈페이지, 자동화기기, ARS 등에서 영업일 은행 영업시간 내외에 이용가능하다.
③ 결제계좌 자동이체를 통한 결제 시 청구월과 매출형태가 동일하다면 통상 매출전표 입력 순으로 회수된다.
④ 일부결제금액이월약정(리볼빙) 결제일에 최소결제금액 미만으로 결제할 경우에는 연체처리되며, 최소결제금액에 미달하는 금액에 대하여 연체수수료를 지불하여야 한다.
⑤ 일반적으로 일시불 및 현금서비스의 경우 청구 데이터 작성 작업과 상관없이 전액 선결제는 가능하나, 일부 선결제는 불가능할 수도 있다.

> **해설**
> 할부의 선결제에 대한 내용이다. 일시불 및 현금서비스의 경우에는 청구 데이터 작성 작업과 상관없이 일부 또는 전액 선결제가 가능하다.

> **더 알아보기** 리볼빙 결제
>
> 일시불과 현금서비스 이용금액을 일정 비율 또는 일정 금액 이상으로 상환하면 잔여 이용금액이 익월로 이월되어 상환이 연장되고, 잔여 이용한도 범위 내에서 계속카드를 사용할 수 있는 결제방식이다.

36 리볼빙업무에 대한 설명으로 옳지 않은 것은? 2025

① 리볼빙을 이용하더라도 신용평점에는 변동이 없다.

② 리볼빙 결제는 신용도가 우량한 회원에게만 적용된다.

③ 리볼빙 결제방식은 결제금액을 평준화시키고, 계획적인 가계지출을 가능하게 하는 장점을 가진다.

④ 약정결제비율이 100%인 경우 결제일에 최소결제금액 이상으로만 결제가 이루어져도 일부결제금액이월약정으로 전환되어 수수료가 부과된다.

⑤ 통장잔고 부족 등의 사유로 최소금액으로 결제된 경우 추가입금 하더라도 회수되지 않고 다음 결제일로 이월된다.

해설

리볼빙을 이용하여 잔액이 발생한 경우 신용평점변동이 있을 수 있으며, 신용카드 및 장기대출(카드론) 연체중인 회원, 연체사유 거래정지 회원, 단기대출(현금서비스) 소진율이 높은 회원, 한국신용정보 신용관리대상정보 해제이력 존재회원 등은 통상 대상자에서 제외된다(모두가 리볼빙의 대상 ×).

더 알아보기 리볼빙 결제의 장·단점

구 분	장 점	단 점
카드사	• 안정적인 이자 수입확보로 수익성 제고 • 카드자산 증가 및 수익성 개선 • 회원의 일시적인 유동성 부족 시 상환을 연장할 수 있어 연체율 개선	• 한도관리 등 리스크관리 미흡 시 저신용 회원의 역선택 발생 • 리볼빙 자산이 급증할 경우 유동성 위험 증가 • 가계채무상환능력 악화에도 부실이 이연되어 추후 일시 부실화될 소지가 있음
이용고객	일시적인 유동성 부족에도 연체없이 상환 연장이 가능	• 대금결제 장기화로 이자부담 증가 • 단기 상환부담 완화로 카드부채 증가 가능성

37 신용카드 가맹점에 대한 설명으로 옳지 <u>않은</u> 것은? `2023`

① 가맹점이란 신용카드업자와의 계약에 따라 신용카드회원 등에게 물품의 판매 또는 용역의 제공 등을 하는 자를 위하여 신용카드 등에 의한 거래를 대행하는 자를 의미한다.
② 통상 신용카드 현금융통 이력이 있거나, 매출전표 유통 이력이 있는 경우 등은 주요한 가맹점 가입제한 사유에 해당한다.
③ 가맹점을 신규 신청한 사업자는 결제용 예금계좌를 별도로 개설해야 하며 기존 예금계좌이용은 불가능하다.
④ 가맹점 신용판매대금 지급결제계좌의 명의는 원칙적으로 가맹점 대표자의 명의와 동일해야 하지만 대표인의 특정관계인의 계좌의 경우 제3자 명의 계좌 등록도 가능하다.
⑤ 가맹점의 수수료는 자금조달비용, 위험관리비용, 일반관리비용, 거래승인 · 매입정산비용, 마케팅비용으로 구성되어 있다.

> **해설**
> ③ 기존 예금계좌를 결제용 계좌로 사용할 수도 있다.

38 신용카드 가맹점에 대한 설명으로 옳은 것은?

① 가맹점 계약의 유효기간은 가맹점 계약체결일부터 2년으로 하며 2년씩 연장된다.
② 신청일 현재 정상 영업 중이 아니더라도 사업자등록증을 소지하고 있다면 가맹점으로 가입할 수 있다.
③ 가맹점 가입신청서는 창구접수를 통해 반드시 원본 또는 사본으로 접수하여야 한다.
④ 가맹점 업종 분류 시 사업자등록증상의 업태 및 종목에 의거 정확히 분류하여야 한다.
⑤ VAN사 모집인을 통해 가맹점 계약이 이루어진 경우라도 가맹점 심방은 신용카드업자가 실시하여야 한다.

> **해설**
> ① 가맹점 계약의 유효기간은 가맹점 계약체결일(카드사의 가맹점 가입신청 승낙시점)부터 1년으로 하며, 계약 만료일 전까지 카드사와 가맹점 어느 일방의 해지 신청이 없는 경우 만료일로부터 1년씩 유효기간이 연장된다.
> ② 가맹점으로 가입하기 위해서는 사업자등록증을 소지하고 신청일 현재 정상 영업 중이어야 한다.
> ③ 가맹점 가입신청서는 창구접수를 통해 반드시 원본으로 접수하여야 한다.
> ⑤ 가맹점업주가 자율적으로 신용카드업자를 통해 신청한 가맹점 계약의 경우 신용카드업자가 가맹점 심방을 실시하나, VAN사 모집인을 통해 신청한 가맹점 계약의 경우 VAN사가 가맹점 심방을 실시하게 된다.

39 다음 중 가맹점의 준수사항이 아닌 것은?

① 신용카드 가맹점은 신용카드회원의 정보보호를 위하여 금융위원회에 등록된 신용카드 단말기를 설치하여야 한다.

② 대형 신용카드가맹점은 신용카드부가통신서비스 이용을 이유로 부가통신업자(VAN)에게 부당한 보상금 등을 요구하거나 받아서는 아니 된다.

③ 결제대행업체는 물품의 판매 또는 용역의 제공 등을 하는 자의 신용정보 및 신용카드 등에 따른 거래를 대행한 내용을 신용카드업자에게 제공해서는 아니 된다.

④ 수납대행가맹점은 신용카드회원 등의 신용정보 등이 업무 외의 목적에 사용되거나 외부에 유출되지 않도록 한다.

⑤ 신용카드 가맹점은 신용카드에 따른 거래로 생긴 채권을 신용카드업자 외의 자에게 양도하여서는 아니 되고, 신용카드업자 외의 자는 이를 양수하여서도 아니 된다.

> **해설**
> 결제대행업체는 물품의 판매 또는 용역의 제공 등을 하는 자의 신용정보 및 신용카드 등에 따른 거래를 대행한 내용을 신용카드업자에게 제공하여야 한다.

> **더 알아보기** 결제대행업체의 준수사항
>
> - 물품의 판매 또는 용역의 제공 등을 하는 자의 신용정보 및 신용카드 등에 따른 거래를 대행한 내용을 신용카드업자에게 제공할 것
> - 물품의 판매 또는 용역의 제공 등을 하는 자의 상호 및 주소를 신용카드회원 등이 알 수 있도록 할 것
> - 신용카드회원 등이 거래 취소 또는 환불 등을 요구하는 경우 이에 따를 것
> - 그 밖에 신용카드회원 등의 신용정보보호 및 건전한 신용카드거래를 위하여 대통령령으로 정하는 사항

40 가맹점은 다음에 해당하는 행위를 하여서는 아니 된다. 이 중 결제대행업체에 대해서는 적용하지 않는 행위로만 묶인 것은?

> 가. 물품의 판매 또는 용역의 제공 등이 없이 신용카드로 거래한 것처럼 꾸미는 행위
> 나. 신용카드로 실제 매출금액 이상의 거래를 하는 행위
> 다. 다른 신용카드 가맹점의 명의를 사용하여 신용카드로 거래하는 행위
> 라. 신용카드 가맹점의 명의를 타인에게 빌려주는 행위
> 마. 신용카드에 의한 거래를 대행하는 행위

① 가, 나   ② 다, 마
③ 가, 다, 라   ④ 가, 라, 마
⑤ 나, 라, 마

> **해설**
> 결제대행업체의 경우에는 '가, 라, 마'의 행위를 금지하는 것을 적용하지 아니 한다.

41 다음 가맹점의 신용판매에 대한 설명 중 옳은 것은?

① 매출전표에는 신용판매대금, 봉사료, 현금의 입체금, 과거판매대금 등을 포함시킬 수 있다.

② 매출전표에 금액, 매출일자, 가맹점 번호 등이 잘못 기재된 경우에는 정정할 수 있다.

③ 신용판매한 상품의 교환 또는 반품 시에는 매출취소전표를 작성하여야 하며, 현금으로 지급할 수도 있다.

④ 전자매입 가맹점은 승인을 받게 되면 당일 마감 후 매입 처리된다.

⑤ 봉사료가 사업자의 수입금액에 포함되는 경우에는 봉사료란에 그 금액을 기재하여야 한다.

> **해설**
> ① 매출전표에 기입할 수 있는 금액은 신용판매대금 및 봉사료에 한하며 현금의 입체금, 과거판매대금 등은 포함시킬 수 없다.
> ② 매출전표 기재사항 중 금액, 매출일자, 가맹점 번호 등은 잘못이 있더라도 정정할 수 없고 재작성하여야 한다.
> ③ 어떠한 경우에도 현금을 지급하지 않도록 해야 한다.
> ⑤ 사업자가 서비스를 제공하고 그 대가와 함께 종업원이 받는 금액은 봉사료란에 기재하여야 하나, 그 봉사료가 사업자의 수입금액에 포함되는 경우에는 기재하지 않도록 한다.

42 다음 중 가맹점 산정기준 원칙으로만 묶인 것은? `2025`

> 가. 근거에 기초한 수수료 산정
> 나. 적격비용 부담
> 다. 업종별 차등적용
> 라. 부당한 차별금지
> 마. 대형가맹점 부당행위금지
> 바. 우수한 가맹점에 대한 우대수수료율 적용

① 가 ,나, 바
② 가 ,다, 라
③ 가, 나, 라, 마
④ 가, 라, 마, 바
⑤ 모두 정답

> **해설**
> 다. 가맹점별 차등적용
> 바. 영세한 중소가맹점에 대한 우대수수료율 적용
> ※ 산정기준 6대 원칙 : 근거에 기초한 수수료 산정, 적격비용 부담, 수익자 부담, 부당한 차별금지, 대형가맹점 부당행위금지, 영세한 중소가맹점에 대한 우대수수료율 적용

43 매출전표 접수 시 주요 심사사항이 아닌 것은?

① 회원번호의 정확여부
② 신용판매일로부터 7일 이내에 제시되었는지 여부
③ 카드사가 지정한 매출(취소)전표 양식 여부
④ 타사매출전표 접수 시 가맹점 공동이용 비대상 여부
⑤ 매출전표의 합계액이 매출집계표의 금액과 일치하는가의 여부

> **해설**
> 신용판매일로부터 30일 이내에 제시되었는지 여부

44 매출전표의 매입에 대한 설명으로 옳지 않은 것은?

① 가맹점의 신용판매대금 지급청구권에 대응하는 카드사의 신용판매대금의 지급의 의무를 의미한다.
② DDC 매출은 신용카드 거래승인 시 카드사에서 직접 가맹점의 승인내역을 매입 DATA로 전환하여 매입처리 한다.
③ 신용판매에 의한 매출전표의 매입은 매출전표 접수를 원칙으로 하나 특약을 체결한 가맹점의 경우 전자자료로 매출전표 접수를 대신하고 매출전표는 사후에 수거한다.
④ 매출전표의 심사란 부정매출 발생을 사전에 방지하기 위한 업무이다.
⑤ 매출취소전표인 경우 당초판매일자 기재여부를 심사하여야 한다.

> **해설**
> EDC 매출에 대한 설명이다. DDC 매출의 경우에는 VAN사가 승인내역을 매입 DATA로 전환하고, EDI 매출의 경우에는 가맹점에서 승인내역을 매입 DATA로 전환한 후 VAN사를 경유하여 카드사로 전송한다.

45 다음 매출전표 심사에 대한 설명 중 틀린 것은?

① 매출전표 심사는 육안심사 단계와 전산 심사단계로 진행된다.
② 입력이 완료된 매출전표는 매출 접수일로부터 5년간 보관한다.
③ 유효기한이 경과한 카드에 의한 매출여부를 심사한다.
④ 가맹점번호, 가맹점명, 사업자등록번호, 대표자명, 주소, 매출일자 등 필수기재사항의 기재여부를 심사하여야 한다.
⑤ 매출일자, 매출금액, 가맹점번호의 정정여부를 심사하여야 한다.

> **해설**
> 입력이 완료된 매출전표는 매출 발생일로부터 5년간 보관한다.

CHAPTER 4

신탁 및 집합투자

01 신탁 및 집합투자

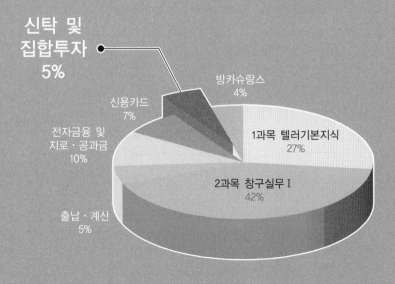

신탁 및
집합투자
5%

방카슈랑스
4%

신용카드
7%

전자금융 및
지로·공과금
10%

1과목 텔러기본지식
27%

2과목 창구실무 I
42%

출납·계산
5%

출제포인트 및 중요도

신탁 및 집합투자	신탁의 개요	5문항	100%	★★☆
	금전신탁업무			★★☆
	집합투자상품 위탁판매 업무			★★★
합 계		5문항	100%	

⊕ 워밍업! 핵심문제

신탁의 개념에 대한 설명으로 적절하지 않은 것은?

① 신탁은 자기 재산을 믿을 수 있는 다른 사람에게 맡겨 관리하는 제도에서 출발하였다.

② 타인이 맡긴 재산을 형식상 소유하면서 타인을 위해 관리·운용·처분하는 자로서 은행 신탁업무에서는 은행을 말한다.

③ 위탁자와 수익자가 같으면 자익신탁, 다르면 타익신탁이라 한다.

④ 위탁자가 자기가 맡긴 신탁재산의 운용대상 및 방법 등을 지시하지 아니하고 수탁자에게 일임하는 신탁을 특정신탁이라 한다.

⑤ 신탁의 기본원칙으로는 분별관리의 원칙, 실적배당의 원칙, 평등비례배당의 원칙, 선관 의무의 원칙이 있다.

[해 설] 불특정신탁이라 한다.   ④

CHAPTER 04 신탁 및 집합투자

※ 맞힌 문제는 ⊙, 헷갈린 문제는 △, 틀린 문제는 ⊠에 체크하세요!

01 신탁 및 집합투자

01

신탁에 대한 내용으로 옳지 않은 것은? 2025

① 위탁자는 재산을 타인에게 맡겨 관리하게 하는 자이다.
② 수탁자는 타인이 맡긴 재산을 형식상 소유하면서 관리, 운용, 처분하는 자이다.
③ 수익자는 신탁재산으로부터 나오는 수익을 받을 자이다.
④ 은행 신탁업무에서 위탁자는 신탁회사(은행)를 의미하며, 수탁자는 고객을 의미한다.
⑤ 위탁자와 수익자가 같은 경우를 자익신탁, 위탁자와 수익자가 다른 경우를 타익신탁이라고 한다.

해설
은행 신탁업무에서 위탁자는 자기가 소유하고 있는 금전 또는 기타 재산을 타인에게 맡겨 관리하는 자로서 고객을 의미하며, 수탁자는 타인이 맡긴 재산을 형식상 소유하면서 타인을 위해 관리·운용·처분하는 자로서 신탁회사(은행)를 말한다.

02

다음 설명하는 신탁의 기본원칙은? 20, 21

> 신탁재산의 관리와 운용에 따라 발생하는 모든 손익은 신탁재산에 귀속시켜 배당한다.

① 분별관리의 원칙   ② 실적배당의 원칙
③ 평등비례배당의 원칙   ④ 수익자보호의 원칙
⑤ 선관의무의 원칙

해설
실적배당의 원칙에 대한 설명이다.

03 다음은 신탁에 관한 설명이다. 옳지 않은 것은? `2022`

① 위탁자가 맡긴 신탁재산의 운용대상 및 운용방법 등을 수탁자에게 지시하지 않고 일임하는 신탁을 불특정신탁이라고 한다.
② 특정신탁에는 특정금전신탁 또는 투자신탁 등이 있다.
③ 실적배당 시 신탁금과 기간에 의한 총적수에 따라 평등하고 균등하게 배당하여야 한다는 원칙을 평등비례배당의 원칙이라 한다.
④ 신탁계약 건별로 신탁재산을 별도 구분하여 관리·운용하는 신탁을 단독운용신탁이라 한다.
⑤ 특정금전신탁은 단독운용함이 원칙이다.

해설
투자신탁은 불특정신탁에 해당하고, 특정신탁에는 은행이 취급하는 특정금전신탁이 대표적이다.

04 다수의 위탁자로부터 모집한 자금을 공동으로 관리·운용하는 신탁을 말하며, 대부분의 금전신탁이나 투자신탁이 이에 속한다. 무엇을 설명한 것인가?

① 불특정신탁 ② 특정신탁
③ 단독운용신탁 ④ 합동운용신탁
⑤ 재산신탁

해설
합동운용신탁에 대한 설명이다.

더 알아보기 은행신탁상품의 분류

금전신탁	불특정 금전신탁 (합동운용)	약정배당 (이익보전)	일반불특정금전신탁, 적립식목적신탁(약정), 개발신탁
		실적배당 (원본보전)	장부가평가상품 가계금전신탁, 기업금전신탁, 노후생활연금신탁, 개인연금신탁, 적립식목적신탁(실적), 신종적립신탁, 비과세 가계장기신탁, 근로자우대신탁
			시가평가상품 단위금전신탁, 추가금전신탁, 신노후생활연금신탁, 신개인연금신탁, 연금신탁, 연금저축신탁, 퇴직신탁, 부동산투자신탁, 국민주신탁
	특정금전신탁 (단독운용)		특정금전신탁
재산신탁 (단독운용)			유가증권의 신탁, 금전채권의 신탁, 동산·부동산의 신탁, 지상권의 신탁, 전세권의 신탁, 토지임차권의 신탁

05 다음 중 원본보전이면서 시가평가상품에 해당하는 금전신탁이 아닌 것은?

① 연금신탁
② 퇴직신탁
③ 신개인연금신탁
④ 개인연금신탁
⑤ 신노후생활연금신탁

> **해설**
> 일정기간 신탁금을 적립하고 연금으로 수령하는 상품으로 소득공제, 이자소득에 대한 비과세혜택을 주는 상품(원본보전상품)으로 장부가평가 상품에 해당한다.

06 신탁용어에 대한 설명으로 틀린 것은?

① 수탁자가 위탁자의 신탁재산 관리의 대가로써 받는 수수료를 신탁보수라고 한다.
② 집합투자상품에서 투자자의 환매청구에 응하기 위해 발생할 수 있는 비용을 중도해지수수료라고 한다.
③ 고객이 신탁한 금액을 기준가격으로 나눈 것을 수익권좌수라고 한다.
④ 신탁자금을 운용하는 중에 남은 일시적인 여유자금에 대해 이자를 받고 고유계정에 빌려주는 것을 고유계정대라고 한다.
⑤ 수익자가 위탁자 자신인 신탁을 자익신탁이라 하며, 수익자가 위탁자 이외의 제3자인 신탁을 타익신탁이라고 한다.

> **해설**
> 집합투자상품에서 중도해지수수료를 환매수수료라 한다.

07 기준가격에 대한 설명으로 가장 적절한 것은? `20, 21, 22`

① 신탁 설정초일의 기준가격은 100원이다.
② 신탁재산의 운용결과 순자산이 늘어나면 기준가격은 감소하게 된다.
③ 기준가격은 주식투자하는 경우, 거래되는 주식수와 동일한 개념이다.
④ 단독운용하는 상품에서 운용의 평가가치를 나타내기 위한 지수이다.
⑤ 신탁의 이익계산 또는 판매 및 환매를 원활하게 하기 위하여 신탁재산의 순가치를 나타내는 지수이다.

> **해설**
> ① 설정초일의 기준가격은 1,000원이다.
> ② 신탁재산의 운용결과 순자산이 늘어나면 기준가격은 1,000원보다 커지게 된다.
> ③ 기준가격은 주식투자하는 경우, 거래되는 주식가격과 동일한 개념이다.
> ④ 합동운용하는 상품에서 운용의 평가가치를 나타내기 위한 지수이다.

08 개인연금신탁에 대한 설명으로 옳지 않은 것은?

① 장부가평가 상품이다.

② 소득공제혜택과 이자소득에 대하여 비과세혜택을 주는 원본보전상품이다.

③ 신탁기간은 적립기간(10년 이상, 수익자 연령이 55세되는 때까지)과 연금지급기간(5년 이상)을 더한 기간을 말한다.

④ 이자소득세는 전액 면제되나, 중도해지하는 경우에는 이자소득세가 원천징수된다.

⑤ 당해 연도 적립액의 100%, 연간 최대 4백만원을 한도로 소득공제된다.

> **해설**
> 당해 연도 적립액의 40%, 연간 최고 72만원을 한도로 종합소득금액에서 공제받을 수 있다.

09 개인연금신탁에 대한 설명으로 틀린 것은?

① 수익자연령이 55세가 되는 때까지 적립한다.

② 신규일로부터 5년 이내에 중도해지하는 경우에는 감면받은 세액범위(연간 72천원 이내, 지방소득세 별도)내에서 소득공제분을 추징한다.

③ 연금지급기간 중 연 1회에 한하여 신탁기간을 변경할 수 있다.

④ 수익권의 양도와 본인명의의 대출을 받기 위한 담보제공이 가능하다.

⑤ 당초 연금지급일을 경과하여 연금을 수령함으로써 미지급연금액에서 추가로 발생하는 신탁이익에 대해서도 과세한다.

> **해설**
> 수익권의 양도는 불가능하고, 본인명의의 대출을 받기 위한 담보제공만 가능하다.

10 2013년 5월 2일부터 판매한 연금저축신탁에 대한 설명으로 옳지 않은 것은?

① 가입대상은 국내거주자로서 나이 등 특별한 제한이 없다.

② 가입기간 5년 이상 연간 1,800만원 한도로 납입할 수 있다.

③ 연금은 만 55세 이후 10년 이상의 기간동안 연간 연금수령한도 내에서 인출할 수 있다.

④ 연간 최대 400만원 이내에서 소득공제를 받을 수 있다.

⑤ 해지가산세는 폐지되었다.

> **해설**
> 연간 600만원(퇴직연금계좌 합산 900만원) + ISA 전환금액의 10%(300만원 한도)의 16.5%(종합소득 4,500만원 이하인 자, 근로소득만 있는 경우 5,500만원 이하인 자) 또는 13.2%(종합소득 4,500만원 이하인 자, 근로소득만 있는 경우 5,500만원 이하인 자)의 금액을 세액에서 공제한다.

11 연금저축신탁에 대한 설명으로 옳은 것은?

① 중도해지 시 기타소득세 22%(지방소득세 포함)의 기타소득세가 징구된다.
② 연금수령 또는 연금외 수령 시 인출순서는 소득공제 받은 납입금액, 소득공제 받지 않은 납입금액, 당해 연도 납입금액 순이다.
③ 납입원리금 보존 상품이다.
④ 가입자 사망 시 배우자에 한하여 승계가 가능하며 6개월 이내에 승계신청을 하여야 한다.
⑤ 양도 및 담보제공이 불가능하다.

> **해설**
> ① 중도해지 시 기타소득세 16.5%(지방소득세 포함)의 기타소득세가 징구된다.
> ② 연금수령 또는 연금외 수령 시 인출순서는 당해 연도 납입금액, 소득공제 받지 않은 납입금액, 소득공제 받은 납입금액 순이다.
> ③ 납입원금 보존 상품이며, 이자는 실적배당된다.
> ⑤ 수익권 양도는 불가능하나, 가입자 본인 명의 담보대출을 위한 경우 담보제공은 가능하다.

> **더 알아보기** 연금저축신탁의 배우자 승계
>
> - 가입자 사망 시 가입자의 배우자에 한하여 신탁 승계 가능
> - 가입자가 사망한 날이 속한 달의 말일부터 6개월 이내 승계신청을 하여야 하며 가입자가 사망한 날부터 연금계좌를 승계한 것으로 간주
> - 신탁계좌의 가입일은 피상속인의 가입일로 적용

12 연금저축신탁의 '부득이한 사유에 의한 인출'에 해당하지 않는 것은?

① 천재지변
② 가입자의 사망 또는 해외이주
③ 은행의 영업정지, 영업 인·허가의 취소
④ 가입자 또는 그 부양가족의 질병·부상에 따라 3개월 이상의 요양이 필요한 경우
⑤ 가입자 또는 그 부양가족이 채무자 회생 및 파산에 관한 법률에 따른 파산선고 또는 개인회생절차개시의 결정을 받은 경우

> **해설**
> 채무자 회생 및 파산에 관한 법률에 따른 파산선고 또는 개인회생절차개시의 결정을 받은 경우는 가입자만 해당되며 부양가족인 경우는 부득이한 사유로 보지 않는다. 부득이한 사유에 의한 인출에 해당하는 경우 연금소득세 5.5%~3.3%로 원천징수(완납적분리과세)된다.

13 특정금전신탁에 대한 설명으로 옳지 않은 것은? 2023

① 위탁자와 수익자는 제한이 없다.
② 여러 고객의 자금을 함께 모아서 운용하는 합동운용 상품이다.
③ 원본 및 이익보전 계약을 할 수 없다.
④ 수익은 수익자의 성격에 따라 투자자산의 종류별로 과세한다.
⑤ 영업점은 매월 말일을 기준으로 익월 10일까지 신탁재산운용현황을 고객에게 통보하여야 한다.

> **해설**
> 수탁건별 각각 구분하여 운용하는 단독운용상품이다.

14 집합투자에 대한 설명으로 옳은 것은? 2022

① 집합투자 상품은 금전을 맡기는 고객으로부터 일상적인 운용지시를 받아야 한다.
② 집합투자 자금의 운용결과에 대한 책임은 펀드매니저가 진다.
③ 고객으로부터 모은 자금을 주식, 채권, 부동산 등에 투자 또는 운영하는 회사는 수탁회사이다.
④ 집합투자는 직접투자에 비해 상대적으로 소수종목에 집중투자 된다.
⑤ 집합투자는 체계적인 위험관리가 가능하다.

> **해설**
> ① 집합투자 상품은 금전을 맡기는 고객으로부터 일상적인 운용지시를 받지 아니한다.
> ② 집합투자 자금의 운용결과에 대한 책임은 투자자 본인이 진다.
> ③ 고객으로부터 모은 자금을 주식, 채권, 부동산 등에 투자 또는 운영하는 회사는 자산운용회사이다.
> ④ 집합투자는 직접투자에 비해 상대적으로 다수 종목에 분산투자를 할 수 있다.

15 다음 중 집합투자상품의 운용자산에 따른 분류에 해당하지 않는 것은?

① 증권집합투자기구　　　　　　　　② 부동산집합투자기구
③ 특별자산집합투자기구　　　　　　④ 혼합자산집합투자기구
⑤ 파생상품집합투자기구

> **해설**
> 파생상품집합투자기구는 운용자산에 따른 분류에 해당하지 않는다. 집합투자기구는 운용대상에 따라 증권집합투자기구, 부동산집합투자기구, 특별자산집합투자기구, 혼합자산집합투자기구, 단기금융집합투자기구, 특수한 형태의 집합투자기구(환매금지형, 종류형, 전환형, 모자형, 상장지수집합투자기구)로 분류된다.

더 알아보기 집합투자기구의 운용자산에 따른 분류

증권집합 투자기구	• 집합투자재산의 40% 이상의 비율을 증권 및 파생상품에 투자하는 집합투자기구 • 대부분의 투자자를 대상으로 판매하는 투자기구로서 주식형, 채권형, 혼합형이 있음 　－ 주식형 : 주식에 60% 이상 투자 　－ 채권형 : 채권에 60% 이상 투자 　－ 혼합형 : 주식에 50% 이상 투자하는 주식혼합형과 채권에 50% 이상 투자하는 채권혼 　　　합형으로 분류
부동산집합 투자기구	• 집합투자재산의 40% 이상을 부동산 등(부동산, 부동산관련 증권, 부동산대출 등)에 투자 하는 펀드 • 환매금지형집합투자기구 설정·설립 의무 대상
특별자산집합 투자기구	• 집합투자재산의 40% 이상을 특별자산에 투자하는 집합투자기구 • 환매금지형집합투자기구 설정·설립 의무 대상
혼합자산집합 투자기구	• 투자재산을 운영함에 있어 증권, 부동산, 특별펀드의 규정의 투자비율에 대한 제한을 받 지 아니하는 집합투자기구 • 환매금지형집합투자기구 설정·설립 의무 대상
단기금융집합 투자기구	단기금융상품에 투자 및 운용되는 집합투자기구

16 집합투자상품에 대한 설명으로 옳지 않은 것은? 2022

① 혼합자산집합투자기구는 집합투자재산을 운용함에 있어서 투자비율을 제한받지 않는 집합투자기구이다.

② 부동산집합투자기구는 집합투자재산의 40% 이상을 부동산 및 부동산을 기초자산으로 한 파생상품이다.

③ 단기금융집합투자기구는 집합투자재산의 전부를 단기금융상품에 투자·운용하는 집합투자기구이다.

④ 특별자산집합투자기구는 집합투자재산의 40% 이상을 특별자산(증권 및 부동산 제외)에 투자하는 집합투자기구이다.

⑤ MMF는 집합투자재산의 50% 이상을 주식에 투자하는 집합투자기구이다.

해설

MMF는 펀드재산의 40% 이상을 채무증권에 투자해야 한다.

17 환매금지형집합투자기구 설정·설립 의무대상이 아닌 것은? `2022`

① 부동산집합투자기구

② 특별자산집합투자기구

③ 혼합자산집합투자기구

④ 상장지수집합투자기구

⑤ 자산총액의 20% 이상을 시장성이 없는 자산에 투자하는 집합투자기구

해설

상장지수집합투자기구는 환매금지형집합투자기구에 해당하지 않는다.

더 알아보기 특수한 형태의 집합투자기구

- 환매금지형집합투자기구 : 환매를 청구할 수 없는 집합투자기구
- 종류형집합투자기구 : 같은 집합투자기구에서 판매보수의 차이로 인하여 기준가격이 다르거나 판매수수료가 다른 여러 종류의 집합투자증권을 발행하는 집합투자기구
- 전환형집합투자기구 : 복수의 집합투자기구 간에 다른 집합투자증권으로 전환할 수 있는 권리를 부여한 집합투자기구(Umbrella Fund)
- 모자형집합투자기구 : 母집합투자기구가 발행하는 집합투자증권을 취득하는 구조의 子집합투자기구를 설정·설립하는 경우
- 상장지수집합투자기구(ETF) : 기초자산의 가격 또는 기초자산의 종류에 따라 다수 종목의 가격수준을 종합적으로 표시하는 지수의 변화에 연동하여 운용하는 집합투자기구

18 종류형집합투자기구에 대한 설명으로 옳지 않은 것은? `2021`

① Class A는 선취판매수수료를 징구하는 펀드이고, Class B는 후취판매수수료를 징구하는 펀드이다.

② Class C는 선취판매수수료와 후취판매수수료를 모두 징구하는 펀드이다.

③ Class E는 온라인 전용 펀드이고 Class F는 펀드 및 기관투자자용 펀드에 해당한다.

④ Class H는 장기주택마련저축용 펀드이고 Class W는 Wrap Account용 펀드에 해당한다.

⑤ Class P는 근로자퇴직급여보장법에 근거 설정·설립된 경우의 펀드이다.

해설

선취판매수수료와 후취판매수수료를 모두 징구하는 펀드는 Class D이고 Class C는 선취판매수수료와 후취판매수수료를 모두 징구하지 않는 펀드이다.

17 ④ 18 ② **정답**

19 집합투자상품에 대한 설명으로 옳은 것은?

① 해외자산운용사가 외국에서 펀드를 설정하여 전세계 투자자의 자금으로 세계 곳곳에 투자하는 펀드를 해외투자펀드라 한다.
② 추가입금가능 여부에 따라 개방형과 폐쇄형으로 구분되며, 폐쇄형은 환매가 금지된다.
③ 집합투자상품의 비용은 크게 수수료와 보수로 구분되며, 수수료와 보수는 모두 고객이 부담한다.
④ 판매수수료를 선취하는 경우 순투자금액에 대해 부과하기 때문에 단기투자 시 후취하는 경우보다 고객에게 유리하다.
⑤ Umbrella Fund는 복수의 집합투자기구 간에 각 집합투자기구의 투자자가 소유하고 있는 집합투자증권을 다른 집합투자기구의 집합투자증권으로 전환할 수 있는 권리를 투자자에게 부여하는 구조의 집합투자기구를 말한다.

해설

① 해외뮤추얼펀드(역외펀드)에 대한 설명이다. 해외투자펀드(역내펀드)는 국내에서 투자자금을 모아 국내에서 설정하여 해외에 있는 주식, 채권, 펀드 등에 투자하는 펀드를 의미한다.
② 환매가능 여부에 따라 개방형과 폐쇄형으로 구분되며, 폐쇄형은 환매가 금지된다.
③ 보수는 펀드에서 부담하여 기준가격으로 반영되며, 수수료는 고객이 직접 부담한다.
④ 선취형은 장기투자 시 고객에게 유리하다. 선취형은 순투자금액에 대해 수수료를 부과하고 후취형은 원리금에 수수료를 부과하기 때문이다.

20 다음 파생결합상품 중 발행사인 증권회사가 발행한 ELS를 투자대상자산으로 하여 운용사가 집합투자기구의 형태로 만든 금융상품은 무엇인가? `20, 21, 25`

① ELD
② ELS
③ ELF
④ ELT
⑤ ETF

해설

주가지수연동펀드(ELF)에 대한 설명이다. 참고로 주식연계신탁(ELT)는 ELS·ELD·우량채권·정기예금 등에 투자하는 특정금전신탁이며, 원금이 보장되지 않는 상품이다.

더 알아보기 주가연계파생상품펀드

• 파생상품의 이익이 주가(개별종목 또는 주가지수)에 연계되어 결정되는 파생상품을 의미한다.
• 주가연계파생상품의 종류

구 분	주가지수연동예금 (ELD)	주가연계증권 (ELS)	주가지수연동펀드 (ELF)
발행기관	은 행	증권사	투자신탁회사 / 자산운용사
만기수익	약속된 수익률	약속된 수익률	운용성과별 실적배당

원금보장여부	100% 보장	원금보존형 / 원금비보존형	보장불가
예금자보호	보 호	비보호	비보호
중도해지	중도해지수수료 발생	중도환매불가	중도해지수수료 발생
소득과세	이자소득 과세	배당소득(종합과세 대상) 과세	배당 / 이자소득 과세

21 다음 내용에 해당하는 파생결합상품은 무엇인가? `22, 23, 25`

> 개별 주식의 가격이나 주가지수에 연계하여 사전에 정해진 수익구조에 따라 손익이 결정되는 금융상품이다.

① ELD   ② ELS
③ ELF   ④ DLS
⑤ ETF

해설
주가연계증권(ELS)에 대한 설명이다.

22 파생결합상품에 대한 설명으로 옳지 않은 것은? `2021`

① ETF는 개별주식의 장점인 매매 편의성과 인덱스펀드의 장점인 분산투자, 낮은 거래비용 등의 특징이 있다.
② 인덱스펀드는 즉시 거래가 가능하다는 장점을 가진다.
③ DLS는 주식 및 주가지수를 제외한 이자율, 환율 등을 기초자산으로 투자자산 변동과 연계하는 것으로 ELS와 유사한 구조를 가진다.
④ DLS는 다양한 상품구성이 가능하고 위험대비 상대적으로 높은 수익률을 달성할 수 있으며 만기수익의 사전확정 및 지급보증이라는 특징을 가지고 있다.
⑤ 워런트란 특정기간에 미리 정해진 가격으로 특정회사 주식을 사전에 약정된 수량만큼 사거나 팔 수 있는 권리가 부여된 증권을 말한다.

21 ②   22 ②   정답

해설

상장지수펀드(ETF)는 주식시장에 상장되어 있어 원하는 가격과 시점에 즉시 거래가 가능한 반면, 인덱스펀드는 즉시 투자를 결정하더라도 해당 시점이 아닌 익일이나 미래 날짜의 가격으로 설정된다.

더 알아보기 상장지수펀드(ETF)와 인덱스펀드의 비교

구 분	상장지수펀드(ETF)	인덱스펀드
정 의	KOSPI200이나 특정 자산을 추종하도록 설계된 펀드로 거래소에 상장하여 일반 개인들도 주식처럼 거래할 수 있도록 운용하는 펀드	목표지수(인덱스)를 코스피200지수와 같은 특정 주가지수에 속해 있는 주식들을 골고루 편입해 이들 지수와 같은 수익률을 올릴 수 있도록 운용하는 펀드
특 징	• 뛰어난 환금성(주식과 동일한 D+2일 결제) • 분산투자의 용이성 • 주식형펀드와 인덱스펀드에 비해 저렴한 투자비용 • 운용의 투명성 • 환매를 원하는 경우 주식시장에서 즉시 거래가 가능	• 회피를 중시하는 보수적인 투자방법으로 분산투자기법 사용 • 액티브펀드에 비해 보수가 저렴하고 낮은 거래비용 발생 • 펀드매니저의 개별 판단이 배제되므로 투명한 운용이 가능

23 주가지수연동 금융상품에 대한 설명으로 옳지 않은 것은? `20, 22`

① 주가지수연동예금(ELD)은 예금자보호가 되는 원금보장형 상품이다.
② 주가연계증권(ELS)은 중도환매가 불가능하다.
③ 주가지수연동펀드(ELF)는 중도환매가 가능하지만 중도 환매수수료를 부담하여야 한다.
④ 주가지수연동예금(ELD)과 주가지수연동펀드(ELF)는 운용성과별 실적배당을 지급받는다.
⑤ 주가연계증권(ELS)은 사전에 정해진 수익구조에 따라 손익이 결정된다.

해설

주가지수연동예금(ELD)과 주가연계증권(ELS)은 사전에 약정된 이율을 지급받지만 주가지수연동펀드(ELF)는 운용성과별 실적배당을 지급받는다.

24 다음은 집합투자상품 판매단계별 주의사항에 대한 내용이다. 적절하지 않은 것은?

① 1단계에서 전문투자자와 일반투자자를 구분하고, 투자자의 투자목적, 재산상황, 투자경험 등을 파악해야 한다.

② 2단계에서는 상담결과를 Scoring하여 투자자를 일정 유형으로 분류한다.

③ 3단계에서는 고객이 원하는 경우에도 산정된 투자성향보다 투자위험도가 높은 펀드를 선정하여 서는 안 된다.

④ 4단계에서는 펀드의 운용전략, 투자에 따른 위험, 보수, 수수료, 환매방법 등을 설명한다.

⑤ 5단계에서는 투자자가 펀드 매수를 원할 경우 투자자에게 투자설명서를 교부하고 상품 설명 확인서를 징구하는 등 매수 절차를 진행한다.

> **해설**
>
> 고객이 자신의 투자성향보다 투자위험도가 높은 금융투자상품 등에 투자하고자 하는 경우 해당 금융투자상품 등의 투자위험성을 다시 고지하고 해당 고객으로부터 서명 등의 방법으로 투자위험성을 고지 받았다는 사실을 확인 받은 후 선정이 가능하다.

25 집합투자상품 입금(매입) 업무에 대한 설명으로 틀린 것은? `2022`

① 입금(매입)좌수 $= \dfrac{\text{매입(투자)금액}}{\text{입금신청일 익일의 기준가격}} \times 1,000$(원 미만 절상)

② 매입금액 $=$ 매입좌수 $\times \dfrac{\text{매매기준가격}}{1,000}$

③ 채권형의 경우 오후 5시 이전에 매입 청구하면 기준가 적용 및 처리일은 2영업일이다.

④ 주식편입비 50% 이상인 경우 오후 5시 이전에 거래분은 오후 5시 이후에 취소할 수 없다.

⑤ 주식편입비 50% 미만인 펀드를 오후 5시 이후에 매입하였을 경우 기준가 적용 및 처리일은 3영업일이다.

> **해설**
>
> 기준시간 이전에 거래분은 기준시간 이후에 취소할 수 없다. 주식편입비 50% 이상인 경우의 기준시간은 오후 3시 30분이고, 주식편입비 50% 미만인 펀드, 채권형, MMF의 경우의 기준시간은 오후 5시이다.

> **더 알아보기** 집합투자상품 매입 시 적용기준가 및 처리일자

구 분		당일(T)	2영업일(T+1)	3영업일(T+2)
MMF (개인, 법인)	5시 이전		기준가 적용 처리일	
	5시 이후		거래불가	
채권형 주식 50% 미만	5시 이전		기준가 적용 처리일	
	5시 이후			기준가 적용일
주식 50% 이상	3시 30분 이전		기준가 적용 처리일	
	3시 30분 이후			기준가 적용일

26 집합투자상품 출금(환매)업무에 대한 설명으로 틀린 것은?

① 환매금액 = 환매좌수 $\times \dfrac{\text{매매기준가격}}{1,000}$(원 미만 절사)

② 지급금액 = 환매금액 − 환매수수료 + 원천징수세액

③ 법인 MMF의 경우 오후 5시 이전에 환매를 하면 기준가 적용 및 처리일은 2영업일이다.

④ 주식편입비가 50% 이상인 펀드의 경우 오후 3시 30분 이후에 환매를 하면 기준가 적용은 3영업일이고 처리일은 4영업일이다.

⑤ 채권형 펀드의 경우 오후 5시 이후에 환매를 하면 기준가 적용 및 처리일은 4영업일이다.

> **해설**
>
> 지급금액 = 환매금액 − 환매수수료 − 원천징수세액

더 알아보기 집합투자상품 환매 시 적용기준가 및 처리일자

구 분		당일(T)	2영업일 (T+1)	3영업일 (T+2)	4영업일 (T+3)	5영업일 (T+4)
MMF(개인)	5시 이전	기준가 적용 처리일				
	5시 이후	거래불가				
MMF(법인)	5시 이전		기준가 적용 처리일			
	5시 이후	거래불가				
채권형	5시 이전			기준가 적용 처리일		
	5시 이후				기준가 적용 처리일	
주식 50% 미만	5시 이전			기준가 적용	처리일	
	5시 이후				기준가 적용	처리일
주식 50% 이상	3시 30분 이전		기준가 적용		처리일	
	3시 30분 이후			기준가 적용	처리일	

27 증시가 종료된 이후 주가에 영향을 미칠 수 있는 정보를 이용해 펀드를 매입 또는 환매함으로써 다른 수익자의 이익을 침해하는 행위를 방지하기 위해 환매 업무를 제한하고 있다. 다음 중 일반적인 환매일에 대하여 가장 거리가 먼 것은?

① 개인용 MMF – 당일 환매제

② 법인용 MMF – 익일 환매제

③ 채권형펀드 – 3일 환매제

④ 주식형펀드 – 5일 환매제

⑤ 해외펀드 – 7일 환매제

> 해설
>
> 주식형펀드는 4일 환매제가 일반적이다.

28 다음 중 기준가 적용 및 환매처리일자가 다른 하나는?

① 채권형의 경우 오후 5시 이전 기준가 적용일

② 채권형의 경우 오후 5시 이전 처리일

③ 주식 50% 미만 펀드의 경우 오후 5시 이전 기준가 적용일

④ 주식 50% 미만 펀드의 경우 오후 5시 이전 처리일

⑤ 주식 50% 이상 펀드의 경우 오후 3시 30분 이후 기준가 적용일

> 해설
>
> 주식 50% 미만 펀드의 경우 오후 5시 이전 처리일은 4영업일(T+3)이며, 그 외는 3영업일(T+2)이다.

27 ④ 28 ④   정답

CHAPTER 5

방카슈랑스

01 방카슈랑스 이해 및 실무

02 보험상품 및 세제

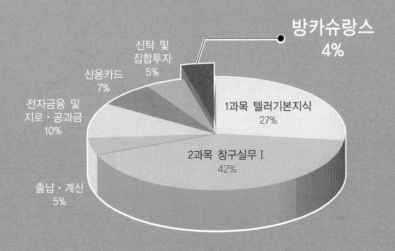

방카슈랑스
4%

신탁 및
집합투자
5%

신용카드
7%

전자금융 및
지로·공과금
10%

1과목 텔러기본지식
27%

2과목 창구실무Ⅰ
42%

출납·계산
5%

출제포인트 및 중요도

방카슈랑스의 이해 및 실무	방카슈랑스의 개관	2문항	50%	★★★
	종합금융화와 방카슈랑스			★★☆
	은행의 방카슈랑스 마케팅			★★★
보험상품 및 세제	보험의 기초	2문항	50%	★★☆
	보험업무의 프로세스			★☆☆
	생명보험 상품			★★☆
	손해보험 상품			★★☆
	보험과 세제			★★☆
합 계		4문항	100%	

➕ 워밍업! 핵심문제

은행의 방카슈랑스 마케팅에 대한 설명으로 옳지 않은 것은?

① 방카슈랑스의 형태는 기존 보험사 대리점으로서의 판매제휴 외에 기존 보험사의 인수도는 보험 자회사의 신설을 통한 참여도 허용하였다.

② 금융기관 점포 내 별도의 보험창구에서만 상품을 판매하도록 하고 있으며, 불특정다수를 대상으로 한 신문·TV광고 및 인터넷사이트를 이용한 모집행위는 금지한다.

③ 은행 방카슈랑스 마케팅에서 가장 중요한 것은 고객의 관심유도라 할 수 있다.

④ 은행업무 연계 상품으로는 대출연계형, 예금연계형이 있다.

⑤ 고객의 유형에 따라 보험상품을 다르게 접근하고 판매하는 전략이 가장 중요한 요소라 할 수 있다.

> 해 설   방문판매, 전화·우편·E-mail 발송을 통한 판매활동은 금지하고 불특정다수를 대상으로 한 신문·TV광고 및 인터넷사이트를 이용한 모집행위는 허용하였다.   답 ②

CHAPTER 05 방카슈랑스

※ 맞힌 문제는 ◉, 헷갈린 문제는 △, 틀린 문제는 ✕에 체크하세요!

01　방카슈랑스의 이해 및 실무

01 방카슈랑스의 대한 설명으로 옳지 않은 것은?

① 방카슈랑스란 프랑스어로 은행을 의미하는 방크와 보험을 의미하는 어슈어런스의 합성어이다.
② 방카슈랑스는 최초 프랑스의 은행창구에서 보험상품을 판매하면서 시작되었다.
③ 포괄적인 의미는 은행이 보험상품을 고객에게 제공함으로써 은행이 보험사업에 진출하는 것을 의미한다.
④ 광의적인 의미는 유니버설뱅킹·알피난츠 등과 함께 금융겸업화를 대표하는 의미로 사용된다.
⑤ 은행 등이 보험회사의 대리점 업무를 은행창구는 물론 인터넷을 통한 판매, 전화판매 등 모든 보험상품 판매활동을 모두 할 수 있도록 도입되었다.

해설
은행의 보험판매업무는 은행창구와 인터넷을 통해서만 가능하다.

02 은행의 보험자회사 설립 형태의 장점이 아닌 것은?

① 은행에 적합한 맞춤형 진입전략의 채택이 가능하다.
② 문화적 갈등이 미미하다.
③ 경쟁력있는 보험료 산정이 용이하다.
④ 새로운 기업문화를 형성할 필요가 없다.
⑤ 보험에 대한 경험과 Know-how를 축적할 수 있다.

해설
은행의 보험자회사 설립 형태는 보험에 대한 경험과 Know-how가 부족한 단점을 가지기 때문에 전문가를 채용하거나 경영에 대한 컨설팅을 의뢰해야 한다. 특히 지점인력에 대한 교육이 필요하다.

다음에서 설명하고 있는 방카슈랑스의 형태는? `2023`

> • 보험업무의 전문성이 없는 은행이 적은 자본으로 보험사 설립이 가능하다.
> • 과거의 시스템과 업무관행으로 완전한 가격우위는 어렵다.
> • 은행은 언더라이팅 리스크에 부분적으로만 관여하므로 언더라이팅과 관련된 수익이 낮다.

① 조인트벤처의 형태   ② 은행의 보험자회사 설립형태

③ 보험사의 은행자회사 설립형태   ④ 은행이 보험회사를 인수하는 형태

⑤ 은행이 보험회사를 합병하는 형태

해설
은행과 보험회사가 공동으로 투자하여 신규보험회사를 설립하는 형태인 조인트벤처의 형태에 대한 설명이다.

04

은행권의 방카슈랑스 전략 중 중장기적 전략은 무엇인가?

① 업무제휴를 통한 보험시장 공략으로 저렴한 비용으로 보험시장 진출

② 은행에서 판매할 수 있는 보험 상품을 비교적 단순하면서도 은행업무와 밀접한 관련이 있는 상품을 중심으로 판매하는 전략

③ 직접 겸업을 통한 종합금융화 전략

④ 다양한 판매방식을 활용하는 마케팅전략으로 은행의 우수한 인적자원 및 고객과의 유대 관계를 적극적으로 활용한 판매전략

⑤ 은행과 제휴보험사 간의 공동출자로 판매자회사를 설립하는 전략

해설
직접 겸업을 통한 종합금융화 전략은 중장기적 전략에 해당하며, 나머지는 단기적 전략에 해당한다.

05

종합금융화와 방카슈랑스에 대한 설명으로 옳지 않은 것은?

① 방카슈랑스를 통해 국내 금융산업의 국제적인 경쟁력을 제고하고 고객들에게 종합금융서비스를 제공하는 취지에서 방카슈랑스를 적극적으로 도입하였다.

② 우리나라에서는 2003년 8월부터 방카슈랑스를 단계적으로 도입하였다.

③ 고객중심의 원스탑 서비스를 제공하게 되어 보험회사 중심의 종합금융화가 이루어지게 되었다.

④ 방카슈랑스는 금융겸업화, 대형화, 국제화 추세에 부응하기 위해 보험사와 은행 상호간의 진출을 가속화하면서 시작되었다.

⑤ 방카슈랑스는 중장기적으로 보험업의 직접 겸업, 보험사 인수, 보험사 신설 등을 통한 종합금융화 전략을 도입한다.

금융 신상품의 도입과 방카슈랑스의 도입에 의해 종합금융화가 촉진되게 되고, 고객중심의 원스탑 서비스를 제공하게 되어 은행중심의 종합금융화가 이뤄지게 된다.

---

06 은행의 방카슈랑스 마케팅 기법에 대한 설명으로 옳지 않은 것은?

① 방카슈랑스의 대상 금융기관은 농·수협 및 우체국 등 금융감독원에 보험대리점 등록을 마치고 보험상품을 판매하고 있는 금융기관이다.

② 방카슈랑스는 방문판매, 전화·우편·이메일 발송을 통한 판매활동은 금지하고, 금융기관 점포 내 별도의 보험창구에서만 보험 상품을 판매(In-bound)하도록 한다.

③ 불특정다수를 대상으로 한 신문·TV광고 및 인터넷사이트를 이용한 모집행위는 허용한다.

④ 자산규모 2조원 이상 대형금융기관에 대해서는 전속대리점 계약을 불허하고 특정 보험사의 상품판매 비중도 25% 미만으로 제한한다.

⑤ 고객의 관심유도(Lead Generation)를 위해서는 지점 내 모든 직원이 공유할 Sales Lead 및 보험상담 창구직원의 대화기술과 지점환경을 통한 전략이 필요하다.

해설
방카슈랑스의 대상 금융기관은 은행, 증권사, 상호저축은행 등 금융감독원에 보험대리점 등록을 마치고 보험상품을 판매하고 있는 금융기관이다. 단, 농·수협 및 우체국은 대상에서 제외한다.

---

07 다음 중 방카슈랑스 1단계에서 허용된 보험상품이 아닌 것은?

① 개인연금보험   ② 신용생명보험

③ 주택화재보험   ④ 개인저축성보험

⑤ 제3보험 중 만기환급금이 없는 순수보장성보험

해설
제3보험 중 만기환급금이 없는 순수보장성보험은 2단계에서 허용된 보험상품이다.

더 알아보기

구 분	생명보험	손해보험
1단계 (2003년 8월)	연금, 생사혼합 등 개인저축성보험, 신용생명보험	개인연금, 주택화재, 장기저축성보험, 상해(단체상해보험 제외), 종합보험, 신용손해보험
2단계 (2005년 4월)	1단계 + 질병, 상해, 간병보험 등 제3보험 중 만기환급금이 없는 순수보장성보험	1단계 + 제3보험 중 만기환급금이 없는 순수보장성보험
3단계 (2006년 10월)	1, 2단계 + 제3보험 중 만기환급금이 있는 보장성보험	1, 2단계 + 제3보험 중 만기환급금이 있는 보장성보험
4단계 (2008년 4월)	2007년 4월 이후부터 상품판매 완전허용 계획은 보험회사 반대에 부딪혀 결국 2008년에 4단계 확대 시행계획을 철회, 종신보험과 자동차보험은 아직도 취급 제한됨	

08 은행의 단계별 판매대상 보험 상품 및 허용일정에 따라 2006년 3단계로 허용된 상품은?

① 생사혼합보험

② 신용손해보험

③ 단체상해보험

④ 제3보험 중 만기환급금이 있는 보장성보험

⑤ 제3보험 중 만기환급금이 없는 순수보장성보험

해설
①, ② 2003년 1단계에서 허용된 보험상품이다.
③, ⑤ 2005년 2단계에서 허용된 보험상품이다.

 09 은행이 추구하는 마케팅 전략 중 상품에 관련된 전략으로 가장 거리가 먼 것은?

① 보험판매에 대한 문화형성을 통한 은행원의 동기부여

② 연고판매를 통한 마케팅

③ 선택과 집중에 의한 마케팅

④ 보험상품 비교에 의한 우월적 마케팅

⑤ 기타 고객을 향한 Lead Generation 전략

해설
인간관계 형성을 통한 마케팅이다. 전통적인 보험영업에서는 친지·지인 등을 통한 연고판매였다. 이를 통한 판매가 가장 효과적이라는 것을 부정할 수 없지만 은행원의 경우 지점창구에서 거래하는 고객과 친분과 신뢰를 쌓은 후 합리적으로 설득하여 보험상품을 판매하여야 한다.

 10 다음 중 방카슈랑스에 허용된 판매방식이 아닌 것은?

① 방문판매

② 신문광고

③ TV광고

④ In-bound 판매

⑤ 인터넷사이트를 통한 모집행위

해설
방카슈랑스에 허용된 판매방식은 In-bound 판매, 불특정다수를 대상으로 한 신문, TV 광고 및 인터넷사이트를 통한 모집행위이다.

08 ④ 09 ② 10 ① **정답**

11 다음 은행의 방카슈랑스 상품전략 설명 중 틀린 것은?

① 대출과 연계하여 차주의 사망, 대출상환불능에 대한 보장으로 리스크 해소와 보장서비스의 효과를 얻을 수 있다.

② 단순·표준화된 상품은 일반적인 상품으로 저렴한 보험료와 만기환급률, 보장내용의 충실 등을 활용한다.

③ VIP 고객의 마케팅은 종신, 연금, 변액, 운전자, VIP 상해 등의 종합금융서비스와 연결된 상품 중심이다.

④ 단순거래고객은 입출금거래의 특성을 가지고 있으므로 지점 마케팅 방법을 통해 정기, 자녀보험, 연금 등 중저가 상품을 대상으로 거래고객 부가가치를 증대시킨다.

⑤ 설계·복합상품은 재무진단과 설계와 보험금의 현실화, 투자수익의 극대화를 활용한다.

해설

단순거래고객에게는 암, 건강, 상해, 정기 등 단순·표준화 상품을 권유하여 거래고객을 활성화시켜야 한다.

---

02   보험상품 및 세제

12 보험의 기본적 특성이 아닌 것은?

① 우연한 사고에 대하여 지급한다.

② 위험의 이전이다.

③ 손실의 결합으로 일부의 사람에게 발생된 손실을 단체 전체로 분산시킨다.

④ 개별적으로 발생되는 현실적 손실은 평균적 손실의 형태로 대체한다.

⑤ 손실보상이 가능하지만 피보험자를 사고발생 이전의 재무적 상태로 되돌릴 수는 없다.

해설

손실보상으로 피보험자를 사고발생 이전의 재무적 상태로 되돌려 놓는다.

---

13 다음 중 보험의 대상이 되는 위험이 아닌 것은? **2023**

① 손실은 거대위험이어야 한다.

② 손실은 확정적이고 측정 가능해야 한다.

③ 손실발생 확률은 계산이 가능해야 한다.

④ 충분히 많은 동질적 위험이 있어야 한다.

⑤ 손실의 발생은 우연적이고 고의성이 없어야 한다.

해설

손실은 대재해(거대위험)가 아니어야 한다.

14 다음 중 보험의 개별보험계약자 측면의 기본원리인 것은? `2025`

① 급부·반대급부 균등의 원칙
② 이득금지의 원칙
③ 대수의 법칙
④ 수지상등의 원칙
⑤ 실손보상의 원칙

해설

개별보험계약자 입장에서 자신의 위험에 상응하는 보험료를 납부해야 한다는 것으로 급부·반대급부 균등의 원칙이다.

더 알아보기 보험의 기본원리

- 보험제도 전체적인 측면의 기본원리 : 대수의 법칙, 수지상등의 원칙
- 개별보험계약자 측면의 기본원리 : 급부·반대급부 균등의 원칙
- 손해보험계약 측면의 기본원리 : 이득금지의 원칙, 실손보상의 원칙, 비례보상의 원칙

15 보험에 관한 설명으로 옳지 않은 것은?

① 상법 보험편에서 보험은 손해보험과 생명보험으로 분류되고, 다시 생명보험은 인보험과 상해보험으로 분류된다.
② 보험계약의 당사자는 보험자와 보험계약자이다.
③ 보험계약은 보험계약자의 청약과 보험자(보험회사)의 승낙으로 성립된다.
④ 생명보험에서 영업보험료는 순보험료와 부가보험료로 구성된다.
⑤ 고객은 보험계약 청약서 작성 시 고객 정보를 직접 정확히 기재하고, 청약서상에 자필 서명란에 빠짐없이 기재하여야 한다.

해설

보험은 손해보험과 인보험으로 분류되고, 다시 인보험은 생명보험과 상해보험으로 분류된다.

16 다음 중 보험계약의 관계자가 아닌 것은?

① 보험자
② 보험계약자
③ 보험모집자
④ 보험수익자
⑤ 피보험자

해설

보험계약의 관계자에는 보험자, 계약자, 피보험자, 수익자가 있다.

더 알아보기 보험계약의 관계자

보험자	• 보험계약의 당사자(보험회사) • 보험금 지급의무
계약자	• 보험계약의 당사자 • 보험료 납입의무

피보험자	• 사망, 장해, 질병, 생존 등의 조건으로 보험계약이 체결된 자
수익자	• 보험계약자로부터 보험금 청구의 권리를 지정받은 자

17 다음 보험계약에 대한 설명 중 옳지 않은 것은? `20, 23`

① 보험자는 승낙의 결과로 보험증권을 교부하여야 하며, 계약자는 보험증권을 받은 날로부터 90일 이내에 한해 청약을 철회할 수 있다.

② 보험계약자가 청약서와 함께 제1회 보험료를 납입하면 보험사고에 대해서 책임을 지기 시작하는 보험계약의 효력이 시작된다.

③ 보험료 납입의 연체로 보험계약이 해지된 경우 보험계약의 해지일로부터 3년 이내에 보험계약을 부활청약서, 연체보험료, 소정의 이자를 납입하여 부활할 수 있다.

④ 보험회사는 보험금 청구서류를 접수한 날을 기준으로 사고조사가 필요한 경우에는 접수 후 10일 이내, 필요하지 않은 경우에는 3일 이내에 지급하여야 한다.

⑤ 보험료는 일시납, 연납, 6개월납, 3개월납, 2개월납, 월납 방법으로 납입가능하다.

해설

청약 철회는 계약자가 청약을 한 후 보험모집과정에서 부당한 가입권유를 거절할 수 없는 연고판매 등의 사유로 할 수 있는데 보험증권을 받은 날로부터 15일 이내(보험청약일로부터 30일 이내)에 한하여 청약을 철회해야 한다.

18 보험업무의 프로세스를 순서대로 나열한 것은?

> 보험에 대한 관심 유도
> ⇩
> 가. 고객정보수집
> 나. 청약서 작성 및 입력
> 다. 고객의 재무설계와 상품설계
> 라. 계약심사
> 마. 보험증권 발행·교부
> ⇩
> 보험료수금·유지관리

① 가 – 나 – 다 – 라 – 마　　② 가 – 다 – 나 – 라 – 마

③ 가 – 다 – 나 – 마 – 라　　④ 나 – 가 – 다 – 라 – 마

⑤ 나 – 다 – 가 – 마 – 라

해설

보험업무는 「보험에 대한 관심 유도 → 가 → 다 → 나 → 라 → 마 → 보험료수금·유지관리」 순으로 실행된다.

19 다음은 생명보험에 대한 설명이다. 옳지 않은 것은?

① 보험사고에 따라 사망 시에 보험금이 지급되는 사망보험, 생존 시에만 보험금이 지급되는 생존보험, 사망보험과 생존보험의 혼합개념을 가진 생사혼합보험으로 분류된다.

② 계약자 배당금 유무에 따라 배당금이 있는 유배당보험과 배당금이 없는 무배당보험으로 분류된다.

③ 피보험자의 수가 1인인 단생보험과 2인 이상인 연생보험으로 분류된다.

④ 최근 저금리 상태의 지속으로 인해 저축성보험의 경우 금리확정형 상품이 주로 개발되어 판매되고 있다.

⑤ 연금보험은 소득공제혜택을 받을 수 있는 세제적격 개인연금저축과 소득공제를 받을 수 없으나 보험차익비과세 혜택을 받을 수 있는 일반연금으로 분류한다.

해설

최근 저금리 상태의 지속으로 인해 저축성보험의 경우 금리연동형 상품과 실적배당형 상품이 주로 개발되어 판매되고 있다.

20 생명보험료에 대한 설명 중 틀린 것은? `2023`

① 보험료 계산의 기초가 되는 예정위험률은 한 개인이 사망하거나 질병에 걸리는 등의 보험사고가 발생할 확률을 대수의 법칙에 의해 예측하여 계산한다.

② 보험료 계산의 기초가 되는 예정사업비율은 신계약의 모집, 보험료의 수금, 계약의 관리 등에 드는 사업비를 예측하여 계산한다.

③ 보험료 계산의 기초가 되는 예정이율은 납입보험료를 보험금으로 지급되기 전까지 적립, 운용하여 기대되는 수익률을 예상하여 보험료를 깎아주는 할인율을 말한다.

④ 평준보험료는 연령의 증가와 더불어 매년 증가하게 된다.

⑤ 영업보험료는 순보험료와 부가보험료로 구성되며, 순보험료는 다시 위험보험료와 저축보험료로 구성된다.

해설

평준보험료는 연령의 증가와 더불어 매년 변동하는 자연보험료를 전 보험기간 동안 평준화하여 매월 동일한 보험료를 납입하도록 한 것이다.

21 생명보험상품에 대한 설명으로 옳지 않은 것은?

① 저축성보험의 경우 부리이율은 높게 하고 예정사업비는 낮게 책정하여 수익률을 제고한다.

② 연금보험 중 종신연금형은 생명보험사와 손해보험사에서 취급한다.

③ 보장성 보험은 보험형태에 따라 보장기능뿐 아니라 저축의 기능을 겸비한 상품으로 생존급부가 많을수록, 보험기간과 납입이 짧을수록, 예정이율이 낮을수록 저축기능이 강해지는 특징이 있다.

④ 변액연금의 투자에 대한 책임은 계약자가 부담한다.

⑤ 변액유니버셜보험은 투자기능에 보험료 납입의 유연성을 부가한 상품으로 운용실적에 따라 연금액을 증가시킬 수 있다.

해설
종신연금형은 현재 생명보험에서만 취급하며 일반적으로 10년 보증지급하고 있다.

22 주요 생명보험 상품 구조와 내용에 대한 설명으로 옳지 않은 것은? 21, 22

① 저축성 보험의 보험기간은 일반적으로 10~15년으로 보험차익 비과세 기간의 연장으로 보험기간이 장기화되는 추세이다.

② 연금저축보험의 중도해지 시 해지가산세는 연금수령 개시일부터 5년 이내 해지 시 부과된다.

③ 금리확정형 연금보험은 계약자측면에서 장기적으로 저금리시대가 도래할 것으로 예측되고, 수익성보다는 안전성을 우선하는 경우에 적합하다.

④ 변액연금은 투자를 조금 더 공격적으로 하되 시장상황에 유연하게 대처할 수 있도록 납입중지, 추가불입 등의 유연성을 부가한 상품으로 연금전환시점을 선택할 수 있는 장점이 있다.

⑤ 즉시연금은 일시금으로 납입하고, 납입한 다음달부터 연금을 지급받는 방식으로 계약기간이 10년 이상이면 1억원 한도로 비과세혜택이 주어진다.

해설
변액유니버셜보험에 대한 설명이다. 변액연금은 투자수익을 누릴 수 있으나 투자에 대한 책임을 계약자가 부담하게 되어 위험이 크다는 이유로 연금지급 전에는 채권에 50% 수준을 투자하는 등의 안정적인 운용을 한다.
* 변액상품은 변액연금과 변액유니버셜보험으로 나뉜다.

23 다음 보험의 분류 중 손해보험으로만 묶이지 않은 것은? 20, 21

㉠ 화재보험	㉡ 운송보험
㉢ 상해보험	㉣ 해상보험
㉤ 책임보험	㉥ 자동차보험

① ㉠, ㉡

② ㉠, ㉡, ㉢

③ ㉣, ㉤

④ ㉤, ㉥

⑤ ㉣, ㉤, ㉥

해설
우리나라 상법 보험편에서는 보험을 손해보험과 인보험으로 분류하고 있다. 손해보험은 화재보험 운송보험 해상보험 책임보험 자동차보험으로 세분화하고, 인보험은 생명보험과 상해보험으로 분류하고 있다.

24 다음 중 손해보험의 분류로 옳지 않은 것은?

① 법률에 따라 의무보험과 임의보험으로 분류된다.

② 보험목적에 따라 가계보험과 기업보험으로 분류된다.

③ 보험기간에 따라 일반보험과 장기보험으로 분류된다.

④ 인수보험회사의 성격에 따라 원보험과 재보험으로 분류된다.

⑤ 보험금액의 결정방법에 따라 정액보험과 실손보상보험으로 분류된다.

> **해설**
> 보험목적에 따라 인보험, 재물보험, 책임보험으로 분류되며, 마케팅목적에서 가계보험, 기업보험으로 분류된다.

25 손해보험에 대한 설명으로 옳지 않은 것은?

① 직접적인 손해액만을 보상하는 것을 원칙으로 하는 이득금지의 원칙이 적용된다.

② 손해보험의 경우 보험회사가 보험자 대위권을 갖는다.

③ 보험가액은 피보험이익의 금전적 평가액으로 보험사고 발생 시 지급될 금액의 법률상의 최저한도를 말한다.

④ 보험금액이 보험가액에 미달되는 일부보험의 경우 보험가액에 대한 보험금액의 비율에 따라 손해액을 보상하는 비례보상 방법을 사용한다.

⑤ 보험금액이 보험가액을 초과하는 보험을 초과보험이라고 한다.

> **해설**
> 보험가액은 보험사고 발생 시 지급될 금액의 법률상의 최고한도를 말한다.

26 다음 장기손해보험에 대한 설명 중 옳지 않은 것은? `2023`

① 3년 이상의 보험기간을 가지고 있으며, 해지환급금이 있다.

② 한 번의 사고로 지급받는 보험금이 보험가입금액의 80% 미만이면 가입금액으로 원상복귀되는 자동복원제도가 있다.

③ 해지환급금 범위 내에서 대출이 가능한 약관대출제도를 운영한다.

④ 보험료는 월납, 2개월, 3개월, 6개월 단위로 납입한다.

⑤ 보험료 납입유예기간을 두며, 해지일로부터 3년 내에는 이자만 내면 부활한다.

> **해설**
> 해지일로부터 3년 내에는 보험료 + 이자만 내면 부활한다.

24 ② 25 ③ 26 ⑤ `정답`

부록

최종모의고사

지식에 대한 투자가 가장 이윤이 많이 남는 법이다.

– 벤자민 프랭클 –

1과목 텔러기본지식(27문항)

01 다음 중 통화(화폐)와 관련된 내용으로 틀린 것은?

① 통화의 기능으로는 교환의 매개, 가치의 저장, 가치척도, 이연지급 등이 있다.

② 본원통화는 한국은행의 자산에 해당된다.

③ 본원통화는 민간의 보유현금과 금융기관의 지급준비금으로 구성된다.

④ 단기금융시장의 유동성 수준을 파악하는 지표로 M1(협의통화)를 활용한다.

⑤ 시중의 통화량은 중앙은행의 본원통화와 예금은행의 예금통화의 합으로 결정된다.

02 금융기관의 기능에 대한 설명으로 가장 옳지 않은 것은?

① 공급자와 수요자의 자금중개역할을 통해 거래비용을 절감한다.

② 공급자와 수요자가 각각 원하는 조건으로 만기 및 금액을 변환한다.

③ 자금을 모집, 분산을 통해 채무불이행의 위험을 감소시킨다.

④ 수표, 어음, 신용카드 등 다양한 지급결제수단을 제공한다.

⑤ 여유자금을 효과적으로 활용하여 투자수익률을 제고한다.

03 다음 중 예금보호제도에 대한 다음 설명 중 가장 옳지 않은 것은?

① 부보대상 금융기관으로 은행, 증권회사, 보험사, 종합금융회사, 상호저축은행이 있다.

② 개인 및 법인의 예금, 보험계약, 예탁금의 원금 및 이자 등이 보호대상 금융상품이다.

③ 예금보험공사가 지급하는 보험금의 한도는 원금과 이자를 합쳐 예금자 1인당 5천만원이다.

④ 부보금융기관이 예금보험공사에 납부해야 하는 예금보험료에는 보험료, 특별기여금, 출연금 등 세 가지가 있다.

⑤ 정기예금, 주택청약저축은 보호대상이지만, 외화예금은 보호대상 금융상품이 아니다.

04 약관의 거래편입 요건으로 가장 거리가 먼 것은?

① 약관을 계약의 내용으로 하기로 하는 합의가 있어야 한다.
② 약관의 내용을 명시하여야 한다.
③ 중요한 내용을 고객에게 설명하여야 한다.
④ 사전에 약관사본을 고객에게 교부하여야 한다.
⑤ 계약내용이 공정해야 한다.

05 제한능력자와의 거래에 대한 설명으로 가장 옳지 않은 것은?

① 제한능력자는 단독으로 유효한 법률행위를 하는 것이 제한되는 자로서 이에는 미성년자, 피성년후견인, 피한정후견인이 있다.
② 미성년자의 법정대리인 확인서류는 가족관계등록부이며, 미성년자가 동의 없이 법률행위를 한 때 법정대리인은 미성년자의 법률행위를 취소할 수 있다.
③ 피성년후견인의 법률행위와 관련하여 가정법원이 정한 범위 또는 일상생활에 필요하고 대가가 과도하지 않는 법률행위는 취소할 수 없다.
④ 피한정후견인의 경우 원칙적으로 행위능력이 없으며, 후견인의 동의 없이 한 법률행위를 취소할 수 있다.
⑤ 당좌예금거래는 제한능력자의 단독거래는 허용하지 않는 것이 원칙이다.

06 다음 중 공동명의예금에 대한 설명으로 가장 옳지 않은 것은?

① 공동예금주의 예금채권의 채권관계에 대하여 준공유설, 준합유설, 공동반환특약부 분할채권설이 대립하고 있다.
② 동업자들이 동업자금을 공동명의로 예금한 경우와 같은 조합재산인 예금채권은 조합의 성질상 조합원의 준공유가 된다.
③ 어떠한 사정이 있더라도 각자 또는 그 승계인은 분할청구나 단독지급청구는 하지 않을 것으로 각서를 받아야 한다.
④ 어느 학설에 의하든 공동예금주 1인이 단독으로 예금의 전부이건 일부이건 반환을 청구할 수는 없다.
⑤ 은행이 공동명의인 중 1인만이 출연자인 사정을 알고, 예금채권을 출연자에게만 귀속시키기로 하는 명시적 약정을 한 경우일지라도 공동명의인 전원이 예금주로 인정된다.

07 은행이 예금지급에 관하여 면책을 주장하기 위한 요건으로 가장 거리가 먼 것은?

① 청구서상의 인감 또는 서명이 일치함을 확인한 경우 은행이 예금에 관하여 분쟁이 발생한 사실을 알면서 예금을 지급한 경우라도 주의의무를 다한 것으로 볼 수 있다.

② 전부채권자 또는 추심채권자는 예금통장·증서를 소지하고 있지 않더라도 은행이 선의·무과실이면 면책된다.

③ 인감 또는 서명은 육안으로 상당한 주의를 하여 일치한다고 인정되면 족하다.

④ 인감대조에는 숙련된 은행원으로 하여금 그 직무수행상 필요로 하는 충분한 대조를 다하여 인감을 대조하여야 할 의무를 말한다.

⑤ 은행이 예금지급에 관하여 면책을 주장하기 위하여는 채권의 준점유자에 대한 변제, 인감 또는 서명의 일치, 비밀번호 일치, 은행의 선의·무과실 등의 모든 요건을 갖추어야 한다.

08 유언상속에 대한 다음 설명 중 옳지 않은 것은?

① 유언의 방식 중 공정증서 또는 구수증서에 의할 경우 가정법원의 유언검인심판서를 징구하여야 한다.

② 유언집행자가 선임되어 있는 경우에는 유언집행자의 청구에 의하여 예금을 지급하여야 한다.

③ 포괄유증을 받은 자는 적극재산뿐만 아니라 소극재산인 채무까지도 승계한다.

④ 유류분은 직계비속과 배우자는 법정상속분의 1/2까지, 직계존속과 형제자매는 법정상속분의 1/3까지 수증자에게 반환을 청구할 수 있는 권리이다.

⑤ 특정유증의 경우 수증자가 상속인 또는 유언집행자에 대하여 채권적 청구권만 가지므로 은행은 예금을 상속인이나 유언집행자에게 지급하여야 한다.

09 예금채권의 질권설정에 대한 다음 설명 중 옳지 않은 것은?

① 제3자가 질권설정하고자 할 경우 질권설정금지특약에 따라 은행의 승낙을 필요로 한다.

② 질권자에게 직접청구권과 변제충당권이 인정되려면 피담보채권과 질권설정된 채권이 모두 변제기에 있어야 한다.

③ 예금채권에 대한 질권의 효력은 그 예금의 이자에도 미친다.

④ 질권설정된 예금을 다른 종목의 예금으로 바꾼 경우 종전 예금채권에 설정한 담보권은 당연히 새로 성립하는 예금채권에도 미친다.

⑤ 예금의 변제기보다 피담보채권의 변제기가 먼저 도래한 경우 질권자는 그 예금에 대한 계약당사자가 아니므로 중도해지권이 없다.

10   예금의 압류에 대한 설명이다. 옳지 않은 것은?

① 예금에 대한 압류명령의 효력이 발생하는 시기는 그 결정문이 제3채무자인 은행에 송달된 때이다.

② 예금에 대한 압류가 있는 경우 은행이 그 압류의 사실을 예금주에게 통지해 줄 법적인 의무는 없다.

③ 피압류예금을 특정할 수 없어도 압류의 효력이 미친다.

④ 예금채권에 대한 압류의 효력은 그 전액에 대하여 미치는 것이 원칙이다.

⑤ 압류 전에 이미 발생한 이자채권은 압류·전부의 효력이 미칠 수 없다는 것이 통설·판례이다.

11   다음 중 상계에 대한 설명으로 가장 옳지 않은 것은?

① 상계실행 전 반드시 상계통지를 하여야 한다.

② 상계의 효과는 상계의 의사표시가 상대방에게 도달한 때이다.

③ 수동채권의 경우 상계에 있어 반드시 변제기에 있어야 하는 것은 아니다.

④ 당사자 사이에 대립하는 두 채권이 있어야 한다.

⑤ 상계통지는 불요식행위로 반드시 서면으로 할 필요는 없다.

12   자기앞수표의 사고처리 중 제권판결에 의한 지급에 대한 설명 중 옳지 않은 것은?

① 공시최고의 관할법원은 지급지 관할법원이다.

② 공시최고는 증권의 도난·분실 또는 멸실의 경우에 한하므로 피사취나 계약불이행의 경우에는 허용되지 아니한다.

③ 제권판결은 선고와 동시에 효력이 발생한다.

④ 수표소지인의 제권판결에 대한 불복의 소는 제권판결의 사실을 안 날로부터 1개월 이내에만 가능하다.

⑤ 제권판결은 공시최고신청인을 실질상·수표상의 권리자로 확정하는 것으로 은행은 제권판결취득자인 사고신고인에게 수표금을 지급할 의무가 있다.

13 사고신고담보금제도에 대한 설명으로 가장 거리가 먼 것은?

① 원칙적으로 은행은 어음발행인에 대한 대출채권과 사고신고담보금을 상계처리할 수 없다.

② 사고신고담보금의 예치자는 사고신고인인 어음발행인이다.

③ 사고신고담보금은 사고신고서 접수의 시점이 아니라 부도반환시점에서 예치 받는다.

④ 사고신고사유가 분실·도난이고 당해 어음에 대한 제권판결을 받아 판결문을 제출하고 1개월이 경과한 경우 제권판결을 받은 자에게 지급가능하다.

⑤ 당해어음이 지급제시기간 내에 제시되지 않은 경우 어음소지인에게 지급한다.

14 고객서비스의 패러다임의 변화로 가장 옳은 것은?

① 세계화 → 국내화

② 자사중심 → 고객중심

③ 고객만족 → 시장점유율

④ 감성 중시 → 기능 중시

⑤ 유연성 → 경직성

15 창구에서의 단계별 고객응대에 대한 설명으로 가장 옳지 않은 것은?

① 고객상황을 파악하기 위해서 고객의 말을 주의깊게 듣고 메모를 생활화한다.

② 비일상적인 욕구에는 자신이 취할 행동에 대해서 고객의 동의를 얻는다.

③ 고객상황을 파악하기 위해서 고객이 말한 내용을 요약하여 말한다.

④ 창구거래를 이용하는 고객에게는 실제적 욕구와 개인적 욕구가 있다.

⑤ 모든 고객은 자기의 존재를 알아주고 자신이 중요한 사람이라는 것을 알리고 싶은 실제적 욕구를 가지고 있다.

16 효과적인 커뮤니케이션에 대한 설명으로 옳지 않은 것은?

① I-message를 사용하면 솔직한 인상을 주고 상대의 협력을 이끌어 낼 수 있다.

② Be-message는 상대방을 하나의 사실만으로 일반화하는 오류를 범할 가능성이 있다.

③ 피드백 시 상대가 변하기를 강요하는 것이 아닌 단순히 정보를 제공해주는 데 그쳐야 한다.

④ 사실 확인하기 방법으로는 반복하기, 바꾸어 말하기, 요약하기, 공감하기가 있다.

⑤ 상대방을 칭찬할 경우 적절한 칭찬 소재를 찾아내어 구체적으로 칭찬해야 한다.

17 다음 중 효과적인 커뮤니케이션을 위한 고객의 '관심기울이기' 단계의 유형이 아닌 것은?

① 상대방에게 부드러운 시선의 접촉을 유지한다.

② 비언어적인 요소를 최대한 활용하도록 한다.

③ 상대방이 말한 용어와 같은 뜻을 가진 다른 말로 바꾸어 말한다.

④ 상대방의 의사를 이해하려고 애쓰고 있다는 사실을 즉각적인 언어와 비언어적 표현으로 응대한다.

⑤ 몸의 위치, 움직임, 표정 등에서 편안하고 자연스러운 자세를 취한다.

18 가망고객 발굴에 대한 설명으로 틀린 것은?

① 기존고객을 대상으로 추가적인 교차판매의 기회를 만들 수 있다.

② 세일즈 활동에 종사하지 않는 직원들에게 가망고객을 소개 받으면 효율적인 신규 판매가 가능하다.

③ Key-Man은 가망고객에게 영향력을 행사하여 세일즈맨과의 만남 주선과 지속적인 접근이 가능하게 한다.

④ DM·TM을 활용한 이벤트 및 고객정보 정비활동을 통해 가망고객을 발굴할 수 있다.

⑤ 가망고객을 찾는 방법 중 기존고객과의 인적 네트워크를 활용하는 고객에게 소개받기는 영업점 창구라는 공간적 제약이 따른다.

19 세일즈상담 프로세스에 대한 설명으로 가장 옳지 않은 것은?

① 고객상담 시 질문을 많이 할수록 세일즈에 성공할 확률이 높다.

② 한정질문은 고객으로부터 간접적이고 빠른 답변을 구할 때 활용한다.

③ 개방형 질문은 고객으로부터 중요한 정보를 노출시키기도 한다.

④ 니즈(Needs)를 찾을 때에 현재의 상태와 바람직한 상태의 갭(Gap)을 명확히 하기 위해서 고부가 질문을 해야 한다.

⑤ 상담프로세스 중 제안하기 단계에서는 간결하게 요지를 제시하고 고객이 희망하는 부분을 자세히 설명해야 한다.

20 내부통제에 대한 설명으로 옳지 않은 것은?

① 내부통제는 일반적으로 고객재산의 선량한 관리자로서 제반 법규뿐 아니라 내규까지 철저하게
준수하도록 사전 또는 상시적으로 통제·감독하는 것을 말한다.

② 내부통제제도는 금융회사가 추구하는 최종목표이다.

③ 내부통제제도는 금융회사 내 모든 구성원에 의해 수행되는 일련의 통제활동이다.

④ 내부통제제도는 특정한 목표를 달성하는 데 절대적인 확신이 아닌 합리적인 확신을 주는 것이다.

⑤ 내부통제의 구성요소로는 통제환경, 리스크평가, 통제활동, 정보와 의사소통, 모니터링 등이
있다.

21 내부통제의 운영주체에 관한 설명으로 가장 옳지 않은 것은?

① 금융지배구조법상 이사회 내의 위원회로는 임원후보추천위원회, 감사위원회, 위험관리위원회,
보수위원회가 있다.

② 경영진은 내부통제기준의 적정성, 임직원의 기준 준수여부 및 기준의 작동여부 등을 상시 점검
하여야 한다.

③ 준법감시인은 경영진이 내부통제제도를 적절하게 운영하는지를 평가하고 그 결과와 미비점,
개선방안을 이사회에 보고하여야 한다.

④ 준법감시인은 내부통제기준의 준수여부를 점검하고 내부통제기준을 위반하는 경우 이를 조사하
여 감사위원회에 보고하는 역할을 수행한다.

⑤ 임직원은 본인 또는 다른 직원의 업무수행과 관련하여 법규위반 등 위법·부당행위에 대한 사실
을 인지한 경우 이를 은폐하여서는 아니 된다.

22 다음 중 금융상품 중 금융투자상품에 해당하지 않는 것은?

① 정기예금
② 주 식
③ 파생결합증권
④ 선 물
⑤ 전환사채

23 금융소비자보호법에서 사용자책임이 적용되지 않는 판매채널은?

① 투자권유대행인
② 보험대리점
③ 보험중개사
④ 신용카드모집인
⑤ 대출모집인

24 다음 중 명의인의 서면상의 동의하에 금융거래정보를 제공하는 경우, 동의서에 기재되어야 할 사항으로 옳지 않은 것은?

① 동의서의 유효기간
② 정보 등을 제공할 금융회사 등
③ 제공할 정보 등의 내용
④ 부당행위 관련 처벌내용
⑤ 금융회사 등에 등록된 인감

25 '금융실명거래 및 비밀보장에 관한 법률'상 비밀보장의 대상으로 가장 올바른 것은?

① 금융거래에 관한 단순통계자료
② 특정인에 대한 금융거래정보를 식별할 수 있는 자료
③ 대여금고 이용에 관한 정보
④ CCTV화면 관련 정보
⑤ 금융거래의 내용이 누구의 것인지 알 수 없는 금융거래정보

26 다음 괄호 안에 들어갈 적절한 용어를 순서대로 나열한 것은?

> 금융당국에 의하여 실체적 의무위반에 대해 부과되는 행정처분인 (   )은(는) 불복 시 행정소송 절차를 따르고, 법원의 재판을 통해 부과되는 형벌인 (   )은(는) 불복 시 형사소송절차에 따른다.

① 과징금, 벌금   ② 벌금, 과징금
③ 과징금, 과태료   ④ 과태료, 과징금
⑤ 벌금, 과태료

27 신용정보의 분류와 세부내용의 연결이 옳지 않은 것은?

① 식별정보 : 생존하는 개인의 성명, 주소, 주민등록번호, 개인회생과 관련된 결정
② 신용거래정보 : 대출, 보증 등과 관련한 거래의 종류, 기간, 금액
③ 신용도판단정보 : 연체, 부도 등 금액 및 발생·해소의 시기
④ 신용능력정보 : 개인의 재산·채무·소득의 총액 및 납세실적
⑤ 공공정보 : 법원의 성년후견개시 심판, 한정후견개시 심판

28 약관의 적용순서를 순서대로 나열한 것은?

> 가. 예금상품별 약관   나. 거래유형별 약관
> 다. 예금거래 기본약관   라. 개별약정
> 마. 어음교환업무규약

① 가 – 나 – 다 – 라 – 마   ② 다 – 나 – 가 – 라 – 마
③ 마 – 다 – 나 – 가 – 라   ④ 라 – 가 – 나 – 다 – 마
⑤ 라 – 마 – 가 – 나 – 다

29 예금거래 시 거주자 · 비거주자의 구분에 대한 설명으로 가장 거리가 먼 것은?

① 국민인 비거주자는 외국환거래규정에 의한 양도성예금증서와 세법상 거래제한 예금을 포함한 모든 예금을 가입할 수 있다.
② 외국인 비거주자는 보통예금, 저축예금, 기업자유예금, 정기예금, 표지어음, RP에 한하여 가입할 수 있다.
③ 외국인 거주자는 원칙적으로 예금거래에 제한이 없다.
④ 비거주자의 판정시기는 금융상품 가입자의 상품 가입요청 시, 가입 후 매 3년마다, 만기 · 해지 시이다.
⑤ 출입국기록상 국내 체재일이 2과세기간에 걸쳐 183일 이상인 경우에는 특별한 사유가 없는 한 거주자로 판정한다.

30 신규 예금거래 시 실명확인 방법에 대한 연결이 바르지 않은 것은?

① 주민등록 미발급자 : 주민등록초본 + 법정대리인의 실명확인 증표 + 법정대리인 확인서류
② 학생 또는 청소년 : 주민번호 뒷자리가 없는 학생증 + 주민등록초본, 건강보험증, 가족관계증명서
③ 외국인 : 외국인등록증, 여권, 여행증명서, 국내발급 운전면허증
④ 재외동포 : 재외국민 국내거소신고증, 여권, 재외국민 주민등록증
⑤ 법인 : 대표자 주민등록증, 사업자등록증 등

31 예금의 입금업무에 대한 설명으로 옳지 않은 것은?

① 국내에서 발행된 수표의 지급제시기간은 발행일로부터 20일 후이다.

② 특정횡선수표는 횡선 안에 지정된 은행으로 기재된 은행에 한하여 당행의 거래처 또는 다른 은행이 예입을 요청할 경우에 한하여 수납할 수 있다.

③ 약속어음은 지급을 한 날 또는 2영업일까지 지급일이며, 교환제시하여 지급은행에 도달하는 날짜를 기준으로 수납하여야 한다.

④ 예금이나 적금 등 적립식 상품에 입금할 당좌수표 등의 타점권은 직접 입금할 수 없고 별단예금의 기타 일시예수금에 입금하여 추심절차를 마친 후 입금해야 한다.

⑤ 선일자로 발행된 수표 및 발행일로부터 1년이 경과한 국고수표, 발행일로부터 6월이 경과한 우편환증서는 수납할 수 없다.

32 예금잔액증명서의 발급절차에 대한 설명 중 가장 옳지 않은 것은?

① 잔액증명발급의뢰서를 받고 예금주 본인임을 확인한다.

② 질권설정, 법적 지급제한 등이 있는 경우 그 내용을 표시한다.

③ 잔액증명서를 발급한 당일은 가압류·압류 등 법적 지급제한 거래는 할 수 없다.

④ 표지어음은 잔액증명서를 발급할 수 없다.

⑤ 당일자로 잔액증명서를 발행한 경우에는 발행당일의 잔액 및 예금관련 표시내용의 변경을 가져오는 추가거래는 할 수 없다.

33 다음 중 질권설정에 대한 설명으로 틀린 것은?

① 질권설정 후 이행기가 도래하는 이자 채권에는 질권의 효력이 미치지 않는다.

② 질권설정 기일 전에 만기가 된 예금은 그 원리금을 예금주나 질권자에게 지급할 수 없다.

③ 법령 금지 경우 외에는 은행이 승낙하면 질권설정이 가능하다.

④ 질권 승낙 시 질권설정승낙의뢰서 2부와 예금통장, 증서를 받고 본인 여부를 확인한다.

⑤ 당행보관 승낙 의뢰서는 확정일자를 받는다.

34 예금의 압류·추심 및 전부명령에 대한 설명 중 가장 옳지 않은 것은?

① 압류명령 신청 시 채권자가 압류명령 신청서와 함께 집행력 있는 정본을 법원에 제출하여야 한다.

② 예금에 대한 압류 시 압류 후의 예금이자에 대해서는 그 효력이 미치지 않는다.

③ 예금채권에 대한 압류의 효력은 압류명령이 제3채무자인 은행에 송달된 때 발생한다.

④ 예금압류의 효력은 압류채권자가 압류금액을 제한하지 않는 한 압류시점의 예금잔액 전부에 대하여 압류효력이 미친다.

⑤ 은행은 압류명령에도 불구하고 예금주에 대하여 가지고 있던 일체의 항변사유를 가지고 압류채권자에게 대항할 수 있다.

35 다음 중 원천징수 면제 대상으로만 묶인 것은?

① 국가 또는 지방자치단체, 사업자등록번호상 구분코드가 83번인 정부기금 및 민간기금

② 국·공립학교 및 사립학교

③ 신탁회사·투자신탁회사·증권예탁원의 신탁 및 예탁재산

④ 법인세법에서 열거된 금융보험업을 영위하는 법인의 이자로서 CD, 표지어음 등의 이자

⑤ 주권상장법인의 이자소득

36 비과세종합저축에 대한 설명으로 가장 옳은 것은?

① 직전 과세기간의 금융소득이 3천만원인 만 65세 거주자는 비과세종합저축 가입대상자이다.

② 당좌예금, 가계당좌예금을 포함한 은행이 취급하는 모든 예금은 비과세종합저축 예금대상이다.

③ 만기해지뿐만 아니라 중도해지 시에도 완전 비과세를 적용하지만 만기 후 발생한 이자에 대하여는 일반과세한다.

④ 예치한도는 원금을 합하여 5천만원이다. 이때 기존 세금우대종합저축, 생계형저축한도를 제외하고 별도로 운용한다.

⑤ 명의변경 및 양·수도를 허용한다.

37 자금세탁방지업무제도에 대한 설명으로 가장 옳지 않은 것은?

① 그 금액이 2천만원이 넘고, 불법재산이라고 의심되거나 의심되는 합당한 근거가 있는 경우 그 사실을 금융정보분석원장에게 보고하거나, 관할 수사기관에 신고한다.

② 고액현금거래보고 기준금액은 2019년부터 1천만원이다.

③ 1백만원 이하의 원화송금 금액은 고액현금거래보고 기준금액 산정 시 제외한다.

④ 다른 금융기관 등과의 현금 지급 또는 영수거래는 고액현금거래 보고제외대상이다.

⑤ 고액현금거래보고는 그 거래사실을 30일 이내에 금융정보분석원장에게 보고하여야 한다.

38 다음 중 분리과세되는 금융소득을 모두 고른 것은?

㉠ 세금우대저축이자

㉡ 연금저축신탁 상품 등의 원가 시 발생하는 이자

㉢ 비실명예금이자

㉣ 주식과 채권의 양도 시 발생하는 매매차익

㉤ 10년 이상 장기채권으로 분리과세 신청하고 매입 후 3년이 경과한 이자 중 30%

㉥ 비과세종합저축, 생계형저축 등 이자소득세가 없는 이자

㉦ 계약기간이 10년 이상인 저축성 보험차익

㉧ 비거주자금융소득

---

① ㉠, ㉡, ㉢, ㉤

② ㉠, ㉢, ㉤, ㉧

③ ㉡, ㉣, ㉥, ㉦

④ ㉢, ㉣, ㉥, ㉧

⑤ ㉣, ㉤, ㉦, ㉧

39 입출금이 자유로운 예금에 대한 설명으로 가장 옳지 않은 것은?

① 보통예금은 예치금액, 예치기간의 제한이 없다.

② 저축예금은 보통예금보다 상대적으로 높은 금리를 적용한다.

③ 개인 MMDA 통장의 경우 저축예금과 동일하나 시장실세금리 및 거래금액에 따라 차등금리를 적용하며, 금액이 많으면 저축예금보다 더 낮은 이자율을 적용한다.

④ 별단예금은 다른 어떤 예금에도 속하지 않는 일시적인 예금 또는 보관금을 처리하기 위하여 설정된 예금으로 원칙적으로 무이자이다.

⑤ 자기앞수표 발행자금, 사고신고담보금 등이 별단예금 수납대상이다.

40 자기앞수표에 대한 설명으로 가장 옳은 것은?

① 지급 제시기간은 발행일로부터 20일간이다.

② 정액자기앞수표는 수표면에 수표금액(10, 50, 100만원권 3종)이 인쇄되어 있는 수표이다.

③ 1,000만원 미만의 소액 일반자기앞수표는 발행하지 않음을 원칙으로 한다.

④ 무자원 선발행은 금지하며 발행자금은 현금 또는 타점권 및 자기앞수표 등이 가능하다.

⑤ 사전수도 시 정액수표의 경우 용지에 서명판만 날인하여 수도한다.

41 자기앞수표의 사고신고에 대한 설명으로 옳지 않은 것은?

① 수표번호, 수표조회 유무, 기지급 여부를 확인하여 사고신고를 접수한다.

② 사고신고 사유가 분실, 도난, 멸실의 경우에는 미지급증명서를 발급한다.

③ 사고신고인에게 예금금리 및 수수료 지침에 정한 제사고신고수수료 및 부도처리수수료를 받는다.

④ 제권판결에 의하여 지급할 경우에는 판결을 선언한 날로부터 2개월이 경과한 경우에 한하여 지급할 수 있다.

⑤ 지급제시된 사고수표는 사고신고서 접수로 인한 지급거절로 부도반환하여야 하나 사고 신고인에게 연락하여 당사자간에 타결될 수 있도록 유도한다.

42 예금의 지급기일 산정에 대한 설명으로 가장 옳지 않은 것은?

① 월 또는 연단위로 정하였을 때에는 그 기간 최종 월의 예입해당일을 지급일로 한다.

② 최종 월에 해당일이 없을 때에는 그 월의 말일을 지급기일로 한다.

③ 일단위로 정하였을 때에는 예입일부터 기산하여 일수 해당일의 다음날을 지급기일로 한다.

④ 지급기일이 토요일 또는 공휴일일 경우 최단만기제한예금은 그 다음 첫 영업일을 지급기일로 한다.

⑤ 직전 영업일에 고객의 지급요청이 있을 때 정상이율을 적용하여 그 직전 영업일을 지급기일로 할 수 있다. 이 경우 앞당김 일수만큼의 이자는 차감하지 않는다.

43 다음은 정기예금에 대한 설명이다. 옳지 않은 것은?

① 정기예금은 일반정기예금과 회전식 정기예금으로 분류할 수 있으며, 일반정기예금은 통장식과 증서식으로 구분된다.

② 계약기간이 장기(1년 이상)인 경우 만기까지의 금리를 단리로 적용하여 계산하는 것이 일반적이다.

③ 정기예금은 대부분 기명식으로 신규하지만 예금주의 요청이 있을 시에는 무기명식으로 신규할 수 있다.

④ 만기 후 이율은 약정이율보다 낮은 금리를 적용한다.

⑤ 일반정기예금의 이자계산은 예입기간에 대하여 단리계산으로 하되 계산된 이자의 원 미만은 버린다.

44 양도성예금증서(CD)에 대한 설명으로 옳지 않은 것은?

① 거래대상자는 제한이 없다.
② 할인식으로 발행된다는 점에서 표지어음과 같다.
③ 3개월 이상의 최단만기제한이 있다.
④ 예금자보호법의 적용대상이 되지 않는다.
⑤ 중도해지가 불가능하다.

45 표지어음에 대한 설명으로 가장 옳은 것은?

① 은행을 발행인으로 하여 무기명 할인식 약속어음으로 발행한다.
② 발행금액은 5백만원(액면가 기준) 이상으로 한다.
③ 발행기간의 경우 최저기간은 30일 이상으로 하고, 최장기간은 일반적으로 270일 이내로 한다.
④ 중도환매는 불가능하며, 만기 후 이자를 지급한다.
⑤ 예금자보호법에 의거 보호를 받고 지급준비금을 예치하는 상품이다.

46 환매조건부채권매도(RP)에 대한 설명으로 옳지 않은 것은?

① 환매수 기간의 제한은 없지만 일반적으로 15일 이상 1년까지이다.
② 일부 환매수가 가능하며, 매도상대방이 약정기일 전 환매수 요청을 한 경우 중도환매수가 가능하다.
③ 예금자보호법이 적용되지 않고 지급준비금을 예치하지 않는다.
④ 매도이율은 만기일시지급식이다.
⑤ 은행이 보유한 국채증권, 지방채증권, 전환청구권 행사가능 기간 중인 전환사채권은 매도대상 유가증권에 해당한다.

47 다음 중 선이자(할인식) 지급상품에 해당하는 것은?

① 정기예금, 정기적금
② 표지어음, 양도성예금증서
③ 양도성예금증서, 환매조건부채권매도
④ 표지어음, 환매조건부채권매도
⑤ 정기예금, 양도성예금증서

48 적립식상품의 연수익률과 표면금리에 대한 설명으로 옳지 않은 것은?

① 금융기관 이용자권익보호를 위해 1년을 초과하는 확정금리 저축상품의 거래조건을 공시할 경우 연수익률을 모두 표시해야한다.

② 표면금리가 동일하다면 계약기간이 길수록 표면금리에 비해서 연수익률은 높아진다.

③ 적립식상품은 단리로 계산되기 때문에 표면금리가 높아야 고객이 불리하지 않다.

④ 금융기관의 정기적금의 이율은 일반적으로 계약기간이 장기일수록 표면금리가 높다.

⑤ 연수익률과 표면금리는 기간에 따른 상관관계가 있다.

49 주택청약종합저축에 대한 설명으로 가장 옳지 않은 것은?

① 국민인 개인(국내에 거주가 있는 재외동포 제외)은 누구든지 가입 가능하다. 단, 외국인 거주자는 가입 불가하다.

② 저축기간은 따로 정하지 않으며, 국민주택등과 민영주택의 입주자로 선정된 경우 추가입금이 불가하다.

③ 전 금융기관을 통하여 주택청약종합저축, 청약예금, 청약부금, 청약저축 중 1계좌만 가입이 가능하다(15년 09월 01일부터 청약예금, 청약부금, 청약저축은 신규가입 중단).

④ 저축가입일로부터 5년 미만에 저축계약을 해지하는 경우 소득공제 추징대상이다.

⑤ 예금자보호법 대상이 아니다.

50 대출금의 분류방법 중 차주에 따른 분류에 해당하는 것은?

① 신탁계정대출

② 시설자금대출

③ 공공 및 기타자금대출

④ 증서대출

⑤ 운전자금대출

51 다음은 여신운용 기본원칙 중 어떤 것에 대한 설명인가?

• 경영자의 능력, 자기자본 등은 충실한가?
• 사양산업은 아닌가?
• 제품 등의 시장성과 수익성은?

---

① 안전성의 원칙　　　　　　　② 수익성의 원칙

③ 성장성의 원칙　　　　　　　④ 공공성의 원칙

⑤ 효율성의 원칙

52 가계여신거래 상대방에 대한 설명으로 옳지 않은 것은?

① 미성년자와의 여신거래는 친권을 행사하는 부모공동명의로 미성년자를 대리하게 한다.

② 후견인의 행위에 대해서는 친족회의의 별도 동의가 요구되지 않는다.

③ 이해상반행위가 되는 경우 특별대리인선임심판서 등본에 의해 확인된 특별대리인의 동의가 필요하다.

④ 해외교포에 대한 여신거래의 경우 해외체재 중인 자는 필요시 대리인을 지정하여 거래할 수 있다.

⑤ 혼인한 미성년자는 성년자로 간주된다.

53 다음 중 채무관계인에 해당되지 않는 자는?

① 은 행   ② 차 주
③ 보증인   ④ 담보제공자
⑤ 채무인수인

54 연대보증의 법적성격에 대한 설명으로 옳은 것을 모두 고르면?

> 가. 주채무가 무효, 취소로 부존재가 되면 연대보증인은 책임을 면한다.
> 나. 연대보증인이 최고의 항변권 및 검색의 항변권을 가지지 못한다.
> 다. 연대보증인이 수 인이 있더라도 채권자는 연대보증인 한 명에게 주채무의 전액을 보증한도 금액까지 청구할 수 있다.

① 가   ② 가, 나
③ 가, 다   ④ 나, 다
⑤ 가, 나, 다

55 부동산 담보취득에 관한 설명 중 틀린 것은?

① 나대지를 담보로 취득하는 경우에는 지상권을 함께 취득하여야 한다.

② 원칙상 동일인에 대한 여신의 담보로서 담보물이 수 필 또는 수 개인 경우, 여신전액에 대하여 담보물 전부를 공동담보로 설정해야 한다.

③ 공유부동산은 공유자 전원의 지분에 저당권을 설정하는 것을 원칙으로 한다.

④ 담보물에 부속된 정착물, 창고, 전용수도 기타 담보물의 사용수익에 필요한 물건 및 권리일체를 첨담보로 취득하여야 한다.

⑤ 담보 취득한 대지위에 건물을 신·증축하였을 경우에는 애초 설정한 근저당권계약서를 변경할 필요는 없다.

56 부동산 등기부등본에 대한 설명으로 옳지 않은 것은?

① 한 개의 부동산마다 한 개의 등기부가 있다.

② 등기부는 표제부, 갑구, 을구의 3부분으로 되어 있다.

③ 갑구에는 소유권에 관한 사항이 접수된 일자순으로 적혀 있다.

④ 부동산에 관한 권리는 등기하지 아니하면 효력이 생기지 않는다.

⑤ 등기부에 기재된 최고액을 한도로 부동산의 가격에서 담보책임을 지게 된다.

57 다음 중 주택임대차보호법상 소액보증권의 최우선변제권과 후순위권자보다 우선하는 우선변제권이 성립하는 요건으로 맞는 것은?

① 최우선변제권 : 주택의 인도 + 확정일자

② 최우선변제권 : 주택의 인도 + 주민등록

③ 최우선변제권 : 주택의 인도 + 주민등록 + 확정일자

④ 우선변제권 : 주택의 인도 + 확정일자

⑤ 우선변제권 : 주택의 인도 + 주민등록

58 여신금리에 관한 설명으로 옳은 것은?

① 외화대출이자는 360일로 나누어 산출하되, 원화로 수입하는 경우에는 대고객 전신환매입률을 곱한 금액으로 한다.

② 금리 변경 시에는 변경일 기준으로 하여 변경일 전일까지는 종전이율을, 변경일부터는 변경이율을 각각 적용하는 것이 일반적이다.

③ 변동금리란 대출약정 기간 내에 신용가산금리가 변경됨에 따라 당해 대출금리가 변경되는 금리를 말한다.

④ 신용가산금리는 신규대출에만 적용되며, 기간연장, 재약정 시에는 산출하지 않는다.

⑤ 여신금리는 시장의 자금수급상황을 토대로 결정되며 차주의 신용도와는 무관하다.

59 외국환 업무의 특징으로 가장 거리가 먼 것은?

① 그 원인이 되는 대차관계가 외국으로까지 확대된다.

② 서로 다른 국가 간에 자금결제를 하는 것으로 각국 통화 간의 교환비율인 환율이 개입한다.

③ 외환거래에서는 외화의 매입·매도거래에서 발생하는 마진, 즉 외환매매익이 추가로 발생한다.

④ 외국환은 환투기를 방지하고 해외유출을 막기 위해 금융이 완전히 자유화된 선진국이라도 어느 정도의 관리제도를 두고 있다.

⑤ 자금결제는 비교적 간단히 끝낼 수 있다.

60 다음 중 전신환매입률이 적용되는 포지션이 아닌 것은?

① 수출환어음 매입   ② 타발송금대전 지급

③ 외화예금 지급   ④ 외화수표 매입

⑤ 당발송금의 취결

61 다음 중 외환거래법상 국민인 거주자에 해당되는 경우는?

① 6개월 이상 국내에 체재하고 있는 외국인

② 2년 이상 외국에 체재하고 있는 국민

③ 재외공관에 근무할 목적으로 외국에 체재하고 있는 국민

④ 국내에 있는 외국정부의 공관에 근무할 목적으로 파견되어 국내에 체재하고 있는 외교관

⑤ 비거주자였던 자로서 국내에 입국하여 1개월이 지난 자

62 국민인 거주자에 대한 외국환 매각대상 거래가 아닌 것은?

① 거주자에게 소지목적으로 매각하는 경우

② 거주자의 외화예금계정에 예치할 목적으로 매각하는 경우

③ 당해 외국환을 인정된 거래 또는 지급에 사용하기 위한 경우

④ 외국환은행 등에 외국환을 매각한 실적 범위 내에서 해외여행경비로 매각하는 경우

⑤ 타은행으로 이체하기 위해서 외국환을 매각하는 경우

63 당발송금에 대한 설명으로 옳지 않은 것은?

① 당발송금은 원칙적으로 외국환거래법령에서 정한 송금사유와 금액 범위 내에서 송금이 가능하다.

② 전신송금환의 경우 거액송금이나 신속지급을 요하는 송금에 많이 이용된다.

③ CUBA, SUDAN, SYRIA 등의 국가는 USD통화 해외송금이 불가하다.

④ 송금대전이 수취인에 대한 부정확한 정보로 인하여 해외은행으로부터 Refund 되어 올 경우 먼저 송금인으로부터 송금퇴결의뢰서를 받는다.

⑤ 유학생경비, 해외체재자 경비 등은 금액 제한이 있다.

64 여행자수표의 장점이 아닌 것은?

① 여행자수표는 해외여행자가 현금을 소지하는 데 따른 불편과 도난, 분실 등의 위험을 줄일 수 있다.

② 전신환매도율보다 환율이 저렴하다.

③ 사용 중 분실이나 도난 시 재교부를 받을 수 있다.

④ 여행자수표 발행회사는 판매한 여행자수표의 지급청구가 올 때까지 자금운용수익을 얻을 수 있다.

⑤ 여행자수표 판매 외국환은행은 여행자수표의 판매대전을 여행자수표 발행사에 지급할 때까지 일정기간 자금운용수익을 얻을 수 있다.

65 지급지가 미국인 경우 수표의 제시기간으로 잘못된 것은?

① 은행수표 : 발행일로부터 1개월
② 개인수표 : 발행일로부터 3개월
③ 여행자수표 : 무기한
④ 국고수표 : 발행일로부터 1년
⑤ 미재무성수표 : 발행일로부터 1년

66 환거래에 대한 설명으로 옳지 않은 것은?

① 국내에서 이루어지는 환업무를 내국환이라고 한다.

② 모든 환거래는 본지점계정을 이용하고 있다.

③ 취결번호는 당발점에서 보내는 취결순서에 따라 타발점 구분 없이 연도별로 일련번호가 부여된다.

④ 당발환 거래의 취소 시에는 당발점에서 먼저 취소처리 후 타발점에서 취소요청을 해야 한다.

⑤ 수신번호는 타발점 수신순서에 따라 당발점과 상관없이 일자별 일련번호가 부여되며, 발신번호는 당발점 발신순서에 따라 타발점 수분 없이 일자별 일련번호가 부여된다.

67 외국환의 매각에 대한 설명 중 가장 옳지 않은 것은?

① 국민인 거주자가 당해 외국환을 인정된 거래 또는 지급에 사용하기 위한 경우 매각 가능하다.

② 비거주자가 외국환은행 해외지점 등에 원화를 대가로 외국환을 매각한 실적 범위 내에서 매각 가능하다.

③ 외국인거주자가 최근 입국일자 이후 환전사실이 있는지 확인하고 미화 1만불 범위 내에서 해외여행경비 명목으로 매각하는 경우, 2백만원 초과 환전 시 동 매각 사실을 여권에 표시하여야 한다.

④ 국민인 거주자가 거주자의 외화예금계정에 예치할 목적으로 매각하는 경우 매각 가능하다.

⑤ 외국인거주자가 외국환은행 등에 외국환을 매각한 실적 범위 내에서 매각 가능하며, 국내거주기간이 5년 이상인 자는 매각실적에 관계없이 매각 가능하다.

68 다음 중 제시은행과 지급은행 간에 자금조정을 실시해야 하는 어음은?

① 자기앞수표   ② 어 음

③ 당좌수표   ④ 가계수표

⑤ 기타 영수증

69 타점권 수납 시 유의사항과 가장 거리가 먼 것은?

① 특정횡선수표는 피지정은행이 당행일 경우에만 수납이 가능하다.

② 선일자 수표의 수납은 가능하다.

③ 지시금지문언이 있는 어음은 양도배서된 경우 수납이 가능하다.

④ 수표의 제시기간은 발행일로부터 10일간(발행일포함 11일 이내)이다.

⑤ 어음의 제시기간은 만기일 포함 3영업일 이내이다.

3과목   창구실무Ⅱ(31문항)

70 다음 중 출납업무의 중요성에 대한 설명으로 틀린 것은?

① 출납업무는 현금계정을 관장하고 또한 현금을 직접 취급 처리하는 업무이기 때문에 사고발생가능성이 많다.

② 현금의 수급은 거래처와 은행 간의 채권·채무 관계의 변동과 무관하므로 타 은행업무와는 독립적이다.

③ 창구 텔러는 다량의 현금보유를 지양하고 적정규모의 현금을 보유하도록 해야 한다.

④ 은행업무 중에서 고객과의 접점업무이므로 신뢰와 인상으로 보여질 수 있다.

⑤ 현금의 과잉 또는 부족시에 처리문제가 발생할 수 있으므로 주의를 기울여야 한다.

71 위조지폐를 발견했을 때 업무처리방법으로 바르지 않은 것은?

① 즉시 관할 경찰서에 신고 및 위조지폐를 송부하고 관련 내용을 한국은행 앞으로 통보하여야 한다.

② 발견된 위조지폐 실물을 금융기관 직원이 강제 회수할 수 있는 권한이 있다.

③ 화폐를 위·변조하는 행위는 규정에 따라 사형, 무기 또는 5년 이상의 징역에 처한다.

④ 위·변조 화폐 발견 시 가능한 봉투에 넣어 보관하며, 복사기로 복사를 하여서는 안 된다.

⑤ 위조 및 변조화폐 발견 내역 등을 작성하여 위조화폐 실물과 함께 등기로 발송 신고한다.

72 지폐의 정사요령으로 바르지 않은 것은?

① 사용권 정사 시 앞·뒷면 구분은 생략하되, 첫장과 끝장은 앞·뒷면을 구분하여 첫장은 앞면이 뒷장은 뒷면이 위치하도록 정리한다.

② 사용권 큰 묶음은 각 소속을 동일한 방향으로 하여 10소속씩 양쪽으로 전면을 향하도록 정리한 후 대속 묶음용 끈으로 십자형으로 묶는다.

③ 손상화폐의 남아 있는 면적이 원래 크기의 2/5 이상인 경우 반액으로 교환해준다.

④ 화재로 거액이 불에 탄 경우 관할 경찰관서, 소방관서, 기타 행정관서의 화재발생 증명서 등을 제출하면 교환금액을 판정하는데 도움이 된다.

⑤ 불에 탄 돈의 재가 모두 흩어지지 않고 원형을 유지할 경우에는 전액 교환이 가능하다.

73 지급업무에 대한 설명으로 옳지 않은 것은?

① 통화를 고객에게 지급하는 업무로서 대차대조표상 부채의 발생, 자산의 소멸이 발생하는 업무라 볼 수 있다.

② 현금의 지급은 청구서·수표·증서·기타지급증표 등 지급전표에 의하여 지급한다.

③ 지급 시 지급불능 사유가 있는지 확인하고 통장과 지급전표의 인감 또는 서명의 일치 여부를 확인해야 한다.

④ 실명확인이 필요한 경우 실명확인 절차를 취한다.

⑤ 출납회계기 및 창구용 단말기(OTM)에 의해 출납필 인자가 있을 시 출납인의 날인을 생략한다.

74 전표의 취소 및 정정 처리에 대한 설명으로 옳지 않은 것은?

① 발생 영업일 계산 마감 전에 잘못을 발견하였을 때에는 공용전표에 취소거래를 한 후 정당전표를 작성한다.

② 당일 계산 마감 후 혹은 다음 영업일 이후 잘못을 발견하였을 때에는 정정 거래를 한 후 정당전표를 작성한다.

③ 연동거래 전표의 취소 및 정정은 당초 거래순서의 역순에 의하여 입금 업무부터 취소 정정하여야 한다.

④ 전표의 금액 및 성명은 정정할 수 있다.

⑤ 잘못된 금액은 전액을 정정하여야 하며, 잘못된 금액과 정당 금액과의 차액만을 정정할 수는 없다.

75 전자금융의 특징에 대한 설명으로 가장 거리가 먼 것은?

① 모든 은행이 고객과 논리적으로 동일한 거리에 있게 됨으로써 이용상의 편의가 새로운 선택기준이 된다.

② 인터넷 등의 저렴한 비용·무한한 효용 등의 강점을 가진다.

③ 고객이 금융기관을 직접 방문하는 수고를 덜 수 있게 해주고 24시간 거래도 가능하다.

④ 은행으로서는 시간적·공간적 제약 없이 금융 서비스를 제공할 수 있게 되어 인적·물적 비용이 증가했다.

⑤ 텔러의 도움 없이 고객이 은행과 직접 거래를 할 수 있으며, 고객의 의사를 최대한 존중하는 쌍방향 거래가 가능하다.

76 다음 설명이 나타내는 전자금융관련 용어는 무엇인가?

> 지급인의 전자적 장치를 통한 지급지시에 따라 은행이 지급인의 출금계좌에서 자금을 출금하여 같은 은행 또는 다른 은행의 계좌에 입금하는 것을 말한다.

① 계좌이체   ② 추심이체
③ 계좌송금   ④ 거래지시
⑤ 전자문서

77 법인의 대리인에 의한 전자금융 가입 신청 시 확인사항이 아닌 것은?

① 사업자등록증   ② 대리인의 실명확인증
③ 대표자의 실명확인증   ④ 법인인감증명서
⑤ 위임장

78 공동인증서에 대한 다음 설명 중 가장 바르지 않은 것은?

① 공동인증서는 전자금융거래를 위한 업무 및 인터넷 상거래 지급결제업무를 위해 발급받아야 한다.

② 통장분실, 인감분실로 사고신고 등록된 계좌는 전자금융을 통한 계좌이체가 제한될 수 있다.

③ 공동인증서 발급 시 유효기간은 1년이다.

④ 최종 이체일로부터 6개월 이내 이체실적이 없는 경우 거래정지된다.

⑤ 공동인증서 비밀번호는 연속 5회 오류 시 자동정지된다.

79 다음 중 펌뱅킹의 이점으로 볼 수 없는 것은?

① 은행은 저원가성 자금 증대된다.

② 이용업체는 수수료 수입이 증대된다.

③ 은행은 고객이탈을 억제할 수 있다.

④ 은행은 창구업무를 경감할 수 있다.

⑤ 이용업체는 시간, 인력, 비용이 절감된다.

80 CMS공동망 업무에 대한 설명으로 가장 거리가 먼 것은?

① 당행뿐만 아니라 타행계좌에도 출금 및 입금을 할 수 있는 서비스이다.

② 금융권이 공동 주관하고 금융결제원이 운영한다.

③ 전자상거래 운영업체, 보험사, 정부기관, 학교 등이 대상고객이다.

④ 납부자가 출금이체 신청하는 방법에는 은행접수방식과 직접접수방식이 있다.

⑤ 정부기관 및 지방자치단체의 경우 직접접수를 허용하지 않고 있다.

81 스마트뱅킹에 대한 설명이다. 옳지 않은 것은?

① 태블릿PC, 스마트폰 등을 이용하여 시간과 장소에 구애받지 않는다.

② 이용대상은 개인 및 개인사업자와 법인 모두 이용가능하다.

③ 인터넷뱅킹 미가입자는 은행 영업점을 방문하여 신청할 수 있다.

④ 스마트뱅킹을 위해서는 앱(App)을 다운로드하여 설치해야 한다.

⑤ 스마트뱅킹과 공인인증서 암호를 이용해서 이체(송금)를 할 수 있다.

82 지로제도의 특성에 대한 설명으로 가장 거리가 먼 것은?

① 현금 또는 수표의 소지에 따른 분실, 도난, 위·변조 등의 위험성이 없다.

② 지급인의 예금계좌에 자금이 있어야만 거래가 가능하므로 사회적 신용도가 낮은 경우에도 사용될 수 있는 제도이다.

③ 거래의 당사자가 직접 만날 필요 없이 자금의 수수가 이루어지고 거래은행과 지역의 제한 없이 편리하게 이용할 수 있다.

④ 대량처리 및 전산화를 통해 낮은 비용으로 서비스를 제공하고 있다.

⑤ 안전성, 편리성, 저렴성뿐만 아니라 자금이체가 신속히 이루어진다는 장점이 있다.

83 다음이 설명하는 지로장표는 무엇인가?

> 대형 이용기관인 KT, 한국전력공사, 국민건강보험공단, 국민연금공단이 사용하는 전산 처리용 장표로 전산 처리부분이 2줄로 구성되어 있으며, 발행기관코드, 납부자번호, 납기일, 납기내·후금액 등이 OCR문자로 인자되어 있다.

① OCR장표   ② 정액OCR장표
③ MICR장표   ④ 전자납부전용장표
⑤ 표준OCR장표

84 납부자자동이체 신청 접수 시 유의사항으로 가장 거리가 먼 것은?

① 고객이 신청 전 해당 약관을 확인하도록 한다.
② 신청 접수 시 예금주 본인여부와 통장 인감(또는 서명) 일치여부를 확인한다.
③ 고객계좌에서 출금 시 이체금액과 고객수수료가 합산된 금액이 출금됨을 안내한다.
④ 이체자금이 계좌에서 이체일 1영업일 후에 출금된다.
⑤ 입금계좌번호 오류 등 고객 과실이 있는 경우 고객수수료가 반환되지 않음을 안내한다.

85 신용카드의 기능에 관한 설명으로 옳지 않은 것은?

① 신용카드는 가장 핵심적이고 기본적으로 대금을 지불할 수 있는 결제수단으로서의 기능을 가진다.
② 신용카드는 소비자신용 기능을 통해 부족자금을 단기카드대출이나 장기카드대출 등으로 조달할 수 있다.
③ 가맹점은 신용카드를 활용하여 고객 관리를 체계적으로 할 수 있다.
④ 회원은 직접적 구매금액 할인 또는 무이자 할부를 통한 간접적인 금액할인 혜택을 받을 수 있다.
⑤ 신용카드는 누구나 발급받아 현금처럼 사용할 수 있으므로 신분에 관계없이 사용할 수 있는 대체적, 일반적 통화기능을 가진다.

86 다음은 체크, 직불, 선불카드를 비교한 내용이다. 옳지 않은 것은?

① 체크카드 이용한도는 1회, 1일, 월간으로 나누어 정해져 있다.
② 신용카드에 기반한 하이브리드 카드는 회원이 지정한 일정금액 이하의 거래는 체크카드로 결제되고 초과거래는 신용카드로 결제된다.
③ 선불카드의 유효기간은 대부분 발행일로부터 5년이며, 연회비는 없다.
④ 무기명식 선불카드의 경우 충전할 수 있는 금액 한도는 50만원으로 제한된다.
⑤ 직불카드는 모든 신용카드 가맹점에서 사용 가능하다.

87 개인신용카드 발급기준으로 가장 거리가 먼 것은?

① 발급심사 기준일 현재 월 가처분소득이 50만원 이상일 것

② 개인신용평점의 상위누적구성비가 93% 이하이거나 장기연체가능성이 0.65% 이하일 것

③ 신용카드업자의 신용카드 신청평점기준을 충족할 것

④ 본인이 신청한 것으로 신용카드업자에 의해 본인임의 확인될 것

⑤ 발급심사 기준일 현재 만 18세 이상일 것

88 신용카드의 유효기간에 대한 설명 중 가장 거리가 먼 것은?

① 2020년 5월 15일 최초 입회한 경우 유효기간은 2025년 5월이 된다.

② 갱신 전 카드의 유효기간이 2020년 5월이라면 갱신카드의 유효기간은 2025년 5월이 된다.

③ 재발급 카드는 기존카드의 유효기간이 적용된다.

④ 가족회원의 유효기간도 본인회원과 동일하게 적용된다.

⑤ 유효기간은 일반적으로 카드 발급월을 기준으로 5년이 부여된다.

89 다음 설명이 나타내는 카드 발급의 형태는?

> 유효기한이 도래 또는 만료된 회원 중 카드이용실적이 우수하거나 신용도가 양호한 회원에 대하여 유효기한을 연장하여 카드를 발급하는 것

① 재발급   ② 추가발급
③ 교체발급   ④ 갱신발급
⑤ 대체발급

90 다음과 같이 신용카드의 거래승인의 의미를 해석하는 주체는?

> 거래승인이란 카드사에게 정상적으로 대금을 받을 수 있는지의 여부를 조회하여 보증을 받는 절차이다.

① 신용카드업자   ② 가맹점
③ 회 원   ④ VAN사
⑤ 카드모집인

91 신용카드 가맹점의 준수사항으로 맞는 것은 모두 몇 개인가?

> 가. 신용카드로 거래한다는 이유로 신용카드 결제를 거절하거나 불리하게 대우하지 못한다.
> 나. 신용카드 가맹점은 신용카드로 거래를 할 때마다 그 신용카드를 본인이 정당하게 사용하고 있는지를 확인해야 한다.
> 다. 신용카드 가맹점은 가맹점 수수료를 회원에게 부담하게 하여서는 안 된다.
> 라. 결제대행업체는 가맹점 명의를 타인에게 대여해서는 안 된다.
> 마. 50만원을 초과하는 거래의 경우 회원 신분증을 확인하는 방법으로 본인 여부를 확인해야 한다.

① 5개   ② 4개
③ 3개   ④ 2개
⑤ 1개

92 은행신탁상품의 분류 중에서 불특정금전신탁으로서 실적배당상품 중 시가평가상품에 해당되지 않는 것은?

① 개인연금신탁   ② 연금저축신탁
③ 퇴직신탁   ④ 부동산투자신탁
⑤ 국민주신탁

93 연금저축신탁에 대한 설명으로 옳은 것은?

① 만 18세 이상 국내거주자면 가입이 가능하다.
② 납입기간은 10년 이상 분기당 300만원 한도이다.
③ 가입 5년 이내 해지 시 해지가산세 2.2%가 부과된다.
④ 연금소득세는 5.5% 동일 세율로 과세된다.
⑤ 연금수령액이 연간 1,500만원 초과 시 종합과세 신고대상이다.

94 특정금전신탁 특징에 대한 설명으로 가장 거리가 먼 것은?

① 고객의 투자성향, 투자기간, 요구수익률에 따라 맞춤형 투자가 가능하다.
② 1일만 예치 시에도 중도해지수수료 없이 실적배당이 가능하다.
③ 만기 후에는 약정한 이자를 지급한다.
④ 기간매치하여 운용하고 부실이 발생하지 않으면 신규 시에 예상한 수익을 지급한다.
⑤ 시장금리보다 표면금리가 낮은 채권에 투자하면 유가증권 매매익에 대하여 비과세한다.

95 다음 중 단기금융집합투자기구가 투자 가능한 금융상품이 아닌 것은?

① 남은 만기가 3개월인 CD
② 남은 만기가 3년인 국채
③ 남은 만기가 9개월인 기업어음증권
④ 금융기관에 대한 60일짜리 대출
⑤ 다른 단기금융집합투자기구의 집합투자증권

96 다음에서 설명하는 주가연계증권(ELS)의 수익률 결정방식은?

> 기초자산의 가격이 상승하여 한계가격(Barrier)을 건드린 적이 없으면 가격 상승률과 이익 참여율에 따라 지급액이 결정되고, 한계가격을 건드리면 미리 약정된 Rebate를 지급한다.

① KNOCK-OUT형
② BULL-SPREAD형
③ DIGITAL형
④ Reverse Convertible형
⑤ 조기상환형

97 방카슈랑스에 대한 설명으로 적절하지 않은 것은?

① 방카슈랑스는 은행을 의미하는 방크와 보험을 의미하는 어슈어런스의 합성어로 프랑스에서 생긴 신조어다.
② 금융겸업을 의미하는 말로 판매채널 관점에서 은행과 보험의 교차판매를 의미하는 말로 사용된다.
③ 방카슈랑스의 포괄적인 의미는 은행이 보험상품을 고객에게 제공함으로써 은행이 보험사업에 진출하는 것을 의미한다.
④ 광의로는 은행, 증권, 보험 등의 금융업무를 다양한 경로를 통해 영위하는 유니버설뱅킹으로 금융겸업화를 대표한다.
⑤ 현재 우리나라에 도입된 방카슈랑스는 은행이 보험회사의 대리점 업무를 은행창구는 물론 인터넷을 통한 판매, 전화판매 등 모든 보험상품 판매활동을 할 수 있도록 도입되었다.

98 다음에서 설명하는 보험의 기본원리에 해당하는 것은?

> 개별보험계약별로 그 위험수준의 차이에 따라 보험요율을 차별화할 수 있도록 뒷받침하는 원리

① 대수의 법칙
② 수지상등의 원칙
③ 급부 반대급부 균등의 원칙
④ 축소해석의 원칙
⑤ 경험생명표

99 보험료와 보험금에 대한 설명으로 옳지 않은 것은?

① 보험료 납입의 연체로 보험이 해지된 경우 보험회사의 보험금 지급의무는 없다.
② 보험금청구권의 소멸시효는 3년이다.
③ 생명보험의 보험료는 순보험료와 부가보험료로 구성되며, 순보험료는 위험보험료와 저축보험료로 구성된다.
④ 보험료 납입의 연체로 보험이 해지된 경우에는 해지된 날로부터 2년 이내에 보험계약의 부활을 청구할 수 있다.
⑤ 납입최고기간까지 보험료가 납입되지 않은 경우에는 보험료 납입최고기간이 끝나는 날의 다음날부터 계약이 해지된다.

100 다음이 설명하는 손해보험 상품은 무엇인가?

> • 일부보험에 대하여 실손보상의 원칙에 따라 보험가액에 대한 보험금액의 비율에 따라 손해액을 보상하는 비례보상을 택하고 있다.
> • 전손이 발생한 후 보험금을 전부 지급한 경우에는 잔존물상의 권리를 보험회사가 대신 가지는 대위권이 생긴다.
> • 장기계약을 체결할 경우 80% 이하의 보험사고 시 보험금을 지급하더라도 다시 보험가입금액이 복구되는 자동복원제도가 운영된다.

① 화재보험   ② 근재보험
③ 생산자배상책임보험   ④ 기술보험
⑤ 건설공사보험

1과목 **텔러기본지식(27문항)**

01 1년 만기 정기예금금리가 연 5%이고 향후 1년간 기대물가상승률이 연 4%일 경우 1년 만기 정기예금의 실질금리는?

① -1%

② 1%

③ 4%

④ 5%

⑤ 9%

02 다음 중 금융기관 및 한국은행에 대한 설명으로 가장 옳지 않은 것은?

① 은행은 자금중개과정에서 본원통화를 기초로 하여 예금통화를 창출하는 신용창조기능을 수행한다.

② 한국은행은 공개시장운영, 여수신정책, 지급준비제도 등 간접적인 방법으로 통화정책을 수행한다.

③ 자금의 대출 또는 어음의 할인, 내국환·외국환, 채무 보증 또는 어음의 인수는 은행의 고유업무에 해당한다.

④ 금융위원회 인허가 또는 등록을 해야 하는 은행의 겸영업무로는 환매조건부채권매매, 집합투자업, 투자자문업, 투자매매업, 투자중개업, 신탁업 등이 있다.

⑤ 자본시장법에 의해 금융투자업을 영위하는 금융투자회사는 기능별로 재분류된 6개 금융투자업 전부를 겸영할 수 있도록 업무범위가 확대되었다.

03 금융감독제도에 대한 설명으로 가장 옳지 않은 것은?

① 금융감독원은 무자본 특수법인으로서 특별법에 근거하여 설립된 행정조직으로 국가로부터 독립하여 특정한 공공사무를 담당하는 공법인이다.

② 일반은행은 주식과 상환기간 3년을 초과하는 유가증권에 대한 투자가 자기자본의 60% 이내로 제한된다.

③ DTI는 대출원리금상환금액을 소득으로 나눈 비율을 말한다.

④ 은행의 설립, 인수·합병 및 전환을 위해서는 금융감독원의 인허가를 받아야 한다.

⑤ 금융위원회와 금융감독원이 거의 모든 금융기관을 감독하는 통합형 금융감독체제이다.

04 예금계약 중 위임계약과 금전소비임치계약이 혼합된 금융상품은?

① 보통예금   ② 당좌예금

③ 상호부금   ④ 정기예금

⑤ 별단예금

05 다음 중 예금계약의 설명으로 가장 옳지 않은 것은?

① 점외수금의 경우 수금직원이 영업점으로 돌아와 수납직원에게 금전을 넘겨주고 그 수납직원이 이를 확인한 때에 예금계약이 성립한다.

② 예금거래기본약관의 경우 증권으로 입금할 때 은행이 그 증권을 교환에 돌려 부도반환 시한이 지나고 결제를 확인하는 때에 예금계약이 성립한다.

③ 약관의 중요한 내용을 고객에게 설명하고 반드시 약관사본을 교부하여야 한다.

④ 명시적 또는 묵시적으로 약관의 내용과 다르게 합의한 사항이 있는 경우, 당해 합의사항을 약관에 우선하여 적용하여야 한다.

⑤ 예금약관은 개별약정, 예금상품별 약관, 예금의 거래유형별 약관, 예금거래 기본약관의 순서로 적용한다.

06 다음 예금거래에 대한 설명 중 옳지 않은 것은?

① 법인격 없는 사단으로는 아파트 입주자대표회의, 아파트 부녀회, 교회, 종중 등으로 법인격 없는 사단의 예금의 소유관계는 총유로 본다.

② 법인격 없는 재단의 예금은 구성원 전원의 준총유에 속한다.

③ 조합은 법인격을 인정하지 않고 있으며 조합예금의 귀속관계는 조합원 전원의 준합유에 속한다.

④ 외국인 거주자는 자유롭게 은행과의 원화예금거래를 할 수 있다.

⑤ 총유에서 구성원은 일정한 범위 내에서 그 공동소유 물건에 대한 사용·수익권만을 가진다.

07 은행의 예금의 입금과 지급에 관한 설명으로 옳지 않은 것은?

① 계좌송금의 법적성질은 위임계약이다.

② 착오송금 발생 시 수취은행은 자금중개의 기능을 담당할 뿐 이득을 얻은 바 없으므로 부당이득 반환의 상대방이 되지 않는다.

③ 예금통장은 단순한 증거증권에 해당되므로 예금통장이나 증서를 소지하고 있다는 사실만으로 소지인이 은행에 예금의 반환을 청구할 수 없다.

④ 은행의 예금지급을 위한 면책요건 중 인감대조는 실무경험이 없는 은행원이 육안으로 외형상 전체적으로 유사여부를 평면대조하면 족하다.

⑤ 편의지급의 경우 종업원 등과 같이 예금주가 아닌 제3자에게 지급한 때에는 면책될 수 없다.

08 상속인이 될 직계비속 등이 상속개시 전에 사망하거나 결격자가 된 경우에 그 직계비속이 있는 때에는 그 직계비속이 사망자나 결격자의 지위를 순위에 갈음하여 상속권자가 되는 제도와 가장 관계가 깊은 것은?

① 한정승인   ② 대습상속

③ 혈족상속   ④ 유언상속

⑤ 협의분할

09 예금채권의 양도에 대한 설명으로 옳지 않은 것은?

① 예금채권의 양도는 자유이지만, 예금거래기본약관상 예금채권의 양도금지특약을 규정하고 있다.

② 양도금지특약을 위반하여 다른 사람에게 예금을 양도하는 경우에는 그 양도의 효력은 무효이다.

③ 제3자에게 예금양도로서 대항하기 위하여는 은행의 예금양도승낙서에 확정일자를 받아야 한다.

④ 양도금지특약이 있는 경우 전부채권자가 그 특약을 알고 있는 경우에는 전부명령은 무효이다.

⑤ 예금주에 대하여 대출금채권 등을 은행이 가지고 있는 경우에는 상계권행사를 유보하고 승낙할 지 여부를 결정한다.

10 예금주의 도산절차 등의 진행에 따른 예금거래에 대한 설명으로 옳은 것은?

① 개인회생절차개시 결정 시에도 법원으로부터 예금에 대한 별도의 보전처분 또는 중지명령이 없는 한 예금주에게 예금을 지급할 수 있다.

② 회생절차의 개시로 당좌예금이 소멸되는 것이다.

③ 회생절차개시 전에 보전처분에 따라 보전관리인이 선임된 경우에는 법인의 대표자에게 예금을 지급하면 된다.

④ 파산절차의 종결 후에도 은행이 대출채권을 가지고 있다면 언제든지 상계할 수 있다.

⑤ 은행이 예금주의 행방불명사실을 알고 있는 경우에도 통장이나 증서를 소지하고 비밀번호와 인감이 신고인감과 일치함을 확인하고 지급하면 면책된다.

11 다음 중 압류가 금지되는 예금채권에 대한 설명으로 가장 옳지 않은 것은?

① 채무자의 1월 간 생계유지에 필요한 예금은 압류할 수 없다.

② 학교법인 교비회계의 수입으로 별도 계좌로 관리중인 수입에 대하여 압류금지의 효력이 미치지 않는다.

③ 압류금지채권의 목적물이 채무자의 예금계좌에 입금된 경우에는 압류할 수 없다.

④ 급여가 입금되는 곳으로 지정된 급여수급계좌의 예금의 채권은 압류할 수 없다.

⑤ 요양비등수급계좌로 입금된 요양비는 압류할 수 없다.

12 예금에 대한 체납처분압류에 대한 설명으로 옳지 않은 것은?

① 체납처분보다 선행된 가압류가 있을 경우에도 체납처분이 가압류보다 우선한다.

② 체납처분보다 선행된 추심명령이 있을 경우에도 체납처분이 추심명령보다 항상 우선한다.

③ 체납처분이 전부명령보다 선행된 경우 체납처분이 우선하며, 예금 전액에 대하여 압류의 효력이 있다.

④ 국민건강보험공단의 건강보험료 체납으로 인한 압류는 조세체납처분절차를 준용한다.

⑤ 체납처분압류의 효력발생시기는 은행에 압류통지서가 송달된 때이다.

13 당좌계정의 사고처리에 대한 설명으로 옳지 않은 것은?

① 약속어음이나 수표에 대한 피사취, 계약불이행의 경우 사고신고인은 제권판결을 받을 수 없다.

② 어음소지인이 확정된 이행권고결정문 또는 확정된 지급명령문을 제출한 경우 사고신고담보금을 어음소지인에게 지급할 수 있다.

③ 사고신고담보금은 어음소지인이 진정한 권리자로 확정되지 않으면 어음발행인에게 지급하기로 약정하고 있다.

④ 당해어음과 관련하여 이해관계인이 소송이 계속 중임을 입증하는 서면을 지급은행에 제출한 바 없다면 은행은 지급제시일로부터 6개월이 경과한 경우 사고신고담보금을 어음소지인에게 지급할 수 있다.

⑤ 사고신고사유가 분실, 도난이고 당해 어음에 대한 제권판결을 받아 법원의 판결문을 제출하고 1개월이 경과한 경우 제권판결을 받은 자에게 사고신고담보금을 지급할 수 있다.

14 고객만족거울(Satisfaction mirror) 효과에 관한 설명 중 옳지 않은 것은?

① 직원의 만족과 고객의 만족은 반비례 관계가 있다.

② '나는 우리회사의 대표다'라는 자각을 할 때에 고객들은 진정으로 만족할 것이다.

③ 고객만족은 직원에게 돌아오는 메아리라고 할 수 있다.

④ 고객이 만족하면 고객충성도가 높아지고 반복구매로 이어진다.

⑤ 창구접점 직원의 만족이 고객만족 서비스로 나타난다.

15 다음 중 창구에서의 단계별 고객응대에서 욕구충족 단계에 해당하는 내용은?

① 기대 이상의 서비스를 제공할 기회를 찾는다.

② 적당한 페이스를 유지한다.

③ 고객이 말한 내용을 요약하여 말한다.

④ 추궁하거나 시시비비를 따지려 하지 않는다.

⑤ 필요 시 후속 조치를 한다.

16 다음 중 효과적인 커뮤니케이션에 대한 설명으로 옳지 않은 것은?

① 피터드러커는 커뮤니케이션을 지각(知覺), 기대(期待), 요구(要求)로 정의한다.

② 격려의 미소와 수용적이고 친절한 음조는 상대방에게 진정한 관심과 흥미를 전달한다.

③ 고객과 커뮤니케이션을 할 때 I/DO-Message보다 You/Be-Message를 사용하는 것이 효과적이다.

④ 고객을 칭찬할 때는 분명하고 솔직하게 하되, 너무 자주하지 않아야 한다.

⑤ 3초간의 황홀한 마법은 '고맙습니다' 또는 '감사합니다'라는 말 한마디로 고객에게 호감을 주는 것을 의미한다.

17 불만고객 응대요령으로 가장 거리가 먼 것은?

① 변명하지 않는다.

② 감정에 치우치지 않도록 한다.

③ 끝까지 잘 듣는다.

④ 고객만족을 최우선으로 권한 밖의 업무도 선 조치한다.

⑤ 3변주의(사람 → 시간 → 장소를 바꾼다)로 처리한다.

18 다음 설명이 나타내는 가망고객 발굴방법은?

> • 입소문 마케팅이라고도 한다.
> • 기존고객과의 인적 네트워크를 활용한 마케팅이다.

① 기존고객

② 고객에게 소개받기

③ 제휴업체

④ 소규모 이벤트

⑤ Key-Man(Opinion Leader)

19 고객상담의 클로징 시 구매약속을 이르게 하는 4가지 방법에 해당하지 않는 것은?

① 충실하게 고객정보를 탐색한다.

② 주요 관심사를 다루었는지 확인한다.

③ 이점을 요약하여 정리한다.

④ 구매약속을 제안한다.

⑤ 고객의 상황에 존재하는 서비스갭을 파악한다.

20 감사위원회제도와 준법감시인제도에 대한 설명으로 옳지 않은 것은?

① 준법감시인은 내부통제를 위반하는 경우에 대해 이를 조사하여 감사위원회에 보고할 수 있다.

② 감사위원회제도는 경영의 투명성을 확보하고 기업의 국제경쟁력 제고를 위해 기업지배구조를 개선하기 위하여 도입되었다.

③ 감사위원 중 1인 이상은 대통령령으로 정하는 회계 또는 재무 전문가로 구성하여야 한다.

④ 준법감시인은 자산운용에 관한 업무, 당해금융기관이 영위하는 은행업무와 그 부수업무, 당해 금융기관이 겸영하는 금융업무를 수행하는 직무를 담당해서는 아니 된다.

⑤ 준법감시인제도 운영과 관련된 내부통제기준에는 대표이사의 임면과 해임에 관한 사항이 포함되어야 한다.

21 약관법에 따른 약관의 내용통제에 대한 설명으로 가장 거리가 먼 것은?

① 금융회사는 계약체결에 있어서 고객에게 약관의 내용을 계약의 종류에 따라 일반적으로 예상되는 방법으로 명시할 의무가 있다.

② 금융회사는 약관에 대하여 설명해 줄 때에, 안내문 또는 중요한 내용을 요약 해설한 설명서를 교부하는 것으로 족하다.

③ 금융회사가 명시·설명의무를 위반하여 계약을 체결한 때에는 당해 약관을 계약의 내용으로 주장할 수 없다.

④ 당사자 사이에 약관의 내용과 다르게 합의한 사항이 있을 때 그 합의사항이 약관보다 우선한다.

⑤ 금융회사가 약관에 따른 계약을 함에 있어서 거래상대방에 대하여 인식가능성을 부여하였다는 입증책임은 금융회사에 있다.

22 불완전판매 규제에 대한 설명으로 가장 거리가 먼 것은?

① 자본시장법상 금융투자상품은 원본초과손실가능성에 따라 증권과 파생상품으로 구분된다.

② 금융투자업자는 이해상충이 발생할 가능성을 낮추는 것이 곤란하다고 판단되는 경우에는 준법감시인의 사전 승인을 받은 후에 거래하여야 한다.

③ 금융투자업자는 투자자의 투자목적, 재산상태 및 투자경험 등을 신중히 고려하여 투자자에게 적합한 투자권유를 하여야 한다.

④ 적정성의 원칙에 따라 파생상품 등이 그 일반투자자에게 적정하지 아니하다고 판단되는 경우 대통령령으로 정하는 바에 따라 그 사실을 알리고, 일반투자자로부터 서명, 기명날인, 녹취 등의 방법으로 확인을 받아야 한다.

⑤ 구체적인 근거와 내용을 제시하지 아니하면서 다른 금융상품보다 비교우위가 있음을 나타내는 행위는 금지된다.

23 구속성영업행위에 대한 설명 중 가장 옳지 않은 것은?

① 꺾기 간주 규정의 적용대상에는 예·적금, 금전신탁뿐만 아니라 보험과 펀드를 추가하고, 그 대상자는 중소기업으로 한정하고 있다.

② 여신거래와 관련하여 차주의 의사에 반하여 예금, 적금 등 은행상품의 가입 또는 매입을 강요하는 행위가 금지된다.

③ 이러한 위반에 대해서는 금융위원회가 해당 은행에 시정조치를 명할 수 있고, 과태료를 부과할 수 있다.

④ 은행은 구속행위를 방지할 수 있는 내부통제절차를 마련·운영하여야 할 의무를 부담한다.

⑤ 구속성영업행위란 금융회사가 영업활동 시 금융상품을 강요하는 행위를 말한다.

24 금융실명거래 대한 설명으로 가장 옳지 않은 것은?

① 금융회사의 실명확인자는 영업점 직원(계약직·시간제 근무자 제외)을 말하며 후선부서 직원은 제외된다.

② 법인의 경우 사업자등록증, 고유번호증, 사업자등록증명원이 실명확인증표가 된다.

③ 임의단체의 경우, 납세번호 또는 고유번호가 있는 때에는 해당 납세번호증 또는 고유번호증이 실명확인증표가 된다.

④ 대리인을 통하여 계좌개설 시 본인 및 대리인 모두의 실명확인증표와 본인의 인감증명서가 첨부된 위임장을 제시받아 실명을 확인한다.

⑤ 실명이 확인된 계좌에 의한 계속거래, 각종 공과금, 100만원 이하의 원화송금 및 외화 매입·매각의 경우 실명확인 생략이 가능하다.

25 다음 중 구속성영업행위의 예외적 구속성이 인정되지 않는 사유로 가장 옳지 않은 것은?

① 금전제공계약이 지급보증, 보험약관에 따른 대출에 관한 계약인 경우

② 중소기업이 아닌 기업과 퇴직보험, 종업원의 복리후생을 목적으로 하는 보장성 상품에 관한 계약을 체결한 경우

③ 단체가 구성원을 위하여 체결하는 보장성 보험, 일반손해보험 등에 관한 계약을 체결한 경우

④ 금전제공계약이 최초로 이행된 날 전·후 1개월 이내에 해지한 예금성 상품에 대하여 해지 전의 금액 범위 내에서 다시 계약을 체결한 경우

⑤ 사회통념상 구속에 따른 행위로 보기 어렵거나 그러한 행위에 해당하지 않는다는 사실이 명백한 경우(그 사실을 금융소비자가 서명, 기명날인, 녹취 각각에 준하여 안정성·신뢰성이 확보될 수 있는 전자적 확인방식으로 확인한 경우 포함)

26 개인정보보호법상 시행령에서 정하고 있는 고유식별정보가 아닌 것은?

① 주민등록번호   ② 여권번호
③ 운전면허번호   ④ 법인등록번호
⑤ 외국인등록번호

27 개인정보 중 수집 및 이용이 금지되는 민감정보에 해당하지 않는 것은?

① 사상과 신념
② 금융거래현황
③ 노동조합, 정당의 가입 및 탈퇴
④ 정치적 견해
⑤ 건강, 성생활 등에 관한 정보

2과목 창구실무 I (42문항)

28 은행의 예금약관에 대한 설명으로 가장 거리가 먼 것은?

① 개별약정을 우선적용하며 다음의 예금상품별 약관, 예금의 거래유형별 약관, 예금거래 기본약관 순으로 적용한다.
② 기본약관 또는 예금별 약관을 바꾼 때에는 1개월 전에 한 달간 이를 영업점과 인터넷 홈페이지에 게시하여 거래처가 볼 수 있도록 한다.
③ 거래유형별 약관에는 입출금이 자유로운 예금약관, 거치식 예금약관 그리고 적립식 예금약관이 있다.
④ 약관변경의 내용이 거래처에 유리한 경우에는 변경약관 시행일 1개월 전에 2개 이상의 일간신문에 공고하는 등의 방법으로 거래처에 알린다.
⑤ 고객이 약관을 요청할 때 복사하여 교부해야 할 의무가 있다.

29 다음 중 예금거래 상대방에 대한 설명으로 옳지 않은 것은?

① 미성년자, 피성년후견인, 피한정후견인 등 제한능력자의 예금행위는 법정대리인의 요구가 있어야 가능하다.
② 국가 및 지방자치단체 등의 공법인은 회계 전담자로 임명된 출납공무원이나 기관장 명의로 거래해야 한다.
③ 권리능력이 없는 사단 및 재단으로 그 단체의 대표자나 개인 명의로 거래한다.
④ 사법인(민사법인, 상사법인)은 정관, 법인등기부등본, 사업자등록증에 의한 합법적인 대표자와 거래한다.
⑤ 중소기업협동조합과 동 연합회 토지개량조합, 수산업협동조합, 산림조합은 당해 설립근거법령에서 정한 합법적인 대표자와 거래한다.

30 다음 중 예금의 신규 및 실명확인 방법으로 틀린 내용은?

① 고객이 일반금융소비자인 경우에는 고객의 재산상황, 금융상품 취득경험 등을 고려하여 부적합한 상품에 대한 판매권유를 금지한다.

② 예금거래신청서에 인감과 서명을 동시에 신고하는 경우에는 인감 또는 서명을 선택적으로 사용할 수 있다.

③ 대리인에 의한 신규개설은 본인과 대리인의 실명확인증표, 대리인 인감증명서, 위임장을 원본에 의해 확인해야 한다.

④ 공동명의예금주 전원의 기명날인으로 예금의 지급청구를 하는 경우 공동명의예금주 중 누구에게 지급하더라도 각 공동명의예금주는 이의를 제기할 수 없다.

⑤ 제3자에 의한 대리인이 거래시 예금주 본인의 인감증명서 원본이 필요하다.

31 다음 중 거래중지계좌 편입에 대한 설명 중 가장 옳지 않은 것은?

① 잔액이 1만원 미만, 1년 이상 입출금 거래가 없는 보통예금에 해당하는 계좌는 거래중지계좌 편입대상이다.

② 잔액이 5만원 이상 10만원 미만인 3년 이상 입출금 거래가 없는 저축예금에 해당하는 계좌는 거래중지계좌 편입대상이다.

③ 질권설정 등록계좌와 비과세종합통장 등록계좌는 거래중지계좌 편입대상에서 제외된다.

④ 거래중지계좌의 해지는 해당 계좌의 개설점에서만 해지 가능하다.

⑤ 거래중지계좌의 복원 요청 시 해지처리 후 신규절차에 따라서 새로운 계좌를 개설함을 원칙으로 한다.

32 다음 중 예금잔액증명서의 발급이 가능한 것은?

① 표지어음
② 정기적금
③ 양도성예금증서
④ 무기명식 정기예금
⑤ 무역어음매출

33 잡익편입에 대한 설명으로 옳지 않은 것은?

① 잡익편입 대상계좌는 지급기일 또는 지급에 응할 수 있게 된 때로부터 만 5년이 경과한 예금으로 한다.

② 일반적으로 1년에 4회(2월, 5월, 8월, 11월) 정도 실시한다.

③ 실명미확인계좌는 실명전환한 것으로 보고 잡익편입 시 과징금과 소득세를 징수한다.

④ 입출식 및 거치식・적립식예금은 잡익편입 대상에 포함되고 있다.

⑤ 잡익편입된 금액은 익년 2월에 서민금융진흥원에 출연한다.

34 다음은 예금의 명의변경에 관한 내용이다. 옳지 않은 것은?

① 예금채권은 원칙적으로 지명채권의 양도방법에 따라 양도할 수 있다.

② 법령에서 금지했을 경우를 제외하고 모든 예금은 은행이 승낙하면 양도 가능하다.

③ 임의단체 대표자 명의가 변경된 경우에는 고유번호증이나 납세번호증을 받아야 한다.

④ 상속에 따른 가입자격에 제한이 있는 예금이 상속재산인 경우 은행이 승낙한 경우에 한하여 상속인이 계속거래가 가능하다.

⑤ 입출금이 자유로운 예금만 있을 경우 상속지분 지급을 요청하는 상속인에게 해당 지분만큼 지급하고 남아 있는 지분은 공탁하거나, 주의사고 등록하여 잔존시킬 수 있다.

35 제신고업무 관련 설명 중 가장 옳지 않은 것은?

① 사고신고를 접수(전화신고 포함)한 때는 지체없이 전산등록하여야 한다.

② 사고신고의 철회는 계좌개설점 또는 사고신고를 한 타 영업점에서 본인확인 후 처리한다.

③ 무기명예금은 유가증권 분실의 경우와 마찬가지로, 공시최고에 의한 제권판결 절차를 거친 후, 제권판결문 정본을 받아 재발행한다.

④ 사고신고와 동시에 해지요청 시 통장(증서) 재발행을 생략할 수 없다.

⑤ 증서의 재발행은 원칙적으로 할 수 없다.

36 다음은 비과세종합저축에 대한 설명이다. 틀린 것은?

① 기존의 세금우대종합저축과 생계형저축한도를 포함하여 통합한도로 원금 포함 5천만원이다.

② 이자소득 및 배당소득에 대하여 과세하지 않는 제도로서 금융소득종합과세 대상소득에 포함하지 않는다.

③ 은행에서 취급하는 모든 예금(CD, 표지어음, 무기명정기예금 등 포함)을 대상으로 한다.

④ 만 65세 이상인 거주자(2019년까지 1세씩 단계별 상향)로서 주민등록증 등으로 확인하면 가입할 수 있다.

⑤ 이 저축에서 발생하는 원금에 전입되는 이자 등은 1인당 한도에 포함하여 계산하지 아니한다.

37 다음 중 고액현금거래 보고제도(CTR)의 기준금액으로 옳은 것은?

① 1천만원
② 2천만원
③ 4천만원
④ 5천만원
⑤ 1억원

38 금융소득종합과세 제도에 대한 설명으로 옳지 않은 것은?

① 2천만원을 초과하는 금융소득은 타 종합소득과 합산하여 과세하는 제도이다.

② 2천만원 산정 시 부부의 소득을 합산하지 않고 별도로 계산한다.

③ 비과세 금융소득과 분리과세 금융소득은 종합과세에서 제외된다.

④ 현재 과세표준액별 최고 세율은 45%(지방소득세 포함)이다.

⑤ 집합투자기구로부터의 이익은 이자소득으로 분류된다.

39 입출금이 자유로운 예금에 대한 설명으로 옳지 않은 것은?

① 저축예금의 가입대상은 개인이다.

② 기업자유예금은 사업자등록증이 있는 법인사업자만 가입할 수 있으며, 개인사업자는 가입할 수 없다.

③ MMDA는 증권회사의 CMA 및 자산운용사의 MMF와 경쟁되는 은행의 상품이다.

④ MMDA는 개인 및 기업이 모두 가입할 수 있으며, 금리네고가 가능하다.

⑤ 다른 어떤 예금에도 속하지 않는 일시적인 예금 또는 보관금을 처리하기 위해 설정된 예금이 별단예금이다.

40 다음 중 은행에서 발행하는 정액자기앞수표에 해당하는 것은?

① 30만원권   ② 100만원권
③ 200만원권   ④ 300만원권
⑤ 500만원권

41 자기앞수표의 사고신고에 대한 설명으로 옳지 않은 것은?

① 사고신고인의 철회 요청 시 기 사고신고서에 철회의 내용을 기재하고 기명날인하게 하여 사고수표 등록을 해제한다.

② 전화 또는 구두로 사고접수는 불가하고 서면으로만 접수가 가능하다.

③ 사고신고인으로부터 사고신고서를 받은 즉시 전산단말기에 등록한다.

④ 사고신고인에게 소송비용 보증금조로 일정금액을 받아 별단예금에 입금한다.

⑤ 사고수표 신고인은 사고신고 접수일로부터 5영업일 이내에 공시최고신청 접수서류를 은행에 제출해야 한다.

42 다음 중 예금의 만기에 대한 설명으로 잘못된 것은?

① 만기 후 이율은 약정이율보다 낮은 금리를 적용한다.

② 정기적금은 최단 6개월 이상으로 계약해야 한다.

③ 정기예금 및 정기적금의 최단만기에 해당하는 날이 토요일 또는 공휴일인 경우에는 그 직전 영업일을 만기로 한다.

④ 지급기일을 앞당길 경우에는 정상이율을 적용하지만 앞당김일수만큼의 이자는 차감한다.

⑤ 주택청약종합저축의 만기는 정하지 않는 계약으로 한다.

43 양도성예금증서(CD)에 대한 설명으로 옳지 않은 것은?

① 무기명 할인식으로 발행한다.

② 만기일의 경우 기일은 일(日)로 정하며 30일 이상으로 한다.

③ 중도해지는 불가능하다.

④ 양도성예금증서는 증서의 교부만으로 예금의 양도가 가능하다.

⑤ 표지어음과 마찬가지로 지급준비금은 부담하지 않는다.

44 양도성예금증서와 표지어음의 공통점으로만 모두 묶인 것은?

가. 이자지급방식
나. 최단만기
다. 지급준비금
라. 예금자보호제도
마. 중도환매여부

① 가, 나, 다, 라, 마

② 가, 나, 다

③ 가, 나, 다, 마

④ 나, 다, 라

⑤ 가, 나, 마

45 환매조건부채권매도(RP)에 대한 설명으로 옳지 않은 것은?

① 거래대상은 개인으로 제한된다.

② 매도금액은 제한이 없으나, 일반적으로 건당 1천만원으로 하며, 매도금액 단위는 1만원이다.

③ 예금자보호법에 의거 보호를 받는 상품이 아니다.

④ 환매수 기간은 일반적으로 15일 이상 1년까지이다.

⑤ 매도이율은 만기일시지급식 정기예금의 지급방식과 같은 후취를 적용한다.

46 다음 중 정기적금과 자유적금의 차이점으로만 묶인 것은?

기 호	구 분	정기적금	자유적금
㉠	저축금의 지연	월저축금의 지연일수 산정	지연일수 없음
㉡	만기앞당김 지급	만기앞당김 지급제도 없음	만기앞당김 지급제도 있음
㉢	만기이연제도	없 음	있 음
㉣	계좌분할	없 음	가 능

① ㉠   ② ㉡

③ ㉠, ㉢   ④ ㉡, ㉣

⑤ ㉠, ㉡, ㉢

47 주택청약종합저축에 대한 설명으로 가장 옳은 것은?

① 신규 당일 최고 예치 가능금액은 3,000만원이다.

② 예금자보호법 대상이므로 5천만원까지 보호를 받을 수 있다.

③ 본인 담보대출이 불가능하다.

④ 소득공제한도는 연간 불입금액의 40%로 한도는 120만원이다.

⑤ 가입자 명의는 가입자가 사망한 경우에 한하여 그 상속인 명의로 변경이 가능하지만, 당첨된 계좌는 명의변경할 수 없다.

48 주택청약종합저축에 대한 설명으로 가장 옳지 않은 것은?

① 서울과 부산에서 민영주택을 청약 시 예치금액은 85㎡ 이하 주택은 3백만원, 102㎡ 이하 주택은 6백만원이다.

② 당첨된 계좌(분양전환 되지 않는 임대주택 제외)는 명의변경할 수 없다.

③ 주택면적 변경은 청약 신청일 전날까지 변경 가능하며, 기간 및 횟수에 관계없이 변경 가능하다. 단, 청약신청 당일 면적 변경을 한 경우에는 청약 불가하다.

④ 면적변경에 따른 해당면적 선택 후 납입금 차액에 대하여는 부분인출이 불가하다.

⑤ 압류채권자의 지급청구 시 가입자가 주택청약종합저축을 해지한 경우에는 지급할 수 있다.

49 다음은 주택청약종합저축에 대한 설명이다. 옳지 않은 것은?

① 매월 약정납입일에 2만원 이상 50만원 이하의 금액을 5천원 단위로 납입한다.

② 소정의 청약자격을 갖추면 국민주택 및 민영주택에 모두 청약할 수 있다.

③ 근로자 중 총급여액이 5천만원 이하인 무주택 세대주의 경우 소득공제대상이다.

④ 중도해지 시 별도의 중도해지 이율을 적용하지 않고 저축기간에 따라 약정이율을 적용한다.

⑤ 국민인 개인(국내에 거주가 있는 재외동포 포함)외에도 외국인 거주자도 가입할 수 있다.

50 다음 중 대출금의 분류방법 중 차주에 따른 분류에 해당하는 것으로 묶인 것은?

> ㉠ 신탁계정대출
> ㉡ 가계자금대출
> ㉢ 시설자금대출
> ㉣ 은행계정대출
> ㉤ 기업자금대출
> ㉥ 운전자금대출
> ㉦ 공공 및 기타자금대출
> ㉧ 증서대출

① ㉠, ㉡, ㉢

② ㉠, ㉣, ㉤

③ ㉡, ㉤, ㉦

④ ㉣, ㉥, ㉧

⑤ ㉥, ㉦, ㉧

51 은행법상 금지하고 있는 여신에 대한 설명으로 틀린 것은?

① 동일한 개인·법인 및 그 개인·법인과 대통령령이 정하는 신용위험을 공유하는 자(이하 "동일차주"라 한다)에 대하여 그 은행의 자기자본의 100분의 25를 초과하는 신용공여

② 동일한 개인이나 법인 각각에 대하여 그 은행의 자기자본의 100분의 20을 초과하는 신용공여

③ 동일한 개인이나 법인 또는 동일차주 각각에 대한 은행의 신용공여가 그 은행의 자기자본의 100분의 10을 초과하는 거액 신용공여인 경우 그 총합계액이 그 은행의 자기자본의 5배를 초과하는 신용공여

④ 직접·간접을 불문하고 해당 은행의 주식을 담보로 하는 대출

⑤ 해당 은행에 손해를 끼친 자에 대한 대출

52 미성년자와의 여신거래 시 이해상반 행위에 해당하지 않는 것은?

① 친권자의 자금차입을 위해 미성년자 소유 부동산에 저당권 등을 설정하는 경우
② 혼인한 미성년자를 위하여 친권자가 담보를 제공하는 행위
③ 친권자를 위하여 미성년자가 연대보증을 하는 경우
④ 친권자와 미성년자가 공동담보제공자가 되는 경우
⑤ 친권자의 채무를 미성년자가 인수하는 경우

53 상계에 의한 여신회수 시 준수사항으로 옳지 않은 것은?

① 당행이 여신채권을 가지고 있고 채무자 또는 보증인이 당행에 예금 등 반대채권이 있어야 한다.
② 상계실행은 상계통지를 한 후에 한다.
③ 상계통지는 상계통지서로 하고, 등기우편으로 발송가능하다.
④ 상계실행은 상계통지일로부터 3영업일 이내에 하여야 한다.
⑤ 상계될 채무가 수 개인 경우로서 예금 등으로 채무자의 채무전액을 없애기에 부족한 때에는 채무자가 지정한 순서에 따라 충당하는 것을 원칙으로 한다.

54 채무자가 은행에 대하여 부담하는 현재 및 장래의 모든 채무(여신거래로 인한 채무뿐만 아니라 보증채무 등 기타 다른 형태의 채무를 포함)를 보증하는 것은?

① 한정근보증
② 특정근보증
③ 포괄근보증
④ 특정채무보증
⑤ 공동보증

55 주택임대차보호법에 대한 설명으로 옳지 않은 것은?

① 사회통념상 건물로 인정하기에 충분한 요건을 구비하고 주거용으로 사용되고 있는 것이라면 본 법의 적용을 받는다.

② 미등기주택의 경우 본 법의 적용을 받지 않는다.

③ 대항력의 취득 시기는 주택의 인도와 전입신고를 한 때에 그 익일로부터 생긴다.

④ 소액임차권자가 다른 담보물권자보다 우선변제받을 수 있는 범위는 대지가액을 포함한 주택가액의 1/2에 한정된다.

⑤ 소액임차인이라도 최우선변제권의 혜택을 받기 위해서는 주택의 인도와 주민등록(전입신고)이라는 두 가지 대항요건을 모두 구비하고 있어야 한다.

56 근저당권설정계약 시 결산기를 정함에 있어 근저당권설정계약일로부터 3년이 경과하면 서면에 의한 피담보채무 확정청구를 인정하고, 이 청구가 도달된 날부터 14일 경과 시 피담보채무가 확정되는 것으로 정하는 결산기의 유형은 무엇인가?

① 지정형   ② 장래지정형
③ 자동확정형   ④ 자동지정형
⑤ 장래확정형

57 다음 중 약관의 해석원칙으로 가장 거리가 먼 것은?

① 약관조항 우선의 원칙   ② 객관적 해석의 원칙
③ 작성자 불리의 원칙   ④ 축소해석의 원칙
⑤ 신의성실의 원칙

58 다음 중 여신금리에 대한 설명으로 가장 적절한 것은?

① COFIX는 한국은행에서 고시하는 자금조달비용지수를 말한다.

② 대출금리는 기준금리에 신용가산금리를 차감하여 적용한다.

③ 가계대출은 매월 이자를 선취한다.

④ 외화대출이자는 360일로 나누어 산출하되, 원화로 수입하는 경우에는 대고객 전신환매도율을 곱한 금액으로 한다.

⑤ 일수계산은 여신당일로부터 기일 또는 상환일 당일까지로 한다.

59 다음 외국환은행의 대고객 환율 중 가장 높은 환율은?

① T/C 매도율 ② 전신환매도율
③ 매매기준율 ④ 수표매입률
⑤ 현찰매도율

60 환율에 대한 설명으로 옳지 않은 것은?

① 자국화표시환율은 외국통화를 기준으로 외국통화 1단위와 교환될 자국통화의 단위량을 표시하는 방법이다.
② 매도환율이란 기준통화를 표시통화의 가격으로 매도하고자 하는 환율이다.
③ 현찰매입률은 전신환매입률보다는 낮고 현찰매도율은 전신환매도율보다 높다.
④ 수입어음 결제, 당발송금의 취결 등의 경우 전신환매입률이 적용된다.
⑤ 환가료는 외국환은행이 외화수표 등의 외국환을 매입한 후 현금화할 때까지 우편기간 및 어음기간 동안 발생하는 자금부담에 대하여 이자성격으로 징구하는 수수료이다.

61 현재 우리나라의 외환관리제도의 특징이 아닌 것은?

① 속지주의
② 부분적인 「원칙자유·예외규제(Negative System)」 방식
③ 은행주의
④ 국제주의
⑤ 외국환거래법령

62 다음 중 지정거래외국환은행을 통하여 송금하지 않아도 되는 거래는?

① 거주자의 증빙서류미제출 지급(거주자의 증여성 지급)
② 외국인근로자 등의 국내소득의 지급 및 연간 미화 5만불 이하의 지급
③ 환전영업자
④ 유학생경비
⑤ 무역대금

63 외환수수료 계산의 기준이 되는 환율로서 시장평균환율이라고 볼 수 있는 것은?

① 한국은행기준율
② 매입환율
③ 매도환율
④ 매매기준율
⑤ 전신환율

64 외국통화 매입에 대한 설명으로 옳지 않은 것은?

① 환율표에 고시된 매입가능 통화인지 여부를 확인하여야 한다.
② 원화로 지급 요청 시 현찰매입률을 적용한다.
③ 외국환 매입증명서의 경우 거래 시 의무적으로 고객에게 발급한다.
④ 국민인 거주자가 미화 2만불 이하 매입 시 취득경위 입증서류는 불필요하다.
⑤ 매입금액은 동일인, 동일일자, 동일점포 기준이다.

65 다음 설명이 나타내는 외화수표의 종류는?

> • 은행에서 미리 수표대금을 지급하고 매입한 수표
> • 금액이 정액화되어 일정함
> • 유효기일이 없음

① 은행수표
② 여행자수표
③ Money Order
④ 미 재무성 수표
⑤ 개인수표

66 전금 및 역환에 대한 설명으로 옳지 않은 것은?

① 전금이란 주로 은행 내 본·지점 간 자금의 이전을 위한 내부환을 말한다.

② 업무상의 전금은 주로 취결 영업점장이 의뢰인이 되고 지급 부점장을 수취인으로 하는 것이 보통이다.

③ 수신 당일 정리가 불가능한 경우에는 미지급환 등록을 하여 미지급환 과목에 대체입금 처리한다.

④ 역환은 업무상 부득이한 경우에 한하여 취급을 허용하고 있으므로 업무 처리 시 항상 결제여부에 주의해야 한다.

⑤ 역환이 가능한 주요 업무 내용은 업무상의 자금이체, 직원 상호 간의 송금 등이 있다.

67 역환에 대한 설명으로 옳지 않은 것은?

① 역환은 전금과 반대되는 개념으로 은행 내부적인 본지점간의 자금 청구제도이다.

② 역환이 가능한 업무로는 자금현송금의 부족금, 어음교환자금, 본부에서 인정한 용도품대, 부도 제재금 등이 있다.

③ 역환 대전의 지급 시 타계정으로 대체입금하였을 경우에는 영수배서를 생략하고, 역환에 따른 증빙서류는 별도로 타발점에 발송한다.

④ 역환의 사유가 부당하여 입금정리가 불가능할 때에는 당발점에 동 금액을 재역환 처리한다.

⑤ 미결제환을 현금으로 정리하고자 할 때에는 입금표를 모출납담당자에게 회부하여 입금하도록 한다.

68 다음 타행환 입금 불능 시 처리방법 중 틀린 것은?

① 입금불능이더라도 당일 발생거래 중 창구에서의 오조작 등 의뢰은행 내부오류에 의해 입금이 불가능한 경우만 취소하는 것이 원칙이다.

② 송금의뢰인에게 입금불능 사실을 통보하고 입금의뢰 확인증을 회수한다.

③ 송금의뢰인과 당일 중 연락이 불가능한 경우에는 별단예금에 입금한다.

④ 입금금액에서 수수료를 차감한 금액을 환급한다.

⑤ 송금의뢰인이 당행 고객인 경우에는 고객계좌에 입금한다.

69 어음교환 지출 시 유의사항에 대한 설명으로 옳지 않은 것은?

① 혼입이 발생하면 지급은행으로 지급지 상위로 반환처리될 수 있으므로 주의하여야 한다.

② 액면금액과 교환금액이 상이한 증서의 교환지출 시에는 액면금액을 표기하여 지출해야 한다.

③ 어음교환 지출 전까지 타점권을 마이크로필름에 촬영 혹은 스캔처리해야 하고 해당 필름을 보관
해야 한다.

④ 각 영업점에서 교환가방을 지정된 시각에 맞춰 물류 아웃소싱업체에 수도하여야 한다.

⑤ 어음교환담당자는 제시어음명세표의 금액과 타점권 인수·인도표상의 금액과 현금시재명세표
상의 타점 합계란의 금액과 반드시 일치여부를 확인하여야 한다.

3과목 **창구실무Ⅱ(31문항)**

70 현금의 과잉·부족 시 업무처리 방법에 대한 설명으로 가장 거리가 먼 것은?

① 현금이 남았는데 당일 그 원인을 파악할 수 없는 경우 가수금 출납과잉금 항목으로 입금처리하
고, 3개월 경과 후에도 정당한 고객을 찾지 못한 경우 해당 월 말일에 전산으로 자동 이익금
처리한다.

② 자동화기기 관련 과잉금은 1년이 경과하여도 원인을 규명하지 못한 경우에는 해당 월 말일에
이익금 처리한다.

③ 이익금 처리 후 원인이 규명될 경우 그 고객이 정당한 주인지지 확인하고, 손실금으로 출금하여
고객에게 지급한다.

④ 현금이 부족한데 당일 중 찾는 것이 어려울 경우 가지급금 처리하고 1개월이 경과하여도 그
내용이 밝혀지지 않은 경우 취급자가 즉시 변상하여야 한다.

⑤ 거액의 현금이 없어졌을 경우에는 취급자가 경위서를 붙여 가지급금 승인신청서와 함께 검사관
련 부서를 경유하여 상근감사위원 앞으로 보고하여야 한다.

71 수납업무에 대한 설명으로 옳지 않은 것은?

① 수납업무는 대차대조표상 채권의 발생, 채무의 소멸이 일어나는 업무이다.

② 타점권을 수납한 때에는 즉시 특정횡선을 찍어야 한다.

③ 수표 및 어음을 수납할 때에는 배서를 받아야 한다.

④ 수표의 금액을 문자와 숫자로 중복하여 기재한 경우에는 그 금액에 차이가 있을 때에는 적은 금액을 수표의 금액으로 본다.

⑤ 기명식으로 발행된 수표는 지시인의 기명날인이 있어야 한다.

72 지폐의 정사요령에 대한 설명으로 옳은 내용은?

① 손상주화는 규격 및 모양이 변형된 것, 찌그러진 것, 녹이 슬어있는 것 등으로 판별한다.

② 사용권은 그 훼손 정도가 경미하여 계속 유통이 적합한 화폐로 보통 결속 띠지를 왼쪽 끝 2/3에 일치되도록 묶는다.

③ 극심하게 훼손되거나, 불에 타서 영업점에서 진위판별이 불가능하나 화폐는 산업은행본지점에서 교환하도록 안내한다.

④ 지폐의 결속 후 결속 아랫면에는 정사일자와 점포명, 윗면에는 현금정사자의 도장을 날인하도록 한다.

⑤ 손상권은 오염·파손상태가 심하여 계속 유통이 부적합한 화폐를 말하며, 손상권은 3/5 이상이면 반액으로 반환하도록 되어 있다.

73 전표의 작성원칙으로 옳지 않은 것은?

① 전표는 계정과목별로 작성하여야 한다.

② 입금 및 지급 건수가 과다하거나 기타 전산 처리상 필요한 경우에는 총괄전표를 작성할 수 있다.

③ 전표의 금액 기재 시 기재금액은 한글 또는 한문으로 기재하여야 한다.

④ 적요란은 간단명료하게 전표 발생 계정을 기재하는 곳이다.

⑤ 일반적으로 대체거래는 일부대체인 경우에 한하여 사용하고 있다.

74 은행의 연동거래에 대한 설명으로 잘못된 것은?

① 연동거래는 전액 대체거래로 처리한다.

② 모든 연동거래는 입금처리한 후에 지급처리한다.

③ 연동거래에 의해 성립된 거래를 취소할 경우에는 입금취소부터 한다.

④ 입금 합계금액이 지급금액을 초과할 경우 연동거래는 제외된다.

⑤ 예금 청구자와 무통장 입금 의뢰인이 다를 경우에는 연동거래는 제외된다.

75 전자금융에 대한 설명으로 틀린 것은?

① 전자금융 발전의 5단계는 금융앱 이용의 확산이다.

② 금융서비스의 채널을 다양화하고 금융거래의 편리성과 투명성을 높이는 동시에 시장참여자들의 정보 접근성과 거래비용 절감 등에 크게 기여한다.

③ 인터넷전문은행은 막대한 초기 투자비용과 해킹 등 시스템보안에 대한 위험노출 등의 문제점이 있다.

④ 은행이 전자적 장치를 통하여 제공하는 금융상품 및 서비스를 이용자가 전자적 장치를 통하여 비대면·자동화된 방식으로 직접 이용하는 거래를 전자금융이라 한다.

⑤ 인터넷뱅킹과 텔레뱅킹을 통한 전자금융거래는 은행의 숙달된 텔러보다 비용면에서 효율적이다.

76 텔레뱅킹의 업무처리절차에 대한 설명으로 가장 거리가 먼 것은?

① 개인기업은 대리신청이 불가하며, 본인신청 시 공동대표의 경우에는 대표자 전원의 본인확인 및 연서에 의한 신청서를 받는다.

② 가입신청 후 3영업일 이내에 이체비밀번호를 등록하지 못할 경우 이용 정지됨을 안내한다.

③ PIN 및 OTP발생기 등 본인을 위한 정보가 3회 연속하여 틀렸을 때에는 자동 정지된다.

④ 씨크리트 카드는 이용매체와 상관없이 사용되며, NET 지점에서도 교부 가능하다.

⑤ 대부분의 은행들은 보안등급 1등급의 이체한도를 원하는 개인고객과 기업고객 전체는 OTP발생 기를 필수적으로 사용토록 하고 있다.

77 인터넷뱅킹의 특징으로 가장 거리가 먼 것은?

① 호스트 컴퓨터 및 주변기기와 운용요원 등 업무처리 비용이 크게 증가한다.
② 인터넷뱅킹 은행은 전 세계를 대상으로 24시간 서비스 제공이 가능하다.
③ 해킹방지 등을 위한 암호화 등 철저한 보안장치 구축이 필요하다.
④ 인터넷예금 및 대출 시 우대금리를 제공한다.
⑤ 각종 공과금의 인터넷 납부가 가능하다.

78 전자금융에 대한 설명으로 가장 옳은 것은?

① 1등급의 이체한도를 원하는 개인고객은 OTP발생기를 필수적으로 사용해야 한다.
② 공동인증서의 간편번호는 10번 오류 입력 시 자동 폐기된다.
③ 은행·신용카드·보험용 공동인증서는 개인과 기업의 연간수수료가 4,400원이다.
④ 핀테크 인증서의 이용기간은 발급일로부터 1년이며 별도의 발급 수수료는 없다.
⑤ OTP발생기는 은행, 증권, 보험사 등 금융기관마다 따로 보유하여 사용해야 한다.

79 텔레뱅킹 이용대상에 대한 설명으로 옳지 않은 것은?

① 실명확인 증표가 있는 개인이나 기업이면 누구나 이용가능하다.
② 본인의 온라인 예금의 거래가 있어 출금계좌로 지정할 수 있어야 한다.
③ 영업점 또는 인터넷을 통해 신청한 고객이 대상이다.
④ 잔액조회, 입출금내역조회는 별도의 신청 없이도 이용가능하다.
⑤ 외국인 및 재외교포도 이용가능하다.

80 다음 중 2매 1조로 구성되어 있지 않은 지로장표는?

① 일반 OCR장표   ② 정액 OCR장표
③ 표준 OCR장표   ④ 전자납부전용장표
⑤ MICR장표

81 지로업무의 자금이체기일에 대한 설명으로 옳지 않은 것은?

① 장표지로 : 수납일 + 제2영업일
② 인터넷지로 : 수납입 + 제2영업일
③ 자동이체 : 출금일 + 제3영업일
④ 납부자자동이체 : 출금일 + 제1영업일
⑤ 타행자동이체 : 출금일 + 제1영업일

82 지로제도에 대한 설명으로 틀린 것은?

① 수납한 지로장표는 결제원에 실물을 제출하지 않고 전산파일(이미지, 텍스트)형태로 전송한다.
② 온라인 창구수납분은 영업시간 이후 일괄처리하지 않고, 고객이 납부 즉시 전자납부번호를 단말에서 입력하여 고지내역을 조회하고 장표상의 기내내용과 일치여부를 확인하여 수납처리한다.
③ 지로업무규약은 지로제도를 원활하게 운영하고자 지로업무 실시에 필요한 제반사항을 참가 금융기관 합의로 정한 지로업무 최상위 규범이다.
④ 지로업무에 참가할 수 있는 금융기관은 금융위원회의 사원, 준사원, 은행과 금융위원회 총회에서 특별참가를 승인받은 기관이다.
⑤ 지로업무를 이용하는 기관 및 고객에게는 원칙적으로 지로이용 수수료가 부과된다.

83 장표지로업무 처리절차에 대한 설명으로 옳지 않은 것은?

① 표준OCR장표의 수납정보는 수납일 다음 영업일 17:30까지 결제원에 전송하여야 한다.
② 수납점 창구에서 지로장표의 수납시 지로통지서의 전산처리부분이 오손되지 않도록 낙서를 금지라고, 수납인이 해당 부분을 침범하지 않도록 한다.
③ 지로통지서의 전산처리부분에 수록된 정보는 결제원에 전송하여야 하는 수납 기본정보에 해당하며, 전산처리부분이 없는 장표는 지로번호와 수납금액을 기본정보로 한다.
④ 결제원은 전월에 발생한 과태금 명세를 매월 25일에 해당 금융기관으로 통지하며, 이의가 있을 경우 금융기관은 서면으로 이의를 신청할 수 있다.
⑤ 이용기관은 지로자료 인터넷 서비스 또는 전용선을 통해 수납정보를 수납대금의 자금이체일 08:00부터 편리하게 조회하고 정산처리할 수 있다.

84 자동이체업무에 관한 설명으로 옳지 않은 것은?

① 자동이체에 따라 고객은 수수료를 부담한다.

② 현재 지방세, 한국전력공사, KT, 국민건강보험공단 등과 자동이체 신청업무를 실시간으로 처리하고 있다.

③ 신청 후 실제 자동이체로 납부되기까지는 일정기일이 소요될 수 있으므로 기존 고지서로 납부하여야 할 경우가 있다.

④ 금융기관에서 접수한 자동이체 신청내역을 결제원에 통보하고 결제원은 이를 다시 이용기관별로 전송한다.

⑤ 자동이체 출금계좌 변경은 자동이체 종류에 따라 즉시 출금계좌가 변경되거나 최대 3~5영업일이 소요된다.

85 회원 측면에서의 신용카드 역할로 가장 거리가 먼 것은?

① 대금 지급수단의 간편화

② 부가가치세 및 소득세 세액공제의 혜택

③ 현금성 자산 소지로 인한 불편 및 위험부담 최소화

④ 법인회원 및 개인사업자의 접대비 손비 인정 세제 혜택

⑤ 신용구매 및 소액자금 대출을 통한 가계 안정화

86 체크카드의 특징으로 가장 거리가 먼 것은?

① 회원자격에는 제한이 없다.

② 신용한도는 원칙적으로 부여하지 않는다.

③ 예금잔액 범위 내에서 이용가능하다.

④ 매출전표 접수일로부터 2영업일이내 가맹점에 대금을 지급한다.

⑤ 해외사용은 불가능하다.

87 신용카드 회원모집 및 발급에 대한 설명으로 옳지 않은 것은?

① 신용카드 모집인의 등록업무는 은행연합회장이 위탁받아 처리한다.

② 공원이나, 버스정류장 등에서 카드모집을 할 수 없다.

③ 카드발급신청서의 월소득 및 희망한도란은 필수기재 항목이다.

④ 신용평점시스템을 이용하여 카드발급 대상 회원의 가입여부 및 한도를 산정한다.

⑤ 카드비밀번호는 카드발급신청서에 기재하는 것이 아니라 본인이 직접 ARS, 인터넷, PIN PAD 등을 통해 회원이 직접 입력하여야 한다.

88 신용카드 연회비에 대한 설명으로 가장 옳지 않은 것은?

① 연회비는 일반(기본)연회비와 제휴(별도, 특별)연회비로 구성되며 통상 선불의 개념이다.

② 개인회원의 기본연회비는 일반적으로 카드별로 청구하며 제휴연회비는 회원별로 청구한다.

③ 회원별 청구 시 일반적으로 회원이 소지한 카드 중 가장 높은 등급을 기준으로 한 건만 청구하게 된다.

④ 연회비는 카드 발급시점을 기준으로 1년 단위로 청구한다.

⑤ 연회비 반환시기는 원칙적으로 개인회원 표준약관에서 정한 바에 따라 회원이 계약을 해지한 날부터 10영업일 이내이며, 반환 연회비는 일할계산된다.

89 다음 신용카드의 해외 거래승인에 대한 설명 중 옳지 않은 것은?

① 국외회원이 국내의 국제브랜드 가맹점에서 카드를 이용하는 경우에는 거래승인을 받지 않아도 된다.

② 국외회원이 국내에서 ATM기를 이용하여 현금서비스를 받을 경우에는 모든 승인과정이 온라인 으로 처리된다.

③ 국내회원이 국외에서 카드를 사용할 경우에 1회 승인한도금액(Floor Limit) 이상일 경우에는 국내 카드발행사로부터 거래승인을 받아야 한다.

④ 국외회원은 국내에서 은행이나 ATM기를 이용하여 현금서비스를 제공받을 수 있다.

⑤ 해외 발행카드의 국내 이용시에는 'Floor Limit'제도가 인정되지 않기 때문에 통상 국내 발행카 드처럼 신용카드조회기(CAT)를 이용한다.

90 일부결제금액이월약정(리볼빙)에 대한 설명으로 가장 거리가 먼 것은?

① 이 결제방식을 이용하게 되면 신용상태에 따라 회원의 신용한도 이내에서 계속적인 반복 추가구입이 가능해진다.

② 청구방식에 따라 정률식과 정액식으로 구분하는데, 우리나라에서는 정액법을 따르고 있다.

③ 한국신용정보원 신용관리대상정보 해제이력 존재회원은 일부결제금액이월약정에 대하여 통상 대상자에서 제외된다.

④ 일부결제금액이월약정(리볼빙)의 기간은 최장 5년 이내의 범위에서 운영된다.

⑤ 약정결제비율과 관계없이 최소결제금액 이상을 결제한 경우에는 정상결제 처리된다.

91 신용카드 가맹점의 준수사항으로 가장 거리가 먼 것은?

① 신용카드로 거래한다는 이유로 신용카드 결제를 거절하거나 신용카드 회원을 불리하게 대우하지 못한다.

② 신용카드로 거래를 할 때마다 그 신용카드를 본인이 정당하게 사용하고 있는지를 확인하여야 한다.

③ 가맹점수수료를 신용카드회원이 부담하게 하여서는 아니 된다.

④ 신용카드에 따른 거래로 생긴 채권의 경우 신용카드업자 외의 자에게 양도할 수 있다.

⑤ 매출전표 기재사항 중 금액, 매출일자, 가맹점 번호 등은 잘못이 있더라도 정정할 수 없고 재작성하여야 한다.

92 신탁에 대한 설명으로 옳지 않은 것은?

① 타익신탁은 위탁자 이외의 제3자를 수익자로 하는 신탁이다.

② 신탁재산과 고유재산, 그리고 신탁재산 간에는 구분해서 관리하여야 한다.

③ 위탁자가 운용지시를 할 수 있는지 여부에 따라 불특정신탁과 특정신탁으로 구분한다.

④ 장부가평가 상품은 원칙적으로 실적배당원칙에 위배되기 때문에 신규수탁이 중지되었다.

⑤ 신탁재산은 형식상으로는 수탁자에게 귀속하고 있으나, 실질적으로는 위탁자 소유이다.

93 다음 중 신탁의 기본원칙에 해당되지 않는 것은?

① 실적배당의 원칙 　　　　　 ② 선관의무의 원칙

③ 분별관리의 원칙 　　　　　 ④ 평등비례배당의 원칙

⑤ 평균균등배당의 원칙

94 연금저축신탁에 관한 설명으로 틀린 것은?

① 연금수령 시 연금소득세는 5.5%(만 55세 부터 만 70세 미만), 4.4%(만 70세 이상), 3.3%(만 80세 이상)로 적용한다.

② 중도해지 시 기타소득세는 16.5%이며, 중도해지 가산세를 5.5% 징구한다.

③ 연금의 지급기간은 만 55세 및 적립기간 5년 요건을 모두 충족한 시점부터 10년 이상으로 한다.

④ 적립기간은 연금수령 개시 전까지이다.

⑤ 국내거주자이면 누구든지 가입가능하다.

95 다음이 설명하는 집합투자기구는 무엇인가?

> 복수의 집합투자기구 간에 각 집합투자기구의 투자자가 소유하고 있는 집합투자증권을 다른 집합투자기구의 집합투자증권으로 전환할 수 있는 권리를 투자자에게 부여하는 구조의 집합투자기구로서 Umbrella Fund라고 한다.

① 모자형집합투자기구   ② 전환형집합투자기구
③ 상장지수집합투자기구   ④ 종류형집합투자기구
⑤ 환매금지형집합투자기구

96 집합투자상품(펀드)과 관련된 비용에 대한 설명으로 적절한 것은?

① 운용보수는 펀드운용의 대가로서 처음 펀드를 개설할 때 한 번 수취한다.

② 펀드보수는 선취수수료, 운용보수, 판매보수, 수탁보수가 있다.

③ 선취수수료는 순투자금액에 대해 부과되고, 후취수수료는 원리금에 대해 부과되므로 장기투자 시 선취형이 불리하다.

④ 펀드투자와 관련된 비용은 크게 펀드보수와 펀드수수료로 구분된다.

⑤ 수수료는 펀드자산에서 부담하며, 보수는 고객이 부담한다.

97 방카슈랑스 형태 중 은행의 보험자회사 설립 형태의 장점으로 가장 올바른 것은?

① 맞춤형 진입전략의 채택이 가능하다.
② 방카슈랑스의 시너지가 극대화될 수 있다.
③ 보험업무의 전문성이 없는 은행이 적은 자본으로 보험사 설립이 가능하다.
④ 안정적인 수익기반의 확보와 보험사 업무 노하우를 축적할 수 있다.
⑤ 고객DB가 큰 경우 지분의 확보가 유리하며, 중요 판매 채널의 통제로 주도적 권한을 확보하게 된다.

98 변액연금보험에 대한 설명으로 옳지 않은 것은?

① 보험 법규상 생존급부가 납입한 보험료를 초과하는 보험이며, 연금액이 투자성과에 따라 변동하는 보험이다.
② 안정된 노후생활을 위한 보험으로서 일정한 법정 요건을 충족하는 경우 보험차익에 대해 비과세 혜택뿐만 아니라 최저보증이율을 보장받는 상품이다.
③ 고객이 납입한 보험료를 모아 펀드를 구성한 후 주식 및 채권 등에 투자하는 이익이 발생하면 배분해주는 실적배당형 보험상품이다.
④ 연금수령개시 전에 사망하는 경우에 자산운용성과가 저조하여 사망보험금이 이미 납입한 보험료보다 적은 경우에는 이미 납입한 보험료 등으로 사망보험금을 지급한다.
⑤ 일반보험과는 달리 특별계정에서 운용되는 상품이다.

99 다음 중 보험계약의 관계자로 보기 어려운 것은?

① 보험자   ② 보험계약자
③ 피보험자   ④ 보험수익자
⑤ 보험대리점

100 장기손해보험에 대한 설명으로 가장 거리가 먼 것은?

① 3년 이상의 보험기간을 가지고 있다.
② 만기에 환급금이 없는 순수보장성 형태이다.
③ 한 번의 사고에 의하여 지급받는 보험금이 가입 시 보험가입금액의 80% 미만이면 가입 시 가입 금액으로 원상회복이 된다.
④ 해지일로부터 3년 내에는 '보험료+이자'만 내면 부활이 가능하다.
⑤ 해지환급금 범위 내 대출이 가능하다.

01	02	03	04	05	06	07	08	09	10	11	12	13	14	15	16	17	18	19	20
②	⑤	⑤	④	④	⑤	①	①	④	③	②	⑤	⑤	②	⑤	④	③	⑤	②	②
21	22	23	24	25	26	27	28	29	30	31	32	33	34	35	36	37	38	39	40
③	①	③	④	②	①	①	④	①	⑤	⑤	③	①	②	③	③	①	②	③	②
41	42	43	44	45	46	47	48	49	50	51	52	53	54	55	56	57	58	59	60
④	⑤	②	③	③	④	②	②	①	③	③	②	①	⑤	⑤	②	②	⑤	⑤	⑤
61	62	63	64	65	66	67	68	69	70	71	72	73	74	75	76	77	78	79	80
③	④	⑤	②	①	④	③	①	③	②	②	④	①	④	④	①	③	④	②	⑤
81	82	83	84	85	86	87	88	89	90	91	92	93	94	95	96	97	98	99	100
②	⑤	⑤	④	⑤	⑤	⑤	①	④	②	③	①	⑤	③	④	①	⑤	③	④	①

1과목 텔러기본지식(27문항)

01   본원통화는 한국은행의 부채에 해당된다.

02   투자수익률 제고는 금융기관의 기능에 해당하지 않는다.

03   정기예금과 외화예금은 보호대상이지만, 주택청약저축은 보호대상 금융상품이 아니다.
※ 25년 9월 1일부터 예금보호한도를 1억원으로 상향 시행 예정

04   고객의 요구가 있는 경우에는 약관사본을 교부하여야 한다.

05   피한정후견인의 경우 원칙적으로 행위능력이 있으며, 가정법원이 범위를 정하여 동의를 유보할 수 있다.

06   은행이 공동명의인 중 1인만이 출연자인 사정을 알고, 예금채권을 출연자에게만 귀속시키기로 하는 명시적 약정을 한 경우, 공동명의는 허위표시이고 출연자만을 예금주로 볼 수 있다.

07   은행이 예금에 관하여 분쟁이 발생한 사실을 알고 있거나 예금주 회사에 경영권분쟁이 있음을 알면서 예금을 지급한 때에는 주의의무를 다한 것으로 볼 수 없다.

08   유언의 방식 중 공정증서 또는 구수증서에 의한 것이 아닌 경우에 가정법원의 유언검인심판서를 징구하여 유언의 적법성 여부를 확인하여야 한다.

09   질권설정된 예금을 기한갱신하는 경우에는 동일성이 인정되므로 질권이 그대로 유지되지만, 다른 종목의 예금으로 바꾼 경우에는 새로이 성립하는 예금채권에 미치지 않는다.

10 피압류예금을 특정할 수 없으면 압류의 효력이 없다.

11 상계의 효과는 각 채무가 상계할 수 있는 때이다. 즉, 상계적상이 있는 때 대등액에 관하여 소멸한 것으로 본다.

12 제권판결은 공시최고신청인에게 수표상의 권리를 행사할 수 있는 형식적인 자격만을 인정하는 데 불과한 것이므로 은행은 제권판결취득자인 사고신고인에게 수표금을 지급할 의무가 있는 것이 아니다.

13 당해어음이 지급제시기간 내에 제시되지 않은 경우 어음발행인에게 지급한다.

14 ① 국내화에서 세계화로
③ 점유율에서 고객만족으로
④ 기능중시에서 감성중시로
⑤ 경직성에서 유연성으로

15 개인적 욕구에 대한 설명이다. 은행에서 처리해야 할 업무에 대한 욕구가 실제적 욕구이다.
※ 창구에서의 단계별 고객응대 단계

> STEP 1. 고객맞이 단계
> STEP 2. 고객상황을 분명히 파악하는 단계
> STEP 3. 욕구를 기대이상으로 충족시키는 단계
> STEP 4. 만족여부를 확인하는 단계

16 공감하기는 사실 확인하기 방법이 아니라 감정 확인하기 방법에 해당한다.

17 ③은 바꾸어 말하기로 '확인하기' 단계에 대한 설명이다.

18 고객에게 소개받기는 기존고객과의 인적 네트워크를 활용하는 가망고객 발굴방법으로 공간적 제약이 따르지 않는다.

19 한정질문은 고객이 '예/아니오' 등 단답형으로 답을 할 수 있는 질문을 말하는데, 이는 고객으로부터 직접적이고 빠르게 답변을 구할 때 활용된다.

20 내부통제제도는 금융회사가 추구하는 최종목표가 아니라 최종목표를 달성하기 위한 과정 또는 수단이다.

21 감사위원회에 해당하는 설명이다. 감사위원회는 경영진이 내부통제제도를 적절하게 운영하는지를 평가하고 그 결과와 미비점, 개선방안을 이사회에 보고하여야 한다.

22 정기예금은 비금융투자상품에 해당된다.

23 보험중개사는 사용자책임의 대상 판매채널이 아니다.

24 처벌내용은 서면상 기재되는 사항이 아니다.

25 '특정인에 대한 금융거래정보를 식별할 수 있는 자료'를 제외한 나머지는 비밀보장의 제외대상이다.

26 과징금과 과태료는 금전상의 제재라는 점에서 비슷하지만 과징금은 실체적 의무위반에 대하여 부과하고 과태료
    는 행정절차상의 의무위반에 대해 부과한다. 또한 불복 시 과징금은 행정소송, 과태료는 비송사건절차법에 따른
    법원의 재판에 의한다는 점에서 차이가 있다.

27 ① 개인회생과 관련된 결정은 공공정보 등에 속한다.

2과목 창구실무 I (42문항)

28 개별약정이 우선적용되며, 다음의 예금상품별 약관, 예금의 거래유형별 약관, 예금거래 기본약관 순으로 적용된
    다. 약관에 정한 사항이 없을 때는 관계법령이나 어음교환업무규약에 따른다.

29 국민인 비거주자는 외국환거래규정에 의한 양도성예금증서와 세법상 거래제한 예금을 제외한 모든 예금을 가입
    할 수 있다.

30 법인 : 사업자등록증, 고유번호증, 사업자등록증명원

31 선일자로 발행된 수표는 수납할 수 있다.

32 당일자로 잔액증명서를 발행한 경우 발행당일의 잔액 및 예금관련 표시내용의 변경을 가져오는 추가거래는 할
    수 없다. 다만, 잔액증명서를 발급한 당일에도 가압류 · 압류 등 법적 지급제한 거래는 할 수 있다.

33 질권의 효력은 설정된 예금과 질권설정 후 이행기가 도래하는 모든 이자 채권에도 미친다.

34 예금에 대한 압류 시 압류 후의 예금이자에 대해서도 그 효력이 미친다.

35 ① 민간기금은 원천징수 대상이다.
    ② 사립학교는 원천징수 대상이다.
    ④ CD, 표지어음, RP 등의 채권에서 발생하는 소득은 과세된다.
    ⑤ 주권상장법인의 이자소득은 원천징수 대상이다.

36 ① 계좌 가입일 또는 연장일이 속한 직전 3개 과세기간 중 금융소득이 1회 이상 2천만원 초과한 자는 비과세종
    합저축 가입 대상자에서 제외된다.
    ② 원칙적으로 은행이 취급하는 모든.예금이 대상이지만 당좌예금, 가계당좌예금 등 어음 및 수표 등에 의해
    지급할 수 있는 예금 등은 제외된다.
    ④ 예치한도는 원금을 합하여 5천만원이며, 기존 세금우대종합저축, 생계형저축한도를 포함하여 통합한도로 운
    용한다.
    ⑤ 명의변경 및 양 · 수도는 허용하지 아니한다.

37 의심스러운 거래보고 제도(STR)의 경우 기준금액은 폐지되었다.

38 종합과세에서 제외되는 금융소득 중 분리과세되는 금융소득으로는 세금우대저축이자, 비실명예금이자, 비거주자금융소득, 분리과세 신청된 상환기간 10년 이상 장기채권으로 매입 후 3년 경과 후부터 발생된 이자 중 30%에 해당하는 금융소득이 있다.

39 개인 MMDA 통장의 경우 저축예금과 동일하나 시장실세금리 및 거래금액에 따라 차등금리를 적용하며, 금액이 많으면 저축예금보다 더 높은 이자율을 적용한다.

40 ① 지급 제시기간은 발행일로부터 10일간(발행일 포함 11일)이다.
③ 500만원 미만의 소액 일반자기앞수표는 발행하지 않음을 원칙으로 한다.
④ 무자원 선발행은 금지하며, 발행자금은 현금 또는 즉시 현금화할 수 있는 자점권 및 당행 자기앞수표를 받는다.
⑤ 사전수도 시 일반수표의 경우 용지에 서명판만 날인하여 수도한다.

41 제권판결에 의하여 지급할 경우에는 판결을 선언한 날로부터 1개월이 경과한 경우에 한하여 제권판결 정본과 지급전표를 받고 지급한다. 다만, 제권판결이 있는 경우라도 사고수표의 소지인이 선의 취득자로서 동 수표의 실질적 권리를 다툴 때에는 지급을 보류하여야 한다.

42 앞당김 일수만큼의 이자는 차감한다.

43 ②는 계약기간이 1년 미만의 단기인 경우에 대한 설명이다. 계약기간이 장기인 경우에는 단리로 계산되는 불이익을 해소하기 위하여 일정기간마다 이자를 원가하거나 지급하는 것이 일반적이다.

44 양도성예금증서의 최단만기는 30일이다.

45 ① 은행을 발행인으로 하여 기명 할인식 약속어음으로 발행한다.
② 발행금액은 1천만원(액면가 기준) 이상으로 한다.
④ 중도환매가 불가능하며, 만기 후 이자를 지급하지 않는다.
⑤ 예금자보호법에 의거하여 보호를 받으며, 지급준비금을 예치하지 않는다.

46 전환청구권을 행사할 수 있는 기간 중에 있는 전환사채권, 교환청구권을 행사할 수 있는 기간 중에 있는 교환사채권, 신주인수권을 행사할 수 있는 기간 중에 있는 신주인수권부사채권은 매도대상 유가증권에서 제외한다.

47 표지어음과 양도성예금증서가 할인식이다.

48 표면금리가 동일하다면 계약기간이 길수록 표면금리(단리)에 비해서 연수익률(복리)이 낮아진다.

49 국민인 개인(국내에 거주가 있는 재외동포 포함)은 누구든지 가입 가능하며, 외국인 거주자도 가입 가능하다.

50 ① 대출재원에 따른 분류에 해당된다.
② 자금용도에 따른 분류에 해당된다.
④ 취급형식에 따른 분류에 해당된다.
⑤ 자금용도에 따른 분류에 해당된다.

51 여신의 성장성을 추구하기 위한 검토사항이다.

52 후견인의 행위에 대해서는 친족회의의 동의를 받아야 한다.

53 은행은 채권자이다.

54 모두 옳은 설명이다.

55 담보 취득한 대지위에 건물을 신·증축하였을 경우에는 추가근저당권설정계약(공동담보물건 추가용)을 사용하여 공동담보로 취득하여야 한다.

56 등기부는 등기번호란, 표제부, 갑구, 을구의 4부분으로 되어 있다.

57 소액보증금의 최우선변제권 : 대항요건 : 주택의 인도 + 주민등록
    우선변제권 : 대항요건 + 확정일자

58 ① 전신환매입률이 아닌 전신환매도율
    ③ 변동금리는 기준금리가 변경됨에 따라 변경되는 금리이다.
    ④ 신용가산금리는 신규대출 뿐만 아니라 기간연장, 재약정 시에도 산출한다.
    ⑤ 여신금리는 시장의 자금수급상황, 차주의 신용도, 금융시장의 여건, 대출기간, 담보의 내용, 상환방법, 은행의 목표이익 등 여러 요인에 의해 결정된다.

59 외국환의 경우 그 거래의 장소가 전 세계에 걸쳐 있고 내국환에 있어서의 중앙은행이나 금융결제원과 같은 기능을 담당할 환의 중앙결제기관이 없을 뿐만 아니라, 거래통화 역시 다양하기 때문에 환결제의 구조는 더욱 복잡하게 구성되어 있다.

60 당발송금의 취결은 전신환매도율이 적용된다.
    ※ 전신환매도율 적용

수입어음 결제, 당발송금의 취결, 타발추심, 외화예금 입금 등

61 ① 6개월 이상 국내에 체재하고 있는 외국인 : 외국인 거주자
    ② 2년 이상 외국에 체재하고 있는 국민 : 국민인 비거주자
    ④ 국내에 있는 외국정부의 공관에 근무할 목적으로 파견되어 국내에 체재하고 있는 외교관 : 외국인 비거주자
    ⑤ 비거주자였던 자로서 국내에 입국하여 3개월 이상 체재하고 있는 자

62 ④는 외국인 거주자에 대한 매각을 설명한 것이다.

63 유학생경비, 해외체재자 경비 등은 금액 제한이 없다.

64 여행자수표매도율은 전신환매도율보다 높지만 현찰매도율보다는 저렴하다.

65 지급지가 미국인 경우 은행수표의 제시기간은 발행일로부터 6개월이다.

66 환거래 발생 시 타발점에서 환을 정리한 경우 타발점에서 먼저 취소를 해야 당발점에서 취소가 가능하다.

67 1백만원 초과 환전 시 동 매각 사실을 여권에 표시하여야 한다.

68 자기앞수표와 자기앞영수증이 자금조정의 대상이 되는 어음이다.

69 지시금지문언이 있는 어음은 양도배서된 경우 수납이 불가하다.

3과목   창구실무 II (31문항)

70 출납업무는 은행의 타 업무와 밀접한 관계가 있다.

71 발견된 위조지폐 실물을 금융기관 직원이 강제 회수할 수 있는 권한은 없으나 신고하지 않고 사용할 경우 형법 제210조에 따라 처벌(2년 이하의 징역 또는 500만원 이하의 벌금)받는다는 점을 소지인에게 설명한 후 반드시 회수하도록 한다.

72 사용권 큰 묶음은 각 소속을 동일한 방향으로 하여 5소속씩 양쪽으로 전면을 향하도록 정리한 후 대속 묶음용 끈으로 십자형으로 묶는다.

73 지급업무는 부채(채무)의 소멸과 자산(채권)이 발생하는 업무이다.

74 전표의 금액 및 성명은 정정할 수 없다. 하지만 고객이 작성한 전표에 오류가 있고 사고(분쟁) 위험이 없을 경우에 한하여 고객의 사용 도장(서명거래인 경우 서명)으로 정정하여 처리할 수 있다.

75 은행으로서는 시간적·공간적 제약 없이 금융 서비스를 제공할 수 있게 되어 인적·물적 비용이 절감된다.

76 계좌이체에 대한 설명이다.
※ 계좌송금과 추심이체

> • 계좌송금 : 이용자가 현금자동지급기, 자동입·출금기를 통하여 자기 또는 타인의 계좌에 자금을 입금하는 것
> • 추심이체 : 수취인의 전자적 장치를 통한 지급지시에 따라 은행이 지급인의 출금계좌에서 자금을 출금하여 같은 은행 또는 다른 은행의 계좌에 입금하는 것

77 대표자 실명확인증표는 법인대리인이 신청 시 확인사항이 아니다.

78 최종 이체일로부터 12개월 이내 이체실적이 없는 경우 거래정지된다.

79 수수료 수입이 증대되는 것은 은행의 이점이다.

80 정부기관 및 지방자치단체 역시 출금이체 이용기관 직접접수를 허용하고 있다.

81 법인 등 기업은 이용할 수 없다.

82 신속성이 결여되어 있다는 단점이 있다.

83 표준OCR장표에 대한 설명이다.

84 이체자금이 계좌에서 이체일 1영업일 전에 출금된다.

85 신용카드는 일정한 지격요건을 갖춘 자에게만 발급이 되므로 신용카드를 통해 카드 소지자의 신분을 확인할 수 있다.

86 직불카드는 직불카드 가맹점에서 사용 가능하다.

87 개인신용카드 발급기준은 발급심사 기준일 현재 민법상 성년 연령 이상이어야 한다. 단, 만 18세 이상이고 발급 신청일 현재 재직증명 시는 예외이다.

88 신규발급의 경우 카드발급 년, 월 포함하여 5년의 해당 월 말일이 유효기간이다.
    따라서 2020년 5월 15일 최초 입회한 경우 2025년 4월이 유효기간이다.

89 갱신발급에 대한 설명이다.

90 가맹점 입장에서 거래승인의 의미를 설명한 것이다.

91 라. 결제대행업체는 가맹점 명의를 타인에게 대여하는 업체이다.
    마. 여신전문금융업감독규정의 개정으로 신분증확인 내용은 삭제되었다.

92 개인연금신탁은 장부가평가상품으로 현재는 판매 중지되었다.

93 ① 가입대상에는 제한이 없다.
    ② 납입기간은 5년 이상 연 1,800만원 한도로 납입가능하다.
    ③ 해지가산세는 없다.
    ④ 연령별로 3.3~5.5% 차등 과세된다.

94 특정금전신탁은 만기 후에도 실적배당한다.

95 금융기관에 대한 단기대출은 30일 이내까지 가능하다.

96 KNOCK-OUT형에 대한 설명이다.

97 은행뿐만 아니라 증권회사, 상호저축은행 등에서 방카슈랑스가 도입되었으며, 은행창구 및 인터넷을 통한 판매만 가능하며, 전화판매 등은 할 수 없다.

98 급부 반대급부 균등의 원칙은 각자가 내는 보험료는 그가 지닌 위험에 상응하는 정도여야 한다는 것으로, 은행 창구직원과 선원의 위험이 서로 다르기 때문에 똑같은 1억원의 사망보험금을 받기 위해서는 은행 창구직원보다는 선원이 보험료를 더 많이 부담하는 것이 공평하다는 것이다.

99 보험계약의 부활은 3년 이내에 청구할 수 있다.

100 화재보험에 대한 설명이다.

제2회 정답 및 해설

01	02	03	04	05	06	07	08	09	10	11	12	13	14	15	16	17	18	19	20
②	③	④	②	③	②	④	②	④	①	③	③	④	①	①	③	④	②	⑤	⑤
21	22	23	24	25	26	27	28	29	30	31	32	33	34	35	36	37	38	39	40
②	②	①	①	⑤	④	②	④	①	③	④	②	④	④	④	③	①	⑤	②	②
41	42	43	44	45	46	47	48	49	50	51	52	53	54	55	56	57	58	59	60
②	③	⑤	⑤	①	①	⑤	③	③	③	⑤	②	③	③	②	②	①	④	⑤	④
61	62	63	64	65	66	67	68	69	70	71	72	73	74	75	76	77	78	79	80
①	⑤	①	③	②	⑤	④	④	②	②	①	①	⑤	②	①	③	①	①	③	④
81	82	83	84	85	86	87	88	89	90	91	92	93	94	95	96	97	98	99	100
⑤	④	①	①	②	⑤	①	②	①	②	④	⑤	⑤	②	②	④	①	②	⑤	②

1과목 텔러기본지식(27문항)

01 피셔방정식(명목금리 = 실질금리 + 기대인플레이션)에 의해 실질금리는 명목금리에서 기대인플레이션을 차감하여 구한다. 즉, 1년 만기 정기예금의 실질금리 = 5% − 4% = 1% 이다.

02 채무 보증 또는 어음의 인수는 은행의 부수업무에 해당한다.

03 은행의 설립, 인수ㆍ합병 및 전환을 위해서는 금융위원회의 인허가를 받아야 한다.

04 예금계약의 법적성질은 소비임치계약이지만, 위임계약과 소비임치계약이 혼합된 계약은 당좌예금이다.

05 고객의 요구가 있는 경우에는 약관사본을 교부해야 한다.

06 법인격 없는 재단의 예금은 재단에 속하므로, 사람(자연인)과의 관계가 형성되지 않는다. 따라서 재단은 총유, 공유, 합유 등의 관계가 형성될 수 없다.

07 인감대조는 숙련된 은행원으로 하여금 그 직무수행상 필요로 하는 충분한 대조를 다하여 인감을 대조하여야 할 의무를 말하며, 이에 비해 서명대조는 실무경험이 없는 은행원이 육안으로 외형상 전체적으로 유사여부를 평면대조하면 족하다.

08 대습상속에 대한 설명이다.

09 양도금지특약이 있는 경우 전부채권자가 그 특약을 알고 있든 모르고 있는 관계없이 전부명령은 유효하다.

10 ② 회생절차로 당좌예금이 소멸되는 것은 아니다.
    ③ 보전관리인에게 지급된다.
    ④ 파산절차 종료 전에 상계할 수 있다.
    ⑤ 은행이 행방불명의 사실을 알고 있는 경우에는 면책되지 않는다.

11 압류금지채권의 목적물이 채무자의 예금계좌에 입금된 경우에는 압류금지의 효력이 미치지 않는다. 다만 이 경우 채무자 보호는 법원이 채무자의 신청에 의해 종합적인 사정을 고려하여 압류명령의 전부 또는 일부를 취소하는 방법에 의한다.

12 체납처분압류가 전부명령보다 선행된 경우 체납처분이 우선하며 잔액에 대하여만 압류의 효력이 있다.

13 더 이상의 소송 등이 없다면 지급제시일로부터 6개월이 경과한 경우 사고신고담보금은 어음발행인에게 지급할 수 있다.

14 직원의 만족이 곧 고객의 만족이라는 정(正)의 관계가 있다는 것이 고객만족거울 효과이다.

15 ② 고객맞이 단계
    ③, ④ 고객의 상황 파악 단계
    ⑤ 만족여부 확인 단계

16 고객과 커뮤니케이션을 할 때 You/Be-Message보다 I/DO-Message를 사용하는 것이 효과적이다.

17 고객만족을 최우선으로 하며, 불만을 피드백하여 권한 내에서 처리한다.

18 가망고객 발굴방법 중 고객에게 소개받기에 대한 설명이다.

19 서비스갭을 파악하고 확인하는 단계는 고객니즈를 파악하는 단계이다.

20 내부통제기준에서 준법감시인의 임면절차에 관한 사항은 포함되지만, 대표이사의 임면과 해임에 관한 사항은 포함되지 않는다.

21 금융회사가 약관에 대하여 설명해 줄때에는 안내문 또는 중요한 내용을 요약 해설한 설명서를 교부하거나 단순히 약관을 읽어준 것만으로는 설명의무를 다한 것으로 보지 않는다.

22 이해상충 발생가능성을 낮추는 것이 곤란하다고 판단되는 경우에는 매매, 그 밖의 거래를 하여서는 아니 된다.

23 그 대상자도 중소기업뿐만 아니라 저신용자(신용등급 7등급 이하)도 추가하였다.

※ **구속성영업행위 규제 대상**

> • 대상자 : 중소기업 또는 신용등급 7등급 이하의 개인
> • 적용사항 : 대출실행일 전후 1개월 내 판매한 상품의 월수입금액이 대출금액의 1% 초과 시(1%룰 적용)
> • 적용대상(금융상품) : 예금・적금, 상호부금, 감독규정 소정의 금전신탁, 소기업・소상공인공제 및
>   유가증권(양도성예금증서, 금융채, 환매조건부채권, 선불카드, 선불전자지급수단, 상품권 등)
>   * 체크카드, 신용카드는 제외

24 실명확인자는 영업점 직원(본부의 영업부서 포함, 계약직・시간제 근무자・도급직 포함)이며, 후선부서 직원(본부직원, 서무원, 청원경찰 등)은 실명확인을 할 수 없다.

25 금융소비자가 서명, 기명날인, 녹취 각각에 준하여 안정성・신뢰성이 확보될 수 있는 전자적 확인방식으로 확인한 경우는 제외된다.

26 법령에 의해서 개인에게 부여된 것이어야 하므로 기업, 학교 등이 부여하는 사번이나 학번, 법인이나 사업자에게 부여되는 법인등록번호, 사업자등록번호 등은 고유식별정보가 될 수 없다.

27 금융거래현황을 민감정보에 해당되지 않는다.

2과목 창구실무 I (42문항)

28 약관변경의 내용이 거래처에 불리한 경우에는 변경약관 시행일 1개월 전에 2개 이상의 일간신문에 공고하는 등의 방법으로 거래처에 알린다.

29 미성년자, 피성년후견인, 피한정후견인 등 제한능력자의 예금행위는 정당한 권리자의 예금계약 취소 시 원상회복이 가능하므로 특별한 절차 없이 예금을 수납할 수 있다.

30 대리인의 인감증명서가 아니라 본인의 인감증명서가 필요하다.

31 거래중지계좌의 해지는 개설점뿐만 아니라 모든 영업점에서 해지 가능하다.

32 정기적금은 예금잔액증명서의 발급대상이 된다.

33 입출식 및 거치식・적립식예금은 최종거래일로부터 5년 이상 경과한 계좌는 잡익편입대상에 포함한다.

34 가입자격에 제한이 있는 예금(비과세종합저축, 연금저축신탁 등)은 상속인이 상속개시일 현재 자격요건을 갖춘 경우에 한하여 계속 거래할 수 있다.

35　사고신고와 동시에 해지요청한 경우 통장(증서) 재발행을 생략할 수 있다.

36　CD, 표지어음, 무기명정기예금 등 증서로 발행되고 유통할 수 있는 예금은 제외된다.

37　1거래일 동안 지급받거나 영수한 현금액을 각각 합산하여 1천만원 이상을 기준금액으로 한다.

38　집합투자기구로부터의 이익은 배당소득으로 분류된다.

39　기업자유예금은 사업자등록번호를 부여받은 국가, 지방자치단체, 법인, 개인사업자가 가입할 수 있다.

40　정액자기앞수표는 10만원권, 50만원권, 100만원권 3종이다.

41　전화 또는 구두로 사고신고를 접수할 때에는 다음 영업일까지 서면으로 제출하게 한다.

42　최단만기제한예금은 그 다음 첫영업일을 지급기일로 한다.

43　양도성예금증서의 지급준비금은 2%이다.

44　가. 이자지급방식에서 할인식이라는 공통점이 있다.
　　나. 최단만기가 30일 이상이라는 공통점이 있다.
　　다. 지급준비금은 양도성예금증서는 2%, 표지어음은 없다.
　　라. 예금자보호는 양도성예금증서는 안되지만, 표지어음은 보호대상이다.
　　마. 중도환매는 모두 불가능하다는 공통점이 있다.
　　[보충] 양도성예금증서는 무기명식으로 발행되며, 표지어음은 기명식으로 발행된다.

45　환매조건부채권매도(RP)의 거래대상은 제한이 없다.

46

기 호	구 분	정기적금	자유적금
㉠	저축금의 지연	월저축금의 지연일수 산정	지연일수 없음
㉡	만기앞당김 지급	만기앞당김 지급제도 있음	만기앞당김 지급제도 없음
㉢	만기이연제도	있 음	없 음
㉣	계좌분할	가 능	없 음

47　① 신규 당일 최고 예치 가능금액은 2,700만원이다.
　　② 예금자보호법 적용대상이 아니라 국가에서 전액 보증한다.
　　③ 본인 담보대출이 가능하다.
　　④ 한도는 96만원이다.

48　주택면적 변경은 청약 신청일까지 변경가능하며, 청약신청 당일 변경한 경우에도 청약 가능하다.

49　근로자 중 총급여액이 7천만원 이하인 무주택 세대주의 경우 소득공제대상이다.

50　대출금의 분류방법 중 차주에 따른 분류에 해당하는 것은 기업자금대출, 가계자금대출, 공공 및 기타자금대출이다.

51 해당 은행에 손해를 끼친 자에 대한 대출은 내부규정에 따른 대출제한 사항이며, 은행법상 규정은 아니다.

52 혼인한 미성년자를 위하여 친권자가 담보를 제공하는 행위는 이해상반 행위에 해당되지 않는다.

53 상계통지는 상계통지서로 하되, 본인에게 수령증을 받고 직접 전달하거나 배달증명부내용증명에 의해 통지하여야 한다.

54 포괄근보증에 대한 설명이다.

55 미등기주택도 이 법의 적용을 받는다.

56 장래지정형에 대한 설명이다.

57 개별약정 우선의 원칙

58 ① COFIX는 전국은행연합회에서 고시하는 자금조달비용지수를 말한다.
② 대출금리는 기준금리에 신용가산금리를 더하여 적용한다.
③ 가계대출은 매월 이자를 후취한다.
⑤ 일수계산은 여신당일로부터 기일 또는 상환일 전일까지로 한다.

59 ※ 대고객 환율의 크기 비교

현찰매입률 < 외화수표매입률 < 전신환매입률 < 매매기준율 < 전신환매도율 < T/C 매도율 < 현찰매도율

60 수입어음 결제, 당발송금의 취결 등의 경우 전신환매도율이 적용된다.

61 속인주의를 취하고 있다.

62 무역대금의 경우 지정거래외국환은행을 통하여 송금하지 않아도 된다.

63 한국은행기준율을 의미한다.

64 외국환 매입증명서의 경우 고객의 요청 시 1회에 한하여 발급하여 고객에게 교부한다.

65 여행자수표에 대한 설명이다.

66 전금이 가능한 주요 업무 내용은 업무상의 자금이체, 직원 상호 간의 송금 등이 있다.

67 역환의 사유가 부당하여 입금정리가 불가능할 때에는 즉시 당발점으로 하여금 취소처리하도록 하는 것이며, 재역환 처리하는 것이 아니다.

68 입금금액과 수수료 모두를 환급한다.

69   액면금액과 교환금액이 상이한 증서의 교환지출 시에는 교환금액을 표기하여 지출해야 한다.

3과목   창구실무 II (31문항)

70   자동화기기 관련 과잉금은 5년이 경과하여도 원인을 규명하지 못한 경우에는 해당 월 말일에 이익금 처리한다.

71   수납업무는 채권의 소멸, 채무의 발생이 일어나는 업무이다.

72   ② 사용권은 그 훼손 정도가 경미하여 계속 유통이 적합한 화폐로 보통 결속 띠지를 왼쪽 끝 1/3에 일치되도록 묶는다.
       ③ 극심하게 훼손되거나, 불에 타서 영업점에서 진위판별이 불가능하나 화폐는 한국은행에서 교환하도록 안내한다.
       ④ 지폐의 결속 후 결속 윗면에는 정사일자와 점포명, 아랫면에는 현금정사자의 도장을 날인하도록 한다.
       ⑤ 손상권은 오염·파손상태가 심하여 계속 유통이 부적합한 화폐를 말하며, 손상권은 2/5 이상이면 반액으로 반환하도록 되어 있다.

73   일반적으로 대체거래는 전액대체인 경우에 한하여 사용하고 있다.

74   모든 연동거래는 지급처리한 후 입금처리한다.

75   전자금융의 발전 5단계는 핀테크 산업의 활성화이다.

76   PIN은 연속 5회, OTP발생기는 전 금융기관을 통합하여 연속 10회 틀렸을 때 자동 정지된다. 계좌비밀번호, 이체비밀번호 등의 본인을 위한 정보가 3회 연속하여 틀렸을 때에는 자동 정지된다.

77   호스트 컴퓨터 및 주변기기와 약간의 운용요원만 필요하므로 업무처리 비용이 크게 감소한다.

78   ② 금융인증서에 대한 설명이다.
       ③ 개인은 무료이다.
       ④ 이용기간은 발급일로부터 2년이다.
       ⑤ 고객이 보유하고 있는 OTP발생기 1개로 OTP통합인증센터에 참가하고 있는 57개 금융기관의 전자금융서비스를 이용할 수 있다.

79   영업점에서만 신청이 가능하다.

80   전자납부전용장표는 1매 1조이다.

81   타행자동이체는 실시간 이체처리된다.

82   금융기관이 지로업무에 특별참가하기 위해서는 결제원의 승인을 받아야 한다.

83   수납정보를 다음 영업일 17:30까지 결제원에 전송하여야 하며, 이 경우 표준OCR전표는 19:30까지로 예외이다.

84   수수료를 부담하는 것은 납부자자동이체의 경우이며, 자동이체에서는 수수료가 발생하지 않는다.

85   부가가치세 및 소득세 세액공제의 혜택은 가맹점 측면의 역할이다.

86   해외사용이 가능하다. 해외사용이 불가능한 카드는 선불카드이다.

87   신용카드 모집인의 등록업무는 여신금융협회장에게 위탁하고 있다.

88   개인회원의 기본연회비는 일반적으로 회원별 또는 카드별로 청구하며 제휴연회비는 카드별로 청구한다.

89   해외에서 발행한 국제브랜드카드의 회원 역시 국내에서 카드를 이용할 경우 모든 거래에 대해서 거래승인을 얻어야 이용이 가능하다.

90   청구방식에 따라 정률식과 정액식으로 구분하는데, 우리나라에서는 정률법을 따르고 있다.

91   신용카드에 따른 거래로 생긴 채권을 신용카드업자 외의 자에게 양도하여서는 안 된다.

92   신탁재산은 형식상으로는 수탁자에게 귀속하고 있으나, 실질적으로는 신탁목적에 제약을 받는다. 즉, 수탁자는 신탁목적에 따라 신탁재산을 관리하고 처분하여야 하는 것이다.

93   평균균등배당의 원칙은 신탁의 기본원칙에 해당되지 않는다.

94   중도해지에 따른 가산세는 징구하지 않는다.

95   전환형집합투자기구에 대한 설명이다.

96   ① 운용보수는 펀드운용의 대가로서 매일 펀드자산에서 수취한다.
      ② 펀드보수는 운용보수, 판매보수, 수탁보수가 있다.
      ③ 장기투자 시 선취형이 유리하다.
      ⑤ 펀드수수료는 고객이 부담하며, 펀드보수는 펀드자산에서 부담한다.

97   은행의 보험자회사 설립 형태의 장점으로는 맞춤형 진입전략의 채택이 가능한 점, 문화적 갈등이 미미한 점, 그리고 낮은 판매비용으로 경쟁력있는 보험료 산정이 용이한 점을 들 수 있다.
      ② 은행이 보험회사를 인수·합병하는 형태의 장점이다.
      ③, ④, ⑤ 조인트 벤처(Joint Venture) 형태의 장점이다.

98   최저보증이율이 없다.

99   보험대리점은 보험계약의 관계자로 볼 수 없다.

100   장기손해보험은 보장과 저축을 겸하는 상품으로 해지환급금이 있다.

2025~2026 시대에듀 은행텔러 한권으로 끝내기

개정10판1쇄 발행	2025년 06월 05일 (인쇄 2025년 05월 29일)
초 판 발 행	2016년 06월 10일 (인쇄 2016년 05월 13일)
발 행 인	박영일
책 임 편 집	이해욱
편 저	시대금융자격연구소
편 집 진 행	김준일 · 이경민 · 오다움
표지디자인	조혜령
편집디자인	하한우 · 최혜윤
발 행 처	(주)시대고시기획
출 판 등 록	제10-1521호
주 소	서울시 마포구 큰우물로 75 [도화동 538 성지 B/D] 9F
전 화	1600-3600
팩 스	02-701-8823
홈 페 이 지	www.sdedu.co.kr

I S B N	979-11-383-9374-4 (13320)
정 가	23,000원

시대에듀 금융시리즈

시대에듀 금융, 경제 · 경영과 함께라면
쉽고 빠르게 단기 합격!

금융투자협회	펀드투자권유대행인 한권으로 끝내기	18,000원
	펀드투자권유대행인 출제동형 100문항 + 모의고사 3회분 + 특별부록 PASSCODE	18,000원
	증권투자권유대행인 한권으로 끝내기	18,000원
	증권투자권유대행인 출제동형 100문항 + 모의고사 3회분 + 특별부록 PASSCODE	18,000원
	펀드투자권유자문인력 한권으로 끝내기	31,000원
	펀드투자권유자문인력 실제유형 모의고사 4회분 + 특별부록 PASSCODE	21,000원
	증권투자권유자문인력 한권으로 끝내기	32,000원
	증권투자권유자문인력 실제유형 모의고사 4회분 + 특별부록 PASSCODE	21,000원
	파생상품투자권유자문인력 한권으로 끝내기	32,000원
	투자자산운용사 한권으로 끝내기(전2권)	38,000원
	투자자산운용사 실제유형 모의고사 + 특별부록 PASSCODE	55,000원
	투자자산운용사 출제동형 100문항 최신 9회분	33,000원
금융연수원	신용분석사 1부 한권으로 끝내기 + 무료동영상	24,000원
	신용분석사 2부 한권으로 끝내기 + 무료동영상	24,000원
	은행FP 자산관리사 1부 [개념정리 + 적중문제] 한권으로 끝내기	20,000원
	은행FP 자산관리사 1부 출제동형 100문항 + 모의고사 3회분 + 특별부록 PASSCODE	17,000원
	은행FP 자산관리사 2부 [개념정리 + 적중문제] 한권으로 끝내기	20,000원
	은행FP 자산관리사 2부 출제동형 100문항 + 모의고사 3회분 + 특별부록 PASSCODE	17,000원
	은행텔러 한권으로 끝내기	23,000원
	한승연의 외환전문역 Ⅰ종 한권으로 끝내기 + 무료동영상	25,000원
	한승연의 외환전문역 Ⅱ종 한권으로 끝내기 + 무료동영상	25,000원
기술보증기금	기술신용평가사 3급 한권으로 끝내기	31,000원
매일경제신문사	매경TEST 단기완성 필수이론 + 출제예상문제 + 히든노트	30,000원
	매경TEST 600점 뛰어넘기	23,000원
한국경제신문사	TESAT(테셋) 한권으로 끝내기	28,000원
	TESAT(테셋) 초단기완성	23,000원
신용회복위원회	신용상담사 한권으로 끝내기	27,000원
생명보험협회	변액보험판매관리사 한권으로 끝내기	20,000원
한국정보통신진흥협회	SNS광고마케터 1급 7일 단기완성	20,000원
	검색광고마케터 1급 7일 단기완성	20,000원

※ 도서의 제목 및 가격은 변동될 수 있습니다.

시대에듀 금융자격증 시리즈

시대에듀 금융자격증 도서 시리즈는 짧은 시간 안에 넓은 시험범위를 가장 효율적으로
학습할 수 있도록 구성하여 시험장을 나올 그 순간까지 독자님들의 합격을 도와드립니다.

투자자산운용사

한권으로 끝내기 &
실제유형 모의고사 + 특별부록 PASSCODE &
출제동형 100문항 최신 9회분

증권투자권유자문인력

한권으로 끝내기 &
실제유형 모의고사 PASSCODE

매경TEST & TESAT

단기완성 & 한권으로 끝내기

매회 최신시험 출제경향을 완벽하게 반영한
종합본, 모의고사, 기출문제집

단기합격을 위한 이론부터 실전까지
완벽하게 끝내는 종합본과 모의고사!

단순 암기보다는 기본에 충실하자!
자기주도 학습형 종합서!